法学文库 主编 何勤华

普通法令状制度研究

屈文生 著

商务印书馆
The Commercial Press
2011年·北京

图书在版编目(CIP)数据

普通法令状制度研究/屈文生著.—北京:商务印书馆,2011
(法学文库)
ISBN 978-7-100-07620-3

Ⅰ.①普… Ⅱ.①屈… Ⅲ.①诉讼－司法制度－研究－英国 Ⅳ.①D956.15

中国版本图书馆 CIP 数据核字(2011)第 002932 号

所有权利保留。
未经许可,不得以任何方式使用。

上海市人文社科基地华东政法大学
外国法与比较法研究院项目
(基地编号 SJ 0709)

法学文库
PǓ TŌNG FǍ LÌNG ZHUÀNG ZHÌ DÙ YÁN JIŪ
普通法令状制度研究
屈文生 著

商 务 印 书 馆 出 版
(北京王府井大街36号 邮政编码100710)
商 务 印 书 馆 发 行
北京市白帆印务有限公司印刷
ISBN 978-7-100-07620-3

2011年9月第1版　　　　开本 880×1230　1/32
2011年9月北京第1次印刷　印张 12⅝
定价:28.00元

总　　序

商务印书馆与法律著作的出版有着非常深的渊源,学界对此尽人皆知。民国时期的法律著作和教材,除少量为上海法学编译社、上海大东书局等出版之外,绝大多数是由商务印书馆出版的。尤其是一些经典法律作品,如《法律进化论》、《英宪精义》、《公法与私法》、《法律发达史》、《宪法学原理》、《欧陆法律发达史》、《民法与社会主义》等,几乎无一例外地皆由商务印书馆出版。

目下,商务印书馆领导高瞻远瞩,加强法律图书出版的力度和规模,期望以更好、更多的法律学术著作,为法学的繁荣和法治的推进做出更大的贡献。其举措之一,就是策划出版一套"法学文库"。

在当前国内已出版多种法学"文库"的情况下,如何体现商务版"法学文库"的特色？我不禁想起程树德在《九朝律考》中所引明末清初大儒顾炎武(1613—1682)的一句名言。顾氏曾将著书之价值界定在:"古人所未及就,后世所不可无者。"并以此为宗旨,终于创作了一代名著《日知录》。

顾氏此言,实际上包含了两层意思:一是研究成果必须具有填补学术空白之价值;二是研究对象必须是后人所无法绕开的社会或学术上之重大问题,即使我们现在不去触碰,后人也必须要去研究。这两层意思总的表达了学术研究的根本追求——原创性,这也是我们编辑这套"法学文库"的立意和目标。

具体落实到选题上,我的理解是:一、本"文库"的各个选题,应是国内学术界还没有涉及的课题,具有填补法学研究空白的特点;二、各个选题,是国内外法学界都很感兴趣,但还没有比较系统、集中的成果;三、各选题中的子课题,或阶段性成果已在国内外高质量的刊物上发表,在学术界产生了重要的影响;四、具有比较高的文献史料价值,能为学术界的进一步研究提供基础性材料。

法律是人类之心灵的透视,意志的体现,智慧的结晶,行为的准则。在西方,因法治传统的长期浸染,法律,作为调整人们生活的首要规范,其位亦尊,其学亦盛。而在中国,由于两千年法律虚无主义的肆虐,法律之位亦卑,其学亦微。至目前,法律的春天才可以算是刚刚来临。但正因为是春天,所以也是一个播种的季节,希望的季节。

春天的嫩芽,总会结出累累的果实;涓涓之细流,必将汇成浩瀚之大海。希望"法学文库"能够以"原创性"之特色为中国法学领域的学术积累作贡献;也真切地期盼"法学文库"的编辑和出版能够得到各位法学界同仁的参与和关爱,使之成为展示理论法学研究前沿成果的一个窗口。

我们虽然还不够成熟,
但我们一直在努力探索……

何 勤 华
于上海·华东政法大学
法律史研究中心
2004 年 5 月 1 日

General Preface

It's well known in the academic community that the Commercial Press has a long tradition of publishing books on Legal science. During the period of Republic of China (1912—1949), most of the works and text books on legal science were published by the Commercial Press, only a few of them were published by Shanghai Edition and Translation Agency of Legal Science or Shanghai Dadong Publishing House. Especially the publishing of some classical works, such as *on Evolution of Laws*, *Introduction to the Study of the Law of the Constitution*, *Public Laws and Private Laws*, *the History of Laws*, *Theory of Constitution*, *History of the Laws in European Continents*, *Civil Law and Socialism* were all undertaken by the Commercial Press.

Now, the executors of the Commercial Press, with great foresight, are seeking to strengthen the publishing of the works on the study of laws, and trying to devote more to the prosperity of legal science and the progress of the career of ruling of law by more and better academic works. One of their measures is to publish a set of books named "Jurisprudential Library".

Actually, several sets of "library" on legal science have been published in our country, what should be unique to this set of "Jurisprudential Library"? It reminded me of Gu Yanwu's(1613—1682) famous saying which has been quoted by Cheng Shude(1876—1944) in *Jiu Chao Lv Cao* (*Collection and Complication of the Laws in the Nine Dynasties*). Gu Yanwu was the great scholar of Confucianism in late Ming and early Qing Dynasties. He defined the value of a book like this: "the subject covered by the book has not been studied by our predecessors, and it is necessary to our descendents". According to this principal, he created the famous work *Ri Zhi Lu* (*Notes on Knowledge Accumulated Day by Day*).

Mr. Gu's words includes the following two points: the fruit of study must have the value of fulfilling the academic blanks; the object of research must be the significant question that our descendents cannot detour or omit, that means even if we didn't touch them, the descendants have to face them sooner or later. The two levels of the meaning expressed the fundamental pursuit of academy: originality, and this is the conception and purpose of our compiling this set of "Jurisprudential Library".

As for the requirement of choosing subjects, my opinion can be articulated like this: Ⅰ. All the subjects in this library have not been touched in our country, so they have the value of fulfilling the academic blanks; Ⅱ. The scholars, no matter at home and or abroad are interested in these subjects, but they have not published systematic and concentrated results; Ⅲ. All the sub-subjects included in the subjects chosen or the initial results have been published in the publication which is of high quality at home or abroad; Ⅳ. The subjects chosen should have comparatively high value of historical data, they can provide basic materials for the further research.

The law is the perspective of human hearts, reflection of their will, crystallization of their wisdom and the norms of their action. In western countries, because of the long tradition of ruling of law, law, the primary standard regulating people's conducts, is in a high position, and the study of law is also prosperous. But, in China, the rampancy of legal nihilism had been lasting for 2000 years, consequently, law is in a low position, and the study of law is also weak. Until now, the spring of legal science has just arrived. However, spring is a sowing season, and a season full of hopes and wishes.

The fresh bud in spring will surely be thickly hung with fruits; the little creeks will coverage into endless sea. I hope "Jurisprudential Library" can make great contribution to the academic accumulation of the area of Chinese legal science by it's originality; I also heartily hope the colleagues in the area of legal study can award their participation and love to the complication and publication of "Jurisprudential Library" and make it a wonderful window showing the theoretical frontier results in the area of legal research.

We are not mature enough

We are keeping on exploring and seeking

He Qinhua

In the Research Center of Legal History

East China University of Politics and Law, Shanghai, P. R. C.

May 1st, 2004

Abstract
(英文摘要)

The writ system can be considered as a milestone of the birth or building of English common law. In western legal history, there were a large group of legal historians and jurists who had devoted to the studies of the common law writs. Among them there were famous medieval jurists Glanvill, Bracton and Edward Coke. Other scholars in the early modern period include Blackstone, Sir Henry Maine, Sir Frederick Pollock, and Frederick William Maitland. From 1900 onwards, Sir William Holdsworth, Edward Jenks, Theodre Plucknett, Florence Harmer, Milsom, Sir John Baker, and James Holt have all had great achievements in the research field of common law writs. Besides, the Belgium distinguished jurist R. C. van Caenegem is another important scholar in this research area. As Caenegem once said, anyone who studies English institutions at any time from the reign of Aethelred II to our own day is bound to come across the writs and the writ system.

This book is a study of the common law writs. It attempts to clarify the Definition, Origin, Evolution, Classifications, and the judicialization of the wirts. It also discusses the interrelationship between the writs and forms of action, the history and present of the writ of *Habeas Corpus*, and the function or the historical value of the common law writs. The paper is to argue that the common law writs had gone through development processes from the executive writs to judicialized writs. The common law spirit which values procedure over substantive rights was formed in these processes. When their mission had been fulfilled, the writs and the corresponding forms of action must disappear. However, like Maitland once said: "The forms of action we have buried, but they still rule us from their graves", the Anglo-American law is still haunted by the writ system and the forms of action.

Besides the introductory chapter, the book falls into seven chapters. In the first Chapter, the historical background of the common law writs is outlined with special reference to the ancient English law courts. There used to be three categories of judicial power in England, viz. communal judicial power, seigniorial judicial power, and royal judicial power; these three kinds of judicial power are carried out separately by three different court systems, the communal courts, the feudal courts and the royal courts. The communal courts are mainly comprised of the county court, the hundred court, and the frankpledge. The feudal courts are composed of the seigniorial court and the manorial courts. The royal courts or King's Courts, also known as the "*curia regis*", are divided into three courts, namely the court of common pleas, king's (queen's) bench and the exchequer.

The second Chapter deals with the definition, origin and the several phases of the English writs. This article concludes that the common law writs are different from the *interdictum* in Roman law. The formal origin of the common law writs can be traced to the Anglo-Saxon period, approximately the 9th or 10th century. The old Anglo-Saxon writs continued to be used in the reigns of the Conqueror William I and the William II (1066—1100); Writs were greatly developed in the reigns of Henry I and Stephen (1100—1154); and the writs were in their blossom in the reign of the Henry II (1154—1189). The common law writs were continued to be developed in the reigns of the Richard I, John and Henry III (1189—1272), and they got into shape and became fixed in the reign of Edward I (1272—1307). From the reign of Edward II (1307—1327) onward, the writs became decadent and were gradually repealed.

In the third Chapter, the divisions of the common law writs were examined. The writs can be either roughly divided into the executive writs and the judicialized writs or divided into the writs of right and the prerogative writs (extraordinary writs). The writs of right include the Writs of Right Proper and the Writs in the Nature of Writs of Right. The Writs of Right Proper can be further divided into the Writ of Right Patent and the Writ of Right *Praecipe in Capite*. The Writs in the Nature of Writs of Right mainly include the Writ of Right *de rationabili parte*, the Writ of Right of Advowson, the Writ of Right of Dower, the Writ of Dower *Unde nihil habet*, and the Writ of Formedon. The writs of right can also be divided into the original writs and the judicial writs. The original writs can be best represented by the Praecipe Writs, Plaints of Wrong, Trespass and Trespass on the Case. Lastly, the prerogative writs are comprised of the following writs: the writ of *habeas corpus*, the writ of mandamus, the writ of *certiorari*, the writ of *prohibitionquo warranto*, the writ of *Ne exeat*, the writ of *Scire facias*, and the writ of *procedendo*.

The fourth Chapter is to argue that the judicialization of the writs plays a key role in the realization of the centralization in England. This chapter fully explains the legal reforms of Henry II. The several innovative means employed by Henry II included the enacts or the edicts passed by the King, e. g. the *Constitutions of Clarendon*, the *Assize of Clarendon*, the *Assize of Novel Disseisin*, Inquest of Sheriffs, the *Assize of Northampton*, and the *Assize of Arms*. In addition, through the use of professional courts composed of the professional lawyers, the development of the writs system, the assize system and the jury system, Henry II successfully established a centralized nation. The paper concludes that the judicialization of the writs was of primary importance in the governance of the county in England.

The Chapter V is about the practical usages of the writs. In this chapter, the author mainly focus on the forms of action. The article concludes that the procedural system of a county either belongs to a formulary system of procedure or a non-formulary system of procedure. Undoubtedly, the English procedural system was strongly characterized by its strict forms of action. The forms of action in England went through five historical periods. The first period, 1066—1154; the second period, 1154—1189; the third period, 1189—1272; the fourth period, 1272—1307; and the fifth period, 1307—1833. The forms of action were classified into three forms, and they were real actions, personal actions, and mixed actions.

There were 10 most important actions in the English legal history, (1) Debt, (2) Detinue, (3) Covenant, (4) Replevin, (5) Special Assumpsit, (6) General Assumpsit, (7) Trespass, (8) Trespass on the Case, (9) Ejectment, and (10) Trover.

The Chapter VI pays particular attention to the most important prerogative writ, the writ of *habeas corpus*. This chapter examines the definition, origin, and the development of the *habeas corpus*. *Habeas Corpus Act* in the English legal history can be compared with the *Magna Carta* of 1215. When the *habeas corpus* was brought to America by the colonists, it took root in the U. S. A. and became the only common law writ written in the U. S. Constitution. The sources of this constitutional clause include its practice in England, *Address to the People of Quebec*, early state constitutions, *Ordinance of 1787 for the Government of the North-west Territory*, the colony charters and doctrinal writings. In U. S. history, Jefferson, Jackon, Lincon and George W. Bush all attempted to suspend the *habeas corpus*. As the outcome of the tradition of the separation of powers and the checks and balances, *habeas corpus* naturally faces its fate as the executive power dominates in the U. S. A.. The Boumediene v. Bush of 2008 temporarily saved the life of *habeas corpus*.

The Chapter VII (concluding chapter) deals with the historical value of the common law writs. The paper concludes that the writ system is of affirmative significance to the formation of the procedural law. And since the writ system requires specific forms of action and proper procedures while strengthening the priority of the procedure over the substantive rights, it plays a key role in the birth of the doctrine of "remedies precede rights". The common law writ system is also crucial to the development of the substantive law, practically the modern contract law, tort law, property law, and inheritance law. The path of the writs shows a process from the specific to the abstract, and this is well illustrated by the forms of action. In addition, the historical functions or influences of the common law writs can also be found in the following aspects, the formation of the legal profession, the perfection of the court system, the establishment of the centralization, the limitation of the monarchical power, the independence of judicature, and the Anglo-American legal education with its unique characteristics.

目　　录

导　言 …………………………………………………………… 1

第一章　令状发展的法律背景：旧的英国法院体系 …………… 36
　　一、社区法院 ………………………………………………… 38
　　二、领主法院 ………………………………………………… 47
　　三、国王法院 ………………………………………………… 50
　　四、衡平法院 ………………………………………………… 59

第二章　令状的概念、起源及其嬗变 …………………………… 63
　　一、令状的概念 ……………………………………………… 63
　　二、普通法令状的起源及其嬗变 …………………………… 75

第三章　令状的谱系考证 ………………………………………… 102
　　一、令状的分类 ……………………………………………… 102
　　二、权利令状 ………………………………………………… 109
　　三、非常令状 ………………………………………………… 145

第四章　行政令状的司法化：中央集权实现的途径 …………… 154
　　一、行政令状与行政令状的司法化 ………………………… 154
　　二、令状的司法化与亨利二世法律改革 …………………… 169

第五章　程式诉讼：司法化令状的具体运用 …………………… 189
　　一、概说 ……………………………………………………… 189
　　二、程式诉讼产生的背景及其发展 ………………………… 200

三、程式诉讼的分类 …………………………………………… 210
第六章 人身保护令状：从特权到人权 ……………………………… 250
　一、人身保护令状之概念、起源与嬗变 ……………………… 251
　二、人身保护令状在美国的确立与发展 ……………………… 272
　三、恐怖主义与人身保护令状的中止 ………………………… 292
　四、人身保护令状的功能与申请程序 ………………………… 311
第七章 令状的制度作用与历史价值 ………………………………… 335
　一、令状与令状主义 …………………………………………… 336
　二、令状的历史价值 …………………………………………… 338
参考文献 …………………………………………………………………… 354
索引 ………………………………………………………………………… 367
英国王室世系表 …………………………………………………………… 378
后记 ………………………………………………………………………… 382

Contents

Introduction ··· 1

Chapter I　The Legal Background of the Common Law Writs: the Ancient English Law Courts ································ 36

　1. Communal Courts ·· 38
　2. Seigniorial Courts ·· 47
　3. Royal Courts ·· 50
　4. Court of Equity ·· 59

Chapter II　Origin and Historical Development of Common Law Writs ·· 63

　1. What are Common Law Writs ·· 63
　2. Origin and the Development of Common Law Writs ················ 75

Chapter III　The Divisions of the Common Law Writs ············ 102

　1. The Classification of the Writs ·· 102
　2. The Writs of Right ·· 109
　3. Extraordinary Writs ·· 145

Chapter IV　The Judicialization of the Writs as a Way of Realizing the Centralization in England ································ 154

　1. The Executive Writs and the Judicialization of Executive Writs ······ 154
　2. The Judicialization of the Writs and the Legal Reforms of Henry II ······ 169

Chapter V　The Forms of Action: Applications of the Judicialized Writs ·· 189

    1. A General Survey ……………………………………… 189

    2. The Evolution of the Forms of Action ………………… 200

    3. The Classification of the Forms of Action ……………… 210

Chapter VI   The Prerogative Writ of *Habeas Corpus* and Its Role in Protection of Constitutional Rights ……………… 250

    1. Origin and Development of the Writ of *Habeas Corpus* ………… 251

    2. The Writ of *Habeas Corpus* as the Only Common Law Writ Written in the U. S. Constitution …………………………………… 272

    3. Terrorism and the Suspension of the Writ of *Habeas Corpus* ……… 292

    4. Function of the Writ of *Habeas Corpus* and Application for Such a Writ ………………………………………………… 311

Chapter VII   The Institutional and Historical Value of the Common Law Writs. ………………………………………… 335

    1. Writs and Warrant Clause ……………………………… 336

    2. Historical Value of the Common Law Writs ……………… 338

Works Cited ……………………………………………………… 354

Index ……………………………………………………………… 367

Line of Succession to the English Royal Throne ………………… 378

Postcript ………………………………………………………… 382

导　言

令状制度、陪审团制度或许还有巡回审判制度是学者们在考察普通法诞生或形成时必定考察的对象。在西方法学史中，早在中世纪时期，就有一大批著名法学家如格兰威尔（Ranulf de Granville，1130—1190 年）、布拉克顿（H. D. Bracton，约 1216—1268 年）、科克（Sir Edward Coke，1552—1634 年）[1]等人曾对令状制度及相关问题有过深入细致的研究。

近代以后，许多法学家如布莱克斯通（Sir William Blackstone，1723—1780 年）、梅因（Sir Henry James Sumner Maine，1822—1888 年）、波洛克（Sir Frederick Pollock，1845—1937 年）和梅特兰（Frederic William Maitland，1850—1906 年）等人，也均对令状制度研究青睐有加。20 世纪以后，霍兹沃斯（Sir William Searle Holdsworth，1871—1944 年）、甄克思（Edward Jenks，1861—1939 年）、普拉克内特（Theodore Frank Thomas Plucknett，1897—1965 年）、哈默（Florence Elizabeth Harmer，1890—1967 年）、密尔松（S. F. C. Milsom，1923—　）、贝克（Sir John Hamilton Baker，1944—　）及霍尔特（James C. Holt，1922—　）等英国法学家在令状研究领域成果丰硕。

此外，比利时著名法学家卡内冈（R. C. Van Caenegem）也是这一

---

[1] Coke 的发音同 Cook，实际上翻译为"库克"为好。为避免引起歧义，本书遵从学界通用的"科克"译法。科克的生卒年月来自英文维基百科全书，http://en.wikipedia.org/wiki/Edward_Coke，访问时间：2008 年 10 月 23 日。

研究领域的代表性人物。令状制度是法律史学者无法绕得过去的一个重要问题。作为一名法律史研究者,无论你是谁,只要对从艾塞雷德二世(Aethelred II,978—1016年)至今日之任何一时期的英国法律制度作研究,都一定无法绕开令状这一法律制度。①

一、英国法学家令状研究述略

(一)中世纪时期英国法学家对于令状的研究

在英国法学史上,早在中世纪时期,就有一大批著名法学家对令状制度及相关问题有过深入细致的研究。笔者在此重点介绍格兰威尔、布拉克顿、科克等代表人物以及《令状方式集》这一重要文献。

早在12世纪时,著名法学家格兰威尔——这位我们能够追溯到的最为久远的英国法学大师,就对令状制度有过详细的研究。格兰威尔的奠基之作——《英格兰王国的法和习惯》②是对当时约50种王室令状的注释。③此书通过记录、整理、汇编国王关于各种诉讼的令状,对

---

① R. C. Van. Caenegem, *Royal Writs in England from the Conquest to Glanvill*, London:Selden Society, 1958, p. 107.

② 《英格兰王国的法和习惯》最初由拉丁文写成,分14册,原书名是 *Tractatus de Legibus et Consuetudinibus Regni Angliae*;其英文名常翻译为"*The Treatise on the Laws and Customs of the Realm of England*"。这一著作到底是否真由格兰威尔所作,学界有过争议,例如有人认为它由格兰威尔与其侄子胡伯特·瓦尔特合著。参见沈宗灵:《比较法研究》,北京大学出版社1998年版,第206页。此外,《英格兰王国的法和习惯》还常被人们称为《格兰威尔》(*Glanvill*),它约成书于1187—1189年间。该书的权威英文版本由G. D. G豪尔(Hall)编辑与译注,于1965年在伦敦出版。这一著作的日文版名为《中世纪英格兰王国的法和习惯》,由松村胜二郎翻译,日文名照录如下"中世イングランド王国の法と慣習:グランヴィル",由明石书店于1993年出版。《英格兰王国的法和习惯》被誉为"英国法律史上论述普通法的最早的专著",这是英国著名法制史学家霍兹沃斯对这一著作的评价。

③ 参见[美]腓特烈·坎平:《盎格鲁—美利坚法律史》,屈文生译,法律出版社2010年版,第106页。

有关令状的诉讼方式、程序作了适当论述，并阐明了国王法院的管辖权。① 后世法学家正是通过格兰威尔的研究成果，才得以了解当时的审判实践、诉讼程序以及普通法形成时的状况。

比利时学者卡内冈感叹道，格兰威尔著作的巨大价值就在于，其将当时的令状及诉讼程式作为一个整体，连同相当数量的实体法一起，进行了系统化的把握和描绘。② 著名学者夏勇先生对其评价甚高，他认为"作为英格兰普通法的第一部系统著作，1187年格兰威尔的《论英格兰王国的法律与习惯》总结了亨利二世在法律技术和法律规则方面的变革，增强了王室法律的确定性和权威性，是法律科学的一次革命。"③ 格兰威尔在以令状形式界定王室司法管辖权的同时限制了这种管辖权，使"令状统治"富有法治的意味。因此我们发现，诺曼人的法律制度已表现出对法治原则的喜好。

布拉克顿是继格兰威尔后英国法制史上又一位著名的法学家，他的代表作《论英格兰的法律和习惯》④同样是一部关于令状的注释，它被后世英国法学巨擘梅特兰和普拉克内特等人赞誉为"中世纪法学的

---

① 参见何勤华：《英国法律发达史》，法律出版社1999年版，第50—51页。
② ［比］R. C. 范·卡内冈：《英国普通法的诞生》，李红海译，中国政法大学出版社2003年版，第43页。
③ 夏惠（勇）："法治是什么——渊源、规诫与价值"，载《中国社会科学》1999年第4期。
④ 《论英格兰的法律和习惯》最初也由拉丁文写成，原书名是"*De legibus et consuetudinibus Angliae libri quinque*"，直译为中文是《论英格兰的法律与习惯五卷》。国内学者有时还将此书翻译为《关于英国的法和习惯》、《英格兰的法律与习惯》等。此书的成书年代有争议，何勤华教授在其编的《英国法律发达史》中提到1250年（P. 53）；美国坎平教授所著的《盎格鲁—美利坚法律史》中提到的时间是1256年（P. 122）；网上大英百科全书上标明的时间则是约1235年。该书的英文名常翻译为"*On the Laws and Customs of England*"。美国学者乔治·伍德拜恩（George Woodbine）于1915—1942年间在纽黑文耶鲁大学出版社共编辑出版此书4卷；英国学者塞缪尔·索恩（Samuel Thorne）于1968—1977年间在剑桥大学出版社翻译出版了此书4卷，名为《布拉克顿论英国的法律和习惯》（*Bracton on the Laws and Customs of England*）。

皇冠和奇葩"。①在布拉克顿时代,大约有250多种令状。② 布拉克顿在这部传世之作中继承了格兰威尔的传统,通过注释令状,对各种诉讼方式进行了详细的分析、阐述。③ 整体而言,布拉克顿的著作受到了罗马法的较大影响,他使用罗马人的术语、罗马人的格言、罗马法的原理,在英国本土比较贫弱的法律基础上确立起了比较合理的体系,因而也填补了尚不健全的英国法与大陆法之间的差距。

据说,在研究布拉克顿时,英国法律史巨擘梅特兰先生曾就他的名字犯过难。梅特兰必须在布拉克顿名字的传统拼法"Bracton"和在梅特兰时代的拼法"Bratton"之间作一选择。梅特兰决定选择传统拼法:"既然他已经有几百年被叫做'Bracton',就让他永远这样叫下去吧。"④

在格兰威尔和布拉克顿之后,英国迎来了第三位最负盛名的法学家爱德华·科克。科克的法学理论主要体现在他的《英国法概要》(Institutes of the Lawes of England,1628—1644年)中。该书分为四卷,其中第一卷是科克对利特尔顿《土地法论》⑤(Littleton's Tenures)的精

---

① 梅特兰的原文是:"Bracton's book is the crown and flower of English medieval jurisprudence",即"布拉克顿的著作是英国中世纪法学的皇冠与奇葩"。参见 Sir Frederick Pollock & Frederick William Maitland, *The History of English Law Before the Time of Edward I*, London: Cambridge University Press, 1923, p. 206. 普拉克内特对此略作了修改,其原文是:"Two generations after Ranulf de Glanvill we come to the flower and crown of English jurisprudence - Bracton",即"在格兰威尔之后约六十年,我们迎来了英国法学史上的奇葩与皇冠——布拉克顿"。参见 Theodore F. Plucknett, *A Concise History of the Common Law*, Beijing: CITIC Publishing House, 2003, p. 258.

② 参见[美]腓特烈·坎平:《盎格鲁—美利坚法律史》,屈文生译,法律出版社2010年版,第106页。

③ 参见何勤华:《英国法律发达史》,法律出版社1999年版,第53页。

④ [美]斯开勒:"历史精神的体现者:F. W. 迈特兰",载《美国历史协会主席演说集》,何新等译,黄巨兴校,商务印书馆1963年,第61页。

⑤ 利特尔顿的《土地法论》(Tenures)大约是1418年或者说是印刷术介绍到英国的6年之后问世。也有人将 Tenures 译为《土地保有法》。还有的书中将其译为《论租佃》(参见《普通法的历史基础》,第IV页)。利特尔顿的《土地法论》也是用拉丁文写成。

密注释和翻译,也就是著名的《科克论利特尔顿》(Coke on Littleton)。科克在此书中不乏对令状制度的论述,他提到:"每位臣民都有三大护身之宝,分别是国王、法律以及国王令状。法律是规则,但不会说话。国王藉王室法官来断案,他们是会说话的法律。程序和执行乃法律之生命,它们恰存在于国王令状之中。"①此外,科克还对利特尔顿笔下的"权利令状"等概念作过详细解释。

此外,在中世纪时期,我们还必须提及一部令状发展史上的重要文献——《令状方式集》(Register of Writs;拉丁文 Registrum brevium)。② 令状先例被记录在1227年的《令状方式集》之中,爱德华·科克爵士称其为"最古老、最权威的普通法著作"。③《令状方式集》是中世纪英国法学研究的一个重要内容,④霍兹沃斯称它为中世纪普通法的基础,是通往中世纪诸法律原则的一个向导,也是中世纪法律运用的一种注解。⑤ 但是,这部作品出自谁人之手,仍是一个未解之谜。从中世纪英国学者留下的作品来考证,《令状方式集》的编辑出版,大约始于亨利二世(1154—1189年在位)时期。现存下来的《令状方式集》手抄

---

① 原文是:There be three things, as here it appeareth, whereby every subject is protected, viz. rex, lex, et rescripta regis, the king, the law, and the king's writs. The law is the rule, but it is mute. The king judgeth by his judges, and they are the speaking law, lex loquens. The processe and the execution, which is the life of the law, consisteth in the king's writs. Section 130a. 资料来源:http://www.commonlaw.com/Coke.html,访问时间:2008年10月25日。

② 有时也翻译为《令状登记册》或《令状录》,它是一部记录起始令状形式之著述,开始为手写本,1531年开始付诸印刷。随时代发展该书不断得以增加,书中收集的最早的令状始于亨利二世时代。参见薛波:《元照英美法词典》,法律出版社2003年版,第1168页。

③ ... the Register is "the name of a most ancient book and of great authority in law". See Elsa De Haas, The Early Thirteenth Century Register of Writs, 7 U. Toronto L. J., 1947—1948, p. 197.

④ 参见何勤华:《西方法学史》(第二版),中国政法大学出版社1996年版,第294页。

⑤ W. S. Holdsworth, A History of English Law(vol. 2), London: Methuen & Co. Ltd., 1923, p. 520.

本均出自私人之手,有的系僧侣所作,有的系法律执业者所作。[1] 在英国,现代学者研究《令状方式集》的成果,最权威的当数梅特兰发表于《哈佛法律评论》上的论文[2]——《起始令状方式集之历史》(*The History of the Register of Original Writs*),此文后被收录于美国法学院学会编辑的《盎格鲁—美利坚法律史论谭》(第 II 卷)[3]和由梅特兰妻弟费希尔[4]编辑的《弗里德里克·威廉·梅特兰文集》(第 II 卷)。[5] 但是,普拉克内特同时指出,梅特兰在论文中提出的问题远比他能够解决掉的还要多。[6]

(二)近代英国法学家对于令状的研究

对英国人来说,17 世纪是一个取得了巨大成就的时代。此后,随着英国资本主义的形成和发展,资产阶级革命的酝酿和爆发,法学家们用资产阶级的世界观对封建法律制度和原则作出了新的解释,加上同一时期议会或颁布或确立了大量包含资产阶级原则和内容的新法律,英国的法学开始走上近代化道路。[7] 这一时期的许多法学家如布莱克

---

[1] Theodore F. Plucknett, *A Concise History of the Common Law*, Beijing: CITIC Publishing House, 2003, p. 276.

[2] 参见何勤华:《西方法学史》(第二版),中国政法大学出版社 1996 年版,第 294 页。具体是在该刊的第 3 卷,第 97、167、212 页。

[3] Various authors, *Select Essays in Anglo-American Legal History* (vol. 2), Boston: Little, Brown & Company, 1908, pp. 549—596.

[4] 费希尔(Herbert Albert Laurens Fisher,1865—1940 年),英国历史学家,牛津大学新学院教员,后曾任谢菲尔德大学副校长(1912—1916 年)、英国教育委员会主席(1916—1922 年)等职。曾著有《中世纪的帝国》(*The Medieval Empire*)、《梅特兰传》(*Frederick William Maitland: A Biographical Sketch*)。参见陈灵海:"英国法史学的"汉马克拉维"——纪念弗里德里克·梅特兰逝世 100 周年",载《中外法学》2006 年第 4 期。

[5] H. A. L. Fisher, *The Collected Papers of Frederic William Maitland* (vol. 2), Cambridge: Cambridge University Press, 1911, pp. 110—173.

[6] Theodore F. Plucknett, *A Concise History of the Common Law*, Beijing: CITIC Publishing House, 2003, p. 277.

[7] 参见何勤华:"法学近代化论考",载《政治与法律》1999 年第 2 期。

斯通、梅因、波洛克和梅特兰等人,均对令状制有过深入研究。

布莱克斯通是英国法制史上一座无法轻易翻越的高山。他的名字和法律之联系如此紧密,以至于在后人的口中,"to read Blackstone"(读布莱克斯通的书)竟然成了"to study law"(研读法律)之意,①他的影响之大也由此可见一斑。布莱克斯通的代表作是著名的《英国法释义》(Commentaries on the Laws of England,1765—1769)。人们通常以为该著作的第三卷是讨论实体法的内容,然实际上它讨论的多是"程式诉讼"(forms of action)。在布莱克斯通的时代,虽然令状制度在历史中已经有过一些变化和改革,但仍然有 70—80 种不同的"程式诉讼"。② 对于这一重要问题,布莱克斯通主要采用分类的方法对这些繁杂的诉讼程序和规则分别做了列举和描述。

梅因的全名为亨利·詹姆斯·萨姆那·梅因,是 19 世纪英国著名的法律史学家,历史法学派在英国的代表人物。他对于令状制度的研究主要包含在其代表作《古代法》(Ancient Law,1861)和《古代法律与习惯》(Early Law and Custom,1883)之中。他的贡献主要集中在以下几点。

第一,梅因对英国的令状制度和罗马法的程式诉讼进行过比较,并得出了令人信服的结论。他指出,十分相似的控告方式,③使古罗马和英国的法律实务者都更多地注意诉讼类型,而不注重实体权利,他们更

---

① 参见[美]腓特烈·坎平:《盎格鲁—美利坚法律史》,屈文生译,法律出版社 2010 年版,第 74 页。
② 仝宗锦:"布莱克斯通法律思想的内在逻辑",载郑永流:《法哲学与法社会学论丛》(第九期),北京大学出版社 2006 年版。
③ 普通法在中世纪的发展,许多方面同罗马法的发展十分相似。在古罗马和英格兰,原告只能从一位非司法官员(古罗马是执政官,英格兰是大法官(原文如此,但笔者怀疑应是"文秘署"而非"大法官"))那里获得特殊的权利请求文书(古罗马是诉讼程式,英格兰是令状),其权利才能得到保护。在这两种制度中,权利请求的文书数量都有一定限制,并都加以登记汇编(在古罗马称为《永久性敕令集》(Edictum perpetum),在英格兰称作《令状方式集》(Register of Writs),经过一定时间,随着新请求的出现,这种文书表格的数量便不断增加(在罗马有"准诉权"(actiones utiles),在英格兰有"同类案件"令状。参见[德]K. 茨威格特、H. 克茨:《比较法总论》,潘汉典、米健、高鸿钧、贺卫方译,法律出版社 2003 年版,第 279 页。

感兴趣的是那些可以归属到不同诉讼或令状的具体事实,而不是以某种合理的方式为基础将实体法精制成一个体系。所以,罗马法和中世纪英格兰普通法都被"程序的思考"所主宰着;在这两种制度中,实体法规则的形成晚于程序法规则,实体法"隐蔽于程序法的缝隙之中"。①令状决定程式诉讼和司法救济方法,而没有司法救济的方法,也就没有权利,这也就是人们所谓的"没有程序就没有权利,没有救济就没有权利",也是梅因说的普通法是"在程序的缝隙中渗透出来的"缘故。

第二,梅因对于"法律拟制"(legal fictions)这一与令状制度休戚相关的概念有十分透彻的论述。整个《古代法》第二章的标题就是"法律拟制"。法律拟制是指在法律上假定为真的原则,包括把本来为假的事假定为真,这种假定是不容反驳的。亨利二世时期,国王法院主要靠法律拟制获得了广泛的管辖权。它们(法律拟制)能满足并不十分缺乏的改进的愿望,而同时又可以不触犯当时始终存在的、对于变更迷信般的嫌恶。②

假如说布莱克斯通和梅因对于"程式诉讼"或令状的研究尚不够全面、深入,研究方法也尚嫌单一或者说主题不够集中的话,那么被陈灵海博士誉为英国法学史"汉马克拉维"③的弗里德里克·威廉·梅特兰

---

① 原文是:"In the infancy of Courts of Justice … substantive law has at first the look of being gradually secreted in the interstices of procedure."中文参见[英]梅因:《早期的法律和习惯》,1889年第389页。转引自K.茨威格特、H.克茨:《比较法总论》,潘汉典、米健、高鸿钧、贺卫方译,法律出版社2003年版,第279页。

② [英]梅因:《古代法》,沈景一译,商务印书馆1996年版,第16页。

③ "汉马克拉维"是贝多芬第29号钢琴奏鸣曲的曲名。"汉马克拉维"的原意是"椎子琴"。这首奏鸣曲难度极大,要求演奏家进行单人双手四独立声部的演奏,迄今未有钢琴家能够独立完成。据说贝多芬创作这首曲子,就是为了那些技术越来越好的钢琴家们"五十年里都有事可做"。将梅特兰称喻为"英国法史学的汉马克拉维",不是因为梅特兰热衷钢琴音乐,也不是因为他去世时的年龄正好是贝多芬创作"汉马克拉维"时的年龄,而是因为梅特兰曾被称为"历史学家中的历史学家"(historian's historian),而这首"汉马克拉维"恰恰是"钢琴曲中的钢琴曲"。他们拥有某些共同点:体系丰厚完整,内容博大精深,无论铿锵处电闪雷鸣,抑或轻柔处如诗如画,都能成一家之言,当世同侪罕能相匹。参见陈灵海:"英国法史学的'汉马克拉维'——纪念弗里德里克·梅特兰逝世100周年",载《中外法学》2006年第4期。

教授则应是当之无愧的令状制度研究现代奠基人。① 鉴于梅特兰是英国令状制度研究的集大成者,本书将对于这位伟大人物的生平作一个较为详细的概括。

第一,梅特兰生平考略。梅特兰先生的全名是弗里德里克·威廉·梅特兰,②于 1850 年 5 月 28 日出生在一个书香门第。但他自幼丧母,③13 岁丧父,④后曾同祖父萨缪尔·罗菲·梅特兰(Sameul Roffey Maitland,1792—1866 年)生活在一起,⑤并受到了祖父很大的影响。祖父曾任坎特伯雷大主教兰布斯宫的图书馆长,写过许多关于中世纪宗教史的著作。⑥ 梅特兰的祖父十分清楚,过去的制度只有在结合它们的背景考察时才能被理解;他也同样清楚地知道,一个 19 世纪的人,即使他是一个历史学家,也绝不能始终如一地体会到中世纪的精神。⑦ 从这些方面来看,梅特兰受惠于他祖父的程度无疑十分巨大。

父亲去世那年(1863 年),梅特兰在其舅父的带领下来到了著名的伊顿公学(Eton College),并在这里打下了良好的语言基础,特别是拉丁语基础。1869 年 10 月,梅特兰进入剑桥大学三一学院(Trinity Col-

---

① 除陈灵海博士外,李红海博士等学者也曾就梅特兰先生的生平和学术经历有过十分细致、精彩的叙述。参见李红海:《普通法的历史解读——从梅特兰开始》,清华大学出版社 2003 年版,第 2—40 页。
② 在国内,也有人将 Maitland 翻为"迈特兰",参见[美]斯开勒:"历史精神的体现者:F. W. 迈特兰",载《美国历史协会主席演说集》,何新等译,黄巨兴校,商务印书馆 1963 年版,第 42—67 页。
③ 参见李红海:《普通法的历史解读——从梅特兰开始》,清华大学出版社 2003 年版,第 2 页。
④ 他的父亲名叫约翰·戈汉姆·梅特兰(J. G. Maitland,1818—1863 年),是一名律师,就像后来梅特兰的经历一样,执业很不成功,并且英年早逝。
⑤ 祖父萨缪尔·罗菲·梅特兰是一名牧师,同时也是一位历史学家,在此期间,梅特兰受到祖父的历史学思想、观念和方法的影响。
⑥ [美]斯开勒:"历史精神的体现者:F. W. 迈特兰",载《美国历史协会主席演说集》,何新等译,黄巨兴校,商务印书馆 1963 年版,第 43 页。
⑦ [美]斯开勒:"历史精神的体现者:F. W. 迈特兰",载《美国历史协会主席演说集》,何新等译,黄巨兴校,商务印书馆 1963 年版,第 44 页。

lege，Cambridge)学习文学。他最初的兴趣所在是音乐、数学和体育，但不久后，他便深受英国著名哲学家亨利·西奇维克(Henry Sidgwick)思想的影响。

22岁时(1872年)梅特兰进入林肯律师公会(Lincoln's Inn)学习法律，并于 1876 年获得律师资格并开始在罗杰斯(Rogers)律师行开始从事衡平法地产交易契据方面的业务。但他后来越来越感觉自己的兴趣正远离实务而转向法律史。1881 年 11 月 14 日，他当选剑桥大学的英国法高级讲师(Reader in English Law)。之后，他发表了一系列法律史论文、论著及讲义，并整理了大量的法律史料。

梅特兰在 34 岁时(1884 年)将法史学研究确定为自己终生为之奋斗的事业。1887 年，他创建了塞尔登协会(Selden Society)，并成为"塞尔登协会移动的灵魂(moving spirit)"。① 1888 年，他出任剑桥大学英国法唐宁讲席教授。

梅特兰一生勤勉，但不幸为病痛所折磨。从 1890 年代中期起，他就陷入了健康危机，他的胸肺功能非常虚弱。1906 年 2 月，他在前往大加纳利群岛(Grand Canary)的例行休养中患病，并于 1906 年 12 月 19 日在大加纳利的拉斯帕尔马斯(Las Palmas)与世长辞。②

第二，梅特兰的学术成就。从 1884 年始到 1906 年去世为止，在短暂的 22 年中，梅特兰共完成各类著述 82 种，包括主要著作如《爱德华一世之前的英国法》，③讲义如《衡平法》和《普通法的程式诉讼》，演讲

---

① 波洛克语。Sir Frederick Pollock, "Frederic William Maitland" in V. T. H. Delany (edited), *Frederic William Maitland Reader*, p. 26.

② William Holdsworth, *Some Makers of English Law: The Tagore Lectures 1937—1938*, Cambridge: Cambridge University Press, 1938, p. 264.

③ 《爱德华一世之前的英国法》无疑是梅特兰的代表作，虽然作者是由他与波洛克联署，而且波洛克为第一著者，但实际上其中的大部分内容是由梅特兰完成的，而且，梅特兰甚至对波洛克完成的部分不甚满意。李红海则在《普通法的历史解读——从梅特兰开始》一书中花大篇幅着墨论述了"梅特兰与《英国法律史——爱德华一世以前》"，他还以"为什么是'P&M'?"为题，交待了梅特兰和波洛克合作的经过。

如《为什么英国法律史还没有写出》以及塞尔登协会丛书等诸多作品，总计超过1000万字。正如波洛克在评价梅特兰时所说的那样，尽管梅特兰在法史学方面的工作时间并不长，但是"也许有人，但绝对不会太多，能像梅特兰那样在22年时间内完成如此令人震惊的著作"。波洛克又说："能以如此高的质量完成这些著作，更是我闻所未闻。"①

霍兹沃斯在梅特兰这位鸿学硕儒死后32年（1938年）的一场讲座中，认为梅特兰所以能取得如此之多、如此之高的学术成就，概有如下几点原因：一、梅特兰是位饱学的法学家，他知道研究历史的目的。二、梅特兰是位学富五车的历史学家，故而能将故纸堆中的法律规则同当时的政治、社会及经济因素联系在一起。三、梅特兰有着精益求精的治学精神，他总是在追求到最佳的史料才满意。四、梅特兰的学术研究极具个性，他从不满足于对理论或规则的抽象叙述，他总是希冀于在具体事件中来检验它们。②

第三，梅特兰的研究方法。首先，梅特兰的作品具有深度的"历史感"和"时间深度感"。斯开勒于1951年12月29日在纽约举行的美国历史学会年会上宣读论文时曾说：梅特兰比任何其他历史学家都更为我所重视——主要并不是由于他所研究的题目，而是由于他的方法、他的深刻见解和他那宏伟的历史感（historical sense）。③ 他还说：梅特兰具有敏锐的时间深度感（sense of time-depth），因此，他和祖父一样对时代错误（anachronism）深为厌恶；我们可以从他那里得到的宝贵教训

---

① 陈灵海："英国法史学的'汉马克拉维'——纪念弗里德里克·梅特兰逝世100周年"，载《中外法学》2006年第4期。
② William Holdsworth, *Some Makers of English Law: The Tagore Lectures 1937—1938*, Cambridge: Cambridge University Press, 1938, p. 277.
③ ［美］斯开勒："历史精神的体现者：F. W. 迈特兰"，载《美国历史协会主席演说集》，何新等译，黄巨兴校，商务印书馆1963年版，第42页。

之一就是,历史学家必须时刻保持警惕,预防染上这一历史病症。① 在受到兰克学派(Lanke School)的影响下,梅特兰十分注意史料的还原。越是对史学方法有诸多论述的学者,他引述越少;反之,越是通过史料本身还原史实的学者,他引述的越多。他还说:在英国法律界对中世纪英国法律史的传统看法上"提前让现代思想出现"是一种"易犯的罪恶"。②

其次,除上述"历史感"和"时间深度感"之外,梅特兰的著述中还隐藏着一种深深的、不易发现的日耳曼主义情怀。事实上,梅特兰法史学中的日耳曼主义,与萨维尼(F. yon Savigny,1781—1861 年)为代表的德国历史法学派有着千丝万缕的关系。梅特兰后来承认,正是萨维尼开拓了他的视野,在这种视野中,法律应当被这样看待:它们是人类生活的产品、人类需求的表达、社会意志的宣告,因此对于法律的理性视角,只应从历史的高度看待。梅特兰对萨维尼的评价之高,到了令人惊诧的地步,他甚至没有说萨维尼是"19 世纪的阿佐",而是说阿佐是"13 世纪的萨维尼"。③

再次,梅特兰身上体现出一种必要的怀疑精神,他对于传统或是权威的观点从不盲信,他提醒人们要警惕传统和权威的先见、政治与宗教的偏见,以及那些缺乏现实基础的理论。④ 梅特兰发现,梅因的一些理论,看起来雄心勃勃,一旦放到证据的显微镜下,就立刻变得不那么站得

---

① [美]斯开勒:"历史精神的体现者:F. W. 迈特兰",载《美国历史协会主席演说集》,何新等译,黄巨兴校,商务印书馆 1963 年版,第 59 页。

② [美]斯开勒:"历史精神的体现者:F. W. 迈特兰",载《美国历史协会主席演说集》,何新等译,黄巨兴校,商务印书馆 1963 年版,第 60 页。

③ 陈灵海:"英国法史学的'汉马克拉维'——纪念弗里德里克·梅特兰逝世 100 周年",载《中外法学》2006 年第 4 期。

④ 李红海:《普通法的历史解读——从梅特兰开始》,清华大学出版社 2003 年版,第 29 页。

住脚了,例如他关于法律发展的结论是错误的、不可接受的。梅特兰追求自由的史学观,他认为梅因过多地受制于自己先前已经设定好了的结论,依此寻找资料,所以,梅因的研究也就变得不再自由了,当然免不了被结论所束缚,从而无法用更全面的史料审慎地考验其结论的可靠性。①

最后,梅特兰的作品体现了"旧事仍需旧观"的精神。梅特兰认为,"以新观旧"就是把后代的兴趣、思想、态度和标准反推到过去某一时代中去的做法,多半会使我们对种种历史运动和倾向、种种人类动机以及一般价值所作的解释远离事实。譬如说,不能因为布拉克顿没有遵守注明引文出处的现代准则,就给他加上剽窃的罪名,因为当时没有任何人这样做,"文字共产主义"是当时的文坛制度。②

第四,梅氏文风及其语言天赋。在所有纪念梅特兰的文章中,几乎没有人不赞扬梅特兰的语言风格的,他也因而被后人称为"历史语义学家",也难怪,像梅特兰这样一个思想严密的人,必然会很关心语词的精确意义、语词和语词之间的微妙差别,以及语词在不同用法上的不同含义。他曾指出一个词往往长期兼具两种意义,一种是专门的法律意义,一种是一般的比较含糊的意义。

梅特兰认为,到 16 世纪,英国法学家发明了足够多的专门术语,并具有了精确的思想,这在他看来绝不是一件小事。他说:专门术语的丰富使习惯法在外国法的影响面前变得坚强和不可传染。如果它不是那么专门和较为朴素,"罗马精神就会像流行于德国那样流行于英吉利"。③

梅特兰还有着很强的语言学习天赋,他不但精通拉丁语,整理了许

---

① 陈灵海:"英国法史学的'汉马克拉维'——纪念弗里德里克·梅特兰逝世 100 周年",载《中外法学》2006 年第 4 期。
② [美]斯开勒:"历史精神的体现者:F. W. 迈特兰",载《美国历史协会主席演说集》,何新等译,黄巨兴校,商务印书馆 1963 年版,第 59 页。
③ [美]斯开勒:"历史精神的体现者:F. W. 迈特兰",载《美国历史协会主席演说集》,何新等译,黄巨兴校,商务印书馆 1963 年版,第 63 页。

多拉丁文法律史料(如《布拉克顿笔记》),而且精通法语,他与波洛克通信时,时而用法语、时而用英语,就好像用的是同一种语言似的。此外,他还精通德语,而且水平相当高,他于 1900 年翻译的祁克(O. Gierke)的《中世纪政治思想》(*Political Theories of the Middle Ages*)至今仍是该书最经典的英译本。①

第五,梅特兰对后世的影响。正如自称为梅特兰学生的霍兹沃斯爵士所言,梅特兰对于后世英国的影响可以总结为以下三点。首先,梅特兰身先垂范,在对待英国法渊源时坚持一种"史学批判"(historical criticism)的精神,教给了我们最宝贵的治学态度。其次,他提醒英国法律人在看待自己的法律制度时,不要忘记关联的别国法律制度,因为历史总有着某种程度的相似性。再次,他赓续了英国法史学同一般史学的伙伴关系——在 17 世纪及 18 世纪早期,法史学与一般史学曾比肩同行,但到 19 世纪以后,它们几乎分道扬镳,走上了两条道路——梅特兰指明了法学与史学"复归于好"的道路。②

梅特兰在其名著《衡平法及普通法程式诉讼:两大系列讲座》中的经典名言"我们已经埋葬了程式诉讼,但它们仍然在坟墓中统治着我们"③如此精辟,至今不知已被后世学者引用过多少次了。在这部著

---

① 陈灵海:"英国法史学的'汉马克拉维'——纪念弗里德里克·梅特兰逝世 100 周年",载《中外法学》2006 年第 4 期。

② William Holdsworth, *Some Makers of English Law: The Tagore Lectures 1937—1938*, Cambridge: Cambridge University Press, 1938, pp. 278—279. 另请参见 William Searle Holdsworth, *The Historians of Anglo-American Law*, New York: Columbia University Press, 1928, pp. 145—146.

③ 这部专著是在梅特兰去世(1906 年)后,由内殿会馆的蔡特律师(A. H. Chaytor)和剑桥大学三一学院的惠特克(W. J. Whittaker)共同编辑,并于 1909 年由剑桥大学出版社出版,后于 1910 年、1913 年、1916 年、1920 年、1926 年、1929 年多次重印。梅特兰的这句名言原文是:The forms of action we have buried, but they still rule us from their graves. 参见 F. W. Maitland, *Equity Also the Forms of Action at Common Law: Two Courses of Lectures*, Cambridge: Cambridge University Press, 1929, p. 296.

作中,梅特兰这位英国法律史研究的天才共用七次讲座,以程式诉讼或令状制度为主线,并分五个历史时期详细论述了不同种类的程式诉讼。此外,这部著作在末尾还附有令状选编,不但照录了原始令状的拉丁文,还配有英文翻译。事实上,梅特兰对于令状制度的研究还不止这些。

在另一位法学大师波洛克和他合著的《英国法律史——爱德华一世以前》(*The History of English Law before the Time of Edward I*)①中,虽然没有针对令状制度的专题讨论,但在此书的第六章"格兰威尔时期"(The Age of Glanvill,原书卷Ⅰ第136—173页)部分,作者仍花费了较多笔墨对亨利二世时期的"新近侵占土地之诉"(*novel disseisin*)、"起始令状制度"(system of original writs)等与令状制紧密联系的问题有详细论述。②

(三) 现代英国法学家对于令状的研究

20世纪以后,霍兹沃斯、甄克思、普拉克内特、哈默、密尔松、贝克及霍尔特等英国法学家也都对令状制度有过丰富的研究成果。

自称是梅特兰学生的威廉·瑟尔·霍兹沃斯爵士利用35年的时间(1903—1938年)完成了17卷的《英国法律史》(*History of English Law*),他将英国法律史从史前时期一直写到了1875年的司法改革。③这是一部英国法律通史类著作,霍兹沃斯在该书的第Ⅰ卷对中世纪令

---

① 这本书(2卷本)的背景有着很多的故事和花絮,比如它虽然名为波洛克和梅特兰合著但实际上大部分都是由梅特兰独立完成的。参见李红海:《普通法的历史解读——从梅特兰开始》,清华大学出版社2003年版,第52页。

② Sir Frederick Pollock and Frederic William Maitland, *The history of English law before the time of Edward I*, London: Cambridge University Press, 1923, pp. 136—173.

③ 参见[美]斯开勒:"历史精神的体现者:F. W. 迈特兰",载《美国历史协会主席演说集》,何新等译,黄巨兴校,商务印书馆1963年版,第67页。

状和现代令状进行了对比研究;在第 II 卷第 5 章对程式诉讼展开了论述。① 霍兹沃斯还著有《英美法史学家》(The Historians of Anglo-American Law)(1928 年)以及《身为法史学家的查理斯·狄更斯》(Charles Dickens as a Legal Historian)(1928 年)等。

爱德华·甄克思是英国著名法学家、社会学家,曾任伦敦法学会法学研究部主任,曾执教于剑桥大学的耶稣学院、彭布罗克学院,牛津大学的贝利奥尔学院,担任过墨尔本大学法律系主任。② 他的著作主要包括《社会通诠》(A History of Politics)(1900 年)、③《英国法简史》(A Short History of English Law)(1912 年)、④《中世纪的法律与政治》(Law and Politics in Middle Ages)(1897 年)⑤、《现代土地法》(Modern Land Law)(1899 年)、《英国民法汇纂》(A Digest of English Civil Law)(1905—1917 年)以及《维多利亚政府》(The Government of Victoria)等。甄克思还曾为美国法学会编写的"大陆法制史系列丛书"第一卷《欧陆法律史概览:事件、渊源、人物及运动》写了一篇非常精彩的"序言";⑥他的论文《论条顿法的发展》被收录在著名的《盎

---

① W. S. Holdsworth, A History of English Law(vol. 2), London: Methuen & Co. Ltd., 1923, pp. 515—525.

② 更多关于甄克思的中文研究,请参见王宪生:《语言、翻译与政治——严复译〈社会通诠〉研究》,北京大学出版社 2005 年版。该书第二章第一节是对甄克思及其《社会通诠》的详细介绍。

③ 也译为《政治简史》、《社会进化简史》、《政史撮要》等。此书中文版由严复翻译,但商务印书馆 1904 年版版权页中,将作者误标为"美国甄克思"。

④ 1912 年初版、1919 年第二版、1924 年该书出第三版。

⑤ 本书原名为:Law and Politics in the Middle Ages: With a Synoptic Table of Sources,中译为《中世纪的法律与政治》,译者是屈文生和任海涛,由中国政法大学出版社 2010 年出版。原书 1897 年出第一版,1919 年出第二版,中译本译自第二版。

⑥ 原书名是:A General Survey of Events, Sources, Persons and Movements in Continental Legal History。中译本是"世界法学名著译丛"中的一部,屈文生翻译,已于 2008 年由上海人民出版社出版。同甄克思一起为本书作序的还有美国联邦最高法院大法官霍姆斯,前者在当时的影响之大,可见一斑。

格鲁—美利坚法律史谭》第Ⅰ卷之中。① 甄克思对于令状制度的研究主要是发表在《耶鲁法律杂志》上的《英国法中的特权令状》(*The Prerogative Writs in English Law*),②其他成果散见于《中世纪的法律与政治》以及上述《英国法简史》之中。

西奥多·弗兰克·托马斯·普拉克内特的代表作是《简明普通法史》(*A Concise History of the Common Law*)(1929年)。这部著作分为上篇(Book One)和下篇(Book Two),其中下篇第一编的内容是"程序",作者用近26页的篇幅专门介绍了"程式诉讼"这一重点问题。

到20世纪50年代,弗洛伦丝·伊丽莎白·哈默女士1952年在英国曼彻斯特出版了专著《盎格鲁—撒克逊令状》(*Anglo-Saxon Writs*)。哈默在该书中收集并详细论述了大量盎格鲁—撒克逊时期的令状,她的研究表明,这一时期的大部分令状是用来宣示经济和司法管辖权的。

到20世纪60年代,密尔松出版了《普通法的历史基础》③(*Historical Foundations of the Common Law*)(1969年)。密尔松是剑桥大学圣约翰学院的英国法教授。密尔松教授认为,普通法的发展是人类思想的直接产物,而不像梅特兰所说的普通法的全部进程就是"程式诉讼"之间令人难以理解的相互作用。④ 但此书内容的安排都以令状制为主线,正如萧瀚先生在对该书作出的书评中提到的一样:

> 如果不了解令状制度,是不可能了解英国普通法历史的。因此,作者(密尔松)对令状的历史和资料的整理也贯穿于全书,在书中我们还可以了解到,由于令状的特殊性,人们的权利不可能完全

---

① 原书名是:*Select Essays in Anglo-American Legal History* Ⅰ。
② Jenks, The Prerogative Writs in English Law, 32 *Yale L. J.*, 1923, p. 523.
③ 中文译本《普通法的历史基础》译自该书第二版(1981年版),中文版于1999年由中国大百科全书出版社出版,是江平先生主编的"外国法律文库"中的一本,该书的译者是李显冬、高翔、刘智慧、马呈元。
④ 参见[美]S. F. C. 密尔松:《普通法的历史基础》,李显冬、高翔、刘智慧、马呈元译,中国大百科全书出版社1999年版,第27页。

由普通法来保护,这也是促成衡平法产生的重要因素。同时,令状制度也帮助我们更好地理解为什么在英美法系中产生了程序法(权利)是实体法(权利)之母的法律理念。①

约翰·汉密尔顿·贝克爵士则是当今英国法律史学界最为著名的学者,自 1998 年以来,他一直担任剑桥大学英国法唐宁讲席教授(Downing Professor)。② 他的著作经常为中国国内研究普通法的学者引用,我们熟知的是他的《英国法律史导论》。③ 贝克著有大量的法律史著作,④他是专门致力于研究法律史的塞尔登协会(Selden Society)

---

① 萧瀚:"读《普通法的历史基础》",载《比较法研究》2000 年第 4 期。
② 贝克曾在伦敦大学学院(University College London)担任助理讲师(1965 年)、讲师(1967 年),1971 年转会到剑桥大学,担任斯夸尔法律图书馆(Squire Law Library)馆员,1973 年后任剑桥大学法学讲师,1983 年任英国法律史高级讲师(Reader in English Legal History),1988 年任英国法律史教授。1998 年后,担任英国法唐宁教授,2003 年被封为爵士。参见英文维基百科全书:http://en.wikipedia.org/wiki/Jon_Baker,访问时间:2008 年 10 月 25 日。
③ 书名是:*Introduction to English Legal History*,由伦敦的 Butterworths 出版社出版。1971 年第一版,1979 年第二版,1990 年第三版。最新一版是 2002 年的第四版。
④ 除上述《英国法律史导论》外,他还著有:《约翰·斯佩尔曼报告》(*The Reports of Sir John Spelman*(1977))、《法国法手册》(*Manual of Law French*(1979))、《高级律师序列》(*The Order of Serjeants at Law*(1984))、《在美的英国法律文献(第Ⅰ部)》(*English Legal MSS in the USA(Part Ⅰ)*(1985))、《法律职业与普通法》(*The Legal Profession and the Common Law*(1987))、《英国法律史的渊源》(与密尔松合著)(*Sources of English Legal History*(with S. F. C. Milsom)(1986))、《约翰·波特笔记》(*The Notebook of Sir John Port*(1987))、《律师会馆的读书会与讨论会》(*Readings and Moots at the Inns of Court*(1990))、《在美的英国法律文献(第Ⅱ部)》(*English Legal MSS in the USA(Part Ⅱ)*(1990))、《詹姆斯·戴尔失传笔记报告》(*Reports from the Lost Notebooks of Sir James Dyer*(1994))、《剑桥大学图书馆英国法文献目录》(*Catalogue of English Legal MSS in Cambridge University Library*(1996))、《斯佩尔曼关于权利开示令状的读会》(*Spelman's Reading on Quo Warranto*(1997))、《辛勤劳动的纪念》(*Monuments of Endless Labours*(1998))、《卡里尔报告》(*Caryll's Reports*(1999))、《英国法传统》(*The English Legal Tradition*(2000))、《法律二身》(*The Law's Two Bodies*(2001))、《读者与读书》(*Readers and Readings*(2001))、《剑桥英国法律史》(第六卷)(*Oxford History of the Laws of England*(Vol. Ⅵ)2003)、《亨利八世时期的报告》(*Reports from the Time of Henry VIII*(2003—2004))、《内殿会馆杂集》(*An Inner Temple Miscellany*(2004))以及《1552—1558 年威廉·达利森报告》(*The Reports of William Dalison,1552—1558*(2007))等。

的现任文献督导(Literary Director)。① 贝克对令状制度及程式诉讼的研究主要集中在上述《英国法律史导论》中。此外,本书与梅特兰的《衡平法及普通法程式诉讼:两大系列讲座》②一样,书后也附有大量令状的样本和对照英文译文。

在英国,除上述几位极为著名的法史学家外,还有一些学者如霍尔特、哈德森、哈默等人也对令状制展开过深入的研究。

詹姆斯·霍尔特爵士是剑桥大学中世纪史的荣誉教授、英国社会

---

① 塞尔登协会由梅特兰于1887年创立,其宗旨在于推动英国法律史的研究。历史上,曾担任该协会文献督导的有梅特兰本人(Maitland himself)、维诺格拉多夫(Vinogradoff)、霍兹沃斯(Holdsworth)、普拉克内特(Plucknett)及密尔松(Milsom)。资料来自塞尔登协会官方网站:http://www.selden-society.qmw.ac.uk/,访问时间:2008年10月27日。关于塞尔登协会及这一学术机构的价值和贡献,有兴趣的读者还可参阅《美国律师协会杂志》(*American Bar Association Journal*)第46卷(1960年)上刊登的文章《塞尔登协会及其对美国法律人的意义》,详见 Frederick Bernays Wiener, The Selden Society and Its Significance for the American Lawyer, 46 A. B. A. J. 611—615 (1960)。在国内,陈灵海博士曾对塞尔登协会有过介绍,现照录如下:"塞尔登协会的名称,来自梅特兰崇敬的17世纪英国著名历史及语言学家、律师约翰·塞尔登(J. Seldon,1584—1654)。协会的目的,是整理和出版与英国法律史相关的资料,包括法律思想史、法律职业、法院和其他法务部门、法官和律师,甚至包括法官和律师的服饰和肖像,并将它们印制成书,以供当代的历史学者、法律学者或其他研究者使用。"参见陈灵海:"英国法史学的'汉马克拉维'——纪念弗里德里克·梅特兰逝世100周年",载《中外法学》2006年第4期。

② 此书的其中一个讲座即"程式诉讼讲座"已有中译本,取名《普通法的诉讼形式》,商务印书馆2009年版,译者是中国人民大学法学院王云霞教授和马海峰博士、彭蕾博士。姜栋和徐国栋对中文译著进行了文字校订。笔者发现,该中文译著的行文流畅,语言清晰,翻译基本精确,总体而言是一部成功的译著。尽管本书的《译者序》和正文中尚有若干处值得商榷的地方。兹举数例:第一,人名翻译有不统一的地方。如 Pollock 时而被翻译为"彼洛克"(封面内折页作者介绍处),时而被译为"波洛克"(第4页),此为正确译法)。梅特兰的名 Frederic(k)被误拼为"Fredrick"。第二,法律术语翻译有不适当的地方。如"suitor"被翻译成了"控告人"(第51页),正确翻译应是"裁判官",中世纪时期,suitor 一般由"封臣"充任,因此也可翻译为"封臣裁判官"。第三,文字表述无逻辑、不精准的地方。如本书第6页的译者序写道:"在早期,英格兰的法院体系分为郡法院、领主法院、社区法院和王室法院。"实际上,社区法院包括郡法院、百户区法院和村十户联保制,因此,表述为"在早期,英格兰的法院体系分为社区法院(包括郡法院等)、领主法院和王室法院"才是恰当的。以上的失准仅是个别现象,笔者认为,瑕不掩瑜,该译著总体上是好的。

科学院研究员,他的代表作是《大宪章》。① 在 1996 年由牛津大学出版社出版的《英国法律史:论波洛克和梅特兰的百年文集》(*The History of English Law: Centenary Essays on 'Pollock and Maitland'*)中收录了一篇霍尔特撰写的论文《亨利二世的令状》(*The Writs of Henry II*)。

约翰·哈德森(John Hudson)是圣安德鲁斯大学中世纪史教授。他有关令状制度的主要成果是《英国普通法的形成——从诺曼征服到大宪章时期英格兰的法律与社会》(*The Formation of English Common Law: Law and Society England from the Norman Conquest to Magna Carta*)(1996 年),②全书提到"令状"这一关键词的地方多达 40 多页。此外,上述《英国法律史:论波洛克和梅特兰的百年文集》也由哈德森主编。

此外,还有一些通论性的著作中也有关于令状和程式诉讼的论述。如法富特(Fifoot)的《普通法历史与渊源》(*History and Sources of the Common Law*)。③

我们必须要知道的是,在某些情况下,原告无须通过文秘署购买令状,案件也可以被审理。④ 理查森(H. G. Richardson)和塞尔斯(G. O. Sayles)合著的《亨利三世时期无令状程序案例选》(*Select Cases of Procedure Without Writ Under Henry III*)正是对这一问题的深入研究。该书列塞尔登协会丛书第 60 卷,出版于 1941 年,是该系列丛书中

---

① 该书由剑桥大学出版社出版,1965 年初版、1992 年第二版。中译本已由北京大学出版社于 2010 年出版,是该社宪政经典译丛中的一部,译者是毕竞悦、李红海、苗文龙。

② 此外他还著有《盎格鲁—诺曼英格兰的土地、法律及领主身份》(*Land, Law, and Lordship in Anglo-Norman England*)等。《英国普通法的形成——从诺曼征服到大宪章时期英格兰的法律与社会》一书已有中译本,译者是刘四新,是商务印书馆徐显明教授主编的"法学译丛"中的一部,2006 年出版。

③ Fifoot, *History and Sources of the Common Law*, London, 1949.

④ 参见[美]S. F. C. 密尔松:《普通法的历史基础》,李显冬、高翔、刘智慧、马呈元译,中国大百科全书出版社 1999 年版,第 25 页。

与令状直接有关的三部著作中的一部。

一些英国学者整理、复制并翻译了各个时期的英国王室令状。这方面的成果主要有毕晓普(R. A. M. Bishop)和皮埃尔·夏普莱斯(Pierre Chaplais)于1957年合编的《公元1100年前的英国王室令状复印本》(Facsimiles of English Royal Writs to A. D. 1100)。[1] 克朗(H. A. Cronne)和戴维斯(R. H. C. Davis)于1968年合编的《1135到1154年斯蒂芬国王、玛蒂尔达皇后及杰弗里和亨利公爵时期原始宪章及令状复印本》(Facsimiles of Original Charters and Writs of King Stephen, the Empress Matilda and Dukes Geoffrey and Henry, 1135—1154)。[2]

此外,在微观研究方面,夏普(R. J. Sharp)于1976年出版了《人身保护令法学》(The Law of Habeas Corpus),[3]该书是以1973年他在牛津大学提交答辩的博士论文为基础修改而成的。1989年,该书出第二版。戴维·克拉克(David Clark)和杰拉尔德·麦考伊(Gerard McCoy)共同出版了专著《最根本的法律权利:英联邦国家的人身保护令》(The Most Fundamental Legal Right: Habeas Corpus in the Commonwealth)。[4] 论文大概有威尔逊(Wilson)的《令状与权利》(Writs v. Rights)[5]等。

---

[1] R. A. M. Bishop and Pierre Chaplais, *Facsimiles of English Royal Writs to A. D. 1100*, Oxford: Clarendon Press, 1957.

[2] H. A. Cronne and R. H. C. Davis, *Facsimiles of Original Charters and Writs of King Stephen, the Empress Matilda and Dukes Geoffrey and Henry, 1135—1154*, Oxford: 1968.

[3] R. J. Sharpe, *The Law of Habeas Corpus* (Second Edition), Oxford: Clarendon Press, 1989.

[4] David Clark & Gerard McCoy, *The Most Fundamental Legal Right: Habeas Corpus in the Commonwealth*. Oxford: Clarendon Press, 2000.

[5] Wilson, Writs v. Rights, 18 *Mich. L. Rev.*, 225, 1920.

二、美国法学家令状研究述略

在美国众多著名法学家中,笔者注意到比奇洛(Melville Madison Bigelow,1846—1921年)、庞德(Roscoe Pound,1870—1964年)、伯尔曼(Harold J. Berman,1918—2007年)、哈斯(Elsa De Haas)、库特纳(Luis Kutner,1908—1993年)、安提奥(Chester James Antieau)、弗里德曼(Eric M. Freedman)、坎平(Frederick G. Kempin)等人对令状有较为深入的研究,其中有的学者对具体的"非常令状"(Extraordinary Writs)及更为具体的"人身保护令状"(writ of *Habeas Corpus*)有着深入或概括的研究。

梅尔维尔·麦迪逊·比奇洛是美国近代著名法律史学家,他是波士顿大学法学院的创始人。比奇洛早年在密歇根大学求学,1866年获文学学士学位,1868年获法学学士学位,1871年获文学硕士学位。分别于1896年、1912年被美国西北大学、密歇根大学授予法学博士学位。① 比奇洛的代表作主要有:《侵权行为法纲要》(*Elements of the Law of Torts*)(1878年)以及《诺曼征服以来的英国诉讼制度史:诺曼时期1066—1204年》(*History of Procedure in England from the Norman Conquests: The Norman Period 1066—1204*)(1880年)。在《诺曼征服以来的英国诉讼制度史》一书中,比奇洛教授对令状制度及程式诉讼制度有非常细致的研究。

罗斯科·庞德曾与普拉克内特合编过《普通法历史与制度选读》②

---

① 资料来源:http://law.jrank.org/pages/4744/Bigelow-Melville-Madison.html,访问时间:2009年1月17日。

② 本书实际上是一部"编著性质"的文摘类作品,汇集了英美法研究的众多相关专题。也翻译为《普通法的历史和制度释义》。关于庞德的更多介绍,参见"美国社会法学大师庞德",载何勤华:《二十世纪百位法律家》,法律出版社2001年版,第19—25页。

(Readings on the History and System of the Common Law),并在书中对令状有过论述。①

哈罗德·J. 伯尔曼在其名著《法律与革命——西方法律传统的形成》(Law and Revolution: The Formation of the Western Legal Tradition)(1983年)中对于令状和程式诉讼的论述虽不是很多,但它却为中国学者在研究令状问题时频频引用。②

塞尔登协会自1887年由梅特兰在英国创立以来,迄今为止(2009年),共出版法律史类研究著作124卷,其中与令状制直接有关的有三部。美国学者埃尔莎·德·哈斯女士于1970年贡献了三本著作中的一部——《早期令状方式集》(Early Registers of Writs),列第87卷。哈斯是美国布鲁克林学院(Brooklyn College)的一位教授。她曾与普拉克内特和豪尔(G. D. G. Hall)一同致力于此项研究,最终成果的署名是哈斯和豪尔。豪尔时任牛津大学基督圣体学院院长(President of Corpus Christi College,Oxford)。从断代来看,她们的研究对象是13世纪中叶后的《令状方式集》。哈斯也是卡内冈在其《从诺曼征服到格兰威尔时期的英国王室令状:普通法早期历史研究》一书中力荐的令状研究权威学者。除上述作品外,本书作者还掌握她于1947年发表在《多伦多大学法学杂志》(University of Toronto Law Journal)上的一篇重要论文《13世纪早期令状方式集考》(The Early Thirteenth Century Register of Writs)。③

---

① 详见此书第6章"普通法诉讼"(Common Law Actions),这一部分的内容共16页。Roscoe Pound, Readings on the History and System of the Common Law (2d ed.), 1913.

② 《法律与革命——西方法律传统的形成》的中译本先后由中国大百科全书出版社(1993年)、法律出版社(2008年)出版,由贺卫方、高鸿钧、张志铭、夏勇翻译。《法律与革命——新教改革对西方法律传统的影响》中译本于2008年出版,译者是袁瑜琤和苗文龙。伯尔曼另一部有影响的著作是《法律与宗教》,中译本由梁治平翻译,于1991年由生活·读书·新知三联书店出版。

③ Elsa De Haas, The Early Thirteenth Century Register of Writs, 7 U. Toronto L. J., 1947—1948, pp. 196—226.

在更为细致的方面,路易斯·库特纳于1962年出版了《世界人身保护令》(World Habeas Corpus)。① 威廉·杜克尔(William F. Duker)于1980年出版了《人身保护令宪法史》(A Constitutional History of Habeas Corpus)。② 美国乔治城大学(Georgetown University)的荣誉教授切斯特·安修·安提奥③著有一部《非常救济之实践:人身保护令和其他普通法令状》(2卷本,1987年)。埃里克·M. 弗里德曼出版了《人身保护令——对自由大令状的再思考》(Habeas Corpus: Rethinking the Great Writ of Liberty)。④ 弗雷德里克·G. 坎平于1973年出版了《盎格鲁—美利坚法律史》(Historical Introduction to Anglo-American Law),⑤该书是在他于1963年出版的《法律史——法律与社会变革》(Legal History: Law and Social Changes)的基础上修改而成;1990年《盎格鲁—美利坚法律史》出第三版。书中对于令状的介绍虽然不是很多,但讲解得却十分清晰。

在英国法史学家梅特兰去世后的头二三十年里,远在美国的不少学者在《耶鲁法律杂志》(Yale Law Journal)等重要学术刊物发表论文,对程式诉讼和令状展开了更为深入的研究,或许正是以此来纪念梅

---

① Luis Kutner, *World Habeas Corpus*, New York: Oceana Publications, Inc., 1962.
② William F. Duker, *A Constitutional History of Habeas Corpus*, Westport, Connecticut: Greenwood Press, 1980.《哈佛法律评论》(*Harvard Law Review*)第95卷(1982年3月)曾刊登有本书的一篇书评。
③ Chester James Antieau, *The Practice of Extraordinary Remedies: Habeas Corpus and the Other Common Law Writs*. (2 Volumes), New York: Oceana Publications, Inc., 1987, 美国著名法学家,社会法学派代表人物罗斯科·庞德(Roscoe Pound,1870—1964年)为这部书撰写了"前言",芝加哥学派的国际关系学的创始人昆西·赖特(Quincy Wright,1890—1970年)为本书撰写了"序"。
④ Eric M. Freedman, *Habeas Corpus: Rethinking the Great Writ of Liberty*, New York: New York University Press, 2001.
⑤ 法律出版社于2001年出版了该书的影印版,参见 Frederic G Kempin, *Historical Introduction to Anglo-American Law* (3rd ed.), pp. 48—61,法律出版社2001年影印版。中译本于2010年由法律出版社出版,译者是本书作者屈文生。

特兰。费城的乔治·F. 戴瑟(George F. Deiser)于 1917 年 12 月的第 27 卷发表了《侵害之诉原则的发展演变》。① 1923 年 11 月,该刊的第 33 卷刊登了编辑部评论《债务之诉中确定的几点问题》。② 1924 年 12 月,该刊第 34 卷刊登了与令状有关的两篇论文,一篇是乔治·伯顿·亚当斯(George Burton Adams)的《普通法的起源》,③另一篇是编辑部评论《收回非法扣留动产之诉中第三人权利原则的早期发展》。④ 1925 年 2 月,该刊刊登了乔治·E. 伍德拜恩(George E. Woodbine)的论文《侵害之诉的起源》。⑤ 1937 年 5 月,该刊第 46 卷刊登了伊丽莎白·琼·迪克斯的文章《类案侵害之诉的起源》。⑥

近年来,还有不少美国学者发表了与令状和程式诉讼有关的著作和研究论文。著作概有布思(Booth)的《不动产诉讼》、⑦罗斯科(Roscoe)的《与不动产有关的普通法诉讼》、⑧杰克逊(Jackson)的《不动产诉讼》、⑨布朗(Brown)的《法律诉讼》、⑩奥尔德森(Alderson)的《实论司法令状及民事刑事案件程序》、⑪司科特(Scott)的《法律诉讼的基本程序》。⑫ 金南(Kinnane)在其编著的《盎格鲁美利坚法》中,在第二十章

---

① George F. Deiser, The Development of Principle in Trespass, 27 *Yale L. J.*, 1917, p. 220.
② Comment, Sum Certain in the Action of Debt, 33 *Yale L. J.*, 1923, p. 85.
③ George Burton Adams, The Origin of the Common Law, 34 *Yale L. J.*, 1924, p. 115.
④ Comment, The Early Development of The Doctrine of Ius Tertii in Replevin, 34 *Yale L. J.*, 1924, p. 72.
⑤ George E. Woodbine, The Origins of the Action of Trespass, 34 *Yale L. J.*, 1925, p. 343.
⑥ Elizabeth Jean Dix, The Origins of the Action of Trespass on the Case, 46 *Yale L. J.*, 1937, p. 1142.
⑦ Booth, *Real Actions*, New York, 1808.
⑧ Roscoe, *Law of Actions Relating to Real Property*, Philadelphia, 1840.
⑨ Jackson, *Real Actions*, Boston, 1828.
⑩ Brown, *Actions at Law*, Philadelphia, 1844.
⑪ Alderson, *A Practical Treatise Upon the Law of Judicial Writs and Process in Civil and Criminal Cases*, New York, 1895.
⑫ Scott, *Fundamental Procedure in Actions at Law*, New York, 1922.

也专门对程式诉讼有论述。①

论文概有：比安卡拉纳(Joseph Biancalana)的《进占令状的起源及早期发展》②和《由于缺少正义：亨利二世的法律改革》、③赖特(Jack R. Reiter)的《普通法令状——从实用令状到非常令状》、④伯尔曼(Harold J. Berman)和里德(Charles J. Reid，Jr.)合著的《英国法学的转向：从黑尔到布莱克斯通》、⑤赫尔斯博施(Daniel J. Hulsebosch)的《从令状到权利："适航性"及19世纪普通法的转变》、⑥泰特(Joshua C. Tate)的《普通法早期的所有权及占有权》、⑦斯沃德(Ellen E. Sward)的《美国审判的历史研究》、⑧伦德(Thomas Lund)的《中世纪法律人的现代思维》、⑨《14世纪早期最活跃的法官》、⑩莱科克(Douglas Laycock)的《法律救济的历史》、⑪霍兰(Holland)的《令状与

---

① Kinnane, Anglo-American Law, c. XX, Common Law Actions and Remedies, Indianapolis, 1932, p. 210, pp. 453—455.

② Joseph Biancalana, The Origin and Early History of the Writs of Entry, 25 *Law & Hist. Rev.*, 2007, p. 513.

③ Joseph Biancalana, For Want of Justice: Legal Reforms of Henry II, 88 *Columbia Law Review*, 1988, p. 433.

④ Jack R. Reiter, Common Law Writs-From the Practical to the Extraordinary, 80 *Florida Bar Journal*, 2006, p. 32.

⑤ Harold J. Berman & Charles J. Reid, Jr., The Transformation of English Legal Science: From Hale to Blackstone, 45 *Emory Law Journal*, 1996, p. 437.

⑥ Daniel J. Hulsebosch, 23 Writs to Rights: "Navigability" and the Transformation of the Common Lawin the Nineteenth Century, *Cardozo Law Review*, 2002, p. 1049.

⑦ Joshua C. Tate, Ownership and Possession in the Early Common Law, 48 *American Journal of Legal History*, 2006, p. 280.

⑧ Ellen E. Sward, A History of the Civil Trial in the United States, 51 *University of Kansas Law Review*, 2003, p. 347.

⑨ Thomas Lund, The Modern Mind of the Medieval Lawyer, 64 *Tex. L. Rev.*, 1986, p. 1267.

⑩ Thomas Lund, Activist Judges of the Early Fourteenth Century, 2008 *Utah Law Review*, 2008, p. 471.

⑪ Douglas Laycock, How Remedies Became a Field: A History, 27 *Review of Litigation*, 2008, p. 161.

诉状》,①舒尔茨(Schulz)的《指令交付权利令状及其在欧洲大陆的对应形式》,②麦金太尔(McIntire)的《令状的历史与运用:相关书籍与期刊》③,等等。

三、英美之外其他外国法学家对于令状的研究

比利时也有潜心研究普通法令状制度的法律史专家。在笔者的阅读范围内,范·卡内冈教授是这一领域首屈一指的大学者,他的大名早已蜚声于世界。④ 早在 1958 年时,他用英文发表了他的扛鼎之作《从诺曼征服到格兰威尔时期的英国王室令状:普通法早期历史研究》(*Royal Writs in England from the Conquest to Glanvill*:*Studies in the Early History of the Common Law*)(1958 年),它是塞尔登协会丛书中的一部,列第 77 卷。令状制度的历史令人着迷,卡内冈认为,对于王室

---

① Holland, Writs and Bills, 8 *Cambridge L. Rev.*, 1942, p. 15.
② Schulz, Writ "Praecipe Quod Reddat" and Its Continental Models, 54 *Jurid. Rev.*, 1942, p. 1.
③ McIntire, The History and Use of Writs: A List of Selected Books and Periodicals, 37 *Law Library Journal*, 1944, p. 14.
④ 卡内冈是比利时根特大学(University of Gent)著名的中世纪史和法律史荣誉教授,他著有大量法律史方面的著作。在中国国内,其中最有影响的当是《英国普通法的诞生》(*The Birth of the English Common Law*),现任华中科技大学法学院教授李红海博士已将此书第二版译为中文,并于 2003 年由中国政法大学出版社出版。此外还有《欧洲法:过去与未来——两千年来的统一性与多样性》(*European Law in the Past and the Future*:*Unity and Diversity over Two Millennia*,2002),复旦大学法学院史大晓博士已将此书翻译为中文,并已在清华大学出版社出版。再有如:《西方宪法史导论》(*An Historical Introduction to Western Constitutional Law*, 1995);《法律、历史、低地国家与欧洲》(*Law, History, the Low Countries, and Europe*, 1994);《私法史导论》(*An Historical Introduction to Private Law*, 1992);《法律史:欧洲的视角》(*Legal History*: *a European Perspective*, 1991) ;《法官、立法者与教授:欧洲法律史上的篇章》(*Judges, Legislators and Professors*: *Chapters in European Legal History*, Cambridge, 1987),等等。

令状的研究,至少在文献学研究、宪政史研究以及法律制度史研究方面有极其重要的价值和意义。卡内冈不仅论述了王室令状的历史背景、王室令状的起源与发展,还论述了行政令状以及令状的司法化过程等等。可以这样说,卡内冈教授对于从诺曼征服到格兰威尔期间英国王室令状的研究,也是对普通法起源问题作出的深思。

德国的博登海默(Bodenheimer)等人[①]在介绍英美法时也对令状及令状形式有涉及。爱尔兰的科斯特洛(Kevin Costello)著有《爱尔兰人身保护令法》(*The Law of Habeas Corpus in Ireland*)。[②]

四、令状研究在中国

到目前为止,据笔者所知,西南政法大学的诉讼法学博士高峰于2008年8月在中国法制出版社出版的《刑事侦查中的令状制度研究》是国内研究令状的第一部专著。[③] 但彼"令状"(warrant)与本书研究的"令状"(writ)不尽相同。关于此点,本书将在第二章详述。

我们还可以在一些专著中发现关于令状制度的零星论述,如(按出版时间排序)民国时期梁龙、李浩培先生合著的《英国的司法与司法制度》、[④]何勤华教授的《西方法学史》、[⑤]潘维大和刘文琦合著的《英美法

[①] Edgar Bodenheimer, John B. Oakley, Jean C. Love, *An introduction to the Anglo-American Legal System: Readings and Cases*. West Pub. Co., 1988.

[②] Kevin Costello, *The Law of Habeas Corpus in Ireland: History, Scope of Review, and Practice under Article 40. 4. 2 of the Irish Constitution*, Four Courts Press, 2006.

[③] 高峰:《刑事侦查中的令状制度研究》,中国法制出版社2008年版。同年,薛竑出版了《人身保护令制度研究》,法律出版社2008年版。

[④] 参见梁龙、李浩培:《英国的司法与司法制度》,商务印书馆1946年重庆初版,第64—69页关于"人身出庭命令制在英国之历史的发展"等部分。

[⑤] 参见何勤华:《西方法学史》(第二版),中国政法大学出版社1996年版,第278—280、294页。

导读》,①李红海的《普通法的历史解读——从梅特兰开始》,②钱弘道的《英美法讲座》,③毛玲的《英国民事诉讼的演进与发展》,④秋风(姚中秋先生)的《立宪的技艺》⑤及程汉大和李培锋合著的《英国司法制度史》⑥等外国法制史类专著。此外,还有一些著作则对人身保护令问题有比较深入的探讨。⑦

比较集中论述这一问题的译著概有(按出版时间顺序):陈超璧译注的《英美法原理》,⑧夏勇、夏道虎翻译的《英国法渊源》,⑨贺卫方、高鸿钧、张志铭、夏勇等四位先生翻译的《法律与革命——西方法律传统的形成》,⑩李显冬、高翔、刘智慧、马呈元四位先生翻译的《普通法的历史基础》,⑪潘汉典、米健、高鸿钧、贺卫方四位先生翻译的《比较法总论》,⑫李红海博士

---

① 参见潘维大、刘文琦:《英美法导读》,法律出版社 2000 年版,第 6—24 页。
② 参见李红海:《普通法的历史解读——从梅特兰开始》,清华大学出版社 2003 年版,第 137—144、210—223、294—299、305—310 页。
③ 参见钱弘道:《英美法讲座》,清华大学出版社 2004 年版,第 26—34 页。
④ 参见毛玲:《英国民事诉讼的演进与发展》,中国政法大学出版社 2005 年版。
⑤ 参见秋风:《立宪的技艺》,北京大学出版社 2005 年版,第 154—175 页。
⑥ 参见程汉大、李培锋:《英国司法制度史》,清华大学出版社 2007 年版,第 164、280—292 页。
⑦ 主要有卞建林、刘玫:《外国刑事诉讼法》,人民法院出版社、中国社会科学院出版社 2002 年版;陈瑞华:《刑事诉讼的前沿问题》,中国人民大学出版社 2000 年版;李龙:《宪法基础理论》,武汉大学出版社 1999 年版;孙长永:《侦查程序与人权》,中国方正出版社 2000 年 9 月版;王敏远:《刑事司法理论与实践检讨》,中国政法大学出版社 1999 年 10 月版;张建伟:《刑事司法:多元价值与制度配置》,人民法院出版社 2003 年版,等等。
⑧ [美]阿瑟·库恩:《英美法原理》,陈超璧译注,曾于 1948 年在厦门大学内部发行,法律出版社 2002 年版。
⑨ [英]R.J.沃克:《英国法渊源》,夏勇、夏道虎译,西南政法学院外国法制史教学参考丛书 1984 年版。
⑩ [美]哈罗德·J.伯尔曼:《法律与革命——西方法律传统的形成》,贺卫方、高鸿钧、张志铭、夏勇译,中国大百科全书出版社 1993 年版。
⑪ [美]S.F.C.密尔松:《普通法的历史基础》,李显冬、高翔、刘智慧、马呈元译,中国大百科全书出版社 1999 年版。
⑫ [德]F.茨威格特、H.克茨:《比较法总论》,潘汉典、米健、高鸿钧、贺卫方译,法律出版社 2003 年版。

翻译的《英国普通法的诞生》[①]及刘四新翻译的《英国普通法的形成——从诺曼征服到大宪章时期英格兰的法律与社会》[②]等。

专门以令状制度为主题进行论文创作的作者主要有(按照出版顺序):郑云瑞、[③]李红海、[④]杨慧清和尹灵芝、[⑤]项焱和张烁、[⑥]杨宜默、[⑦]邓智慧、[⑧]孙彼德、[⑨]高峰、[⑩]宋世杰和陈志敏、[⑪]屈文生、[⑫]孙长永和高峰、[⑬]彭海青[⑭]以及龚春霞[⑮],等等。近年来围绕令状制度的硕士学位论文主要有陈志敏的《令状主义研究》、[⑯]屈文生的《人身保护令问题研究》、[⑰]孙德鹏的《令状的司法化与普通法的形成——早期英国法治理

[①] [比]R.C.范·卡内冈:《英国普通法的诞生》,李红海译,中国政法大学出版社2003年版。

[②] [英]约翰·哈德森:《英国普通法的形成——从诺曼征服到大宪章时期英格兰的法律与社会》,商务印书馆2006年版。

[③] 郑云瑞:"英国普通法的令状制度",载《中外法学》1992年第6期。

[④] 李红海:"亨利二世改革与英国普通法",载《中外法学》1996年第6期。

[⑤] 杨慧清、尹灵芝:"民初移植人身保护令制度述评",载《许昌学院学报》2003年第6期。

[⑥] 项焱、张烁:"英国法治的基石——令状制度",载《法学评论》2004年第1期。

[⑦] 杨宜默:"章士钊与人身保护令制度",载《法学杂志》2004年第5期。

[⑧] 邓智慧:"人身保护令与人权保障——以刑事诉讼为主视角",载《中国法学》2004年第4期。

[⑨] 孙彼德:"令状的司法化与早期英国王权的特殊性",载《西南政法大学学报》2004年第6期。

[⑩] 高峰:"对刑事司法令状主义的反思",载《政法学刊》2005年第3期。

[⑪] 宋世杰、陈志敏:"论令状主义",载《诉讼法论丛》2005年。

[⑫] 屈文生:"试论人身保护令制度",载何勤华:《法律文化史研究》(第二卷),商务印书馆2005年版。屈文生:"论非常令状",载何勤华、王立民:《法律史研究》(第二卷),中国方正出版社2005年版。

[⑬] 孙长永、高峰:"刑事侦查中的司法令状制度探析",载《广东社会科学》2006年第2期。

[⑭] 彭海青:"令状主义及其适用程序初探——兼谈我国刑事司法命令程序的重构",载《新疆社会科学》2007年第3期。

[⑮] 龚春霞:"浅述令状在英国普通法发展中的作用——从王室司法管辖权的角度阐述",载《云南大学学报(法学版)》2007年第3期。

[⑯] 陈志敏:《令状主义研究》,湘潭大学硕士学位论文,2003年。

[⑰] 屈文生:《人身保护令问题研究》,兰州大学硕士学位论文,2004年。

方式的历史考察》、①孙晓晖的《令状主义研究》②以及初立秀的《令状原则研究》③等。博士论文包括邓智慧的《人身保护令研究》、④薛竑的《人身保护令制度研究》、⑤高峰的《刑事侦查中的令状制度研究》⑥以及屈文生的《令状制度研究》等。

除此之外,一些外国法制史教材(如何勤华教授的《英国法律发达史》、《外国法制史》等)和专门的法律词典(薛波主编的《元照英美法词典》)中,也可以发现一些关于令状的零散介绍。

五、本书的逻辑体系与结构安排

本书的研究对象正是普通法上的令状制度。研究的时间范围主要是从诺曼征服(1066年)开始,直至1875年大部分令状被废为止。但在"令状"的起源这一问题上,本书还将研究时间推前至盎格鲁—撒克逊时期。而在对待"人身保护令状"这一具体的非常令状问题时,本书则将研究时间一直推后至2008年。

本书在各西方法学大家对这一问题论证的基础上,试图阐明令状的概念及其沿革、令状的起源及嬗变、令状的分类、行政令状的司法化、令状与程式诉讼的交互关系、人身保护令状的历史与现状以及令状的制度作用与历史价值等问题。全文围绕的一条主线是:令状经历了一

---

① 孙德鹏:《令状的司法化与普通法的形成——早期英国法治理方式的历史考察》,西南政法大学硕士学位论文,2004年。
② 孙晓晖:《令状主义研究》,广西民族大学硕士学位论文,2007年。
③ 初立秀:《令状原则研究》,中国政法大学硕士学位论文,2007年。
④ 邓智慧:《人身保护令研究》,中国政法大学博士论文,2006年。
⑤ 薛竑:《人身保护令制度研究》,西南政法大学博士论文,2006年。已于2008年在法律出版社正式出版。
⑥ 高峰:《刑事侦查中的令状制度研究》,西南政法大学博士论文,2007年。已于2008年在中国法制出版社正式出版。

个从行政化到司法化、从国王特权到保护人权的发展过程,且它在这一发展过程中无意孕育出了普通法注重程序的气质。令状以及相应的程式诉讼大都在完成了它们的使命后,遵照事物的发展规律退出了历史的舞台。然终究如梅特兰所言,"我们已经埋葬了程式诉讼,但它们仍然在坟墓中统治着我们",令状制度的幽灵仍萦绕着英美法。

本书第一章为令状发展的法律背景:旧的英国法院体系(主要是指1873年司法改革前的英国法院体系)。该章讨论令状在诞生、发展直至废除等时期所处的法院体系背景。英国历史上主要有三种司法权,即公共司法权、封建司法权和国王司法权;三种司法权分别通过三套不同的法院组织得以实施,即包括郡法院、百户区法院和村镇法院在内的社区法院,由领主法院和庄园法院组成的封建法院,以及被称作"库里亚"即王廷的国王法院。国王法院主要有普通诉讼法院、王座法院以及财政诉讼法院。

第二章主要记叙了令状的概念、起源及主要发展时期。文章认为普通法上的令状不同于罗马法上的令状。英国的令状可以追溯至盎格鲁—撒克逊时期,具体而言,大约在9或10世纪时期。令状的起源可追溯至诺曼征服前(1066年以前),诺曼王朝的威廉一世与威廉二世时期(1066—1100年)仍属于令状的萌芽时期;令状在诺曼王朝的亨利一世、斯蒂芬时期(1100—1154年)得到了很大的发展;在安茹王朝的亨利二世时期(1154—1189年)最为繁荣;此后,在安茹王朝的理查德一世、约翰和亨利三世时期(1189—1272年),令状仍保持了快速的发展,到安茹王朝的爱德华一世时期(1272—1307年)逐渐定型。从安茹王朝的爱德华二世到汉诺威王朝的威廉四世时期(1307—1833年)令状逐渐衰退并被逐步废止。

第三章为令状的分类。该章详细论述了令状的分类;令状主要分为行政令状和司法化令状,也常分为权利令状和非常令状。权利令状又有严格意义上的权利令状和带有权利令状性质的令状之分。严格意义上的权利令状主要包括未密封权利令状和直属封臣指令权利令状。带有权利令状性质的令状主要有保证合理份额的权利令状、恢复圣职推荐权令状、寡妇地产权利令状、取得亡夫遗留地产令状以及限嗣土地受赠人令状。权利令状还可分为起始令状和司法令状;其中,起始令状主要包括指令令状、过错请求状、侵害令状及类案侵害令状。非常令状则主要有人身保护令状、训令令状、调卷令状、禁止令状、特权开示令状等。

第四章为令状的司法化及中央集权的实现。该章详细论述了亨利二世法律改革与令状的司法化。亨利二世法律改革的几大新举措主要包括颁布法令或命令如《克拉伦登宪章》、《克拉伦登敕令》、《新近侵占土地条令》、郡长大调查令、《北安普敦敕令》、《武器敕令》等敕令。亨利二世通过设立由职业法官组成的专门性的法院、发展令状制度、建立巡回法院制度及引入陪审制等四大行动实现了中央集权。由此可见,司法化的令状是国王治理国家的主要手段。

第五章为司法化令状与程式诉讼。该章认为一国的程序制度或者属于有严格诉讼形式的程序制度,或者属于无严格诉讼形式的程序制度。英国的诉讼制度无疑有着严格的诉讼形式。程式诉讼在英国的发展经历了五个历史时期。第一时期是1066—1154年;第二时期是1154—1189年;第三时期是1189—1272年;第四时期是1272—1307年;第五时期是1307—1833年。程式诉讼可分为不动产诉讼、对人诉讼与混合诉讼等三大类。英国法律史上主要有十大重要程式诉讼,分别是金钱债务之诉、请求返还扣留财物之诉、违反盖印合同请求赔偿之诉、收回非法扣留动产之诉、明示简式契约之诉、默示简式契约之诉、侵害之诉、类案侵害之诉、驱逐之诉及非法侵占之诉。

第六章为人身保护令状。该章论证了人身保护令状的概念、起源与嬗变；人身保护令状的价值，其中《人身保护令法》被誉为另外一部《大宪章》；人身保护令状诞生的法律背景及初步发展等问题。人身保护令状被英国殖民者带到美国后，在美国得到了确立和发展，它还成为写入《美国联邦宪法》的唯一一种普通法令状。人身保护令状写入美国联邦宪法的渊源有英国的人身保护法实践、第一届大陆会议上发表的《告魁北克人民书》、早期制定的州宪法、1787 年《西北准州地区条例》、殖民地宪章及法学家著述。纵观美国历史，杰斐逊、杰克逊、林肯及布什等昔日总统均试图或切实中止过美国公民享有的人身保护令宪法性权利。作为权力制约与平衡传统的产物，人身保护令状在今日美国反对恐怖主义战争的现实和行政权力庞大的事实下，正面临死亡的命运。2008 年联邦最高法院对"布迈丁诉布什案"的判决作为一剂"强心针"暂时挽救了人身保护令状的生命。

　　第七章为令状的历史价值。本书认为，令状制度对程序法的形成有积极意义，它要求特定的诉讼形式和正当的诉讼程序，强调程序的重要性，对程序法的发展特别是程序先于权利的观念形成具有一定的积极意义。令状制度还对实体法的发展（特别是现代合同法、现代侵权法、财产法及继承原则）也产生了重要影响。令状的发展轨迹是一个从具体到抽象的过程，诉讼程式即是例证。除此之外，令状制度的历史价值还体现在它对于法律职业阶层的形成、审判机构体系的完善、司法中央集权的确立、限制王权的传统和司法独立的理念以及独具特色的英美法学教育的形成等产生过的影响之上。

　　本书站在中西方许多法学家对这一问题论证的基础上，试图阐述清楚令状的概念及其沿革、令状的起源及嬗变、令状的分类、行政令状的司法化、令状与程式诉讼的交互关系、人身保护令状的历史与现状以及令状的制度作用与历史价值等问题。

　　仿拟诗人臧克家为纪念鲁迅先生逝世十三周年而作的《有的人》，

笔者愿意这样说:"有的法律制度死了,它们还活着;有的法律制度活着,它们已经死了。"令状制度显然是死而未僵。

第一章 令状发展的法律背景：
旧的英国法院体系

> 法院是法律帝国的首都，法官是帝国的王侯。①
> ——著名法学家德沃金

在任何社会之中，法院组织都是宪政制度的一面宝贵的镜子。它不但能反映出权力的架构、权力的运行方式，还能反映出掌握权力的主体。② 只要社会的架构发生重大变化，司法的运行方式就一定会紧跟着发生相应的变革。由于普通法中的司法化令状是在职业化的法律群体努力下，从法院以及立法机关的程序中发展得来的，所以我们有必要对这些机构的源起及其程序作一番详细的考察。我们需要解决的问题有：当时存在有哪些种类的法院，哪些人出席法院审判，这些法院各自管辖何种案件，等等。

1108年亨利一世发布了下面这道令状：

> 凡我臣民均应知晓，本王许可并命令，从今往后本王治下的所有郡法院和所有百户区法院均应像在爱德华王时代一样，在相同的地点并按照相同的任期而不是以其他方式履行职务。我不希望我的郡守因自己的需要和利益而另搞一套。至于我自己，如果我

---

① [美]德沃金：《法律帝国》，李常青译，中国大百科全书出版社1996年版，第361页。
② R. C. Van. Caenegem, *Royal Writs in England from the Conquest to Glanvill*, London: 1958, p. 16.

愿意,如果本王的利益需要,我将按照我自己的喜好召集法院。如果将来在我自己的主佃户之间发生有关土地分配或土地扣押的纠纷,就由我自己的法院审理。但是如果纠纷发生在本王治下的任何男爵的属臣之间,应由纠纷各方的共同领主的法院管辖。但是如果纠纷发生在不同领主的属臣之间,应由郡法院管辖。……我希望并命令按照本王这番要求参加郡法院和百户区法院的郡内民众依据爱德华王时期的方式行事。①

在这道令状中,亨利一世明确提到盎格鲁—诺曼时期英国最主要的世俗法院,它们分别是:国王法院、郡法院、百户区法院及领主法院。此即为亨利二世前"英国多元的司法管辖权"。大致说来,那时英国主要有三种司法权,即公共司法权、封建司法权和国王司法权。公共司法权最为古老,其渊源可追溯到古代民众大会的公共权力;封建司法权产生时间稍晚,是封建制度的伴生物;国王司法权则呈现某种双重性,因为国王既是全国最大的封建领主,又是国家的最高统治者。三种司法权分别通过三套不同的法院组织得以实施,即包括郡法院、百户区法院和村镇法院在内的公共法院(社区法院),由领主法院和庄园法院组成的封建法院,以及被称作"库里亚"即王廷的国王法院。② 在盎格鲁—撒克逊时期,宗教和世俗诉讼是合一的,但征服者威廉从欧洲大陆带来了独立的教会法院体系,它们根据教会法对有关的事、人及地区(*ratione materiae*, *personae* and *loci*)有独特的管辖权限,并有自己的一套法院等级审判体系和程序。③

---

① 参见[英]约翰·哈德森:《英国普通法的形成——从诺曼征服到大宪章时期英格兰的法律与社会》,刘四新译,商务印书馆 2006 年版,第 35 页。
② 程汉大:"12—13 世纪英国法律制度的革命性变化",载《世界历史》2000 年第 5 期。
③ R. C. Van. Caenegem, *Royal Writs in England from the Conquest to Glanvill*, London:1958, p. 20.

我们都知道，在一场法律诉讼中，法官负责法律的认定。但是，法官实际上是在诺曼征服后好久一段时间以后出现的。当时虽有"法院"，不过它们是由被称为"封臣裁判官"(suitors)①的门外汉组成的，这些人以他们掌握的当地习惯为依据解决"法律"问题。而当时"法院"组织的负责人——百户长(reeves)、郡长(sheriffs)、领主(lords)以及审判执事(stewards)仅主持审判而已。这是因为当时的法律还没有发展成为一门专门之学问，尚不需要专业的法官。②

一、社区法院

社区法院(communal courts)是英国古代的地方法院，其起源可追溯至日耳曼时期的民会(folkmoots)。③ 社区法院依赖的是法律的属地性特征。如同欧洲大陆多数地区一样，英国早期的法律打上了属地性的印迹，个中原因大概如下：第一，英格兰各种族已在各地融合到一起生活；第二，新的地域性语言也已形成；第三，习惯也在全国范围内慢慢生成；第四，封建政治制度本身也促进了这种属地化。封建社会建立在

---

① 在中世纪，封臣对其领主举行的法院负有到庭参与诉讼的义务(suit of court)。理论上，每一封臣都负有这种封建义务，他们就被称为"(封臣)裁判官"(suitors)。然而，我们须知道，这种义务是附着在土地之上的，它并不指向特定的人，而是指向特定的土地。如果土地出卖、转让，则这种诉讼义务也随之转移。到13世纪，(封臣)裁判官可以由代理人出庭替其承担判决的义务。司法中央化之后，(封臣)裁判官必须为错误的判决承担个人责任，事关财产名誉，甚至可能被判监禁，所以当时的司法判决倒也并不是贵族垄断司法权压迫人民的工具，判决一般比较公正。这种原始的法院判案方式也反映了"court"含义的变化，因为"suitor"的机制就是一群人集会处理事务。参见《英国法史札记》。文件来源：files. freerain. webnode. com/200000002 - 9e94e9f8c3/英国法史札记. pdf，访问时间：2008年10月5日。

② 参见[美]腓特烈·坎平：《盎格鲁—美利坚法律史》，屈文生译，法律出版社2010年版，第20页。

③ R. C. Van. Caenegem, *Royal Writs in England from the Conquest to Glanvill*, London：1958, p. 20.

封臣对领主(vassal to lord)的个人忠诚之上,但几乎每一个城堡都有自己的法律。① 到诺曼征服前后,英国的社区法院主要包括郡法院(shire court; county court)、百户区法院(hundred court)以及村(vill)或庄(township)的十户联保制等。

(一)郡法院

英国古代的地方性行政区划依次是"郡"、"百户区"及"村(庄)"三级。② 中文译入语"郡"严格来说在盎格鲁—撒克逊时期被称为 shire,诺曼征服之后,shire 又被代称为 county。③ 不过,在一般的学术作品中,人们对它们并不严加区分。此外,还有人将 shire 翻译为"邑"。④

Shire 源于撒克逊人,约 7 世纪始即存在。每个 shire 分为几个百户区(hundreds)。方伯(earldorman)掌管一切事务,他不但负责郡的行政管理,掌管指挥民兵,而且主持司法,负责执行郡法律。⑤ 在丹麦王统治下,方伯被称为"郡主"(earl,也有人将之翻译为"伯爵")。方伯的副手是 reeve(百户长),后来演变成为 shire reeve(郡司法行政官)或 sheriff(郡长),并负责掌管行政与司法事务,而郡主只掌管军事。⑥ 诺曼征服以后,情况发生了改变,方伯从前的地位可能仅次于国王,但在此时,他们最多被授权分享一份法院的收益;原来属于他们的权力落入了副手即郡长手中。郡长被认为是国王在各郡的官员,他们对国王负责。⑦

---

① 参见[英]梅特兰等:《欧陆法律史概览:事件、渊源、人物及运动》,屈文生等译,上海人民出版社 2008 年版,第 66 页。
② 参见程汉大、李培锋:《英国司法制度史》,清华大学出版社 2007 年版,第 6 页。
③ 参见薛波:《元照英美法词典》,法律出版社 2003 年版,第 332 页。
④ 参见梁龙、李浩培:《英国的司法与司法制度》,商务印书馆 1946 年重庆初版,第 3 页。
⑤ 参见薛波:《元照英美法词典》,法律出版社 2003 年版,第 1255 页。
⑥ 参见薛波:《元照英美法词典》,法律出版社 2003 年版,第 1255 页。
⑦ 参见[美]S. F. C. 密尔松:《普通法的历史基础》,李显冬、高翔、刘智慧、马呈元译,中国大百科全书出版社 1999 年版,第 5 页。

中文翻译过来的"郡法院"在英文中有两种说法,一是 county court,二是 shire court。郡法院或郡自由民会(shiremote)每年集会两次,由郡主/方伯(earl；earldorman)主持,郡主缺席时由郡长(sheriff)主持,郡自由民会既是郡法院,同时又是全体民众的大会。所以,郡法院在起初并不仅仅是法院,它还是整个郡的管理机构,负责所有的行政、军事、财政事务。这是因为,权力在这时还没有分化,不仅是郡的权力如此,中央权力也是如此。

不同的人出庭的义务大相径庭,这通常决定于人们在土地占有关系中的社会地位。威廉二世(威廉·鲁弗斯)曾签发给伯里修道院的一道令状说,任何佃户都不得被强制出席百户区法院或郡法院,除非那些"因占有足够多的土地而值得占用爱德华王的时间的人才必须出席郡法院或百户区法院"。① 《亨利律令》曾列明下述人员必须出席法院："主教、方伯(伯爵)、郡长(郡守)、代理人、百户长、议事官、扈从、地方官、男爵、属臣、村长以及其他土地主。"②

如上文所述,郡长只负责主持法院审判,但是郡长并不是法官,他不能对案件作出判决,郡法院的判决由"封臣裁判官"作出。郡法院的裁判官以及诉讼当事人均是郡内较为重要之人。郡法院的全盛时期是诺曼征服后的头一个世纪。③ 郡法院对民事、刑事案件有一般管辖权,并且它受理的诉讼可经由调卷令(recordari facias loquelam)或错判令状(writ of false judgment)移送至上级法院审理。只有当百户区法院已经听审过并被拒绝的案件才能由郡法院审理,并且只有在郡法院

---

① 参见[英]约翰·哈德森:《英国普通法的形成——从诺曼征服到大宪章时期英格兰的法律与社会》,刘四新译,商务印书馆 2006 年版,第 46—47 页。

② 参见[英]约翰·哈德森:《英国普通法的形成——从诺曼征服到大宪章时期英格兰的法律与社会》,刘四新译,商务印书馆 2006 年版,第 47 页。

③ [美]腓特烈·坎平:《盎格鲁—美利坚法律史》,屈文生译,法律出版社 2010 年版,第 22 页。

未能公正审理的案件方可上诉至国王处。但自诺曼国王引进巡回司法后,郡法院的重要性大为降低。

为加强刑法的实施,英国于 1166 年颁布了一部叫做《克拉伦登敕令》(*Assize of Clarendon*)的制定法。该法要求每一村出 12 人,每一百户区出 4 人参加郡法院半年一次的会议,并向会议报告其所在地区内发生的犯罪行为,如果有可能,还要交出罪犯。如果罪犯未被交出的,郡法院会签发传唤令,如果被告在连续 5 次传唤后仍未出庭,就会被宣布为"法外之徒"(outlaw)。法外之徒没有权利,不受法律的保护。①

值得注意的是,在 13 世纪,郡法院会常规性地每 4 周开庭一次,但几个有着自己本地习惯的县除外,例如林肯郡是每 40 天开庭一次。②关于这个问题,曾有过一个强制性的规则:《大宪章》禁止两次集会的间隔不足一个月,因为出席法院集会显然是一种负担。③

开庭的次数缘何增加?最有可能的解释是,在原先两次正常开庭外本来就另有额外开庭,随后制度又对这种额外的开庭予以正常化。额外的开庭可能是为了重要的王室利益而由王室召集的,或者由郡长召集,以处理各种各样的事务。④

同样是依照《克拉伦登敕令》,对最为重要的刑事案件——"王室之

---

① [美]腓特烈·坎平:《盎格鲁—美利坚法律史》,屈文生译,法律出版社 2010 年版,第 22 页。
② 参见[英]约翰·哈德森:《英国普通法的形成——从诺曼征服到大宪章时期英格兰的法律与社会》,刘四新译,商务印书馆 2006 年版,第 46 页。
③ [美]S. F. C. 密尔松:《普通法的历史基础》,李显冬、高翔、刘智慧、马呈元译,中国大百科全书出版社 1999 年版,第 6 页。
④ 参见[英]约翰·哈德森:《英国普通法的形成——从诺曼征服到大宪章时期英格兰的法律与社会》,刘四新译,商务印书馆 2006 年版,第 46 页。

诉"(Pleas of Crown,一译"重罪之诉")的司法管辖权从郡法院转移到了新出现的王室法院。郡法院对土地纠纷案件的管辖在亨利二世(1154年—1189年)统治期间同样转移到了王室法院。这两大发展均是英国政府中央集权的体现,政府的权力逐渐集中到了位于威斯敏斯特的王室中央政府手中。①

郡法院保留对许多民事纠纷及轻罪案件的司法管辖权。但是,我们可以在实践中看到郡法院威望的下降。从1236年起,封臣裁判官已经可以派出代理人替代他们参加郡法院审判。到13世纪晚期,新的法律规则②规定:郡法院不可以管辖超过40先令的案件。连年通货膨胀带来了不可避免的货币贬值,这意味着郡法院最终审理的只能是标的额最小的案件。③

总之,郡法院一直是首要的民事法院,但到巡回审判制度(assizes)开始实行后,情况发生了变化,郡法院手中的权力只限于选举郡长、郡内骑士和验尸官,以及负责宣布逃亡的罪犯被逐出法外。

1846年的《郡法院法》(County Courts Act)建立了一种全新的法院系统,但仍沿用原来郡法院的称呼。④ 但近代之郡法院,"已并非一

---

① [美]腓特烈·坎平:《盎格鲁—美利坚法律史》,屈文生译,法律出版社2010年版,第22页。

② "12世纪初的英国是一个地方法院组成的网络"(F. W. Maitland, *Equity Also the Forms of Action at Common Law: Two Courses of Lectures*, Cambridge University Press, 1929, p. 306.),但到13世纪末时,这一情况已发生了重大变化。1278年的《格罗塞斯特法》(*Statute of Gloucester*)规定,除非当事人宣誓证明自己被侵占的财产价值达到40先令(相当于一个人的年劳动收入),否则,他不能在王室法院起诉。40先令的标准进而成为地方法院受理案件的上限和王室法院受理案件的下限。但40先令的案件既可以在地方法院审理,也可以在王室法院审理。参见[美]腓特烈·坎平:《盎格鲁—美利坚法律史》,屈文生译,法律出版社2010年版,第189页。

③ [美]腓特烈·坎平:《盎格鲁—美利坚法律史》,屈文生译,法律出版社2010年版,第23页。

④ 参见薛波:《元照英美法词典》,法律出版社2003年版,第333页。

郡之法院,实为一巡回法院,亦即一记录法院①"。② 1846年《郡法院法》通过后,英格兰及威尔士被分为450个巡回法院区(district),由郡法院推事前往各区之各地方开庭审判。③ 郡法院得以幸存可谓是盎格鲁—撒克逊的一项重要法律遗产。

(二)百户区法院

在英格兰各个不同地区,"百户区"的范围和名称有所不同。在古英格兰北部和东部地区,人们称"百户区"是 wapentake,字面意思是"手持武器",它表明了这一行政区的军事起源性质。在不同的语言中,它还有其他不同的拼写方法,如:hundred、hundert、hocrath、hunderdm、huntari等。国内还有学者将 hundred 翻译为"保"④或者"郡分区",等等。⑤ 约

---

① 英国法院可分为"记录法院"(court of record)和"非记录法院";或翻译为"存卷法院"和"非存卷法院"。最初存卷法院是指它们的行为及程序被记录在羊皮纸上的法院。依此,咨议会(council)、星室法院(Star Chamber)、衡平法院、海事法院及教会法院都不是存卷法院。17 世纪普通法发展出这样的原则,即只有存卷法院方能对藐视法院的行为处以罚金或监禁。这随后便成为定义存卷法院的一般原则。对于刑事法院而言,这是唯一的考察标准,而对于民事法院则是指那些有权听审债务、赔偿及诉请财产价值在 2 英镑以上的案件的法院。另外,发生错判救济时,民事存卷法院适用的是纠错令状(writ of error),而民事非存卷法院则适用错判令状(writ of false judgment)。存卷法院还可以分为上级存卷法院和下级存卷法院,前者包括上议院、司法委员会、上诉法院、高等法院及刑事法院(crown court),后者包括郡法院、验尸官法院(coroner's court)等。具体请参见薛波:《元照英美法词典》,法律出版社 2003 年版,第 344—345 页。梁龙、李浩培的《英国的司法与司法制度》在第 4 页对这一问题也有叙述。
② 梁龙、李浩培:《英国的司法与司法制度》,商务印书馆 1946 年重庆初版,第 16 页。
③ 梁龙、李浩培:《英国的司法与司法制度》,商务印书馆 1946 年重庆初版,第 16 页。
④ 参见梁龙、李浩培:《英国的司法与司法制度》,商务印书馆 1946 年重庆初版,第 3 页。
⑤ 据学者研究,百户区由 6 世纪法兰克人(Franks)正式确立,后由阿尔弗雷德国王(King Alfred)引入英格兰。关于百户区的界定,有人认为由 100 海得(hides)土地面积构成,有人认为由 10 个十户区(tithings)组成,还有人认为是由 100 户自由家庭组成。百户区由高级治安官(high constable)管理,并有自己的法院。百户区的居民集体对其成员的犯罪行为或者法院缺席行为承担共同责任。同时,如果有百户区居民聚众闹事或者暴动而造成损失的,全体百户区居民也要承担全部赔偿责任。类似的组织在法兰克王国、丹麦也存在过。

制定于1027到1034年的《克努特法》(Laws of Cnut)非常明显地显示出了百户区在盎格鲁—撒克逊时代的重要性。①

百户区法院(hundred court；拉丁文 hundredum)由"封臣裁判官"组成，作为拥有一定数量土地的条件，裁判官们必须参加诉讼。"百户长"负责主持百户区法院的审判；在英文中，"百户长"的说法大概有 hunderdor、hundredman 及 reeve 等三种；"百户长"相当于郡长的副职。②

在百户区法院负有出庭义务的除封臣裁判官外，还有百户区内较大的地主。如同亨利一世的一道令状开宗明义地规定："亨利，英格兰的王，谨向所有在维尔镇里拥有土地的所有男爵和属臣以及所有的领主致意。我命令你们全体参加诉讼并出席林肯郡主教的邑镇法院。"③

百户区法院拥有"一般管辖权"(general jurisdiction)，它是一种并不区分刑、民事案件的概括管辖权。但是，百户区法院在盎格鲁—诺曼时期迅速失去了其最初的重要性。一方面，许多百户区法院落入了郡长的权力范围之内，在郡长后来也臣服了王室之后，它们自然变成了国王掌握的百户区法院。④ 另一方面，有些百户区法院经国王及咨议会(Council)同意后，可被封建领主购买，这些被购买的法院称为"采邑刑事法院"(courts leet)。封建领主之所以愿意购买法院，完全是出于经济的考虑——领主可以得到全部赔偿额(recoveries)的1/3，这还不包

---

① Theodore F. Plucknett, *A Concise History of the Common Law*, Beijing: CITIC Publishing House, 2003, p. 87.

② 参见 R. C. Van. Caenegem, *Royal Writs in England from the Conquest to Glanvill*, London: 1958, p. 23.

③ 参见[英]约翰·哈德森，《英国普通法的形成——从诺曼征服到大宪章时期英格兰的法律与社会》，刘四新译，商务印书馆2006年版，第49—50页。

④ Theodore F. Plucknett, *A Concise History of the Common Law*, Beijing: CITIC Publishing House, 2003, p. 89.

括其他各种收费。①到 13 世纪结束前,只有 1/3 的百户区法院没有落入私人领主手中,继续由郡长委任的百户长主持。②关于封建法院或领主法院,我们将在下文专门论述。

诺曼征服后,对土地纠纷的管辖权从百户区法院移转到了郡法院,百户区法院同时丧失了对刑事案件的管辖权,而只剩对普通公民之间上述纠纷以外的管辖权。③但是,百户区法院作为刑事司法制度中的第一步仍然十分重要。

百户区法院与郡法院并无完全意义上的上下级关系,它们实际上属于同一个系统,某人若在百户区法院提起诉讼,则即被视为进入到地方法院系统(被视为进入郡法院),否则须直接向国王及国王的"贤人会议"提出请求。郡法院同百户区法院的区别不在于管辖方面,而在于参加审判的裁判官的身份。郡法院负责较高贵人物的案件,裁判官的身份也较高,百户区法院则承担身份较低者的案件,裁判官的身份也较卑微。④虽然从某种意义上说,百户区法院和郡法院也是王室法院,亨利一世 1108 年的令状中有"本王治下的郡法院和百户区法院"之说,但通常认为,它们均属公共法院,即社区法院。尽管不同时期幸存下来的文献数量各不相同,但是像令状、巡回法官出席法院以及案件的移送管辖等证据表明,到 1135 年,郡法院终被并入了王室司法体系。⑤

---

① [美]腓特烈·坎平:《盎格鲁—美利坚法律史》,屈文生译,法律出版社 2010 年版,第 21 页。
② 程汉大、李培锋:《英国司法制度史》,清华大学出版社 2007 年版,第 11 页。
③ [美]腓特烈·坎平:《盎格鲁—美利坚法律史》,屈文生译,法律出版社 2010 年版,第 21 页。
④ 参见《英国法史札记》。文件来源:files. freerain. webnode. com/200000002-9e94e9f8c3/英国法史札记. pdf,访问时间:2008 年 10 月 5 日。
⑤ 参见[英]约翰·哈德森:《英国普通法的形成——从诺曼征服到大宪章时期英格兰的法律与社会》,刘四新译,商务印书馆 2006 年版,第 48 页。

(三) 村的"十户联保制"[①]程序

英国古代最小的地方行政单位还不是"百户区",比百户区小的还有"村庄"(vill or township),[②]或是"十户区"(tithing),二者在区域上有时重合在一起。[③] 顺便提一句,梅特兰曾说,虽然人们按照词语的现代用法常将 vill 与 township 等同为一组同义用语,但事实上这两个词语对应的拉丁文却有着不同的语义偏重。梅特兰认为 vill 是从拉丁文 villa 翻译过来,而 township 是从 villata 翻译而来;前者是指"一方土地"(tract of land),而后者则指"村子之内的居民(共同体)"(organized body of inhabitants)。[④]

与百户区的军事起源性质不同,村社的起源完全是农业性的,不过,村庄仍然承担着一些公共义务和责任。不仅如此,有学者还指出:中世纪欧洲的许多村庄有着不同程度的自治。[⑤] 村社一般不设法院组

[①] 《元照英美法词典》(第 579 页)以及"大英百科全书线上中文繁体版"(http://tw.britannica.com/MiniSite/Article/id00021448.html)都写为"十户连保制"。但国内大多数史学著作中都写为"十户联保制"。本书从"十户联保制"这一写法。

[②] R. C. Van. Caenegem, *Royal Writs in England from the Conquest to Glanvill*, London: 1958, p. 23.

[③] 参见程汉大、李培锋:《英国司法制度史》,清华大学出版社 2007 年版,第 10 页。

[④] Sir Frederick Pollock & Frederick William Maitland, *The History of English Law Before the Time of Edward I*, London: Cambridge University Press, 1923, p.563. 此外,梅特兰认为,诺曼征服之前,自由的、无领主的村庄的存在,在英国已经是一个很平常的现象,就像那些顺从于某位领主的村庄的存在一样平常。在那里,没有法院、没有头人、没有长官、没有长老,完全信赖于自然的自治。梅特兰说:"古代农业社会的自治技能是一直被我们低估的。"他站在威廉·斯塔布斯一边,反驳"罗马主义"的主要代表弗里德里克·西伯姆(F. Seebohm)在《英国村庄共同体》(*The English Village Community*)中的观点。但是,正如折衷派维诺格拉道夫后来总结的那样,梅特兰的观点有"过犹不及"之嫌,这些内含的"主义"很大程度上成了他们发现更真实的历史现象的阻力。参见陈灵海:《英国法史学的"汉马克拉维"——纪念弗里德里克·梅特兰逝世 100 周年》,《中外法学》2006 年第 4 期。

[⑤] 尽管这些村庄的自治只限于农民群体内部,并没有改变农民受领主的经济、政治以至人身支配的地位,但是,这种自治地位有利于自由、独立、平等观念的保持或者滋长,有利于农民与领主的对抗……因此,有利于欧洲从封建主义向资本主义的过渡。历史表明,封建领主消亡了,封建庄园瓦解了,而村庄的自治却伴随着农民自由的扩展而更长时间地存在着。参见赵文洪:《中世纪欧洲的村庄自治》,载《世界历史》2007 年第 3 期。

织,但常有自己的"村庄民会"(vill-moots)。当然,这种"村庄民会"常表现为"庄园法院"(manorial courts)。①

"十户联保制"(frankpledge)的程序源于盎格鲁—撒克逊时期。据莫里斯考证,"frankpledge"这个词源于法语"*franc plege*",意为"自由人的担保"。在盎格鲁—撒克逊后期,"任何人若希望被视为自由人,就应当加入十户联保组织",所以说它是一种强制性的集体担保制度。②

大约十个家庭为单位组成一个"十户区"(tithing)。十户区负责交出被指控犯有罪行的十户区成员。郡长或采邑刑事法院的领主会出席半年一次的百户区法院大型会议,目的在于确定百户区内的所有居民都在各自的十户区之内。这就是所谓的"十户联保审查制"(view of frankpledge)。那些被指控犯有轻罪的人会在现场得到审判,但被控犯有重大犯罪的人会被移交至"郡法院"审理。③

二、领主法院

诺曼征服之后,入侵者在本土的法院组织(原有的社区法院体系)之上建立了一种准军事的封建体系。无论是在理论还是实践上,封建法院同盎格鲁—撒克逊时期的法院都有很大的不同。④ 因此,封建法院或领主法院(seigniorial court)并没有社区法院的历史悠远。

---

① R. C. Van. Caenegem, *Royal Writs in England from the Conquest to Glanvill*, London: 1958, p. 23.

② 参见李云飞:《论十户联保制与中世纪英格兰的王权制》,载《暨南学报(哲学社会科学版)》2007年第2期。

③ [美]腓特烈·坎平:《盎格鲁—美利坚法律史》,屈文生译,法律出版社2010年版,第22页。

④ Geoffrey G. Hazard, The Early Evolution of the Common Law Writs: A Sketch, 6 *American Journal of Legal History*, 1962, p. 115.

领主法院建立在领主既有权利也有义务为其属臣主持审判这一原理之上。① 征服者威廉凭借手中的生杀予夺的大权,宣布国王是全国土地的唯一最高所有者。在威廉引入的欧洲"封建主义"(feudalism)形式下,他把全国约 1/6 的土地留作王室领地,其余土地论功行赏,分封给约 1200 名诺曼男爵。② 每一王室土地受封人再将其土地的一部分分配给较小的领主封臣(tenant lords),依此类推一直分封下去,这样的分封阶梯直至最小的领主——他们依靠最终在土地上劳作的维兰(villein,也翻译为"隶农")生活。这一过程就是所谓的"次层分封制"(subinfeudation)。授让土地的人叫做"受贡领主"(tenant in service),因为他并不实际使用土地,而只享用来自他们的小领主的贡奉。最终在土地上通过其维兰工作的人叫做"地上领主"(tenant in demesne)。③

每一受贡领主均有权利及义务为附属于自己的小领主封臣主持审判。这种法院由所有领主组成,用以决定封臣之间的纠纷,法院同时负责对双方共同关心的问题给领主建议。领主法院中最大的是国王法院,国王位于封建金字塔的顶端。国王法院即是所谓的"御前会议"(Curia Regis)。位于封建等级阶梯中层的法院是所谓的"大领主法院"(Courts of Honors)和"小领主法院"(Courts of Baron),在这些法院之中,直接封臣(tenant in chief),即直接从国王接受封地的人,会召见从他们那里接受封地的贵族,以获得贵族们的建议并主持贵族间的纠纷处置程序。④ 由于大贵族的领地庄园和下属自由保有人较多,法院规模较大,所

---

① 参见[美]腓特烈·坎平:《盎格鲁—美利坚法律史》,屈文生译,法律出版社 2010 年版,第 23 页。
② 参见程汉大、李培锋:《英国司法制度史》,清华大学出版社 2007 年版,第 12 页。
③ 参见[美]腓特烈·坎平:《盎格鲁—美利坚法律史》,屈文生译,法律出版社 2010 年版,第 23 页。
④ 参见[美]腓特烈·坎平:《盎格鲁—美利坚法律史》,屈文生译,法律出版社 2010 年版,第 23 页。

以大领主法院一般兼具民事和刑事两方面的司法权。大领主法院除了审理有关土地占有权及相关权利义务方面的民事案件外,往往得到国王的特许,承担一部分本属于地方政府首脑——郡长的治安责任,即检查十户联保制和受理轻罪刑事案件。小贵族通常只有一处庄园,如果庄园内有两名以上自由土地保有人,就可以组成小领主法院。小领主法院依据封建习惯法审理自由保有人和领主之间的地产纠纷案件和其他方面的民事案件。小领主法院并无刑事司法权。庄园内发生的一切刑事案件,不管是重罪还是轻罪,都须提交至社区法院或国王法院审理。[①]

为小领主或地上维兰而设的领地法院叫做"地上领主法院"。地上领主法院的法官由领主或其审判执事(steward)充任;但在对自由民纠纷负有管辖权的法院中,领主或其审判执事充任的是审判主持人的角色,而充当裁判官的是自由民。[②]

总体而言,领主法院的行政职能主要有二:其一,摊配各级领主对大领主的贡奉,这一职能一直持续到18世纪;其二,记录土地上的副产权[③](copyhold),这一职能一直持续到1925年,当年议会法案变更了法律。[④]

自12世纪后期亨利二世司法改革以后,自由土地保有人的地产案件可以通过申请国王权利令状,越过领主法院,直接投诉于国王法院,甚至已经投诉于领主法院的案件只要尚未结案,也可通过国王令状调

[①] 参见程汉大、李培锋:《英国司法制度史》,清华大学出版社2007年版,第12—13页。
[②] 参见[美]腓特烈·坎平:《盎格鲁—美利坚法律史》,屈文生译,法律出版社2010年版,第23—24页。
[③] copyhold副产权,经官方登记的不动产;在英格兰早期历史中,分封领主授予属下佃农、兵丁或工匠的房地产占有权,受者以提供各种不同的服务代替租金,而授者对房地产仍保有控制权和可随时收回。其后,受者陆续取得分封领主授出房地产的记录的副本为产权凭证,故称彼等为副本持有人,其所享有的产权就简称为副产权。参见李宗锷、潘慧仪:《英汉法律大词典》,法律出版社1999年版,第74页。
[④] [美]腓特烈·坎平:《盎格鲁—美利坚法律史》,屈文生译,法律出版社2010年版,第24页。

至国王法院,因此,领主法院迅速走向衰落。特别是 1267 年以后,自由土地保有人在未取得国王令状的情况下可以拒绝出席领主法院,领主法院更是一落千丈。① 所以,波洛克和梅特兰说:到 13 世纪末,几乎找不到一件自由地产案件是在领主法院中审理的。② 庄园法院自 13 世纪以后虽然也同样出现了衰落的趋势,但它们存在的时间更长。③

三、国王法院

中世纪时期的国王既是一国的最高统治者,也是最高法官和最高的封建领主。提供司法服务成为统治者的中心任务,国王也因此吸引来大量的诉讼案件。国王被视为正义的源泉,因此,国王出现在哪里,哪里就会有渴求正义的呼声,哪里就能得到司法救助——至少在理论上如此。④ 国王法院(王室法院)自然也被认为是"万能的"了。

国王法院的发展大概有两个阶段。盎格鲁—撒克逊时期的国王法院——贤人会议(Witenagemot)和御前会议(Curia Regis)⑤是第一阶

---

① 参见程汉大、李培锋:《英国司法制度史》,清华大学出版社 2007 年版,第 13 页。

② Sir Frederick Pollock & Frederick William Maitland, *The History of English Law Before the Time of Edward I*, London: Cambridge University Press, 1968, p.133. 参见程汉大、李培锋:《英国司法制度史》,清华大学出版社 2007 年版,第 13 页。

③ 参见[美]S. F. C. 密尔松:《普通法的历史基础》,李显冬、高翔、刘智慧、马呈元译,中国大百科全书出版社 1999 年版,第 13 页。

④ 参见[英]约翰·哈德森:《英国普通法的形成——从诺曼征服到大宪章时期英格兰的法律与社会》,刘四新译,商务印书馆 2006 年版,第 38 页。

⑤ Curia Regis 习惯上被译为"御前会议",它是领主法院中最高的法院。事实上,字面意思就是"国王法院"。请参考《布莱克法律词典》(第七版)第 388 页 Curia Regis 的释义:Curia Regis:(Latin: king's court) Hist. (usu. cap.) The chief court in early Norman England, established by William the Conqueror. The *Curia Regis* was a body of advisers who traveled with the king, advising him on political matters and acting as an appellate court in important or complicated cases. 也有学者将 Curia Regis 译为"王廷"。另,学者们常将 Curia 翻译为"库里亚",它原指集会性质的会议,古罗马最初所谓的"民众大会"也是这个词。

段。安茹王朝建立后,国王法院发展到第二阶段。盎格鲁—撒克逊时期的国王法院如同郡法院、百户区法院一样,同属集会性质的综合权力机构(司法权只是其中一种权力),而安茹王朝及后来的国王法院则由专门的法律职业者组成,专门从事司法审判工作。

诺曼征服前,"贤人会议"由"贤人"(witan)组成,基本上包括大贵族、高级教士和高级官员,国王对于贤人会议并无控制力,贤人会议往往代表着国家的最高权力,同国王一起处理政务,贤人会议的建议对国王非常重要,所有重大活动,如制定法律等都是在贤人会议建议下进行的,但是贤人会议的建议应征得自由地产保有人的同意。

诺曼征服后,贤人会议被称作"民众大会"(commune concilium regni)、御前会议,直至最后被称为议会(Parliament)。①

御前会议又分为"大库里亚"和"小库里亚"两种形式。"大库里亚"即国王的"大库里亚"(Magna Curia)或"大谘议会"(Great Council),是最为庄严的法院,它由全部直接封臣、(其他)大贵族以及高级教士组成。大谘议会履行很多义务,它并无现代的行政、立法、司法等权力分类。它针对国内许多事务向国王提出建议,直接对封臣间的案件作出判决,实现教会与国家之间的调和,同时还可作为一种立法机关制定法律。② 大谘议会后来发展成上议院,最后一次"大谘议会"于1640年由国王查理一世在约克召开。

国王的个人顾问单独组成另一独立的法院,称为"小库里亚"(Lesser Curia)或"内府"(Household)。国王从小库里亚中挑选出若干法官处理国王的全国性事务,包括正义(特别是刑事正义)的实施。国王法官在密切监督全国各郡方面起着尤为重要的作用。他们对郡长征

---

① 参见薛波:《元照英美法词典》,法律出版社2003年版,第612页。
② [美]腓特烈·坎平:《盎格鲁—美利坚法律史》,屈文生译,法律出版社2010年版,第25页。

收赋税负有监督职责,并对"王室之诉①"(Pleas of the Crown,也译为"国王之诉、刑事诉讼")案件中日益增多的犯罪分子之刑罚负有监督的职责。当他们巡视郡法院时,还接替郡长主持审判。②

1195年以后,王室任命了一些地方公民来帮助司法公正的实现。这些公民是"治安法官"(justice of peace,也翻译为"太平绅士")的前身,他们受《温切斯特法》③(*Statute of Winchester*,1285)规制,对被指控犯罪之人负羁管义务,直到国王法官到达审理他们为止。1327年后这一职位被正式固定了下来。④

至亨利二世时期(1154—1189年),国王法院发展至第二阶段。但这一事件从之前诺曼王朝的亨利一世王室落实其对英格兰境内全部土地所有权即已开始。《亨利律令》列举了下列由国王对其国土上的全体臣民独享管辖权的事项:

> 破坏受国王亲自或其令状所保护的王权安宁;抗丹税(Danegeld);蔑视国王令状和命令的控诉;在任何地方杀害或伤害任何王室成员;背信或叛国;任何鄙视或毁誉国王的人;涉及有三条壕沟的堡垒的案件;可处以死刑的盗窃案件;谋杀;伪造货币;放火;入室抢劫;发生在国王的公路上的伤害案件;与兵役有关的罚金;窝藏逃犯;预谋伤害;抢劫;破坏公路;侵占国王的土地或财物;发现宝藏;船舶失事;被海水冲上岸的财物;强奸;绑架;森林;对男爵

---

① 王室诉讼(Pleas of the Crown)的管辖归于王座法院(King's Bench)或女王座法院(Queen's Bench);它区别于郡法院(Shire Courts)管辖的郡长之诉(Pleas of the Sheriff)和普通民事诉讼(Common Pleas)。

② [美]腓特烈·坎平:《盎格鲁—美利坚法律史》,屈文生译,法律出版社2010年版,第25页。

③ 该法是关于警察与治安方面的法律,于爱德华一世(Edward I., King of England, 1239—1307年)在位时通过。

④ [美]腓特烈·坎平:《盎格鲁—美利坚法律史》,屈文生译,法律出版社2010年版,第26页。

的救济;在国王的家里或家眷中间进行打斗之人;任何破坏军队安宁的人;未履行对市镇的义务、或未参与修桥的劳动或不服兵役的人;任何藏有或收留有被革出教会者或不受法律保护者的人;对国王所提供的保护进行破坏;任何在陆地上或海上战斗中逃跑的人;不公正判决;司法懈怠;规避国王的法律。①

在 12 世纪时,提起诉讼首先须得到谘议会②的同意。人们须从文秘署办公室购买一道最终送达至争议处理法院的令状。该令状会命令法院审理案件。但国王以及谘议会面对的问题是——虽然谘议会有权决定可签发令状的种类,但是他们想要达到的司法中央集权目的却无法一蹴而就,因为任何从社区法院(地方法院)以及领主法院调取案件司法管辖权的行为实际上都有悖于传统。因此,国王和谘议会签发令状最后只集中到中央特别关注的几种案件之上,在这些案件中,最为重要的当属土地方面的案件,因为当时土地实际上是财富惟一的渊源。③英国著名法史学家普拉克内特也说:在民事诉讼中,最先受到国王法院注意的是土地案件诉讼。国家理性(Reasons of state)要求王室必须通过王室法院实现对土地的有力掌控。因此,普通法首先是"土地法"(law of land),然后才是"英国这块土地上的法"(law of the land)。④

国王法院一直有权力决定直接封臣间的土地案件,直接封臣直接

---

① 转引自[英]约翰·哈德森:《英国普通法的形成——从诺曼征服到大宪章时期英格兰的法律与社会》,刘四新译,商务印书馆 2006 年版,第 40 页。

② Council 一般译为"谘议会",它是英格兰帮助国王治理国家的顾问班子,后经托马斯·克伦威尔(Thomas Cromwell)约在 1536 年改组为"枢密院"(Privy Council)。

③ [美]腓特烈·坎平:《盎格鲁—美利坚法律史》,屈文生译,法律出版社 2010 年版,第 27 页。

④ Theodore F. Plucknett, *A Concise History of the Common Law*, Beijing: CITIC Publishing House, 2003, p. 355.

对王室负责。较小领主之间的纠纷由授予他们土地的领主（同时是受贡领主）的法院裁决。在 12 世纪早期，国王开始借助一项法令干涉这一管辖权，该法令规定，只有在国王给予领主"权利令状"后，领主的法院才可以审理有关土地重要权益的案件。这一令状由国王签发给领主，然后再通过该令状实现原告（要求占有土地的一方）与被告（实际占有土地的一方）间的正义分配，令状中还会说明假如正义没有实现，则由国王审理该案件。后来，在假定领主已向国王交出了其开庭权利这一"拟制"的基础上，令状被直接签发给被告，由此，令状的签发绕过了领主的法院，土地案件直接归王室法院管辖。①

但权利令状所涉及的程序性质、中间过程所带来的延误、证据的原始方式以及第三方在一年零一天之内可以对判决结果提出异议这一事实，使得权利令状成了一种并不十分理想的救济方式。在 1166 年，亨利二世设计出了被称为"回复占有诉讼"（possessory assizes②），也称为"不动产占有确权诉讼"系列新令状的第一种，旨在弥补权利令状的不足。③

---

① ［美］腓特烈·坎平：《盎格鲁—美利坚法律史》，屈文生译，法律出版社 2010 年版，第 27—28 页。

② assize 一词有数个意思。其一，敕令、诏令、法令、条例，如 Assize of Clarendon（《克拉伦登敕令》，也翻译为《克拉伦登法令》）；其二，（为解决土地占有而进行的）审判或诉讼；其三，陪审团的裁断；其四，衡量标准，衡量尺度；其五，（苏格兰）陪审团，咨审团；等等。此处取其二之意。另，据陈绪纲所著《法律职业与法治——以英格兰为例》（清华大学出版社 2007 年版）第 91 页注 2，assize 原意是指国王与贵族一起所开的封建会议，随之，它也指这样的封建会议上所制定的敕令，而根据这样的敕令所创立的机构也被称之为 assize，如 grand assize 和 petty assize。在《法律与革命》中，作者对 asszie 的解释如下：制定法也可称作 asszie——如新近侵占令——虽然 assize 一词的意思是"会议"（session），原本指一个庄严的会议。后来陪审调查团本身——即宣誓回答所提出问题的陪审员——也开始被称作一个 assizes；稍后，主持陪审调查团的法官称作"陪审法官"（justices of assize），而最终巡回法院的会议被称作"the assizes"。参见［美］哈罗德·J. 伯尔曼：《法律与革命——西方法律传统的形成》，贺卫方、高鸿钧、张志铭、夏勇译，中国大百科全书出版社 1993 年版，第 541—542 页。

③ ［美］腓特烈·坎平：《盎格鲁—美利坚法律史》，屈文生译，法律出版社 2010 年版，第 29 页。

(一）普通诉讼法院

亨利二世设计出的"回复占有诉讼"令状深得民众的欢迎，诉至国王法院的案件一下子变得多了起来。为缓解国王法院的案件审理压力，国王于1178年任命五位近臣为国王法官，以处理这类案件。这五位法官隶属于谘议会并向谘议会负责，但是他们的职位同国王的其他法官不同，这体现在他们获得的是一种持续性的任职令，而且并不依据某一特定（ad hoc）案件的任职令来行使审判。他们的结论最后报告到谘议会，在理论上，谘议会做出实际决定。[①]

1178年后的一个世纪，他们逐渐脱离了与谘议会的隶属关系，并在最初被称为"座"（bench[②]，王室法官的意思）。1215年《大宪章》规定，英国应成立一个有固定场所的"普通法院"。就这样，"普通法院"诞生了，法院的地址固定在了威斯敏斯特。在1234年，普通诉讼法院开始保留自己的案卷，这些案卷被称为"普通诉讼卷宗"（De Banco Plea Rolls）[③]，到1272年，该法院开始设有首席法官。13世纪30年代最终得名"普通诉讼法院"（Court of Common Pleas）。[④]

普通诉讼法院除了管辖土地案件之外，还很快取得了对其他一些民事纠纷的管辖，这些令状是由文秘署的"秘书长"在谘议会许可下签发的。[⑤]

[①] ［美］腓特烈·坎平：《盎格鲁—美利坚法律史》，屈文生译，法律出版社2010年版，第30页。

[②] 王室法官最初为显示身份而坐橡木椅，后来就称此类法官以及王室法院为bench；最初法院用栅栏将法院官员与诉讼当事人隔开，后来凡是代理当事人出庭的律师都同样站在栅栏后，于是便统称律师为bar。

[③] 这一年，王座法院也开始有自己的案卷记录，它被称为"王座法院卷宗"（coram rege Plea Rolls）。

[④] ［美］腓特烈·坎平：《盎格鲁—美利坚法律史》，屈文生译，法律出版社2010年版，第30页。

[⑤] ［美］腓特烈·坎平：《盎格鲁—美利坚法律史》，屈文生译，法律出版社2010年版，第30页。

此外,在梅特兰之前,传统观点认为,普通诉讼法院起源于亨利二世的 1178 年诏令,但梅特兰坚持认为,普通法法院起源于"失地王"约翰时期(John the Lackland,1199—1216 年),而且,直到亨利三世(Henry III,1216—1272 年)时期的 1234 年,普通诉讼法院才第一次从王室法院(Court of King's Bench)中区分出来。① 而新近的学术成果则表明,普通诉讼法院是在亨利二世统治期间逐渐从财政署发展出来的。②

(二) 王座法院

王座法院(Court of King's Bench)与普通诉讼法院不同,从理论上讲,它是一种"移动的法院"(movable court),而后者有固定的地点。此外,王座法院并不审理"普通诉讼"案件。"普通诉讼"之外其他案件的审理最初归谘议会中的国王管辖。例如,那些被称作"王室之诉"的重要刑事案件由国王处理。但到后来,因为王室之诉案件不断增多,而审理案件往往占用大量时间,所以这些案件的管辖权在后来转移至一些常设机构。③ 该机构的全名是"御前受权审判法官"(The Justices Assigned for the holding of Pleas before the King Himself),通常被称为"王座法院"。

王座法院最初形成时,既是刑事法院,又是对普通诉讼法院民事案件作出复审的法院。大多数刑事案件(特别是暴力型案件)同时会涉及

---

① 参见陈灵海:《英国法史学的"汉马克拉维"——纪念弗里德里克·梅特兰逝世 100 周年》,《中外法学》2006 年第 4 期。

② [英]保罗·布兰德:《英格兰律师职业的起源》,李红海译,北京大学出版社 2009 年版,第 25 页。

③ [美]腓特烈·坎平:《盎格鲁—美利坚法律史》,屈文生译,法律出版社 2010 年版,第 30 页。

到民事方面的纠纷。例如,如果有人犯了"企图伤害和殴击罪"(assault and battery),他可能会被提起刑事指控,同时受害者可能会对他提起金钱赔偿的民事诉讼。王座法院对这种案件的刑事方面享有管辖权,在爱德华一世统治期间(1272—1307年),如果受害方有请求的,王座法院的管辖权也可延伸至这类案件的民事方面。①

到后来,在民事案件方面,所有旨在恢复财产和收回债务的指令诉讼(praecipe actions)均归王座法院管辖。不仅如此,王座法院还同普通诉讼法院一道对"侵害之诉"(action of trespass)和"收回非法扣留动产之诉"(action of replevin)等案件共同享有管辖权。

王座法院可颁发"特权开示令状"(writ of *quo warranto*)来对国王的其他官员行使权力,该令状询问国王的官员"依何权力"位居官职或实施一特定行为。② 王座法院也可颁发"人身保护令状"(writ of *habeas corpus*),审查被捕嫌疑犯之所以被捕的法律依据(包括遵照其他任何法院的命令所羁押的嫌疑犯)。③ 王座法院还可以通过"禁止令状"(writ of prohibition)、"训令令状④"(*Mandamus*)以及"调卷令状⑤"(certiorari)等对其他法院进行审查。

---

① [美]腓特烈·坎平:《盎格鲁—美利坚法律史》,屈文生译,法律出版社2010年版,第32—33页。
② [美]腓特烈·坎平:《盎格鲁—美利坚法律史》,屈文生译,法律出版社2010年版,第31页。
③ 参见程汉大、李培锋:《英国司法制度史》,清华大学出版社2007年版,第41页。
④ 训令令状,Mandamus 在拉丁语中是"我们要求(命令)"的意思,这样的令状是由法院发出的敦促行政官员来履行依法要求履行的义务。根据美国最权威的《布莱克法律词典》(*Black's Law Dictionary*, p. 973)中的解释,"训令令状是高等法院签发的,强制低等法院或政府官员正确履行强制性的或纯行政性义务的令状。"
⑤ 根据权威的《布莱克法律词典》(p. 220),调卷令状是指由上诉法院签发、并在其自由裁量之下指令下级法院移送案卷记录以供审查的一种非常令状。Certiorari 一词系拉丁语,本意为"为被进一步全面知晓"(to be more fully informed)之意。

（三）财政诉讼法院

财政诉讼法院（Exchequer of Pleas）是第三种普通法法院。财政诉讼法院也叫棋盘法院，是国王的财政部门，约出现于1118年，它得名于其格子桌布（看上去像棋盘，用来帮助计算）。作为其职能的一部分，财政署负责判定王室纳税义务中的法律问题。[①]

财政诉讼法院约在1326年发展出一种著名的"合理减少令状"（writ *quo minus*[②]）程序，这一令状的出现可能是这样的：财政诉讼法院向某人发出通知并要求其对纳税事宜做出答复。此人声称他本愿意缴付税赋，但是无法缴付，而这是因为张三（John Doe）欠他的钱并拒绝归还。这样，财政诉讼法院会将张三传到法院，以调查他是否果真欠王室债务人（Crown's debtor）的债。如果张三欠债属实，则财政诉讼法院会命令张三做出支付行为。[③]

这一令状设计果然是收回债务的极好办法。只要原告称自己是财政诉讼法院的债务人，便可以享有王室的权力。张三对原告所负债务只要已到期的，即变成了对法院所负的债务；因此，原告不必遵循判决通常执行的模式，而可以依靠王室收回自己的钱款。原告向王室负有债务这一声称完全可以是拟制性的，也不得反驳。财政诉讼法院将管

---

① ［美］腓特烈·坎平：《盎格鲁—美利坚法律史》，屈文生译，法律出版社2010年版，第33页。

② *quo minus*，拉丁语，意思是"by which the less"。在早期普通法实践中，民事诉讼的管辖归于"普通诉讼法院"，财政诉讼法院最初只管辖与国王财政税收有关的案件。但是，现在财政诉讼法院通过一种拟制（fiction），即原告声称他是国王的债务人，但被告滞留原告应得财产而使其更无力清偿对国王的债务。这样，在案件实事与财政诉讼法院的管辖之间就建立了一种联系。即便原告对国王负债的声称是虚假的，法院也不允许被反驳。基于这样的一种令状，财政诉讼法院可以扩大其管辖权限。

③ ［美］腓特烈·坎平：《盎格鲁—美利坚法律史》，屈文生译，法律出版社2010年版，第33—34页。

辖权扩大到民事领域的滥觞正始于此,这一过程直到 1579 年才告结束。①

固定于威斯敏斯特的上述三大中央法院,再加上定期巡回各郡的巡回法院,形成了一套覆盖于英国全国完备的中央普通法法院体系。

四、衡平法院

到 13 世纪末期,已经开始有诉讼当事人直接向国王请愿而不再选择向普通法法院起诉,这是因为既有的、日渐僵硬的普通法令状已经无法满足他们的诉求。到 14 世纪,由于这样的请愿越来越多,于是谘议会开始将这些案件委任给具体的人员来处理。这些委任最终使得大量法院得以形成,其中也包括大法官法院(Court of Chancery),即衡平法院(Court of Equity)。② 对于 equity 一词的理解,我们也要认识到,虽然我们常将 equity 翻为"衡平法"③,但是,它的语义重心实际上不在"法"(law)之上。Equity 是与 Law 并列的某种规则集合,因此才有 Court of Equity 和 Court of Law 的区别。故而,在翻译 equity 时,理论上应去掉"法"字而仅将之译为汉字"衡平"。

作为谘议会的代表,衡平法官(chancellor)享有非同寻常的权力。比如他可以签发"传唤令状"(writ of subpoena),命令双方当事人出庭

---

① [美]腓特烈·坎平:《盎格鲁—美利坚法律史》,屈文生译,法律出版社 2010 年版,第 34 页。

② Amalia D. Kessler, Our Inquisitorial Tradition: Equity Procedure, Due Process, and The Search For An Alternative To The Adversarial, 90 *Cornell Law Review*, 1199 (July, 2005). See J. H. Baker, *An Introduction to English Legal History* (4th ed.), 2002, p. 98.

③ 参见薛波:《元照英美法词典》,法律出版社 2003 年版,第 483 页。

参加诉讼;当事人如若不从的,他可以对其施以监禁刑。另外,衡平法官还不受诉答程序(pleading)的技术性规则及普通法法院的程序制约或约束。顺便提一下,关于 chancellor 一词,学界实际上一直没有一个固定的翻译。一般而言,在一般语境下,它常有"(名誉)校长"、"一等秘书"等含义;在法律语境下,我们常将它翻译为"大法官",也有学者坚持将之译为"(衡平法院)御前大臣"①、"秘书长"②、"内阁学士"③、"中书令"等。④ 需要注意的是,这些译名大都强调的是 chancellor 的行政属性(如"御前大臣"、"秘书长"、"内阁学士"、"中书令"),而唯有"大法官"这一译法强调了他的司法属性。当然,我们必须提及的是,在英国相当长的历史时期中,chancellor 确实是一个拥有强大行政权力的官员,⑤堪称"国王的国务卿"(King's Secretary of State)⑥。

衡平法院从来没有陪审团。衡平法官可将受理案件的任务委托给由他任命的"法官助理"(masters),法官助理对衡平法官负责。衡平正义可能要比普通法法院提供的技术性正义(technical justices)更加灵活,这是因为衡平法院具有相对非正式性的特征,具有作为提供非常救

---

① 参见薛波:《元照英美法词典》,法律出版社 2003 年版,第 213、340 页。
② 根据台湾学者潘维大、刘文琦所著《英美法原理》一书,"令状"以国王的名义签发,但是实际执行审核的是"国王秘书处"(Court of Chancery)的主管,称为"秘书长"(Chancellor)。国王秘书处代表国王盖国王大印发给令状。早期的 Court of Chancery 不具备"法院"功能,而是指国王秘书处,因国王赋予秘书处审理司法案件的职权,因此秘书处的功能如同法院一样,才将 Court of Chancery 译为"衡平法院"。"衡平法官"(Chancellor)本是秘书处的首长,在秘书处具备法院功能后,由于他是衡平法院的首席,所以译为衡平法官。
③ 参见梁龙、李浩培:《英国的司法与司法制度》,商务印书馆 1946 年重庆初版,第 7 页。两位先生将 court of chancery 除译为"衡平法院"外,还给出了另一种参考译法,即"内阁公堂"。
④ 相应地,人们将 Court of Chancery 翻译成"御前大臣法院"、"大法官法院"、"衡平法院"、"文秘署"、"内阁公堂"、"中书法院"等。
⑤ 冷霞也在她的博士论文中提到这一词语的翻译。参见冷霞:《英国早期衡平研究——以大法官法院为中心》,华东政法大学博士学位论文 2008 年,第 45 页。
⑥ 参见 Alison Reppy, The Development of the Common-Law Forms of Action, Part I, 22 Brook. L. Rev., 1955—1956, p. 202.

济法院的背景,衡平法官在宗教改革运动前(pre-Reformation)还具有神职性背景。衡平法院发展出来许多独立的原则,并以这些"衡平的"(equitable)而非"法律的"(legal)原则而闻名于世。①

衡平法院于1474年成为独立的法院,自此以后,它一直有着广泛的司法管辖权。因为普通法法院或在理论上或在救济上还存在不足,所以衡平法院的首要任务是给予普通法法院不能得到的救济。因此,这两种法院间的冲突不可避免。

首先,衡平法院在普通法留下的空白领域创造性地进行了新的立法,例如信托的执行、欺诈法以及合同法采用"惩罚条款"(penalty clause)以外的救济。其次,衡平法院创设了新的救济方法,如"实际履行"(specific performance,也译为"特定履行")与"禁制令"(injunction)。再次,衡平法院对普通法程序进行更为直接地干涉。例如,依据在普通法法院原本被指控的被告的请求,衡平法院可命令一方诉讼当事人不要再在普通法法院将诉讼继续进行下去。有时,它会重新审理已在普通法法院得到判决的案件,而且判决结果有可能大相径庭。②

衡平法院处理的是"suit"(衡平法上的民事诉讼),或称为"恭顺请愿"(humble petition),而不是真正意义上的"action"(普通法上的诉讼)。③ 衡平法院既裁定法律,也裁定事实,因此衡平法院审判中并无陪审团参与审判。从理论上讲,没有一位原告(suitor)有得到任何法定救济的权利,虽然在适格案件中,原告的救济请求从未遭到过拒绝。

---

① [美]腓特烈·坎平:《盎格鲁—美利坚法律史》,屈文生译,法律出版社2010年版,第35页。
② [美]腓特烈·坎平:《盎格鲁—美利坚法律史》,屈文生译,法律出版社2010年版,第36页。
③ Edward Jenks, *Law and Politics in the Middle Ages*, London: John Murray, Albemarle Street, 1919, p. 144.

一句话,衡平案件原告得到的救济是一种"恩典",而非权利。①

综上,法院发展的梗概基本上表明了一种权力集中与分立的过程;而令状的孕育与成长与法院特别是王室法院的发展是一种平行的关系。

英国法院体系中的市镇法院、星室法院、教会法院及议会高等法院等与令状制度的关联性不大,在此不再着墨叙述。

---

① Edward Jenks, *Law and Politics in the Middle Ages*, London: John Murray, Albemarle Street, 1919, p. 145.

第二章　令状的概念、起源及其嬗变

从法律上说,如果原告宁可获取老式的权利令状并在地方法院起诉,也不愿去王室法院请求救济,那么他也不会受到什么阻碍的,正如情愿像过去那样点火把、燃油灯的人现在同样不会被强迫用电来照明一样。①

——比利时著名法学家卡内冈

一、令状的概念

对于大多数人来讲,"令状"是一则既陌生又模糊的短语。中文"令状"是一则外来语,在不同的国家,有着迥异的叫法。普通法上的令状与罗马法上的令状相类似,但并不同一。令状类似于手令(授权状),但并不是手令(授权状)。令状的内涵在不同历史时期,并不相同。令状不限于普通法令状,不过本书所谈论的令状主要是指普通法令状。

(一) 中文"令状"是一则外来语

"令状"一词并非中国古代既有的词汇。②"令状"也不同于"汽

---

① [比]R. C. 范·卡内冈:《英国普通法的诞生》,李红海译,中国政法大学出版社2003年版,第43页。

② 状,《说文》:犬形也。《玉篇》:形也。《玉篇》:状,书状。《庄子/大宗师》成疏:"迹也"。引申为文体一种,陈述事件或人的事迹。《元典章/刑部/听讼原告人在逃条》"状头",指原告。令,《说文》,发号也。《尔雅》邵晋涵正义:令,谓布告令于外也。

车"、"电脑"等中国人后来的新造词。我们可以接受的一种说法是,"令状"是一则外来语,是在 19 世纪末期经由同一日文汉字输入中国的一个西方法律概念。①

"令状"在不同国家有着不同的叫法。它的英文对等词是 writ,其最基本含义是 *writan*,表示 to write(书写)。极个别时候,writ 还拼为 *gewrit*,后者的变体 *gewite*② 是撒克逊语"契据"、"证书"、"文献"的意思。在拉丁文中,"令状"的对等词是 *brevis* or *breve*③,有时也被"英语化"为 brief(表示"简短")。

据《布拉克顿》(*Bracton*)及一部名为《弗莱塔》(*Fleta*)④的著作,*brevis* 之所以被英语化为 brief 的原因在于令状具有明显的"简短"特点,因为令状是"制定者意图的简短表达"(*quia breviter et paucis verbis intentionem proferentis exponit*)。⑤

英国"令状"属于德国古文献学家称为"卷档"(Akten)大家庭中的一种。⑥

---

① 参见王健:《沟通两个世界的法律意义——晚晴西方法的输入与法律新词初探》,中国政法大学出版社 2001 年版,第 241 页。
② 读者可以在《元照英美法词典》(薛波主编,法律出版社 2003 年版)第 602 页找到 gewrite 一词的上述涵义。
③ 拉丁文 *breve* 的使用可以追溯到古罗马著名法学家保罗(Paulus)生活的时代(大约 A.D. 220 年左右),他曾著有《令状布告》(*Ad edictum de brevibus*),在《梵蒂冈断片》(*Vatican Fragment*)第 310 节中曾被引证。
④ *Fleta* 音译为《弗莱塔》,又称为 "*Fleta seu Commentarius Juris Anglicani*",所以又意译为《英格兰法律摘要》。根据《元照英美法词典》(第 561 页)对于该词的解释,它系有关英格兰法律的一部古代论著。相传为一法官或律师约于 1290 年被困于伦敦弗列特监狱(Fleet Prison)时作,并因该监狱而得名 *Fleta*。据笔者的进一步检索,补充信息如下:该作品的创作时代大概在爱德华一世时期(Edward I),其大部分内容是对于布拉克顿作品的简单临摹。据说,作者所以被囚禁于弗列特监狱的原因是他犯了渎职罪。*Fleta* 最早由英国著名法学家约翰·塞尔登(J. Selden, December 16, 1584—November 30, 1654)于 1647 年发掘印行。
⑤ http://www.1911encyclopedia.org/Writ (Classic Encyclopedia Based on the 11th Edition of Encyclopedia Britannica),访问时间:2008 年 8 月 25 日。
⑥ R. C. Van. Caenegem, *Royal Writs in England from the Conquest to Glanvill*, London: 1958, p. 107.

在法语中,令状同样拼作"brief"。① 此外,它与古代罗马法中的皇帝敕答(*imperial rescripta*)、法兰克法中的 indiculi、法国法中的 mandamenta 及教会法中的教皇谕令(*papal brevia*)相类似。②

(二) 普通法令状与罗马法令状的异同之处

罗马法中的"*interdictum*"(令状)同英国法上的"writ"(令状)类似;不过,需要注意的是,interdictum 的英文对等词是"interdict"而非"writ"。根据《布莱克法律词典》,"interdict"兼具名词、动词属性,其区别性特征是它的"禁止性"特点,③因而"interdict"(而非"writ")是 interdictum 的确切翻译。尽管如此,我们发现罗马法中的"*interdictum de libero homine exhibendo*"(自由人出示令)④与英国法中的"writ of habeas corpus"(人身保护令状)和"*de homine replegiando*"(保释令状)极为相似。

按照《法学阶梯》的定义,令状是"裁判官用以命令做某事或禁止做某事的程式和套语的集合。在某些人就占有或准占有发生争讼的情况下,人们尤其求助于令状"。⑤

罗马法上令状的分类有很多。按照"命令"和"禁止"来划分,可以

---

① Baker, J. H., *An Introduction to English Legal History*, 4th ed., London: Butterworths, 2002, p. 57.

② R. C. Van. Caenegem, *Royal Writs in England from the Conquest to Glanvill*, London: 1958, p. 107.

③ 参见 *Black's Law Dictionary* (7th ed.), St Paul: West Publishing Co., 1999, p. 815. 该词条的释义是:Interdict, *n. Roman & civil law*. An injunction or other prohibitory decree. *Vb*. To forbid or restrain.

④ *de libero homine exhibendo* 相当于英文 production or exhibition of free man,奴隶被视为是奴隶主的财产,该令状用来将奴隶从主人的所有权状态下解放出来。de 在英国旧时的立法或令状中常用作标题的第一个词。

⑤ [古罗马]优士丁尼:《法学阶梯》(第二版),徐国栋译,中国政法大学出版社 2005 年版,第 517 页。

分为禁止性的(prohitoria)令状、恢复原状性的(restitutoria)令状以及出示性的(exhibitoria,或译为"返还性的")令状。[①] 但严格来讲,恢复原状性和返还性的只能被称为命令(decreta),只有禁止性的才是真正的令状。[②] 我们也可以这样说,当下令要求做某事,比如要求出示或者返还某物时,我们称之为"命令",而当禁止做某事,比如要求不得对无过错的占有者施加暴力或者不得在圣地做某事时,则称之为"令状"。[③]

罗马法上的令状的第二个划分:为取得占有而设置的令状、为维护占有的令状及为恢复占有的令状。其中,为取得占有而设置的令状也被称为"萨尔维令状"(interdictum Salvianum)。维护占有令状(retinendae possessionis causa)又有"占有者令状"(uti possidetis)和"两地占有令状"(utrubi)之分。[④]

罗马法上的令状的第三个划分是简单(simplicia)令状和双重(duplicia)令状。[⑤]

古罗马法令状同普通法令状之间有很大的类似性,但二者并不完全相同。首先,在古罗马,原告是从执政官而非司法官员手中获得令状,而在英国,原告是从文秘署处获得令状。其次,罗马法令状的汇编被称为《永久性敕令集》(Edictum perpetuum),而英国的令状集被称为《令状方式集》(Register of Writs)。再次,罗马法令状上后来产生了"准诉权"(ac-

---

[①] [古罗马]优士丁尼:《法学阶梯》(第二版),徐国栋译,中国政法大学出版社2005年版,第517页。另见盖尤斯:《盖尤斯法学阶梯》,黄风译,中国政法大学出版社2008年版,第259页。其中恢复原状性的(restitutoria)令状被翻译为"返还性的令状"。

[②] [古罗马]优士丁尼:《法学阶梯》(第二版),徐国栋译,中国政法大学出版社2005年版,第519页。

[③] [古罗马]盖尤斯:《盖尤斯法学阶梯》,黄风译,中国政法大学出版社2008年版,第259页。

[④] [古罗马]盖尤斯:《盖尤斯法学阶梯》,黄风译,中国政法大学出版社2008年版,第260—264页。

[⑤] [古罗马]盖尤斯:《盖尤斯法学阶梯》,黄风译,中国政法大学出版社2008年版,第264—265页。

tiones utiles），而普通法上后来产生的是"类案诉讼"令状。①

（三）令状不同于手令（授权状）

writ 与 warrant 两概念间虽有交集，但二者的含义偏重不同，它们的语义范围也不相同，二者存在着某种"上下义关系"（hyponymy）。在实践中，有很多学者不加区别的将上述两个英文术语都翻译为"令状"②，笔者认为这一做法并不可取。

本书作者的观点是，writ 应翻译为"令状"，而 warrant 应译为"手令"或"授权状"③，后者只有在个别情形下才应被翻译为"令状"（即便如此，它也主要是指"司法令状"，注意不是指"司法化令状"④）。

《布莱克法律词典》（第 7 版）说，writ 是指"以国家或其他有权法律机构的名义签发的、要求受送达人为一定行为或限制一定行为的、法院的书面命令"。⑤ 而 warrant 的首要意思是"指令或授权某人去

---

① 参见[德]K. 茨威格特、H. 克茨：《比较法总论》，潘汉典、米健、高鸿钧、贺卫方译，法律出版社 2003 年版，第 279 页。

② 在国内惟一一部介绍令状制度的专著《刑事侦查中的令状制度研究》中，高峰博士指出："……最早的令状是以 writ 一词表达的……但本书所要探讨的侦查程序中的令状通常是用 warrant 一词表达，其含义与 writ 存在明显的区别。"

③ 《元照英美法词典》虽收录了 warrant 一词，但它给出的释义项如下：①**令状**：司法官员签发的要求或授权某人（如行政司法官（sheriff））实施一定行为的命令，如逮捕令、搜查令、扣押令、判决执行令等。②**授权书**：授予他人某种权限的文件，尤指授权付款或收款的文书。③**金钱支付令**：签发人要求某人支付一定数额的金钱给执行的他人的命令。④（= stock warrant）⑤**保证；担保**。参见薛波：《元照英美法词典》，法律出版社 2003 年版，第 1413 页。

④ 司法令状不是司法化令状。在国内的法学研究中，不少学者误将"司法令状"与"司法化令状"相混淆。

⑤ *Black's Law Dictionary* (7th ed.). St Paul: West Publishing Co., 1999, p. 1602. 原文照录如下：A court's written order, in the name of a state or other competent legal authority, commanding the addressee to do or refrain from doing some specified act.

完成某一行为的令状,特别是指指令执法人员逮捕、搜查或扣留的令状"。① 因此,从语义学角度看,warrant 是一个被 writ 包括在内的词项。换言之,单从令状的角度来看,writ 是 warrant 的上义词,而 warrant 是 writ 的下义词。所谓上下义关系,是"指个体词项与一般词项间的语义关系,即个体词项被包括在一般词项之内"。例如,"花"是"玫瑰"的上义词(hypernym),"玫瑰"是"花"的一个下义词(hyponym)。总之,writ 偏重于"令"的意思,而 warrant 偏重于"司法文件"本身。

再进一步,从实证角度来看,香港是世界上最典型的双语立法地区之一,因而香港法例中的中英文文本最有说服力。根据香港律政司法律草拟科编纂的《英汉法律词汇》②,我们发现,writ 一定是译为令状;③

---

① *Black's Law Dictionary* (7th ed.). St Paul: West Publishing Co., 1999, p. 1579. 原文照录如下:1. A writ directing or authorizing someone to do an act, esp. one directing a law enforcer to make an arrest, a search, or a seizure. 2. A warrant that gives a law-enforcement officer broad authority to search and seize unspecified places or persons; a search or arrest warrant that lacks a sufficiently particularized description of the person or thing to be seized or the place to be searched. 美国宪法第四条修正案,即要求须在合理根据基础上签发手令的条款,也被称为是"手令条款"(Warrant Clause)(国内学者一般译为"令状条款","令状主义"即从此意)。

② 《英汉法律词汇》第四版于 2004 年 12 月出版。词典由律政司法律草拟科编纂,是查找用于香港法例中的英汉法律词语的便捷参考工具。第四版共分三册。第一及第二册为词汇正文,收词 32,000 条,第三册则载有香港法例各章的英汉对照简称及引称、主要政府机关的最新列表,以及其他资料。该词典可在网上检索。具体网址为:http://translate.legislation.gov.hk/gb/www.legislation.gov.hk/chi/glossary/index.htm。

③

序号	中文表达	英文表达	出处
1	解交被拘押者到庭答辩令状	writ of habeas corpus ad respondendum	4A 54,第 9(1) 条规则
2	执行令状	writ of execution	4A 46,第 1 条规则
3	管有令状	writ of possession	4 21F(9)(b)
4	传讯令状	writ of summons	4D 附表 1

第二章　令状的概念、起源及其嬗变　69

而 warrant 的情况比较复杂,关键是因为 warrant 还有其他基本含

5	给予援助令状	writ of assistance	4 附表
6	解交被拘押者并说明其拘押日期及原因令状	writ of habeas corpus ad subjiciendum	4A 54,第 9(1)条规则
7	令状正本	original writ	336A 20(2A)
8	令出庭作证的传召出庭令状	writ of subpoena ad testificandum	4A 32,第 7 条规则 4A 38,第 19(1)条规则
9	令状文稿	draft writ	4A 44A,第 1(2)(a)条规则
10	诉讼外债务人物业查封令	writ of foreign attachment	附表 128B
11	令携带文件出庭的传召出庭令状	writ of subpoena duces tecum	4A 38,第 19(1)条规则
12	去世债务人财产官方扣押令状	writ of diem clausit extremum	300 29
13	交付令状	Writ of Delivery	4 附表
14	藉令状开展的诉讼	action begun by writ	4A 18 第 21(4)条规则
15	对物诉讼令状	writ in rem	4 12B(2)
16	暂时扣押令状	writ of sequestration	4A 45 第 4(2)(c)条规则
17	解交被拘押者到庭作证令状	writ of habeas corpus ad testificandum	4A 54,第 9(1)条规则
18	收回债款扣押令状	writ of extent	300 29
19	解除诉讼外债务人物业查封令证明书	certificate of dissolution of a writ of foreign attachment	128B 附表
20	人身保护令	writ of habeas corpus	8 81(3)
21	复还令状	Writ of Restitution	4 附表
22	人身保护令状	writ of habeas corpus	4 2
23	强制交付令状	writ of specific delivery	4A 45,第 4(1)(a)条规则
24	传召出庭令状	Writ of Subpoena	4 附表
25	扣押债务人财产令状	writ of fieri facias	4 21C(1)
26	解交被拘押者并说明其拘押日期及原因令状	writ of habeas corpus ad subjiciendum	4 2
27	扣押令状—收回债款扣押令状	writ of extent	300 29

义。① 简单地讲,writ 是一个"种"概念,而 warrant 则是一个"属"概念,

28	扣押令状—暂时扣押令状	writ of sequestration	4A 45,第 4(2)(c)条规则
29	令状	writ	7 103
30	债务人—扣押债务人财产令状	writ of fieri facias	4 21C(1)
31	讼案—展开讼案的令状	writ for commencement of a cause	4C 附表
32	扣押—暂时扣押令状	writ of sequestration	4A 45,第 4(2)(c)条规则
33	令状—接受令状的送达	accepts service of the writ	4A 10,第 1(4)条规则
34	执行令	writ of execution	38 25(1)
35	令状—去世债务人财产官方扣押令状	writ of diem clausit extremum	300 29
36	令状—对令状的发出作确认	acknowledge the issue of the writ	4A 75,第 3(6)条规则
37	财物扣押令	writ of fieri facias	179A 86(2)
38	送达—接受令状的送达	accepts service of the writ	4A 10,第 1(4)条规则
39	解除诉讼外债务人物业查封令证明书	certificate of dissolution of a writ of foreign attachment	128B 附表

①

序号	中文表达	英文表达	出处
1	无须手令而逮捕	arrest without warrant	204 10AA(1)
2	预垫备用金	imprest warrant	2 22(1)
3	开释令	warrant of deliverance	227 103(1)
4	呈请令状	petition warrant	405A 附表 2
5	手令	warrant	245 33(5)
6	追加备付款项令	supplementary warrant	2 19(3)
7	临时拨款令	vote on account warrant	2 19(2)
8	认股权证	share warrant	32 73(2)
9	搜查令	search warrant	134 49C(1)
10	搜查手令	search warrant	521 11(1)
11	基金支付令	funds warrant	2A 4(e)
12	紧急拨款令	contingencies warrant	2 21(2)
13	移交入境手令	inward warrant	513 2

它只是一类令状——主要是司法令状——的总称。

14	临时逮捕手令	provisional warrant of arrest	503M 附表
15	委任状	warrant of appointment	227 5(1)
16	逮捕及扣留令	warrant of arrest and detention	62 8(1)
17	垫款令	advances warrant	2 20
18	手令上的批注	endorsement on the warrant	382 12(4)
19	委任证	warrant card	166 21(2)(a)
20	移交出境手令	outward warrant	513 2
21	交付监狱的手令	warrant of committal to prison	159 11(1)
22	认购权证	warrant	32 73(1)
23	财物扣押令	warrant of distress	227 33(d)
24	普通拨款令	general warrant	2 19(1)
25	逮捕令	warrant of arrest	86 10
26	执行手令	execute a warrant	1 86(2)
27	权证	warrant	395 2(1)
28	临时手令	provisional warrant	503 2(1)
29	暂缓执行手令	stay of warrant	7 133
30	拨款令	allocation warrant	2 14(4)
31	股息单	dividend warrant	200 86
32	扣押财物扣押令	warrant of distress	227 33(d)
33	在无手令的情况下逮捕	arrest without warrant	494 13(1)(b)
34	交付羁押令	warrant of commitment	221A 51(2)
35	款项追加备付款项令	supplementary warrant	2 19(3)
36	委托书	warrant of attorney	112 2(1)
37	呈请令状	petition warrant	405A 附表 2
38	拘押令	warrant of commitment	212 59
39	暂缓执行手令	stay of warrant	7 133
40	执行手令	execution of a warrant	4C 附表
41	执行令	warrant of execution	179A 86(2)
42	令状	warrant	1 54
43	羁留令	detention warrant	115 2(1)
44	认购权证	warrant to subscribe	395 2(1)
45	经他亲自签署的委任令委出	appoint by warrant under his hand	369 74(1)
46	扣押令	warrant of arrest	4A 75,第 7 条规则

(四) 令状是一个不断发展、变化的概念

在最初,令状可以是任何一件书面的东西,在《亨利一世之法》(*Leges Henrici Primi*)中,它仅指国王发出的信函,在盎格鲁—撒克逊时期(500—1066 年),令状指的是一种行政命令,而在现代英文中,令状通常指"传讯令状"。但归纳起来,对于令状的代表性描述大概有以下两大类。第一类是下定义型,有狭义型的定义和广义型的定义。第二类是作诠释型。

据《布莱克法律词典》,令状是"以国家或其他有权法律机构的名义签发的、要求受送达人为一定行为或限制一定行为的、法院的书面命令"。毋庸置疑,这是对令状给出的一则较为全面的、广义的下定义型的描述,它说明:其一,令状的签发主体是法院。其二,令状是成文性的,它是一种书面命令,口头的命令不能称之为令状。其三,令状的权威由国家或其他有权法律机构来保证,它是以国家的名义或以某一权威的法律机构的名义来签发的。其四,令状被签发的作用在于命令受送达人去做一件事,或不要去做一件事。在这则定义中,令状并不特指普通法令状(common law writs)或英国法上的令状,虽然也包括后者。从这则定义本身来看,惟一不明确的是,谁才是"受送达者"(the addressee),因为"受送达者"是一个抽象的名词,带有很强的模糊性。

相较而言,国内权威的英美法辞书《元照英美法词典》对令状的定义则是一种狭义的描述,而且这则定义将"受送达者"具体地用文字表示了出来。它说,令状是指"在英格兰法上由文秘署(Chancery)以国王名义签发给郡长,或者法庭或政府官员要求接收令状的人作为或不作为的命令"。[①] 很显然,这是对令状给出的狭义解释。它专门指中世纪时期的英国普通法令状——一种由"王室文秘署(royal chancery)签发

[①] 薛波:《元照英美法词典》,法律出版社 2003 年版,第 1424—1425 页。

的简短书面文献"。①

英国普通法令状以国王的名义签发,这是因为国王被认为是"一切正义的源泉"(Fountain of Justice)。国王是公平、正义的化身;国王还是一切权力(包括立法的权力、行政或司法的权力)之源泉,是全部土地之上的最高领主;国王就是国家;但实际上执行工作的是文秘署,文秘署的负责人称为"Chancellor",由他来代表国王盖上玺印,然后再将令状签发至郡长、法庭或政府官员。

需要补充的是,在最初,任何王室文件乃至任何书面的东西都是"令状",因为"令状"就是"书写"的意思。关于这一点,有伯尔曼(Harold J. Berman)在《法律与革命》一书中谈到"令状的司法化"时对"令状"的描述为证,他说:

> 只含有书写意思的"令状"(writ)这个词是拉丁词 breve 的英译,后者的意思是"简短之物",后引申为"信件"。简短的书面命令和通知叫做令状,它曾由教皇、国王和其他统治者颁发达数世纪之久。在征服者威廉和他的后继者统治期间,王室行政管理的主要手段之一是颁发王室令状,命令伯爵、男爵、主教、修道院长、郡长和其他人制止引起国王注意的某些不法行为;以便"将某庄园恢复给斯戴拉斯的约翰","尽快地将欠你的领主修道院院长的租金偿还",授

---

① 英国著名学者爱德华·甄克斯(Edward Jenks)也曾对令状有过较为深入细致的研究,他的代表作《中世纪的法律与政治》一书说:"中世纪时期,王室实现扩张最为得力的工具之一是'令状'(writ or breve);顾名思义(breve 是拉丁文,本义是'简短'的意思——笔者注),令状是由王室文秘署(royal chancery)签发的简短书面文献。"起初,令状并无特别重要之处,任何王室文件都是令状。但是,这一术语很快变成为专指那些一般管理过程中签署的王室命令——例如召集军团令状、征收封建税款令状、选举郡骑士令状等等。参见 Edward Jenks, *Law and Politics in the Middle Ages*, London: John Murray, Albemarle Street, 1919, pp. 122—123.

予某些人使用共有土地的权利,以及放还作为担保而扣押的牲畜。①

此外,比利时著名法学家 R. C. 范·卡内冈在其《英国普通法的诞生》一书第二章(王室令状与令状诉讼)中也曾写道:

> "writ"一词含义相当模糊,它可以用来指任何书面的东西,甚至是一本书,比如说"Holy Writ"(《圣经》)。更专门一些,它指一种命令、禁令或说明某种情况的简短的官方文件(拉丁形式为breve)。它区别于特许状(charter)或特许证(diploma),因为它不如后者正规、庄严和详细。②

还有一点需要指出的是,台湾学者潘维大、刘文琦在所著《英美法导读》一书中说:普通法令状"原指国王发给的一种书面命令,上面有国王的签名,颇类似我国以前的圣旨"。③ 对于这一说法,本文作者不能苟同。实际上,普通法令状多用于起始诉讼,它虽然最早是一种行政命令(国王签发的命令),但令状司法化后,它主要是一种司法命令。再进一步讲,于普通法令状而言,国王的命令只是指示性的,而非最终实质性的决定;令状只是"一种用于强制被告对原告的指控进行答辩的指令"。最后,普通法令状通常有严格的、具体的形式。从以上几点来看,普通法令状与我国以前的圣旨实际上相去甚远。

综上,笔者认为普通法上的令状实际上是一个发展变化中的概念,

---

① [美]哈罗德·J.伯尔曼:《法律与革命——西方法律传统的形成》,贺卫方、高鸿钧、张志铭、夏勇译,中国大百科全书出版社1993年版,第538—539页。

② [比]R.C.范·卡内冈:《英国普通法的诞生》,李红海译,中国政法大学出版社2003年版,第39页。

③ 潘维大、刘文琦:《英美法导读》,法律出版社2000年版,第12页。

从最初的任何书面文件,到王室行政文件,再到王室司法文件,到今日的法庭命令,令状的内涵在各个历史时期实际上不尽相同。

实际上,只有我们在弄清令状的发展脉络后,或许我们才能够得出一个更清晰的答案。英国令状的起源可以追溯至盎格鲁—撒克逊时期。令状后经威廉一世与威廉二世的初步发展时期;在亨利一世、斯蒂芬时期得到很大发展;在亨利二世时期最为繁荣;此后,在理查德一世、约翰和亨利三世时期,令状仍保持了快速的发展;到爱德华一世时期逐渐定型。从爱德华二世到威廉四世时期令状逐渐衰退并被逐步废止。

二、普通法令状的起源及其嬗变

(一) 普通法令状的起源

令状的历史由来已久。西方许多的法史学家认为普通法上的令状(主要表现为英国王室令状)起源于盎格鲁—撒克逊时期。这种观点的代表人物有史蒂文森(W. H. Stevenson)、霍兹沃斯及哈默等人。

比如,史蒂文森认为,王室令状起源于盎格鲁—撒克逊人设计的本族语令状(vernacular writ),后经诺曼国王拉丁语化并被逐渐改造成为盎格鲁—诺曼令状,成为12世纪下半叶后王室行政的主要渠道,与令状一道得到发展的还有宪章(charters)、专门许可证(letters patent)[①]

[①] 形式方面来说,法国的国王法令曾分为"证书"(diploma)、"专门许可证"(letters patent)、"封印许可证"(sealed letters)。"证书"是最正式的法令形式,由"中书法院"签发,目的在于证明"训令"以及重要判决的真实性;在圣·路易斯(Saint Louis)时期,"证书"已经变得极为罕见;在其继位者时期,它们被停止使用,后两种"许可证"形式继续存在。"证书"被废弃后,国王的所有法令都通过"中书法院"(Royal Chancery)签发的"专门许可证"以及君主直接签发的"封印许可证"昭告天下。参见〔英〕梅特兰等:《欧陆法律史概览——事件,渊源,人物及运动》,屈文生等译,上海人民出版社2008年版,第195页。

及密封函令(letters close)等。①

霍兹沃斯说,令状的正式起源可以追溯到盎格鲁—撒克逊时期的"程式"(formulae),国王通过它向人民、法院传递自己的意愿。② 前述英国法史学家哈默在其专著《盎格鲁—撒克逊令状》中也持一样的观点。但也有学者如吉瑞(Giry)认为,诺曼征服给英国历史带来了一场完整的革命,盎格鲁—诺曼令状的起源就在诺曼底王朝。③ 但自从哈默整理编辑出自艾塞雷德二世(Aethelred II)始直至哈罗德二世(Harold II)以来的 112 道盎格鲁—撒克逊人设计的本族语令状后,人们几乎肯定了令状起源于盎格鲁—撒克逊时期的说法(只要不是更早的话,就可以确信无疑了)。由此,卡内冈曾总结说,启动司法程序的普通法令状的历史起源可以在盎格鲁—撒克逊国王的行政令状中找到。④

虽然史学家们就"令状起源于盎格鲁—撒克逊时期"这一判断现在已基本达成一致意见,但对于令状的确切起始时间,学者们又持有不同的观点。根据现存最古老最直观的证据,即令状文本记录本身,最早的王室令状出现在艾塞雷德二世(Aethelred II)统治时期(978—1016 年),⑤在哈默整理出的 112 道令状中,有 2 道出自艾塞雷德二世在位

---

① W. H. Stevenson, An Old-English Charter of William the Conqueror in favour of St. Martin's-le-Grand, London, A. D. 1068, *English Hist. Review*, xi , 1896, pp. 731—744. 转引自 R. A. M. Bishop and Pierre Chaplais, *Facsimiles of English Royal Writs to A. D. 1100*, Oxford: Clarendon Press, 1957, p. ix.

② Holdsworth, W. S., *Sources and Literature of English Law*, 1925, p. 200. 转引自 *Black's Law Dictionary* (7th ed.), St Paul: West Publishing Co., 1999, p. 1602.

③ Arthur Giry, *Manuel de Diplomatique*, Paris, 1894, p. 795. 转引自 R. A. M. Bishop and Pierre Chaplais, *Facsimiles of English Royal Writs to A. D. 1100*, Oxford: Clarendon Press, 1957, p. ix.

④ [比]R. C. 范·卡内冈:《英国普通法的诞生》,李红海译,中国政法大学出版社 2003 年版,第 43 页。

⑤ [比]R. C. 范·卡内冈:《英国普通法的诞生》,李红海译,中国政法大学出版社 2003 年版,第 39 页。

时期。① 但也有人认为,王室令状在 10 世纪更早的时候就已出现。② 更有学者如哈默利用间接证据将令状的起源追溯至阿尔弗雷德大帝(Alfred the Great)统治时期(871—899 年)。③ 但布勒克拉夫(G. Barraclough)反驳了哈默的观点,他认为令状最早出现的时期应在 10 世纪时期。④ 查普莱斯(Chaplais)也不认同哈默的观点。⑤ 现存最早的起始令状文本则可追溯至忏悔者爱德华(Edward the Confessor,约 1042—1066 年在位)统治时期。⑥

还有一个问题同样引发了法史学家的广泛争论——"普通法上的令状制度到底是在英国本土上独自发展的结果,还是一件来自外国的舶来品"?毋庸置疑,墨洛温王朝(Merovingian Dynasty,481—751 年)和加洛林王朝(Carolingian Dynasty,751—987 年)的法兰克国王们除使用过一种用于确定所有权的正式文件外,还使用过另一类行政性的书面文件,它比前者简短也没有前者正式,主要用来传达命令或下达通知。⑦ 英国的古老令状虽然与上述法兰克命令在很大程度上有着相似性,但是它

---

① 在 112 道盎格鲁—撒克逊令状中,其中仅忏悔者爱德华统治时期签发的就占 99 道。参见 R. A. M. Bishop and Pierre Chaplais, *Facsimiles of English Royal Writs to A. D. 1100*, Oxford: Clarendon Press, 1957, p. ix.

② H. Bresslau, *Internationale Beziehungen im Urkundenwesen des Mittelalters* (Archiv für Urkundenforschung, vi), 1918, p. 48. 转引自 R. C. Van. Caenegem, *Royal Writs in England from the Conquest to Glanvill*, London: 1958, p. 114.

③ R. C. Van. Caenegem, *Royal Writs in England from the Conquest to Glanvill*, London: 1958, p. 114.

④ G. Barraclough, *The Anglo-Saxon Writ* (*History*, New Series, xxxix). London: 1954, p. 206. 转引自 R. C. Van. Caenegem, *Royal Writs in England from the Conquest to Glanvill*, London: 1958, p. 114.

⑤ 参见[比]R. C. 范·卡内冈:《英国普通法的诞生》,李红海译,中国政法大学出版社 2003 年版,第 40 页。

⑥ 参见[比]R. C. 范·卡内冈:《英国普通法的诞生》,李红海译,中国政法大学出版社 2003 年版,第 39—40 页。

⑦ R. C. Van. Caenegem, *Royal Writs in England from the Conquest to Glanvill*, London: 1958, p. 115.

们之间的差异性更为明显。从外在特征来看,英国古老令状的样子是狭长的羊皮纸条,用当地的语言(vernacular)写成。从内在特征来看,英国古老令状要比法兰克命令正式得多。此外,英国早期令状通常以第一人称单数"某某国王致我的属臣"(N. king greets my thegns)开头,而法兰克命令则通常以复数形式如"我们王室"(pluralis majestatis)开头。① 在上述论据的基础上,我们无疑倾向于认定令状是在英国本土独自发展的结果。

综上,尽管学者们对于英国令状的确切起始时间尚无定论,对令状是否属于英国的原创制度也有争议,但学者们几乎一致认为,英国的令状可以追溯至盎格鲁—撒克逊时期,具体而言,大约在9或10世纪时期。

英国令状具有其十分显著的特征,它在众多种类的命令中占据着独特的地位。初期的令状从历史文献学的角度来看有着如下明显的特点。

第一,从形状来看,它是一张狭窄的呈条形状的羊皮纸。它的样子较长但并不太宽,上以印章(hanging seal)封印,而章印就被固定在一条从文件下方几乎裁剪下来的羊皮纸带之上。卡内冈教授说,对于欧洲来说,这是一种新的技术。②

从忏悔者爱德华时期流传至今的几件令状来看,每个令状都被记录在一张不大的长方形羊皮纸上,羊皮纸的长度从7英寸到10英寸不等,宽则大约在2英寸到7英寸不等。③ 文字是横着写的,也就是说,

---

① R. C. Van. Caenegem, *Royal Writs in England from the Conquest to Glanvill*, London: 1958, p. 119.

② 李红海翻译的书中,曾加过一个具体操作流程的注释,但与本书描述有较大差别。该注释说:沿着羊皮纸的底端剪下狭窄的一条,并留下一点与剩下的主体部分相连,接着在剪下的小条两面封蜡,然后盖印在小条与剩下的羊皮纸主体部分,可能类似于我们的骑缝章。参见[比]R. C.范·卡内冈:《英国普通法的诞生》,李红海译,中国政法大学出版社2003年版,第39页注释部分。

③ R. A. M. Bishop and Pierre Chaplais, *Facsimiles of English Royal Writs to A. D. 1100*, Oxford: Clarendon Press, 1957, p. x.

文字平行于较长的一边,书写者大约在羊皮纸的底边上方约半英寸处收笔。然后将羊皮纸下方剩出的空白处从右向左剪成平行的两条,不能剪断,在羊皮纸左边处约 2 英寸处停剪。章印(Great Seal)就被盖在靠上的一条(upper strip)之上,靠上的一条常常被称为"舌头"(tongue)。令状在发送前,须按要求横竖多次折叠,然后再用靠下的一条(lower strip)将其捆扎起来,靠下的一条因此常被称为"包扎带"(wrapping tie)。盖印的"舌头"是留在外边的,章印是垂下来的。① 当然,在令状的不同发展时期,具体的操作程序可能有所不同。②

第二,从使用的文字来看,这一时期的令状用本族语(当地的语言)写成,而且(较后世的令状及其他文献而言)很少使用缩写。③ 后来盛行的以拉丁文来书写令状格式的习惯可能由早期诺曼诸王也可能由苏格兰国王改造而成。④

第三,从格式来看,令状的抬头与结尾之处也有独特之处。盎格鲁—撒克逊令状的抬头通常含有三个要素:(1)名号(title),即国王的名字(N. king);(2)接受方(address);(3)问候语(greeting)。⑤ 令状的结尾除用套语"凭上帝的恩典"(God eow gehealde)⑥外,通常也并不附签发地、签发时间、签名、致意、证人及签署者等信息。⑦

---

① R. A. M. Bishop and Pierre Chaplais, *Facsimiles of English Royal Writs to A. D. 1100*, Oxford: Clarendon Press, 1957, pp. x—xi.

② R. C. Van. Caenegem, *Royal Writs in England from the Conquest to Glanvill*, London: 1958, p. 139.

③ R. C. Van. Caenegem, *Royal Writs in England from the Conquest to Glanvill*, London: 1958, p. 139.

④ 孙德鹏:"源于'书写'的权利与技术——令状的司法化与普通法的形成",载《现代法学》2008 年第 3 期。

⑤ R. C. Van. Caenegem, *Royal Writs in England from the Conquest to Glanvill*, London: 1958, p. 140. 又见 R. A. M. Bishop and Pierre Chaplais, *Facsimiles of English Royal Writs to A. D. 1100*, Oxford: Clarendon Press, 1957, p. x.

⑥ 翻译成英文是 by the grace of God。

⑦ R. C. Van. Caenegem, *Royal Writs in England from the Conquest to Glanvill*, London: 1958, p. 140.

第四,从签发的对象来看,这一时期的令状并不直接签发至私人,令状的签发对象实际上是一个共同体(community),这点与以后几个时期的令状都不相同。虽然这一时期的令状在个别的情形下也有可能签发到某一个人,但该个人绝对是具有某一公职的个人,而不可能是某一私人。①

令状的接受者之所以是地方上的一个基本团体,比如说郡(County)、镇(Town)、自治城市(Borough)或百户区(Hundred),是因为国王签发的令状须在郡法院、镇法院、城市法院或百户区法院上宣读。② 随着时间的推移,后世的令状越来越多地被签发给官员个人,命令伯爵、男爵、主教、修道院院长、郡长等人制止某些不法行为,如"将某庄园恢复给斯戴拉斯的约翰","尽快地将欠你的领主修道院院长的租金偿还",授予某些人使用共有土地的权利,以及放还作为担保而扣押的牲畜,等等。③

盎格鲁—撒克逊时期的令状从功能来看,主要有以下两大特点。

其一,本时期的令状是行政化的文书,与后来的"司法化令状"大不相同,它们缺乏正规程序的意味。"行政令状"并不是一种直接用于启动诉讼的文书。正如普拉克内特所言,不管早期令状的格式(形式)如何,它们均不是对于法院管辖权限的维护,而是授予法官以审判令状内所含事项权力的王室委任书(royal commission)。④ 早期的令状在形式上表现为行政命令,它命令被诉称之不法行为人(alleged wrongdoer)或某一下级法院就某一特定问题行正义之事,并保证国王在今后不会就同

---

① 参见 R. C. Van. Caenegem, *Royal Writs in England from the Conquest to Glanvill*, London: 1958, p. 144.

② 参见 R. C. Van. Caenegem, *Royal Writs in England from the Conquest to Glanvill*, London: 1958, p. 144.

③ 参见[美]哈罗德·J.伯尔曼:《法律与革命——西方法律传统的形成》,贺卫方、高鸿钧、张志铭、夏勇译,中国大百科全书出版社1993年版,第538—539页。

④ Theodore F. Plucknett, *A Concise History of the Common Law*, Beijing: CITIC Publishing House, 2003, p. 356.

一问题再次接到同一诉状;如果这种令状得不到遵守,国王法院将有惩罚措施,除非国王法院能够见到令人满意的解释。[①] 换言之,"行政令状"是通过强制命令恢复占有或补偿来对非法侵害进行矫正和救济的,它是在对案件是非曲直进行简单调查后采取的警察式(行政)措施,因而显示了极大的权宜性而少有正规程序的意味。[②]

其二,从本质来看,盎格鲁—撒克逊令状是一种"所有权契据"(titledeeds)。无论令状是用来实现一次新的转让行为(effect a new grant)还是用来确认先前的转让行为(confirm previous grants),它们在性质上都是一种"所有权契据"。[③] 当事人保存令状的原因或目的就在于"它们是一种更久远的证供,证人是会死的,但它们可以一直被保存下来"。[④] 当然,严格的说,它也是盎格鲁—撒克逊令状的另一个功能。

王室令状作为一种行政及法律工具是盎格鲁—撒克逊王国的重要创造,在其本土对此一无所知的诺曼国王们接过了这一工具并发展了它。[⑤] 令状在后来又经过了如下几个非常重要的发展阶段。

(二)普通法令状的主要发展时期

1. 诺曼王朝的威廉一世与威廉二世时期(1066—1100 年)

公元 1066 年,英王爱德华逝世,诺曼底公爵威廉率军进攻英国,英

[①] Theodore F. Plucknett, *A Concise History of the Common Law*, Beijing: CITIC Publishing House, 2003, p. 355.

[②] [比]R. C. 范·卡内冈:《英国普通法的诞生》,李红海译,中国政法大学出版社 2003 年版,第 43 页。

[③] R. A. M. Bishop and Pierre Chaplais, *Facsimiles of English Royal Writs to A.D. 1100*, Oxford: Clarendon Press, 1957, pp. ix—x.

[④] R. A. M. Bishop and Pierre Chaplais, *Facsimiles of English Royal Writs to A.D. 1100*, Oxford: Clarendon Press, 1957, p. x.

[⑤] [比]R. C. 范·卡内冈:《英国普通法的诞生》,李红海译,中国政法大学出版社 2003 年版,第 39 页。

军战败,威廉进入伦敦,加冕称王,史称"诺曼征服"。诺曼征服标志着英国进入了一个全新的时代,因而被誉为不列颠历史上最革命的事件。①诺曼征服之后,征服者威廉并没有急于立刻改变盎格鲁—撒克逊时期的法律。威廉一世(1066—1087年在位)在其统治的头几年中,延续了忏悔者爱德华(Edward the Confessor)时期令状的形式和特性。

即使在威廉二世(也称鲁弗斯,1087—1100年在位)统治初期,令状的主要内容及性质也无十分明显的变化。行政命令司法化为启动正式法律诉讼的起始令状,发生在一个稍晚的阶段,并且是经过点滴积累才完成的,每一种新的令状指令一种特定的诉讼程式,最后导致了诉讼程序的巨大变化。②"行政令状"的样子大概如下文所示:

> 英王威廉向伊尔格之弟拉努尔夫问候。我命令并指定你把艾尔温镇长所持有的和沃尔特·德·博梅现在用武力所持有的索垂的土地的一半授予胡贝尔修道院院长,因为我已经用令状发出此令。当心,我不愿意进而受理因此提出的控告,因不履行而损害权利则处以罚金10镑。证明人:国王的神父拉努尔夫。③

虽然这一时期的令状在性质上仍未实现司法化,但它毕竟受到了1066年诺曼征服(特别是诺曼人曾使用的宪章)的冲击和影响,从文献学角度来看主要表现在以下几个方面。

第一,从格式来看,令状的抬头和结尾文字发生了细微变化。由于

---

① 参见钱弘道:《英美法讲座》,清华大学出版社2004年版,第12页。
② [比]R.C.范·卡内冈:《英国普通法的诞生》,李红海译,中国政法大学出版社2003年版,第43页。
③ 哈罗德·J.伯尔曼:《法律与革命——西方法律传统的形成》,贺卫方、高鸿钧、张志铭、夏勇译,中国大百科全书出版社1993年版,第540页。

入侵的诺曼人熟悉的是他们原先在诺曼公爵领地使用的、广泛用于欧洲大陆的宪章(charter),所以他们对盎格鲁—撒克逊令状并不熟悉。受这一因素的影响,这一时期的令状与欧洲大陆国家使用的宪章十分相似。在盎格鲁—撒克逊时期的令状中,签发令状主体(国王)的名号是"N. king",即"国王某某",现已变为"N. king of the English",即"英王某某"。

举例来说,这一时期令状抬头部分中国王的名号已由本族语"Willelm kyng"(国王威廉)变成了拉丁文"Willelmus rex Anglorum"(英王威廉;简写为"W. rex Anglor"①),如英王威廉向伊尔格之弟拉努尔夫问候。② 再有,在问候语部分,这一时期的令状中出现了"法兰西及英格兰"(Francis et Anglicis)的字样,③这一短语一直到亨利二世时期才不再出现,因为直到此时,两大种族的真正融合才最终实现。④ 盎格鲁—撒克逊时期令状中结尾部分的套语"凭上帝的恩典"(God eow gehealde)在 1066 年后,已不再包括在这一时期的令状之中。⑤ 还有,盎格鲁—撒克逊时期的令状通常并不附签发地、签发时间、签名、致意、证人及签署者等信息,但是,在威廉一世、威廉二世时期,特别是在 1070

---

① 卡内冈教授指出,无论是在英国还是欧洲大陆的宪章(charter)中,我们都可以看到,宪章中抬头部分国王的名号是"N. king of N.",即"某国国王某某",而非"N. king",即"国王某某"。参见 R. C. Van. Caenegem, *Royal Writs in England from the Conquest to Glanvill*, London: 1958, p. 142. 关于这一部分,另参见 R. A. M. Bishop and Pierre Chaplais, *Facsimiles of English Royal Writs to A. D. 1100*, Oxford: Clarendon Press, 1957, p. xiii.

② 哈罗德・J. 伯尔曼:《法律与革命——西方法律传统的形成》,贺卫方、高鸿钧、张志铭、夏勇译,中国大百科全书出版社 1993 年版,第 540 页。

③ 参见 R. C. Van. Caenegem, *Royal Writs in England from the Conquest to Glanvill*, London: 1958, p. 141.

④ R. C. Van. Caenegem, *Royal Writs in England from the Conquest to Glanvill*, London: 1958, p. 146.

⑤ 参见 R. C. Van. Caenegem, *Royal Writs in England from the Conquest to Glanvill*, London: 1958, pp. 143—144.

年以后的王室令状中,通常都有证人作证(witnessing)及签署日期(dating)两项内容。①

第二,从使用的文字来看,这一时期的令状部分使用的是本族语②,但部分已开始使用拉丁文。③ 诺曼征服后,一些诺曼人担任了英格兰文秘署首长职位,④虽然诺曼人的母语是法语,但他们在令状中使用的语言不是法语,而是拉丁文,或者拉丁文本族语双语。⑤ 这大概是因为拉丁语的语法极为精准,它虽然不太适合于口语,但却是最为理想的书面语言。⑥ 拉丁语是英国的法律文献使用的语言,它是格兰威尔、布拉克顿以及亨格汉姆⑦著作中的语言,事实上,在1260年前,没有一部英国法律文献是用法语写成的。⑧

---

① 参见 R. C. Van. Caenegem, *Royal Writs in England from the Conquest to Glanvill*, London: 1958, p. 148.

② 从1075年一份由威廉一世向他的主教、伯爵、郡贵族签发的确认令状(writ of confirmation)来看,令状所使用的语言仍是本族语。参见 R. C. Van. Caenegem, *Royal Writs in England from the Conquest to Glanvill*, London: 1958, pp. 141—142.

③ 参见 R. C. Van. Caenegem, *Royal Writs in England from the Conquest to Glanvill*, London: 1958, p. 141.

④ 第一位担任文秘署首长的诺曼人叫 Herfast(1068—1070年在位),1070年他出任埃尔汉姆(Elmham)主教。第二位诺曼人文秘署首长是 Osmund,他于1078年成为索尔兹伯里(Salisbury)主教。第三位是 Maurice,他于1085年出任伦敦主教。再后来有 Gerard(1086—1091年)、Robert Bloet(1091—1094年)及 William Giffard(1094—1101年),也有的著作中将 Gerard 的任期标为1085—1090年,将 Robert Bloet 的任期标为1090—1094年的。参见 R. C. Van. Caenegem 著 *Royal Writs in England from the Conquest to Glanvill* 第141页注释部分。

⑤ 参见 R. C. Van. Caenegem, *Royal Writs in England from the Conquest to Glanvill*, London: 1958, p. 141.

⑥ J. H. Baker, The Three Languages of the Common Law, 43 *McGill Law Journal*, 1998, p. 13. 又见 J. H. Baker, *The Common Law Tradition: Lawyers, Books and the Law*, London: The Hambledon Press, 2000, p. 232.

⑦ 亨格汉姆(Sir Ralph de Hengham(1235—1311年))是英国爱德华一世时期的最高司法官。

⑧ J. H. Baker, The Three Languages of the Common Law, 43 *McGill Law Journal*, 1998, p. 11. 又见 J. H. Baker, *The Common Law Tradition: Lawyers, Books and the Law*, London: The Hambledon Press, 2000, p. 229.

此外，拉丁文—本族语双语令状是本族语令状向拉丁文令状转变过程中出现的一种过渡性的令状，这种形式的令状使用时间较长。人们甚至在亨利一世时期(1100—1135年)仍发现4份双语令状；不过，卡内冈教授认为，这只是极为罕见的例外情形，我们不能据此推断双语令状一直使用到亨利一世时期。① 我们认为，令状使用的语言到威廉二世统治时期已经主要是拉丁文了。

第三，受诺曼人原先宪章的影响，这一时期的令状通常是"致所有的臣民"(to all lieges)或者致"某某郡长及所有的臣民"(to N. sheriff and all lieges)的一道命令或委托书。② 我们还发现，这一时期的令状签发的对象不再局限于一个或几个郡，而可能是"致英格兰所有的郡长"(to all the sheriffs of England)或者"致某人土地所在地的所有牧师"(to all the ministers where N. has lands)。③ 进一步说，令状的签发对象已不再局限于原先的"官员"。普通个人可能和官员一同成为令状的接受人，普通个人还可能独立成为某一令状的接受人。

根据《令状登记簿》(Regesta)，这方面最为著名的例子是1072年国王威廉签发的一则"传唤令状"(writ of summons)，它命令艾佛珊的主教埃尔温(Abbot Aethelwig of Evesham)连同他的5位骑士在复活节的八日庆期(octave of Ester)前一同到位于克拉伦登的王室军队(royal host)。④ 到威廉二世时期，签发至普通人的令状就更多了。⑤

---

① 参见 R. C. Van. Caenegem, *Royal Writs in England from the Conquest to Glanvill*, London: 1958, p. 142.

② 参见 R. C. Van. Caenegem, *Royal Writs in England from the Conquest to Glanvill*, London: 1958, p. 145.

③ 参见 R. C. Van. Caenegem, *Royal Writs in England from the Conquest to Glanvill*, London: 1958, p. 145.

④ 参见 R. C. Van. Caenegem 著 *Royal Writs in England from the Conquest to Glanvill* 第146页注释1部分。

⑤ R. C. Van. Caenegem, *Royal Writs in England from the Conquest to Glanvill*, London: 1958, p. 146.

当然从令状在本质或功能上来看,威廉一世、威廉二世时期的令状仍同盎格鲁—撒克逊时期的令状一样,既是一种"所有权契据"(title-deed),也充当行政命令(administrative order)的作用。只不过,在这一时期,令状的这两大作用被更明显的凸显了出来。这一时期的王室令状常表现为直接指向某一王室官员(通常是郡长)的一种禁令(injunction),禁止他进占他人的土地。①

2. 诺曼王朝的亨利一世、斯蒂芬时期(1100—1154 年)

亨利一世(1100—1135 年)②继承王位后,不久便再度实现了英格兰与诺曼底的统一,③不仅如此,他还成功地排除了反对自己的贵族。我们知道,在英国,国王不仅是王室的最高统治者(royal sovereign),还是贵族乡绅的领主(feudal lord)。国王的贵族领主身份意味着他的君主权限必定会受到限制。因为国王需要在其贵族乡绅的同意下统治国家,也需在贵族的封地内充分尊重他们的权威。但亨利一世十分强势,他在即位后不久,就成功开展了财政改革与司法改革。

在财政改革方面,他将财政署由一个"财库"(storehouse)改造成为政府的"会计室"(accounting office),并使其能够更好地记录王室税收及王室官员的活动情况。在司法改革方面,亨利一世先是强化了地方的王室司法体系,接下来派出了王室巡回审判法官(itinerant royal justices),以便同王室法院建立起紧密的联系。④ 亨利一世推行财政、

---

① 参见 R. A. M. Bishop and Pierre Chaplais, *Facsimiles of English Royal Writs to A. D. 1100*, Oxford: Clarendon Press, 1957, p. xiv.
② 亨利一世是征服者威廉的幼子,英格兰诺曼王朝国王(1100 年—1135 年在位)。他在其兄威廉二世神秘死亡后即位。
③ 他于 1106 年渡海至法国,在坦什布赖战役中击败竞争对手诺曼底公爵罗贝尔二世·柯索斯(征服者威廉的长子),将后者永远监禁。
④ J Joseph Biancalana, For Want of Justice: Legal Reforms of Henry II, 88 *Columbia Law Review*, 1988, p. 434.

司法两大改革的目的就在于实现中央集权(centralization)。

从文献的角度来看,亨利一世统治时期的令状有自己鲜明的特点。第一,抬头的"名号"一般只是"英王亨利"(Henricus rex Anglorum)①几个拉丁文单字,即使亨利是以诺曼底公爵(duke of Normandy)的身份向公爵领地签发令状时也不例外。但在个别重要情形下,令状中有时也可能会出现如"诺曼底公爵"(Dux Normannorum)以及"承蒙天恩"(Dei gratia)等拉丁文短语。②

第二,亨利一世以后,令状中出现了一项非常重要的特别条款,即"除非尔为之条款"(nisi feceris, N. faciat)。这一用语出现在国王发给地方领主的令状之中。令状宣称,如果该领主拒绝主持公道,王室法院或郡长将会出面匡扶正义。③ 换言之,如果地方领主,即令状签发对象非常消极或不愿意遵守王室命令,则某人会自动有权利去看到这一命令得到遵守,如有必要,甚至可以"使用武力"(manu militari)④也无需征得他的同意。⑤

在1111年的一道国王签发给萨克维尔(Jordan de Sackwill)命令其替法里提乌斯(Aboot Faritius of Abingdon)主持公道的令状中有如下文字:et nisi sine mora faeceris, praecipio quod **Walterus Giffardus** faciat et si ipse non fecerit, **Hugo de Bochelanda** faciat ne inde clamorem audiam pro recti penuria.⑥吉法德乌斯(Walterus Giffardus)是

---

① Henricus rex Anglorum 有时缩写为 H. rex angl' 或 Henr' rex anglor' 等十余种。参见 R. C. Van. Caenegem, *Royal Writs in England from the Conquest to Glanvill*, pp. 152—153。

② 参见 R. C. Van. Caenegem, *Royal Writs in England from the Conquest to Glanvill*, London: 1958, p. 152。

③ 参见薛波:《元照英美法词典》,法律出版社2003年版,第965页。

④ 英文 by military force 的意思。

⑤ R. C. Van. Caenegem, *Royal Writs in England from the Conquest to Glanvill*, London: 1958, p. 154。

⑥ 参见 R. C. Van. Caenegem, *Royal Writs in England from the Conquest to Glanvill*, London: 1958, p. 155。粗体为本书作者所加。

白金汉郡的伯爵（earl of Buckingham），也是萨克维尔的上级领主；巴克兰（Hugo de Bochelanda）是伯克郡的郡长（sheriff of Berkshire）。从这段拉丁文文字中可看出：如果萨克维尔不从王命，白金汉郡的伯爵及伯克郡的郡长将代行此职，替法里提乌斯主持公道。总之，这一时期的令状大概如下所示：

  国王致 K 问候。我们命令你对 A 主持公道，完全恢复他对自己在 Trumpington 保有的一 messuage 土地及其上附属物的权利，他声称每年以多少多少自由役务为条件从你那里保有此土地，而 X 现在则侵占了该土地。不得有误。除非尔为之，剑桥郡的郡长将代行此职，我们不愿意再听到与此有关的诉怨。①

"除非尔为之条款"成为后来亨利二世时期许多令状中的一大鲜明特点。它在王室中央法院与领主私人法院的竞争中发挥过十分重要的作用。亨利二世时期的"权利令状"（breve de recto）命令领主在他的法院上主持公道，并加上一句："除非尔为之，否则郡长将代行此职"。实际上，正是"除非尔为之条款"帮助英国臣民迅速确立了这样一种信念，即当诉讼当事人在穷尽了地方司法资源仍未实现正义时，他们总是可

---

① F. W. Maitland, *Equity Also the Forms of Action at Common Law*: *Two Courses of Lectures*, Cambridge University Press, 1929, pp. 376—377. 拉丁文原文令状如下：Rex K (a bishop, baron or other lord of manor) salutem. Praecipimus tibi quod sine dilatione plenum rectum teneas A de uno mesuagio cum pertinentiis in Trumpingtone quod clamat tenere de te per liberum servitium (unius denarii per annum) pro omni servitio, et quod X ei deforciat. Et nisi feceris, vicecomes de Cantabrigia faciat, ne amplius inde clamorem audiamus pro defectu recti. (Bract. f. 328a. F. N. B. IG).

  该令状的英文翻译如下：The King to K greeting. We command you that without delay you do full right to A of one messuage with the appurtenances in Trumpington which he claims to hold of you by free service of (so much) per annum for all service, of which X deforceth him. And unless you will do this, let the sheriff of Cambridge do it that we may hear no more clamour thereupon for want of right.

以向国王及国王官员(如郡长)求助。也因为有"除非尔为之条款",案件最终才可以从领主的私人法院转移到郡法院,进而转移到王室的中央法院。①

第三,在亨利一世时期令状的结尾处,会附有一到两位证人以及签发地点(date of place)等两种内容,但令状不含签发时间(date of time)这一信息。

然而,亨利一世死后,英国的政权陷入了长时期的不稳定状态。② 王位被亨利一世的外甥、征服者威廉的外孙、法兰西布卢瓦的斯蒂芬(1135—1154年在位)夺取。尽管教会和贵族都承认了斯蒂芬继承王位的合法性,但是,1138年,玛蒂尔达在安茹伯爵和苏格兰王的支持下开始争夺王位。这样,亨利一世维持了35年的和平又中断了。内战烽烟再起,英格兰一片混乱,大贵族们或投奔斯蒂芬或投到玛蒂尔达的麾下。③ 此时的王室实际上丧失了刚刚得来的中央权力。

斯蒂芬统治时期的令状以"英王斯蒂芬"(Stephanus rex Anglorum)几个拉丁语词汇开头,这几个拉丁文单词可能会简写为"S. rex angl'"或"S. rex anglor'"。④ 从文献学特征上来看,它们与亨利一世时

---

① 参见 R. C. Van. Caenegem, *Royal Writs in England from the Conquest to Glanvill*, London: 1958, pp. 155—156.

② 由于亨利一世的继承人威廉·艾德林于1120年死亡,所以等到他于1135年去世时,遂指定女儿玛蒂尔达(Matilda,1101—1167年)为王位唯一继承人,但由于她的表兄弟斯蒂芬抢在了她的前面从法国赶回英国,王位实际上落入了斯蒂芬的手中。此后,英格兰陷入长期内战,双方均无法占上风。玛蒂尔达最大的胜利是在1141年4月,她的军队击败并俘获了斯蒂芬。斯蒂芬被关押,实际上已经失去了王权。虽然玛蒂尔达此时实际上已经控制了王国,但是她没有将自己设立为女王,而且她的好景不长,11月她释放了斯蒂芬,一年后她的处境就大坏了。她被围困在牛津,1147年逃脱。玛蒂尔达最终也未能从斯蒂芬手中夺回王位。但根据斯蒂芬与玛蒂尔达的一项协定《威斯敏斯特条约》(*The Treaty of Westminster*),玛蒂尔达的儿子亨利于1154年在斯蒂芬死后被加冕为英格兰国王,即大名鼎鼎的亨利二世。

③ 钱乘旦、许洁明:《英国通史》,上海社会科学院出版社2007年版,第44页。

④ R. C. Van. Caenegem, *Royal Writs in England from the Conquest to Glanvill*, London: 1958, p. 160.

期的令状基本相同。需要注意的是,亨利一世、斯蒂芬时期令状的印章也是盖在"舌头"之上的,但这一时期的宪章则盖印在一种"双列标签"(doubled tag; sur double queue)之上。①

3. 安茹王朝(金雀花王朝)的亨利二世时期(1154—1189年)

1153年,斯蒂芬签署了《威斯敏斯特协议》,同意死后将王位转归安茹小伯爵亨利。第二年,斯蒂芬去世。同年12月19日安茹王朝正式成立,因亨利二世的父亲杰弗里喜在帽上插戴金雀花(plantagenet,音译为"不兰他日奈"),故安茹王朝也称"金雀花王朝"。② 亨利二世十分擅长利用自己既作为国王又作为封建领主的双重角色,他在即位不久后,不但恢复了王室的中央权力,还成功将王室权力的触角延伸至连他的外祖父亨利一世也未能触及的地方。③

从文献学的角度来看,亨利二世统治期间的令状的标新立异之处不算太多。我们仍可总结出以下几点特征。

第一,抬头部分。首先是名号,由于这一时期的国王是亨利二世,令状的抬头也发生了相应的改变,它们通常以"英格兰国王、诺曼底和阿奎丹公爵、安茹伯爵亨利"(*Henricus rex Anglorum et dux Normannorum et Aquitanorum et comes Andegavorum*)开头(常缩写为:"H. Rex Angl' 7④ Dux Norm' 7 Aquit' 7 Com' And'")。大约在1172年5月或1173年5月以后,王室文秘署又在亨利的名字和他的头衔之间加上了"承蒙天恩"(Dei gratia)几个字。⑤ 其次是令状的接受方(ad-

---

① 参见 R. C. Van. Caenegem, *Royal Writs in England from the Conquest to Glanvill*, London: 1958, pp. 159—161.

② 参见钱乘旦、许洁明:《英国通史》,上海社会科学院出版社2007年版,第45页。

③ Joseph Biancalana, For Want of Justice: Legal Reforms of Henry II, 88 *Columbia Law Review*, 1988, p. 434.

④ 这里的数字7表示"&",即中文"和"的意思。有趣的是,在今天的电脑键盘上,7字键也可用来输入符号"&"。

⑤ 参见 R. C. Van. Caenegem, *Royal Writs in England from the Conquest to Glanvill*, London: 1958, pp. 161—162.

dress),此时的接受方次序已被确定了下来,按照顺序依次是:(1)大主教(Archbishops)、主教(bishops)、修道院院长(abbots);(2)伯爵(Earls)、男爵(barons);(3)王室法官(Justices)、郡长(sheriffs);(4)其他王室官员(royal officials)以及臣下(lieges/fideles)。① 再次是令状中的问候语并未改变。接受方后面紧跟的拉丁语单词就是"salutem",表示"问候"(greeting)的意思。亨利二世统治时期,发给私人当事方、地方法官或郡长(及其副手)、开设法院的封建领主,或某些城镇的执达官及市政委员会成员的令状,经常采用如下格式:"如果原告 A 能够通过某种指定或未指定的举证方式证明他被非法剥夺了占有,那么使之恢复占有"。②

第二,与亨利一世时期的一样,这一时期的令状中也包含"除非尔为之条款"。

第三,令状的结尾处同前几个时期一样,也不止有一个证人。其中一个明显的变化是,这里多了一个"立此为证,君主"(*Teste me ipso*)③ 的公文程式。④ 结尾照例只有签发地点,但无签发时间,尽管我们可以从一些法律事件侧面猜测出令状的签发时间。⑤ 最后,令状副本(*contrabreve*)通常由令状保管官(*custos brevium*⑥)归入法院档案。令状保

---

① 参见 R. C. Van. Caenegem, *Royal Writs in England from the Conquest to Glanvill*, London: 1958, p. 162.

② [比]R. C. 范·卡内冈:《英国普通法的诞生》,李红海译,中国政法大学出版社 2003 年版,第 50 页。

③ 根据《元照英美法词典》,这是一个由君主进行证明的十分郑重的公文程式,用于宪章和其他公文的结尾;也用于国王文秘署发出的起始令状(original writs)。这里的文字有改动,特别是词典将释义项中提到的 chancery 翻译为了"衡平法院",这里改为"文秘署"。参见该词典第 1339 页。

④ 参见 R. C. Van. Caenegem, *Royal Writs in England from the Conquest to Glanvill*, London: 1958, p. 163.

⑤ 参见 R. C. Van. Caenegem, *Royal Writs in England from the Conquest to Glanvill*, London: 1958, p. 163.

⑥ 令状保管官,英格兰古法中高等民诉法院的一个主要负责档案的官员,其职责是接收和存档那些必回呈的令状。1837 年废止。

存的地方称为 breviarium① 或 breviorium。

　　从令状的性质与功能角度来看,亨利二世时期的令状与前几个时期的令状有着天壤之别。最主要的一点是令状最终实现了程式化——源于盎格鲁—撒克逊诸王的行政令状在亨利二世时期实现了司法化(judicialization),不仅如此,在格兰威尔的影响下,令状还成为了有约束力的先例(precedents)。司法化的令状往往与法律诉讼的具体程序紧密地联系在一起,突出体现了普通法的司法理性特点,即程序制度先于实体法。② 亨利二世统治时期的司法改革与司法理性的治理给英国的政治制度与政治文化留下了深刻的烙印,并使英国最终没有像大多数欧洲国家那样,借助"强"国家的科层体制的推动或通过罗马法的继受去治理国家。李猛教授认为,德国的法治是以一种立法理性为基础的治理,而英国围绕普通法技艺理性进行的"法治"主要是一种司法理性形态的治理,这种治理的突出特点是借助程序技术推动并容纳普通人发展实践权利的方式。③"司法化令状"的样子大概如下文所示:

　　　　国王向郡长问候。甲向我控告乙自我上次航行去诺曼底期间,不公正地和未经判决地强占了他在某某村庄的自由持有地。因此,我命令你,如果甲保证他提起的权利请求真实可靠,你务使被从该土地上占取的动产得以返还,并以和平的方式将该土地动产保持到复活节之后的星期天。同时你务使 12 名自由的和守

---

① breviarium 还有"法律汇编"或"法律辑要"的意思,比如说,Breviarium Alarici 是指《阿拉利克罗马法辑要》,Breviarium extrava gantium 是指《罗马教皇法令辑要》,一部由帕维亚(Pavia)的伯纳德(Bernard)编辑的 12 世纪教会法文本。
② 李猛:"除魔的世界与禁欲者的守护神:韦伯社会理论中的'英国法'问题",载李猛:《韦伯:法律与价值》,上海人民出版社 2001 年版,第 202 页。
③ 李猛:"除魔的世界与禁欲者的守护神:韦伯社会理论中的'英国法'问题",载李猛:《韦伯:法律与价值》,上海人民出版社 2001 年版,第 195 页。

法的邻人查看该地产,并将他们的名字签于此令状之上。由合适的传唤人将他们于复活节后的星期天传唤到我或我的法官面前,做好确认的准备。以抵押品和可靠的担保人作保证将乙或他所在小区的行政官(以防不能找到他)传唤到那里,然后开始审理,确认事实。并应有传唤人、本令状和担保人的姓名。证人:某某于某地。①

关于亨利二世的司法改革,笔者将在下文另详细展开,在此不再赘述。令状原仅为解决某一具体问题而签发,但后来同类事件屡有发生,于是逐渐采用一种固定的格式书写并签发,到亨利二世时,自由人若欲在王室法院提起诉讼,须先取得(当时主要以金钱购买)相应的令状,然后根据一定的程序进行诉讼。每一令状都需经购买才签发,*breve perquirere* 正是这个意思。这种购买令状的做法后来发展成为在损害赔偿金高于 40 英镑的案件中向国王支付的罚金。以后来的"违反盖印合同请求赔偿之诉"(writ of covenant)为例,国王有权得到一笔"令状基本费"(primer fine),即争议土地年值的 1/10。

4. 安茹王朝的理查德一世、约翰、亨利三世时期(1189—1272 年)

在梅特兰的笔下,1189—1272 年是程式诉讼(forms of action)发展的第三个重要时期。②从布拉克顿的著作来看,令状在这一时期经历了一个快速增长的阶段。在这一部分,笔者将不再论述令状的文献特征,一方面是由于它们的变化不是很大,一方面是限于篇幅的考虑。

---

① 参见[美]伯尔曼:《法律与革命》,贺卫方、高鸿钧、张志铭、夏勇译,中国大百科全书出版社 1993 年版,第 540 页。以上中文译文略作了修改。英文参见:Geoffrey G. Hazard, The Early Evolution of the Common Law Writs: A Sketch, 6 *American Journal of Legal History*, 1962, p. 120. 本书第三章仍引证了这一令状。

② 参见 F. W. Maitland, *Equity Also the Forms of Action at Common Law: Two Courses of Lectures*, Cambridge University Press, 1929, pp. 335—346.

在进入这一时期之前,我们有必要先了解以下情况。亨利二世有四个儿子:亨利、理查德、杰弗里和约翰。长子小亨利英年早逝,次子理查德成为实际上长子。亨利二世计划将王位传给幼子约翰,但这招致理查德的强烈不满。理查德后与法王菲利普·奥古斯塔斯结盟,1188年法王要求亨利把王位传给理查德,但遭到亨利的拒绝。就这样亨利二世的晚年在家族不合、王位相争的苦难中挣扎,直至1189年去世。①

亨利二世死后,狮心王理查德(1189—1199年在位)继位。理查德与法王短暂合作后即分道扬镳,1199年4月,他在一次战斗中中箭身亡。理查德之后,英国再次迎来了王位之争。亨利二世的幼子约翰同杰弗里的长子亚瑟展开了王位的殊死争夺,约翰(1199—1216年在位)捷足先登,抢先在伦敦加冕为英格兰国王。1204年,法王菲利普占领了诺曼底、安茹、曼恩、都兰、普瓦图等地,约翰慌忙逃往英格兰,他在欧洲大陆的领地只剩下阿奎丹。这样,"失地王约翰"(John Lackland)变成了名副其实的"英格兰王"。② 就在《大宪章》(Magna Carta)刚刚签订后的第二年(1216年),约翰去世。同年,只有9岁大的亨利三世(1216—1272年在位)继位。

在失地王约翰统治即将结束之时,1215年《大宪章》及后来的一些法律禁止在某些情形下买卖令状;"出于憎恨和恶意的令状"(writ de odio et atia)③尤其禁止买卖。

格兰威尔时期的王室法院并无兴趣将自身的管辖权扩大到特定事务之外。但约60年后,布拉克顿时代的王室法院则大不相同,这一时

---

① 参见钱乘旦、许洁明:《英国通史》,上海社会科学院出版社2007年版,第46页。
② 参见钱乘旦、许洁明:《英国通史》,上海社会科学院出版社2007年版,第47页。
③ 该令状指令行政司法官调查对被指控谋杀者的拘禁是基于正当的怀疑还是仅出于憎恨和恶意。如经调查后属于后者,即签发另一道令状,要求行政司法官允许对其保释。参见薛波:《元照英美法词典》,法律出版社2003年版,第399页。

期的王室法院已成为一个庞大的机器。这一变化之所以在这么短时间得以实现,正是因为新的程式诉讼被大量创制。雷利(Raleigh)创制了许多新的程式诉讼,布拉克顿由此毫不犹豫地说,有多少种诉因就有多少种程式诉讼。"对于每一种不法行为,都应有相应的救济;如果有某种新的不法行为被实施,就应创制新的令状与之相对。"这显然是一个大胆的计划。这一计划包括若干特别的程式诉讼,国王法院利用它们实现一般管辖权,并对每一种不法行为都提供一种救济。[1] 有人可能会说,这样一项雄心勃勃的计划一定源自一位像亨利二世一样伟大的君主,而且他还一定朝着这一方向做出过不懈的努力;但事实上,这一计划最为伟大的进程却实现于相对软弱的国王亨利三世统治时期。[2]

大约到亨利三世统治结束时,令状出现了泛滥化的趋势,国王随意创造新的令状,这自然引起许多贵族的不满,他们开始寻求控制国王创制令状的权力。这一阶段有大量属于"当然令状"(writs of course;拉丁文:brevia de cursu)的起始令状。[3] 人们只要支付一定的费用,就可以从王室文秘署的下级官员(subordinate officers)处获得"当然令状"。[4] 在英国,事务律师最初的职责就在于申请令状,并通过支付合适的费用(proper fine)履行恰当的程序。

令状在数量上的显著增加导致了王室法院司法管辖权和王室司法对地方法院干预权的不断扩大。这自然引起了领主和贵族的强烈不

---

[1] Theodore F. Plucknett, *A Concise History of the Common Law*, Beijing: CITIC Publishing House, 2003, p. 354.

[2] Theodore F. Plucknett, *A Concise History of the Common Law*, Beijing: CITIC Publishing House, 2003, p. 354.

[3] 指因案由属于被认可的诉因范围之内而理当签发的令状。区别于依特权签发的令状(prerogative writ)。参见薛波:《元照英美法词典》,法律出版社 2003 年版,第 175、1425 页。

[4] F. W. Maitland, *Equity Also the Forms of Action at Common Law: Two Courses of Lectures*, Cambridge University Press, 1929, p. 335.

满,于是,1258年的《牛津条例》①(Provisions of Oxford)出现了这样一条规定:未经国王和大咨议会(Great Council)的允许,文秘署署长(chancellor)不得擅自签发新的(没有先例的)令状②。这实际上意味着令状签发权力的转移,即由文秘署转至由贵族、传教士所组成的大咨议会。亨利三世虽于1262年下令取消了《牛津条例》,但普通法法院在13世纪时转变为一种僵硬的严格遵循诉讼格式的法院体系。③

在这一时期,人们仍主要通过获得权利令状来提起"所有权诉讼"(proprietary action)和"新近侵占土地之诉"(novel disseisin)及"收回继承地之诉"(mort d'ancestor)等两种"回复占有诉讼"(possessory actions)进行土地诉讼。④ 格兰威尔的先例并未穷尽所有可能的程序诉讼,在布拉克顿时代,王室仍有可能随时制定新(种类)的令状。

5. 安茹王朝的爱德华一世时期(1272—1307年)

爱德华一世被誉为英国的优士丁尼皇帝(the English Justinian)。⑤ 在爱德华一世时期,无论是国王制定的还是国会制定的制定

---

① 1258年英格兰议会通过的旨在防止国王亨利三世(Henry the Third)破坏《大宪章》实施的法律文件。该条例规定,成立由大贵族占主导地位的15人委员会,参与国家管理;国王必须根据委员会的建议统治国家;御前大臣、司库等国家高级官员及地方官员任期为1年,届满前应向15人委员会述职;议会定期召开,每年三次,有权决定国家所有重大事宜;对王室的拨款亦由议会负责。该条例是大贵族反王权斗争的胜利成果,亨利三世被迫实施。参见薛波:《元照英美法词典》,法律出版社2003年版,第1113页。

② 参见薛波:《元照英美法词典》,法律出版社2003年,第1425页。

③ Thomas O. Main, Traditional Equity and Contemporary Procedure, 78 Washington Law Review, 2003, p. 440.

④ F. W. Maitland, Equity Also the Forms of Action at Common Law: Two Courses of Lectures, Cambridge University Press, 1929, p. 335.

⑤ 英王爱德华一世对其先辈的事业在继承的基础上又有所发展,其成就主要体现为:土地及其他方面的立法;整顿司法机关,改革司法制度;汇编年鉴,培养法律人才;励精图治,召开"模范国会"。故被称为"英国的查士丁尼"。参见徐轶民、陈立彤:"爱德华一世的法律观及其实践",载《法学》1991年第12期。另外,关于这一方面的论文,更有权威的《爱德华一世——英国的优士丁尼皇帝》(Edward I, the English Justinian),收录在《盎格鲁—美利坚法律史谭 I》(Select Essays in Anglo-American Legal History I)第139—167页,作者是英国著名法史学家爱德华·甄克思(Edward Jenks)。

法,均对实体法和程序法产生了极大的影响。[①] 爱德华一世曾颁布过三个著名的《威斯敏斯特条例》。其中1275年《条例 I》规定了对教会财产的保护、禁止滥收土地税金,刑事案件必须实行陪审制等;1285年《条例 II》扩大了令状的范围,规定大法官可以对那些与原有诉讼相似的案件颁发令状,并建立了限嗣继承制度;1290年《条例 III》规定自由民有权出卖自己的土地,而不必征得领主同意,但买主须承担卖主原承担的所有土地义务。这些条例对英国制定法的发展具有重要意义,对封建土地立法的影响意义深远。[②] 与令状制度及诉讼格式有关的主要是《威斯敏斯特条例 II》。

《威斯敏斯特条例 II》的内容分为50章,其中第1章被称为"附条件赠与法"(De Donis),该法将非限嗣继承地产(estate in fee-simple)变为了限嗣继承地产(estate in fee-tail),并规定:受赠人若系有条件得到保有地产的,他无权对该地产予以转让,但可以由子嗣继承,若无子嗣则复归赠与人。

若限嗣土地受赠人将该土地转让或该土地被他人强行占有,则在该受赠人死亡后,其限嗣继承人(heir in tail)可依"限嗣土地受赠人继承令状"(formedon in the descender)对该土地主张权利。[③]

若限嗣土地受赠人死亡而无子嗣,而他生前实际占有的土地又被他人强行占有,则剩余地产人(remainderman)可依"限嗣土地受赠人剩余地产权令状"(formedon in the remainder)对该土地主张权利。[④]

限嗣土地受赠人死亡之后,因无子嗣,该土地的赠与人或其继承

[①] F. W. Maitland, *Equity Also the Forms of Action at Common Law: Two Courses of Lectures*, Cambridge University Press, 1929, p. 344.

[②] 叶秋华:"论英国法制传统的形成与英国法体系的确立",载《法制现代化研究》(第6卷),第768页。

[③] 参见薛波:《元照英美法词典》,法律出版社2003年版,第571页。

[④] 参见薛波:《元照英美法词典》,法律出版社2003年版,第571页。

人、或其土地受让人可依"限嗣土地回复地产权令状"(formedon in the reverter)对该土地主张权利。①

《威斯敏斯特条例 II》第 18 章规定了扣押执行令状制度,债权人可以据此获得债务人的动产、其土地的一半及租金,这种令状是债务人动产扣押令(fieri facias)的一种替代形式。

为避免权利得不到救济,同时也为将创制签发令状的权力重新转移至文秘署,国王同议会曾有过一番周折与斗争。议会后来通过的《威斯敏斯特条例 II》第 24 章授权文秘署官员遇到与根据现有令状可获得救济案件的类似案件时,可以对现有令状进行变通以审理这些案件。但是,《条例》在授权文秘署对旧有形态案件及与旧有形态案件相类似的、原告主张类似救济的新案件有创制令状权力的同时,还加上一条:与旧令状所规范案件完全不同形态的新案件,仍需由国会同意才可签发。② 令状原来的灵活性由此被限定在了一个相对狭小的界限之内。所以梅特兰才说,这一《条例》的颁布并不意味着新的权利和救济手段会得以产生。③

文秘署虽然没有获得全部的令状创制权,但这部法律确实产生了一个重要的影响,当世的"基于同样理由的进占令制度"(writ of entry in consimili casu)以及后世的侵权行为法中"类案侵害之诉制度"(trespass on the case)正是这一立法的重要结果。④

至此,司法化令状制度基本定型,它几乎涵盖一切现有的程式诉

---

① 参见薛波:《元照英美法词典》,法律出版社 2003 年版,第 571 页。
② 参见潘维大、刘文琦:《英美法导论》,法律出版社 2000 年版,第 16 页。
③ F. W. Maitland, *Equity Also the Forms of Action at Common Law: Two Courses of Lectures*, Cambridge University Press, 1929, p. 345.
④ F. W. Maitland, *Equity Also the Forms of Action at Common Law: Two Courses of Lectures*, Cambridge University Press, 1929, p. 345. 另参见薛波:《元照英美法词典》,法律出版社 2003 年版,第 571 页。

讼,只是新程式诉讼的创制要由制定法去完成。国王法院至此被公认为是具有一切司法权力的法院(omnicompetent court)①。

6. 安茹王朝的爱德华二世到汉诺威王朝的威廉四世时期(1307—1833年)

因为"没有令状,就没有救济"(布拉克顿语),所以原告若要到普通法法院起诉,就首先必须获得令状。但是如果令状不够充分,不足以使诉讼进行下去,则诉讼即以失败告终。换言之,令状成了当事人能否提起诉讼的一种权利凭证,即使当事人拥有实体法上的权利(如他的财产被盗等),如果没有得到令状,即不具备程序上的权利,就无法起诉从而获得实体法上的权利。②

科克曾在《科克论利特尔顿》的序中将好的诉讼程序规则(rules of good pleading)称为是"普通法的心弦"(heart-string of the common law)。③ 我们完全可以将这里"好的诉讼程序规则"理解为令状制度④。然而,到 13 世纪末 14 世纪初,随着司法化令状的定型,随着"心弦"的生硬,普通法的程式诉讼和规则日渐机械和僵化。

一方面,令状的种类已远远不能满足社会发展的需要;另一方面,即便当事人获得了令状,如果他申请的令状与争讼的内容不相符合,也根本无法获得救济。就这样,由于令状日渐僵化,许多纠纷靠现有的令状已根本无法解决。普通法的僵硬(包括救济方式的单一特征)促使了

---

① F. W. Maitland, *Equity Also the Forms of Action at Common Law*: *Two Courses of Lectures*, Cambridge University Press, 1929, p. 346.

② 何勤华:《西方法学史(第二版)》,中国政法大学出版社 1999 年版,第 294 页。

③ Steve Sheppard, *The Selected Writings and Speeches of Sir Edward Coke*, Vol. 2., Indianapolis: Liberty Fund, 2003, Preface. 又见 Julius Goebel, Jr., Constitutional History and Constutional Law, 38 *Colum. L. Rev.*, 1938, p. 577.

④ http://www.1911encyclopedia.org/Writ (Classic Encyclopedia Based on the 11th Edition of Encyclopedia Britannica),访问时间:2008 年 8 月 25 日。

更为灵活的衡平法的产生。

近现代以来,尤其是 19 世纪,许多令状相继被废止。1832 年《统一程序法》废除了对人诉讼的各种令状形式,代之以统一的令状形式。1833 年《不动产时效法》(Real Property Limitation Act)废除大部分所有不动产令状,但例外的是,"寡妇地产权利令状"(writ of right of dower)、"取得亡夫遗留地产令状"(writ of dower unde nihil habet[①])、"妨碍圣职推荐令状"[②](quare impedit)以及"逐出租地赔偿令状"(ejectment)等仍被保留了下来。

1852—1860 年《普通法诉讼条例》进一步废除了令状制度;其中,1852 年的《普通法程序法》(Common Law Procedure Act)对"逐出租地赔偿令状"(ejectment)进行了重新规定,其余令状大都于 1860 年被《普通法程序法》废止。

1873—1875 年的《司法条例》合并了普通法与衡平法,一切诉讼均以诉状开始,普通法上的程式诉讼制度正式被废除。"新近侵占土地之诉"(the assize of novel disseisin)、"收回继承地之诉"(the assize of mort d'ancestor)、"地产性质之诉"(the assize of juris utrum)以及"最

[①] writ of right of dower 与 writ of dower unde nihil habet 略有不同。前者是适用于寡妇未取得任何地产时的令状,即寡妇未分得亡夫任何遗留地产时,她可根据这种令状请求从现今地产保有人处取得其应得地产;另一种是适用于寡妇已取得亡夫部分遗留地产时的令状,即寡妇已经取得部分亡夫所遗地产但不完全时,她可根据这种令状请求从现今地产保有人处取得剩余的应得地产。参见薛波:《元照英美法词典》,法律出版社 2003 年版,第 1426 页。

[②] 一种属于不动产占有之诉性质的诉讼及其令状。它是指在圣职推荐权(advowson)发生纠纷时,一方起诉所用的令状及由此开始的诉讼,源于令状中要求被告说明他为什么妨碍原告推荐圣职的语句。1860 年之前,这种令状需由文秘署签发,此后它就与其它诉讼适用同一程序了,由争议双方的一方起诉,另一方和主教是被告。胜诉方收回推荐权,并有相关令状责成主教接受胜诉方推荐的人选。该诉讼也可因主教认为被推荐人选不合格并拒绝接受推荐而针对主教提起,但 1898 年之后,这种情况则需向大主教申诉。参见薛波:《元照英美法词典》,法律出版社 2003 年版,第 1129 页。

终圣职推荐权之诉"(the assize of *d'arrein presentment*)等四种"回复占有之诉"(possessory assizes)或称为"不动产权益占有之诉"(petty assizes)则被更为简单的程序(一般诉讼)所取代。

如今,仅有少数令状仍在使用,如传唤令状(传票)(writ of summons)、人身保护令状(writ of habeas corpus)、调查令状(writ of inquiry)、执行令状(writ of execution)等。

普通法令状的发展轨迹是一个从具体到抽象的过程,诉讼程式即是例证。普通法令状制度无疑对英美法(包括程序法和实体法)的形成和发展起到了巨大作用。它要求特定的诉讼形式和正当的诉讼程序,强调程序的重要性,对程序法的发展特别是程序先于权利的观念形成具有一定的积极意义。

第三章　令状的谱系考证

Brevia, tam originalia quam judicialia, patiuntur anglica nomina.
无论起始令状，还是司法令状，都一样有英文名称。

——拉丁法谚

一、令状的分类

在考察过普通法令状的发展历程之后，我们有必要彻底了解一番现存的史料和研究成果。通过挖掘它们，我们会对令状的类别有一个更为清晰的认识。

英国著名法律史学家贝克曾说，令状的作用就像一张"通行证"，它能准许诉讼人在购买之后，去争取他们期望得到的正义；因为人们有着各种各样的目的，所以就有各种各样的通行证。[1] 的确，令状有各式各样的种类，数量亦十分庞大，想要穷尽说明它们的种类似乎已成为一件不可能完成之事。不仅数量众多，有些令状（例如 Writ of Entry）既可以表示一类令状，也可以指具体的一种令状。正因如此，英国剑桥大学中世纪史名誉教授兼英国社会科学院研究员詹姆斯·霍尔特曾撰文指出，就连英国法学巨擘梅特兰也未曾对令状的形成，或者说特定令状的

---

[1] Baker, J. H., *An Introduction to English Legal History*, 3rd. ed., London: Butterworths, 1990, p. 64.

谱系做出细致研究。① 确切地说,历史上,只有科克和其他个别法学权威曾对令状做过分类。但同时,对于令状进行恰当的分类,显然有着重要的意义。因为在由甲种令状启动的诉讼中运用到的审判程序和方式,不一定会运用于由乙种令状启动的诉讼之中。因此,令状的分类不仅仅是为了参照方便之用,更主要的,它是诉讼的分类,我们从它的分类可以看出关于普通法的一个大概框架图。②

依据不同的标准,普通法上的令状有不同的分类(不包括完全财政属性和政治属性化的令状)。

(一) 行政令状与司法化令状

令状是国王治理的一种手段,按照治理手段的不同性质,令状可以分为行政令状和司法化令状。本书第二章已对这一问题有过提及,第四章将详细对这一问题展开论述,此处不展开叙述。

(二) 权利令状与非常令状

令状可分为权利令状(writs of right③;拉丁语为 *breve de recto*;*ex debito justitiae*④)和非常令状(extraordinary writs)。这是最为重要的一种分类,本书将对这一分类展开详尽的论述。

---

① J. C. Holt, "Writs of Henry" in John Hudson, *The History of English Law: Centenary essays on Pollock and Maitland*. Oxford: Oxford University Press, 1996, p. 48.
② Baker, J. H., *An Introduction to English Legal History*, 3rd. ed., London: Butterworths, 1990, p. 66.
③ 在英文法律史文献中,writ of right 实际上有两个意思。第一个意思即此处的"权利令状",它与"非常令状"相对。第二个意思是指"确立所有权令状",即 proprietary writ,与"回复占有权令状"(possessory writs)相对应。
④ ex debito justitiae 的意思是"基于法定权利的"。

权利令状又称为"当然令状"(writs of course),是指理所当然签发的或出于权利而准许的令状。① 非常令状又称为"特权令状"(prerogative writs;拉丁语为 ex gratia②)或"国家令状"(state writs),是指国王出于恩典或法院自由裁量签发的令状。

从历史的角度来看,最值得研究的当属权利令状。布莱克斯通曾将权利令状称为"法律中的最高令状"(the highest writ in the law)。权利令状最初用于金钱债务诉讼和其他动产诉讼之中,到后来发展成为"完全权利令状"(writ of right par excellence),仅限于不动产权利的回复之诉。权利令状通常在国王法院之中使用,依据的是"拟制宣称"(fictitious allegation)。

权利令状之所以值得研究,还有一点原因,它是"诉讼时效法"(law of limitation)的基础。比如,根据1226年的《默顿法》(Statute of Merton③),原告只有对亨利二世时期以后发生的"占有行为"(seisin),才可主张权利。也就是说,超过这一时效限制的,原告不可以申请权利令状。从中我们不难发现诉讼时效的雏形。

权利令状又包括"起始令状"和"司法令状"。本书作者在对众多资料整合的基础上,对令状的分类作了如下整理。表(一)是对普通法上令状所做的一个尽量具体的总结(实际上很难将所有具体令状完全概括进去)。表(二)是对令状谱系所做的一个尽量抽象的概括。表(三)是从贝克教授书中摘出的有关起始令状的分类(形式有变动)。

---

① Black's Law Dictionary (7th ed.), St Paul: West Publishing Co., 1999, p.1604.
② ex gratia 的意思是"出于恩惠"或"出于特准"。
③ 该法一般被认为是英国最早的制定法,首批被列入《历代制定法全表》(Chronological Table of the Statutes),得名于1235年其颁布地萨里郡的默顿修道院。参见薛波:《元照英美法词典》,法律出版社2003年版,第1290页。

表（一） 普通法令状具体分类表

普通法令状①	一般令状②	用于不动产诉讼案件的令状	用于确立不动产所有权（Right）的——权利令状/Writs of Right	严格意义上的权利令状/Writs of Right Proper	未密封权利令状/The Writ of Right Patent
					直属封臣指令权利令状/The Writ of Right Praecipe in Capite
				带有权利令状性质的令状/Writs in the Nature of Writs of Right	保证合理份额的权利令状/The Writ of Right de rationabili parte
					恢复圣职推荐权令状/The Writ of Right of Advowson
					寡妇地产权利令状/The Writ of Right of Dower
					取得亡夫遗留地产令状/The Writ of Dower Unde nihil habet
					限嗣土地受赠人令状/The Writ of Formedon
			用于回复不动产占有权的——不动产权益占有令状/Writs of Assize		新近侵占土地令状/The Writ of Novel Disseisin
					妨害令状/The Writ of Nuisance
					最终圣职推荐权令状/The Writ of Darrein Presentment
					地产性质令状/The Assize of Juris Utrum
					收回继承地令状/The Assize of Mort d'ancestor
			用于回复不动产占有权的——进占令状/Writs of Entry		基于强占的进占令状/The Writ of Entry sur disseisin
					基于转让的进占令状/The Writ of Entry sur alienation
					基于非法侵入的进占令状/The Writ of Entry sur intrusion
					基于终止的进占令状/The Writ of Entry sur abatement

---

① Common Law Writs.
② Ordinary Writs

续表

			租期届满回复土地进占令状/The Writ of Entry Ad Terminum qui praeteriit
			禁止租期内逐出承租人令状/The Writ of Quare ejecit infra terminum
			妨碍圣职推荐令状/The Writ of Quare impedit
			禁止毁损土地令状/The Writ of Waste
			驱逐租地人令状/The Writ of De ejectione firmae
			欺诈令状/The Writ of Deceit
			土地分割令状/The Writ of Partition
	用于对人诉讼案件中的令状	违约之诉令状	金钱债务令状/Debt
			违反盖印合同请求赔偿令状/Covenant
			账目令状/Account
			明示简式契约令状/Special Assumpsit
		侵权之诉令状	默示简式契约令状/General Assumpsit
			侵害令状/Trespass
			类案侵害令状/Trespass on the Case
			非法侵占令状/Trover
			驱逐令状/Ejectment
			扣留财物令状/Detinue
			收回非法扣留动产令状/Replevin
	用于混合诉讼案件中的令状		
	司法令状	中间过程司法令状/Mesne Process	
		终止过程司法令状/Final Process	

非常令状/Extraordinary Writs	人身保护令状/Writ of *Habeas Corpus*	
	训令令状/Writ of *Mandamus*	
	调卷令状/Writ of *Certiorari*	
	禁止令状/Writ of *Prohibition*	
	特权开示令状/Writ of *Quo Warranto*	
	禁止离境令状/Writ of *Ne exeat*	
	告知令状/Writ of *Scire facias*	
	发还审理令状/Writ of *Procedendo*	

表(二) 普通法令状抽象学理名分类简表

普通法令状/Common Law Writs	权利令状/Writs of Right	起始令状/Original Writs	权利请求令:指令令状/Praecipe Writs
			过错请求状/Plaints of Wrong
			侵害令状/Trespass
			类案侵害令状/Trespass on the Case
		司法令状/Judicial Writs	中间过程司法令状/Mesne Process
			终止过程司法令状/Final Process
	非常令状/Extraordinary Writs	人身保护令状/Writ of *Habeas Corpus*	
		训令令状/Writ of *Mandamus*	
		调卷令状/Writ of *Certiorari*	
		禁止令状/Writ of *Prohibition*	
		特权开示令状/Writ of *Quo Warranto*	
		禁止离境令状/Writ of *Ne exeat*	
		告知令状/Writ of *Scire facias*	
		发还审理令状/Writ of *Procedendo*	

表(三) 主要起始令状图谱

起始令	Praecipimus Tibi		未密封权利令状/right patent
			收回非法扣留动产令状/replevin
	指令令状/Praecipe	real/不动产诉讼令状	确立所有权令状/right
			进占令状/entry
			限嗣土地受赠人令状/formedon

状①		mixed/ 混合诉讼令状		金钱债务令状/debt	
				扣留财物令状/detinue	
		personal/ 对人诉讼令状		违反盖印合同请求赔偿令状/covenant	
				账目令状/account	
	不动产权益占有令状/Petty Assizes		新近侵占土地令状/novel disseisin		
			收回继承地令状/mort d'ancestor		
	缘何理由程式令状/Osten Surus Quare	传唤令状/summons	禁止毁损土地令状/waste		
			缘何逐出承租人令状/Quare ejecit		
		pone/移审令状	使用暴力和武器的侵害令状/trespass vi et armis (general writs)	土地令状/land	缘何侵入私地令状/quare clausum fregit
					驱逐令状/ejectment
				动产令状/chattels	
				人身令状/person	
			类案侵害令状/trespass on the case (special writs)	简式契约令状/assumpsit	
				侵占令状/conversion	
				妨害令状/nuisance	
				言辞令状/words	
				过失令状/negligence	
				欺诈令状/deceit	

（三）其他分类

按照令状签发的不同对象来分，令状可分为签发至普通个人的令状、签发至设有法院之领主的令状及签发至国王大贵族和官员的令状。②

---

① Original Writs.
② 在卡内冈的专著《从诺曼征服到格兰威尔时期的英国王室令状：普通法早期历史研究》和雷皮的论文《普通法程式诉讼的发展》中，我们发现，两位学者都对令状进行了如下的分类：第一类（也是最为重要的令状）主要包括一般的传唤令状（writs of summons），它们又有各种形式——包括可将被告带到民众法院前的传唤令，这种传唤令在诺曼征服前和诺曼征服之后都有使用；郡长及副郡长致被告到王室法院出庭（如财政署法院和国王巡回法院）的传唤

二、权利令状

(一) 权利令状概念的界定

权利令状大约出现于格兰威尔时期(1178—1184 年),主要用来授予领主法院或郡法院权力,以审理有关土地、亡夫遗产及动产权利等案件。权利令状签至的对象主要是庄园的领主或土地的占有人;如果领主未能完全公正行事的(failed to do full justice),则权利令状会签发至郡长或国王的官员处。在用于恢复土地占有的权利令状中,常有如下的拉丁文:"*plenum rectum teneas*",它表示"完全恢复权利"的意思;"权利令状"中的"权利"二字即来自于此。因此,权利令状要求法院对争议的财产展开审理,并完全恢复权利人的权利自然是题中之意了。①

最原始的权利令状的拉丁文表达是:"*breve de recto tenendo*";在英文文献中,它对应的英文常是"Writ of Right",但由于它会和后期"Writ of Right"相混淆,所以本书将前者翻译成"原始的权利令状"。

令,这种传唤令特别是在 12 世纪经常使用;用于命令参加一般陪审调查的地方传唤令(summons of the vicinage),它们通常也由郡长或国王官员发出。一般来讲,这些传唤令状大都由国王法院来签发。到格兰威尔时期,它们被视作"当然令状"(writs of course;拉丁文 writs "de cursu"),它们有固定的形式,但没有固定的内容。第二类令状包括庄园令状(manorial writs)及郡长令状(vicontiel writs)。这些令状解决的是有关庄园土地保有人之间、宗教组织之间的土地所有权纷争,有关土地的保有期院或土地保有人行为的问题(例如侵害行为),除非国王法院签发了国王令状对它们获得了管辖权,否则这些问题可以在地方法院审理解决。第三类令状是签发至国王法官、国王的管家(bailiffs)及国王其他官员处的令状,这类令状通常命令他们或限制他们去做出某些事情。具体参见 R. C. Van. Caenegem, *Royal Writs in England from the Conquest to Glanvill*, London: 1958, p. 195. Alison Reppy, The Development of the Common-Law Forms of Action, Part I, 22 *Brook. L. Rev.*, 1955—1956, p. 196 & p. 200.

① Alison Reppy, The Development of the Common-Law Forms of Action, Part I, 22 *Brook. L. Rev.*, 1955—1956, p. 196.

因为原始的权利令状是未加密封的,所以也被称为"未密封权利令状"(The Writ of Right Patent)。[①] 而到后期,权利令状的概念发生了变化,它不但包括"原始的权利令状",还包括"直属封臣指令权利令状"(The Writ of Right Praecipe in Capite),后者还被称为"密封权利令状"(The Writ of Right Close)。

(二) 权利令状与法律实践

在中世纪英国的法律实践中,权利令状主要分为严格意义上的权利令状(Writs of Right Proper)和带有权利令状性质的令状(Writs in the Nature of Writs of Right)两种。严格意义上的权利令状又分为"未密封权利令状"和"直属封臣指令权利令状"两种。带有权利令状性质的令状又具体分为保证合理份额的权利令状(The Writ of Right *de rationabili parte*)、恢复圣职推荐权令状(The Writ of Right of Advowson)、寡妇地产权利令状(The Writ of Right of Dower)、取得亡夫遗留地产令状(The Writ of Dower Unde nihil habet)以及限嗣土地受赠人令状(The Writ of Formedon)等五种。

1. 严格意义上的权利令状

(1)未密封权利令状

顾名思义,未密封权利令状是开封的、未经密封的权利令状。它的签发对象是中间领主(mesne lord),而不是从国王处直接接受封地的直属封臣领主。由于对案件享有管辖权的是中间领主,故这种形式的令状通常首先知会受状领主如下内容——他的某位附属封臣诉称其未在领主法院得到公正的裁决,鉴于此,特命令他应为该附属封臣主持公

[①] F. W. Maitland, *Equity Also the Forms of Action at Common Law: Two Courses of Lectures*, Cambridge University Press, 1929, p. 317.

道。因此，我们需要注意的是，这种形式的令状并不会在王室法院起始一起诉讼。它的目的在于让领主法院听从国王的告诫，并对争议问题进行公正的裁决。①

与未密封权利令状对应的是"密封权利令状"。简单的说，签发至领主并在领主法院审理的令状，称为"未密封权利令状"。签发至郡长的令状称为"密封权利令状"。下面所讲的"直属封臣指令权利令状"属于"密封权利令状"。

(2)直属封臣指令权利令状

当国王掌握了主要土地后，王室巧妙地创造并运用了直属封臣指令令状(Writ of *Praecipe in Capite*)。② 直属封臣指令令状的签发对象是争议土地所在郡的郡长。这类令状指令(*praecipe*)郡长去命令被告为某一原告请求的行为，或到国王法官面前解释他缘何(*ostensurus quare*)不为某种行为。③

倘若被告不按照指令回(恢)复原告应得权利的，国王法院即获得对案件的管辖权。有些权利令状的内容是有选择性的，换言之，它们命令接受者或者为某一特定行为，或者说明某一事项未能完成的原因。而在最初的一段时间中，这种选择权确实存在过，但令状到后来发生了细微变化——令状中的选择权消失了。新的令状直接要求郡长去强制被告出庭。新的指令令状④以"*praecipe quod reddat*"开头——即"命令交付"的意思。⑤ 由于新指令令状的开头是"命令交付"几个字，故它

---

① Alison Reppy, The Development of the Common-Law Forms of Action, Part II, 23 *Brook. L. Rev.*, 1956—1957, p. 46.

② Alison Reppy, The Development of the Common-Law Forms of Action, Part II, 23 *Brook. L. Rev.*, 1956—1957, p. 47.

③ Baker, J. H., *An Introduction to English Legal History*, 3rd. ed., London: Butterworths, 1990, p. 68.

④ 有的学者也将 Writ of *Praecipe* 翻译为"昐咐令状"。参见[日]望月礼二郎：《英美法》(新版)，郭建、王仲涛译，牛豫燕校，商务印书馆 2005 年版，第 13 页。

⑤ *Black's Law Dictionary* (7th ed.), St Paul: West Publishing Co., 1999, p.1192.

们得名"指令交付权利令状"(writ of right *praecipe quod reddat*),简称为"指令交付令状"。自王室法院设计出这种有意侵蚀领主法院管辖权的新型指令令状之后,它们迅速成为最常见的权利令状形式。①"指令交付令状"可用于不动产诉讼(real action),也可用于对人诉讼(personal action)。

原告通常利用指令交付令状来主张被告以不正当的手段扣留(unjustly withheld)了他们的动产和债款等权益;此外,原告还可利用指令交付令状推动"契约的履行"(performance of a covenant)和要求被告说明"钱款来源情况"(an account of moneys received)。②

除正向的指令令状——指令交付令状——之外,还有一种反向的指令令状——即指令允准令状(*praecipe quod permittat*),这种令状命令被告允许原告去实施某种行为或允许原告拥有某物——它具体又有四种:第一,允准获得令状(*quod permittat habere*),允许原告获得某种权利、利益;第二,允准排除妨碍令状(*quod permittat prosternere*),允许原告排除妨碍;第三,允准推荐令状,通常称为"妨碍圣职推荐令状",③在有妨碍圣职推荐情况发生时,允许原告推荐神职人员以圣职的权利;第四,允许原告在未缴费的情况下碾磨玉米(grind corn without paying toll),等等。④

上述四种具体的指令允准令状有一个共同点:它们所包含的法律诉求都与一条"一般公式"关联,即"形式优于任何法理分析"(the form

---

① Theodore F. Plucknett, *A Concise History of the Common Law*, Beijing: CITIC Publishing House, 2003, p. 356.

② Baker, J. H., *An Introduction to English Legal History*, 3rd. ed., London: Butterworths, 1990, p. 68.

③ quod permittat presentare, usually called *quare impedit*。参见本书第二章相关注释。

④ Baker, J. H., *An Introduction to English Legal History*, 3rd. ed., London: Butterworths, 1990, pp. 68—69.

preceded any legal analysis）。这些令状也同样会提到过错行为（wrongdoing），但是它们实际上属于"权利请求令"（demands of right），只不过这些权利的实现是需要原告而不是被告去为某种行为。①

亨利二世统治期间曾确立过如下两大原则，第一，原告未有王室令状的，任何人无须为其占有的自由保有地应诉。② 第二，任何人的自由保有地在未经审判的情况下被不正当剥夺的，有权在王室法院进行审判。③ 这两条原则的影响很大。第一条意味着在地方法院进行的有关自由保有土地的诉讼，全部需由国王令状来启动，④原告没有王室令状，任何人的自由保有地均不得被剥夺，被告亦无须应诉。第二条意味着任何人的财产均不得被不当强占，假使确被强占的，则应得到救济——可获得新近侵占土地之诉（The Assize of *Novel Disseisin*）的程式诉讼，其案件亦应在国王法院得到审理。⑤ 这两条原则既保证了土

---

① Baker, J. H., *An Introduction to English Legal History*, 3rd. ed., London: Butterworths, 1990, p. 69.

② F. W. Maitland, *Equity Also the Forms of Action at Common Law: Two Courses of Lectures*, Cambridge University Press, 1929, p. 315. 雷皮在其论文中也提到了亨利二世时期制定的这两大原则，但在措词上，同梅特兰的表述有区别。雷皮的说法是：第一条，"未经审判，任何人的自由保有地均不得被剥夺，除非原告有王室令状"（That no man be deprived of his freehold without judgment except under a royal writ）。第二条，"没有国王的令状，不动产的恢复占有诉讼不得启动；假使有案件未经申请国王令状即开始审理的，则地产占有人无须应诉"（That no action for the recovery of realty can be commenced without the King's writ, or if it be so commenced the one in possession was under no necessity of replying.）。参见 Alison Reppy, The Development of the Common-Law Forms of Action, Part II, 23 *Brook. L. Rev.*, 1956—1957, p. 48.

③ F. W. Maitland, *Equity Also the Forms of Action at Common Law: Two Courses of Lectures*, Cambridge University Press, 1929, p. 316.

④ F. W. Maitland, *Equity Also the Forms of Action at Common Law: Two Courses of Lectures*, Cambridge University Press, 1929, pp. 316—317.

⑤ Alison Reppy, The Development of the Common-Law Forms of Action, Part II, 23 *Brook. L. Rev.*, 1956—1957, p. 47.

地占有人不受所谓"不负责任的司法"(irresponsible justice)的审判,也起到了保障土地占有人不受"司法以外的力量"(extra-judicial force)干涉的作用。①

亨利二世时期王室权力的极大扩展还不限于上述两点。因为在亨利二世统治期间,指令令状已不限于国王的直属封臣使用,它还用于解决被告是中间封臣(mesne lord)的诉讼。这显然是国王对地方领主**财产权**②(property rights)和**管辖权**的双重侵犯或双重干涉。由于这种令状能使本应在地方封建法院审理的案件转移到王室法院审理,所以它们常被视为是国王专制和滥用权力的工具。③ 关于这一结论,可从以下两点来分析。

第一,指令令状的直接签发对象是土地所在县的郡长。也就是说,与前述未密封权利令状不同,指令令状的签发对象不再是领主,而是郡长;案件并不在领主法院审理,而是在国王法院审理。

第二,被告须公正且不加耽搁地将原告主张的土地返还,如果被告未如此行事,则郡长会将他传唤至国王或国王的大法官面前陈述理由。郡长会将令状原件连同几位传唤者的姓名一起回呈至文秘署,因为传唤者是整个程序的见证人。

从上述这两条来看,一方面,指令令状已基本上表现为在国王法院

---

① Alison Reppy, The Development of the Common-Law Forms of Action, Part II, 23 Brook. L. Rev., 1956—1957, p. 48.

② 梅特兰说,司法中最为重要的王室司法(royal justice)实际上是形形色色的商品。参见 Sir Frederick Pollock & Frederick William Maitland, *The History of English Law Before the Time of Edward I*, London: Cambridge University Press, 1923, p. 151. 密尔松也说:领主权就是财产权,它是来自上级的法律保护的客体;同时,领主权又是司法管辖权,是对下属的权利给以法律保护的渊源。参见[美]S. F. C. 密尔松:《普通法的历史基础》,李显冬、高翔、刘智慧、马呈元译,中国大百科全书出版社 1999 年版,第 101 页。

③ Alison Reppy, The Development of the Common-Law Forms of Action, Part II, 23 Brook. L. Rev., 1956—1957, p. 47.

起始诉讼的起始令状;另一方面,它全然不顾封建领主的财产权利。①由于指令令状彻底忽略了封建领主,在事实上剥夺了领主法院对不动产权益诉讼的管辖权,所以遭到贵族的抵制。② 贵族们强迫国王约翰(King John)在《大宪章》中承诺,指令令状(praecipe)的签发从今往后不得再使领主丧失他们的法院。关于这点,我们可着墨详述。

1215年《大宪章》的第34条规定:③在土地保有争议案件中,国王不得签发"指令令状"使土地完全保有人丧失封建领主法院的管辖。换句话说,自《大宪章》颁布后,从理论上讲,除特定情形外,原告通过指令令状将案件诉至国王法院(作为一审法院)审理的权力被正式废止。只有在下列三种情形下,国王法院才能审理这种类型的案件。(一)发生争议的土地属于国王所封赐,即土地保有人是国王的直接封臣(tenant held of the king in capite);(二)发生争议地的领主尚未设立领主法院;(三)发生争议地的领主主动放弃了法院审判权。只有符合三种情形之一的,郡长才须将令状回呈给国王法院。④ 由此足见1215年《大宪章》的第34条是对指令令状的沉重反击。

在《大宪章》这一条文的影响下,有一段时期,只要被告能够证明争议中的土地并不属于国王所封赐,即可制止原告利用直属封臣指令令状在国王法院提起诉讼。然而,尽管后来签订的许多宪章与《大宪章》一样重申了这一内容,但该规定在事实上却收效甚微。⑤ 分析起来,原

---

① Theodore F. Plucknett, *A Concise History of the Common Law*, Beijing: CITIC Publishing House, 2003, p. 356.
② 参见薛波:《元照英美法词典》,法律出版社2003年版,第1073—1074页。
③ 原文照录如下: The writ which is called praecipe shall not for the future be issued to anyone, regarding any tenement whereby a freeman may lose his court.
④ http://www.1911encyclopedia.org/Writ (Classic Encyclopedia Based on the 11th Edition of Encyclopedia Britannica),访问时间:2008年8月25日。
⑤ Theodore F. Plucknett, *A Concise History of the Common Law*, Beijing: CITIC Publishing House, 2003, p. 356.

因概如下：

首先，自由地产保有人（freeholders）的封建法院已经开始衰落。统一的法院体系及其实施的普通法的兴起，并非是国王有意、正面攻击地方法院（无论是诺曼人的封建领主法院，还是盎格鲁—撒克逊的百户区及郡法院）的结果。事实上，这些法院是被中央法院所提供的那些更加先进、更有效的救济排挤开的。① 完全可以这样讲，令状制度的成长是一个历史发展的结果，并带有很大的偶然性，它起初肯定不是作为取代地方法院及地方习惯而有计划设计的一套普通法及法院的新制度，尽管最后的确发生了这样的事实。② 令状的制定并无多少科学设计，而是国王法院与地方领主法院斗争后折衷的结果。

其次，有部分领主自愿放弃了他们在特定案件中的权利。为确保国王法院对于某一案件具有正当的审判权限，许多权利令状的末尾都附有这样一行字"quia dominus remisit curiam"——根据《巴伦坦法律词典》的解释，它的意思是"Because the lord has remitted his court"，即"由于领主已放弃其领地法院的审判权"。

再次，民众对于王室法院的信任日渐增强。原告有在地方法院起诉的权利，但原告更希望到王室法院去请求获得救济。这一切的起点都在于原告们不可遏制的背离地方法院而转投王室法院的那种欲望。在英格兰，如同在下述民谚被记录下来的法国一样，民众一定感受到了"国王所至，法律必存"（wherever the king was, there was the law）。③

---

① ［比］R. C. 范·卡内冈：《英国普通法的诞生》，李红海译，中国政法大学出版社2003年版，第43页。

② ［比］R. C. 范·卡内冈：《英国普通法的诞生》，李红海译，中国政法大学出版社2003年版，第42页。

③ ［比］R. C. 范·卡内冈：《英国普通法的诞生》，李红海译，中国政法大学出版社2003年版，第43页。

假使领主管辖权确实受到了指令令状危害,而该领主的确又希望实现自己的管辖权,可为此申请获得一则专门令状。① 但实际上,随着法律的日趋复杂,领主和他们的封臣都很少去解决权利令状的问题,因此,当亨利三世王室在早期又创设出一系列新的指令令状时,几乎没有人持有太大的异议。在这些新的指令令状中,最为著名的是各种进占令状(writs of entry)。②

概括起来,我们发现所有的指令令状(既包括指令交付令状,也包括指令允准令状)诉讼都有如下共同点:

第一,它们寻求的是权利的恢复,并不要求被告就他们自己的过错行为作出赔偿。第二,指令诉讼是预期性(prospective)纠正行为,而非追溯性(retrospective)纠正行为。第三,指令诉讼使用的是虚拟语气(subjunctive mood),而非对事物的真实描述(active)。第四,指令诉讼使用的是现在时态,而非过去时态。③ 最后,在可能的情况下,指令诉讼的结果是"权利的恢复"(recovery of the right),在这个过程中,会有一道令状保证权利的恢复或者被请求行为的实现。④

综上,严格意义上的权利令状分为未密封权利令状和直属封臣指令权利令状两种。前者由文秘署代表国王签发至领主处,案件最终在领主法院审理。如梅特兰所言,后者是在国王法院对案件享有管辖权时使用。⑤

---

① Theodore F. Plucknett, *A Concise History of the Common Law*, Beijing: CITIC Publishing House, 2003, p. 356.

② Theodore F. Plucknett, *A Concise History of the Common Law*, Beijing: CITIC Publishing House, 2003, p. 356.

③ Baker, J. H., *An Introduction to English Legal History*, 3rd. ed., London: Butterworths, 1990, p. 69.

④ Baker, J. H., *An Introduction to English Legal History*, 3rd. ed., London: Butterworths, 1990, p. 69.

⑤ F. W. Maitland, *Equity Also the Forms of Action at Common Law: Two Courses of Lectures*, Cambridge University Press, 1929, p. 317.

下面我们要谈的是另一类重要的起始令状——带有权利令状性质的令状。

2. 带有权利令状性质的令状(Writs in the Nature of Writs of Right)

具有权利令状性质的令状也可被称为有专门名称的权利令状。带有权利令状性质的令状具体分为：保证合理份额的权利令状、恢复圣职推荐权令状、寡妇地产权利令状、取得亡夫遗留地产令状以及限嗣土地受赠人令状等五种。下面我们来对这些令状分别进行叙述。

(1)保证合理份额的权利令状(The Writ of Right de rationabili parte)

保证合理份额的权利令状属于带有权利令状性质的令状，只有具有血缘关系的利害关系人[①](privies in blood)才能申请这一令状。[②]例如，假使祖先某甲将自己的土地终身租赁给了某乙，而如今某甲和某乙都不幸去世。假如在某甲死后，享有其财产继承权的有他的两位儿子某丙和某丁，此外还有两位连带共同继承人(coparceners)某戊和某己。某甲和某乙死后，某丙迅速占有了该土地，并阻止某丁、某戊和某己进占。在这种情形下，这些被限制进占之人，都有权利用"保证合理份额的权利令状"来对某丙提起诉讼。有关"保证合理份额的权利令状"，还有几点需注意。第一，争议的土地仅限于"非限嗣继承地产"(fee simple)。第二，因为"保证合理份额的权利令状"属于"非密封令

---

① 习惯法上利害关系人(privy)主要分为六种：第一，血缘上的利害关系人，如继承人与其祖先；第二，代理中的利害关系人，如遗嘱执行人与立遗嘱人、遗产管理者与无遗嘱死亡者；第三，财产中的利害关系人，如出让人与受让人、出租人与承租人；第四，合同中的利害关系人，即合同当事人；第五，合同及财产中的利害关系人，如承租人转让其利益而出租人并不接受和承认该受让人，原租赁合同继续存在时，该承租人与出租人的关系；第六，法定的利害关系人，如夫妻。参见薛波：《元照英美法词典》，法律出版社2003年版，第1096页。

② Alison Reppy, The Development of the Common-Law Forms of Action, Part II, 23 Brook. L. Rev., 1956—1957, p. 51.

状",所以它的签发对象是租赁地产的领主(lord of tenancy)。第三,保证合理份额的权利令状不同于严格意义上的权利令状,但又有相似之处。因为实施侵占行为的被告(deforcing tenant)同原告之间存有血缘上的利害关系,所以,被告无权要求以宣誓断讼法、验证法(demand of view)、决斗断讼法或依"大咨审团"(Grand Assize)来审判案件。两种令状的相似之处在于,案件都可以在普通诉讼法院来提起和审理。①

(2)恢复圣职推荐权令状(The Writ of Right of Advowson)

恢复圣职推荐权令状在原告的圣职推荐权受到侵害(usurpation)时使用,通常由圣职推荐权人(patron)提起,旨在恢复其推荐圣职(presentation to a benefice)的权利。恢复圣职推荐权令状只有在原告拥有世袭地产(estate of inheritance)时才可申请。1708年《安妮法》(*Statute of 7 Anne*)颁布后,原告也可使用"最终圣职推荐权之诉"(Writ of *D'arrein Presentment*)和"妨碍圣职推荐令状"(Writ of *Quare Impedit*)等另外两种回复占有权令状(Possessory Writs)来获得之前须通过"恢复圣职推荐权令状"来恢复的权利。②

(3)寡妇地产权利令状(The Writ of Right of Dower)

寡妇地产权利令状严格来说应被称为"寡妇已得到部分地产时取得遗留地产令状"。根据现代的法律,寡妇诉求"寡妇地产"(dower)的案件由衡平法院审理。但在早期的普通法或封建法中,寡妇只能在其丈夫的继承人——即她的儿子——的法院来开始诉讼。"寡妇已得到部分地产时取得遗留地产令状"的设计初衷在于强制丈夫之继承人,要求丈夫的继承人能给寡妇完全恢复权利(to hold full right),使她恢复

---

① Alison Reppy, The Development of the Common-Law Forms of Action, Part II, 23 Brook. L. Rev., 1956—1957, pp. 51—52.

② Alison Reppy, The Development of the Common-Law Forms of Action, Part II, 23 Brook. L. Rev., 1956—1957, p. 52.

占有其"合理的寡妇地产"(reasonable dower)。封建法院未判决的,案件可移至郡法院;还可以从郡法院移至国王法院,审判的方式主要是决斗法。如果寡妇预留了其"寡妇地产"的,诉讼须在继承人法院进行。但是,如果寡妇没有预留其"寡妇地产"的,这一诉讼须在国王法院提起。在后一种情况下,寡妇须申请"合理的寡妇地产权利令状"(The Writ of Right of Dower,unde nihil habet),该令状指令郡长令土地持有人交还该寡妇其"合理的寡妇地产",倘若寡妇诉称自己"unde nihil habet ut dicit"——即未得到合理的寡妇地产的,郡长须传唤被告至王室法院解释无法遵从前述令状的原因。之所以会有这一稀奇的规则,按照布拉克顿的说法是:如果寡妇没有预留"寡妇地产",而土地持有人若要否认婚姻的存在的,只能通过主教来证明,因为婚姻事务归教会来管辖。在这种情况下,只有国王能够强制主教来证明婚姻存在过与否,封建法院的领主是不足以强制主教的。①

因此,当"婚姻是否确实存在过"成为争议的事实问题时,寡妇需提起"合理的寡妇地产权利令状",它是寡妇地产权利令状的第二种形式。此外还有第三种形式——寡妇地产调整令状(Writ of Admeasurement of Dower),它在寡妇取得了多于她应得之份时使用,在这种情况下,郡长须按照令状的命令,重新调整土地,然后再分给争议各方合法的份额。②

(4)取得亡夫遗留地产令状(The Writ of Dower Unde nihil habet)

取得亡夫遗留地产令状,可以理解为寡妇未得到任何地产时取得遗留地产的令状,与前述"寡妇已得到部分地产时取得遗留地产令状"

---

① Alison Reppy, The Development of the Common-Law Forms of Action, Part II, 23 Brook. L. Rev., 1956—1957, p. 53.

② Alison Reppy, The Development of the Common-Law Forms of Action, Part II, 23 Brook. L. Rev., 1956—1957, p. 54.

相对应。当寡妇无法获得其有权占有的"寡妇地产"之任意一部分时,她可以申请"取得亡夫遗留地产令状"这种形式的救济。寡妇可以使用该令状回复占有寡妇地产,或者回复占有她同丈夫在生前被强占的有体物(corporeal tenements)或无体物(incorporeal tenements);换言之,当夫妻关系的法律状态尚存时,丈夫的"非限嗣继承有体物"(corporeal tenements in fee simple)或"限嗣继承有体物"(corporeal tenements in fee simple in fee tail)被强占,而如今它们被该寡妇与其丈夫的婚生子女(the issue of marriage)继承时,寡妇可使用这一令状来获得救济。① 1833年之后,寡妇未得到任何地产时取得遗留地产令状仍在使用。

(5)限嗣土地受赠人令状(The Writ if Formedon)

限嗣土地受赠人令状②也是一种带有权利令状性质的令状。《附条件赠与法》(Statute of *De Donis Conditionalibus*)规定的"限嗣继承地产"(estates tail)又分为三种:限嗣土地受赠人继承令状(formedon in the descender)、限嗣土地受赠人剩余地产权令状(formedon in the remainder)、限嗣土地回复地产权令状(formedon in the reverter)。第一种令状由限嗣土地受赠人的婚生子女(issue in tail)提出,第二种由限嗣土地受赠人的剩余遗产继承人(remainderman)提出,第三种令状由限嗣土地受赠人的复归权享有人(reversioner)提出。③

---

① Alison Reppy, The Development of the Common-Law Forms of Action, Part II, 23 *Brook. L. Rev.*, 1956—1957, p. 54.

② 有时简称为formedon,英格兰一种古老的权利令状,因限嗣赠与(gift in tail)而对土地享有权利的人在该土地被他人非法占有后,可依此令状获得最高的法律救济。这一令状又分为三种:限嗣土地受赠人继承令状(formedon in the descender)、限嗣土地受赠人剩余地产权令状(formedon in the remainder)、限嗣土地回复地产权令状(formedon in the reverter)。参见薛波:《元照英美法词典》,法律出版社2003年版,第571页。

③ Alison Reppy, The Development of the Common-Law Forms of Action, Part II, 23 *Brook. L. Rev.*, 1956—1957, p. 55.

（三）起始令状与司法令状

从方便学术研究来看，从权利令状的性质与功能来看，它又可细分为（诉讼）起始令状①(original writs)和司法令状②(judicial writs)。

起始令状是指以国王的名义签发的一种权利令状，它将案件指向合适的法院，以启动诉讼程序。所以，贝克说，起始令状的作用在于规范司法（而非限制司法）。③

司法令状常被称作"中间过程司法令状"(writ of mesne process)，是指在诉讼开始后或诉讼结束后以法官名义签发的、旨在保证诉讼能够顺利进行或判决能得以执行的命令。实际上，司法令状并不限于"中间过程司法令状"，它还包括"终止过程司法令状"(Final Process)或称为"执行令状"(writ of execution)。

归纳起来，起始令状与司法令状之间的主要区别在于以下几点。首先，前者由文秘署代表国王签发，而后者由王室法院法官签发。其次，起始令状加盖国王大印，而司法令状加盖法院章。再次，起始令状签发的时间是在诉讼发生之前，而司法令状的签发时间是在诉讼开始以后。最后，起始令状的用途在于开始一场诉讼，而司法令状的目的在

---

① 也翻译为开始令状、初始令状。该令状的含义是指普通法上不动产诉讼的开始或根据。它主要不是主张管辖权，而是以国王命令的形式授予法官审理令状中所包含事由的权力。这种令状一般采用文秘署命令函的形式签发给郡长，而且以君主的名义，加盖国玺。1873 年后，该令状不再使用。所有的诉讼都由传唤令(writ of summons)开始。参见薛波：《元照英美法词典》，法律出版社 2003 年版，第 1012 页。

② 继起始令状(original writ)之后，由起始令状所指向的法院所发出的令状。它区别于起始令状的地方在于它不是由文秘署(Chancery)发出，不盖国玺而只盖法院的印章，不是以国王而是以签发法院的首席法官的名义签署，其目的不在于开始一起诉讼，而在于处理已开始之诉讼中的一些相关事务。参见薛波：《元照英美法词典》，法律出版社 2003 年版，第 751 页。

③ Baker, J. H., *An Introduction to English Legal History*, 3rd. ed., London: Butterworths, 1990, p. 65.

于推进诉讼的进行。①

1. 起始令状(Original Writs)

斯托纳(Stonor J.)曾于 1315 年说,起始令状是法律的基石。② 欲正确理解这一判断,有必要先来考察一番起始令状得以运用的历史背景。征服者威廉在刚接管英格兰时,带来了诺曼人的文秘署制度。国王通过令状来召集军队,通过令状来对他的使节(ambassadors)发出指示,实际上,《末日审判书》(Domesday Book)中包含的信息也是通过这种类型的命令而征集到的。由于国王的权威需要得到经常性体现,所以,慢慢就发展出了处理王室事务的标准或一般的形式(common forms)——有固定形式的行政化令状。

一般认为,起始令状的渊源是行政性质的令状——国王签发至郡长的行政命令,它通常会要求郡长在郡内的争议双方间主持公道或采取特定的行动。行政化令状最常用于盎格鲁—撒克逊时期,而亨利一世的卷筒卷宗(pipe rolls)表明,这种令状在 12 世纪初期仍被广泛使用。③ 这说明,行政令状的消失并非是一蹴而就的,至少在一段时期中,它和司法化的令状是被并轨使用过的。

征服者威廉在征服英国时曾宣布了"不干涉政策"(policy of non-interference),为信守不干涉地方法院的政策,威廉极力通过创建王室法院体系来促进正义的施行。按照当时的规定,诉讼当事人只有在曾经将案件诉至过地方法院,但地方法院未能对案件进行公平裁决,一方

---

① 读者也可参见周自痕:"英国普通法上的令状制度及其意义",载"法律史学术网"http://flwh.znufe.edu.cn/article_show.asp? id=1312,访问时间:2008 年 10 月 20 日。该文对这一问题也有较为细致的论述。

② Baker, J. H., *An Introduction to English Legal History*, 3rd. ed., London: Butterworths, 1990, p. 67.

③ Baker, J. H., *An Introduction to English Legal History*, 3rd. ed., London: Butterworths, 1990, p. 64.

的正义未得以实现的,其才可将案件诉至王室法院,以此来修正地方法院的裁决。而且,只有与王室事务相关的案件才可以诉至国王法院。因此,不难发现,从王廷或国王会议中分离出去的普通法法院,在最初实际上只审理数量有限的案件。这些法院审理的案件是通过行政命令分配的,当这些行政命令运用于司法事务时,它们就成为一种"司法化的行政命令"(judicial administrative order),它们也就是我们所讨论的"起始令状"(original writs;拉丁文 breve originale)。①

到亨利二世统治时期,这种曾经偶尔使用的非常的令状——最初被称为"国王恩典"(royal favor)的令状,开始变得平常和正常了起来。我们推定第一道起始令状的诞生过程如下:

第一个王室法院从国王会议中分离出去后,第一位在文秘署请求得到救济的诉讼当事人的诉讼理由应当如此:他宣称对某项财产享有所有权或占有权,但他的这一权利受到了损害。文秘署首长碰到了一个难以解决的问题——他该如何对当时唯一存在的王室法院赋予国王权力呢?这至关重要,因为国王权力的授予是法院履行其职责或审理诉讼的基础。为此,他必须破天荒设计出第一道司法化的命令。而为实现这一目的,他能参考的只有现存的行政性质的令状。他注意到:行政令状的开头通常是国王的一句问候语,而且它们通常被签发至郡长,再由郡长转至被告。在有了这样一份非司法化的命令作为模板后,文秘署首长开始用司法语言来行文,再将之签发至诉讼理由发生地的郡长,就这样,他制造出第一份起始令状,它意味着诉讼的开始,也是诉讼的基础。但这样一份起始令状究竟在何确切的时间制定出来的?我们无法破解这一问题,无从知晓它的答案。②

---

① Alison Reppy, The Development of the Common-Law Forms of Action, Part I, 22 Brook. L. Rev., 1955—1956, p. 186.

② Alison Reppy, The Development of the Common-Law Forms of Action, Part I, 22 Brook. L. Rev., 1955—1956, p. 189.

起始令状的数量众多。根据《布拉克顿》(Bracton),有多少种诉讼,就有多少种形式的令状。到13世纪时,只要有需要,文秘署首长及其副手(masters)就可创造新的起始令状形式(他们有可能也会征求国王咨议会及王室法官的意见)。① 从历史的角度来看,1833年是个分水岭。在这一年之前,所有诉讼的开始都须有起始令状,所以,在此之前,令状在某种意义上实际成为"诉讼"的同义词。但1833年后,只剩一种类型的起始令状,原告将自己所有的情况全部写进一个形式固定的诉讼程式中。

起始令状有正规令状(de cursu writ)和法官令状(magistralia writ)之分。布拉克顿将前者称为"规定格式的令状"(formates),主要是因为正规令状有固定的格式,且建立在先例之上;而法官令状则是衡平法院助理法官或主任书记官就具体案件发出的令状,依据的是《威斯敏斯特条例II》(Statute of Westminster the Second)。②

按照当今英国法律史学界最为著名的学者剑桥大学英国法唐宁教授贝克爵士(Sir John Hamilton Baker)的观点,起始令状主要分为四大类,详见表(三)。

在四大类起始令状中,按照最基本的权利与过错之分,贝克认为,有些起始令状属于诉求权利类的"**请求令**"(demand),还有些属于控诉过错类的"**请求状**"(plaint)。③ 我们发现,"请求令"中的"令"字和"请求状"中的"状"字合起来正是"令状"。四类起始令状中,有代表性的又

---

① Baker, J. H., *An Introduction to English Legal History*, 3rd. ed., London: Butterworths, 1990, p. 65.

② http://www.1911encyclopedia.org/Writ (Classic Encyclopedia Based on the 11th Edition of Encyclopedia Britannica),访问时间:2008年8月25日。

③ 参见 Baker, J. H., *An Introduction to English Legal History*, 3rd. ed., London: Butterworths, 1990, p. 67.

有以下四种,分别是:指令令状、过错请求状、侵害令状及类案侵害令状。①

(1)指令令状(Praecipe Writs)

我们已在前文介绍了指令令状的特点、分类以及指令令状遭反对的情况,现仅就指令令状的其他几个方面稍作补充。

"指令令状"无疑可归为诉求权利型的"请求令"。根据贝克教授的观点,经典的指令令状程式于1150年确立,后来又出现了另外几种指令令状,但很显然,最有代表性的指令令状是用来确定土地权益的。由于指令令状提起的诉讼是最为正式的诉讼,因而指令诉讼的程序十分古老、庄严且缓慢。若要确保被告能够出席法庭,通常要很多道令状才能奏效,因为在诉讼过程中,被告完全可能对前几个步骤视而不见,诉讼程序经常可能因某种理由而耽搁下来。即便是在后几个步骤上,被告也可找到很多不出庭的借口。英文中专门有一个词"essoins"②,它的意思就是"合理的不出庭藉口"。③ 比如,诉讼当事人可以称病,以卧床不起为由,提出一年零一日的延期(delay),④这种延期也有一个专门的术语——de malo lecti,翻译成中文就是"卧床不起",这被视为是"长期理由"(long essoin)。被告还可以主张"短期理由"(short essoin)而

---

① 参见 Baker, J. H., *An Introduction to English Legal History*, 3rd. ed., London: Butterworths, 1990, pp.69—75. 孙德鹏先生在其硕士论文《令状的司法化与普通法的形成——早期英国法治理方式的历史考察》一文中,也提到了贝克教授的这一划分法,但是孙在论文中提到贝克将起始令状划分为三类,实际应为四大类。参见孙德鹏:《令状的司法化与普通法的形成——早期英国法治理方式的历史考察》,西南政法大学硕士学位论文,2004年,第14—17页。

② 参见 F. W. Maitland, *Equity Also the Forms of Action at Common Law: Two Courses of Lectures*, Cambridge University Press, 1929, p.319.

③ Baker, J. H., *An Introduction to English Legal History*, 3rd. ed., London: Butterworths, 1990, p.69.

④ Alison Reppy, The Development of the Common-Law Forms of Action, Part II, 23 *Brook. L. Rev.*, 1956—1957, p.49.

不到庭参加诉讼,这被称为"途中染病理由",即"*de malo veniendi*"。①

在指令诉讼中,审判最初主要依决斗断讼、宣誓断讼或神裁法的方式进行,判决的结果由上帝来裁定。② 例如在"金钱债务之诉"(debt)③、"请求返还扣留财物之诉"(detinue)及最初的"违反盖印合同请求赔偿之诉"(covenant)中,审判依宣誓断讼的方式进行,它是古代社区法院中运用最为广泛的证据形式。指令令状因为最为古老,再加上尤与这些审判方式关系最为紧密,因而它们最先遭到淘汰。④

到爱德华一世时期,因为指令令状的措词和相应的程序都无法改变,它们的使用次数越来越少,最终被一类更新、更有效的救济手段所取代。⑤替代它们的是第二类起始令状——控诉过错而非请求权利的令状。它们主要包括以下三种:过错请求状(Plaints of Wrong)、侵害令状(Trespass)及类案侵害令状(Trespass on the Case)。

(2)过错请求状(Plaints of Wrong)

不动产权益占有令状(petty assizes)具体包括新近侵占土地之诉(the assize of *novel disseisin*)、收回继承地之诉(the assize of *mort d'ancestor*)、地产性质之诉(the assize of *juris utrum*)以及最终圣职推荐权之诉(the assize of *d'arrein presentment*)等四种。其中,新近侵占土地令状基本上是关于过错行为的调查。在新近侵占土地令状被引入法律用来处理特

---

① 参见 F. W. Maitland, *Equity Also the Forms of Action at Common Law*：Two Courses of Lectures, Cambridge University Press, 1929, p. 298.

② 1179 年,亨利二世引入"大咨审团"(grand assize)这一新的审判方式,被告可以选择依"决斗断讼"的方式进行审判,也可选择"大咨审团"这一审判方式。

③ 也翻译为"清偿债务之诉"。参见刘承韪："英美合同法对价理论的形成与流变",载《北大法律评论》2007 年第 8 卷第 1 辑,北京大学出版社,第 116 页。

④ Baker, J. H., *An Introduction to English Legal History*, 3rd. ed., London：Butterworths, 1990, p. 69.

⑤ Baker, J. H., *An Introduction to English Legal History*, 3rd. ed., London：Butterworths, 1990, p. 69.

定种类的纠纷时,一些新的程序同时出现,它们主要用来解决刑事类案件。①

暴力类的过错可通过大陪审团以公诉的形式提起,在这种情形下,控诉的主体主要是社区(community)。受害人本人及近亲属也可通过口头的形式提起"私诉"(appeal),法院依此对被告人进行聆讯或审判。最严重的"私诉"当属"重罪私诉"(appeal of felony)②,"重罪私诉"也是普通法发展到后期保留下来的唯一一种私诉。"重罪私诉"一直是原告用来恢复失窃物的方法,或原告用来达到处决侵害人目的的措施。私诉人(appeallor)需承担参加决斗的风险,而且假如私诉败诉,他会受到严厉的惩罚。③ 但"死亡私诉"(appeal of death)(因伤致死的控诉)例外,大多数死亡私诉可通过略去重罪的文字转化成"损害赔偿金诉讼"(actions for damages)。④

还有一种"私诉"虽然并未保留在普通法中,但同样值得一提,它就是"侵害私诉"(appeals of trespass)。这种"私诉"到后来部分转变为"侵害之诉"(actions of trespass),部分转变为"轻罪公诉"(indictments for misdemeanour)。⑤

---

① Baker, J. H., *An Introduction to English Legal History*, 3rd. ed., London: Butterworths, 1990, p. 70.

② 受害者死亡时由其领主、妻子或男性后裔个人所提起的重罪控诉,有别于大陪审团的公诉书所提起的公诉或根据验尸官调查所提起的控告。根据亨利七世时期的1487年法令,即便在刑事公诉中已被开释的谋杀嫌疑犯也可能被提起重罪私诉,被告有权要求决斗审判,决斗在王座法院或普通诉讼法院的法官面前进行,决斗应由双方亲自参加;但如为妇女、牧师、幼儿、60岁以上的老人或盲人或跛脚,则可雇用决斗替手(champion)参加。参见薛波:《元照英美法词典》,法律出版社2003年版,第82页。

③ Baker, J. H., *An Introduction to English Legal History*, 3rd. ed., London: Butterworths, 1990, p. 71.

④ Baker, J. H., *An Introduction to English Legal History*, 3rd. ed., London: Butterworths, 1990, p. 71.

⑤ Baker, J. H., *An Introduction to English Legal History*, 3rd. ed., London: Butterworths, 1990, p. 70.

虽然"私诉"(appeal)的启动并不需要令状,但在当时的实践中,很多人都使用"财产担保令状"(writ of attachment)来确保被告出庭参加诉讼,并能对针对他的指控进行答辩。

此外,在针对过错行为人的诉讼程式中,常会用到一种被称作"移审令状"(pone)的令状形式,根据该令状,郡长必须"让被告提供可靠担保",并到国王法官前说明他"缘何理由"实施了某些特定的不端行为。①

必须提及的是,"缘何理由"程式实际上在指令令状中的"除非尔为之"条款中就有过运用。在指令令状中,被告需要前来解释他不遵守命令的原因。但"移审令状"中的"缘何理由"程式并不等同于指令令状中的"缘何理由"程式,"移审令状"是直接命令被告前来王室法院并解释针对他的指控事件。

这种直接的"缘何理由"程式又包括若干不同的亚种类:"收回非法扣留动产程式诉讼"(form of replevin)、禁止毁损土地令②(writ of waste)、欺诈令状(writ of deceit)(用于法律诉讼程序中的失范行为)以及包容最广的一类令状——侵害令状(writs of trespass)。③

(3)侵害令状(Trespass)

"trespass"(侵害)一词从拉丁文"*transgressio*"演变而来,意思是"破坏社会秩序的行为"。"trespass"对应的英文应是"wrongdoing"(过错行为,不法行为),它最初并不是一个严格的法律术语。④

---

① Baker, J. H., *An Introduction to English Legal History*, 3rd. ed., London: Butterworths, 1990, p. 70.

② 一种用来制止佃户滥用、损坏、荒废土地之令状。该令状又有几种形式,适用于特定的不同情形。参见薛波:《元照英美法词典》,法律出版社2003年版,第1429页。

③ Baker, J. H., *An Introduction to English Legal History*, 3rd. ed., London: Butterworths, 1990, pp. 70—71.

④ Baker, J. H., *An Introduction to English Legal History*, 3rd. ed., London: Butterworths, 1990, p. 71.

从 1525 年"主祷文"(*Lord's Prayer*)英译本中的"forgive us our trespasses"(宽恕我们的罪吧)这句话来看,"trespass"对应的是拉丁文《圣经》(*Vulgate*)中的"*peccatum*"和"*delictum*"两个词,而它们分别是"原罪"(sin)、"过错"(wrong)的意思。①

从广义上来讲,"trespass"一词有很多涵义,它既可包括重罪、轻罪及强占行为(disseisin),又包括后来出现的可通过"侵害之诉"和"类案侵害之诉"两种诉讼提供救济的"过错行为"。

"trespass"一词的狭义意思是指"侵害",它之所以有这样的涵义是因为它是一大类起始令状名称的总称。这类令状中事实上没有一个令状用到了"trespass"一词,它们的关联点在"缘何理由"程式及共同的程序之上。

"缘何理由"程式出现于 12 世纪,但侵害令状大概在 13 世纪中期以后才变得常见。很有可能"侵害令状诉讼"是与"侵害私诉"一前一后发展起来的。② 这大概就是为什么大多数早期的侵害令状中都有这样一句话"使用暴力和武器,违反国王和平"③的原因,这句话实际上源自"侵害私诉"。④ 此外还有几点内容需要格外明确。

第一,"侵害令状"不同于"指令令状"。"指令令状"一般会允许被告或者同意遵守令状中的"令"(demand)或者证明自己为某一行为的正当性;而"侵害令状"会直接命令被告到法院解释自己实施不法行为的原因。因此,"侵害令状"并无被告"辩护权利"的内容;相反,它的主

---

① Baker, J. H., *An Introduction to English Legal History*, 3rd. ed., London: Butterworths, 1990, p. 71.
② Baker, J. H., *An Introduction to English Legal History*, 3rd. ed., London: Butterworths, 1990, p. 71.
③ 原文为:with force and arms and against the king's peace。
④ Baker, J. H., *An Introduction to English Legal History*, 3rd. ed., London: Butterworths, 1990, p. 72.

要内容是对被告过去不法行为的惩罚或修正。"侵害令状"并不给被告提供修正过错的"选择权"。正如布莱克斯通所言,指令令状是"有选择的"(optional),而侵害令状是"强制的"(peremptory)。① 也可以说,"侵害令状"体现的是(对过错的)"控诉"(complaint)而非(对权利的)"请求"(demand)。

第二,"侵害令状"不同于"侵害私诉"。"侵害动产的侵害令状"(*de bonis asportatis*)——因他人擅自取走或带走自己财物而提起的侵害动产的侵害之诉——同"偷盗私诉"非常相似。"企图伤害与殴击的侵害令状"(trespass for assault and battery)与"故意伤害私诉"非常相似。但是,"侵害令状"要比"侵害私诉"灵活得多,它还可以被运用到土地侵害诉讼中来。②

到13世纪,侵害令状(无论它们需回呈到哪个具体的王室)只能针对"使用暴力和武器"[with force and arms (vi et armis)]和"违反国王和平"[against the king's peace (contra pacem regis)]的不法行为或者"侵犯了王室特权"的不法行为签发。只有这种不法行为才可被诉至国王法官之前,而其他类型的不法行为应受地方法院管辖。1278年,有立法规定,"侵害之诉"应像过去一样归地方法院管辖,任何人不得申请"侵害令状"除非他能宣誓并宣称他的诉求的问题十分重大。③

侵害令状只限于"使用暴力和武器"和"违反国王和平"的不法行为,这实际上并不是对何为"侵害"的限定,它只是对王室中央法院管辖

---

① Baker, J. H., *An Introduction to English Legal History*, 3rd. ed., London: Butterworths, 1990, p. 71.

② 例如"侵入他人土地之诉"(缘何侵入私地令状)(quare clausum fregit)和"驱逐之诉"(ejectment),前者可简称为"trespass qu. cl. fr."。参见 Baker, J. H., *An Introduction to English Legal History*, 3rd. ed., London: Butterworths, 1990, p. 72.

③ Baker, J. H., *An Introduction to English Legal History*, 3rd. ed., London: Butterworths, 1990, p. 72.

权的一种限制。很快,这一限制与人们在中央法院获得救济的希冀发生了冲突,到14世纪时,实践证明这一限制不仅带来了不便,而且它所发挥的作用微乎其微。因为若无王室批准,大多地方法院已被禁止审理标的额超过40先令的案件,所以对于那些标的额较大的"非暴力的侵害"(non-violent trespass)案件而言,它们大多既不能被诉至地方法院又不属于王室法院管辖,这就意味着类似案件的受害者可能将无法得到救济。在这种情形下,变革的呼声愈演愈烈,于是人们通过"拟制"来运用"使用暴力和武器的令状",借"暴力"之名,以图这类案件不被区别对待。我们可以看到,在不少例有关"使用暴力和武器"伤害马匹的案例中,真实的情况可能是被告只是一名普通铁匠,而原告真正的诉因可能是该铁匠引起的"钉马掌意外事件"。不用说,此时一定还有其他类型的"拟制",只是我们很难证实罢了。①

(4) 类案侵害令状(Trespass on the Case)

"使用暴力和武器的限制"在14世纪60年代被公开废止,此时,文秘署官员开始正常签发"侵害令状"。因此,在这一时期的该类令状中,再无"使用暴力和武器"的说法。②

从16世纪至今,大部分学者认为上述"革新"源自1285年的一则制定法。该法规定,文秘署官员在今后若发现案件A有对应的令状可签发,而与案件A类似的案件B依据同一法律(cadente sub eodem jure)请求类似救济(in consimili casu)却无对应令状可签发的,文秘署可以拟就新的令状。但事实上,迄今为止,人们并未发现中世纪时期有过这样一则明确的规定。英国法史学家贝克认为传统说法很牵强、很不可

---

① Baker, J. H., *An Introduction to English Legal History*, 3rd. ed., London: Butterworths, 1990, p. 72.

② Baker, J. H., *An Introduction to English Legal History*, 3rd. ed., London: Butterworths, 1990, p. 73.

思议。①贝克认为,情况很可能是这样:这则制定法仅授权文秘署在签发新令状时无需一个"确切一致的先例"(exact precedent)。

然而,既然"非暴力过错行为"根本无法获得"使用暴力和武器的令状",那么如何认为"非暴力过错行为"与"暴力性过错行为"属于"类似案件"的?它们又是如何"依据同一法律"的?对于这些疑问的答案,我们仍然不得而知。②

不带"使用暴力和武器"短语的令状(writs without *vi et armis*)在14世纪60年代变得越来越常见,它们主要被用于下列诉讼之中:因对方过失及违约而提起的诉讼、因卖方欺诈而提起的诉讼、因危险动物引起伤害而提起的诉讼、在客栈丢失货物而提起的诉讼及因财物受托人不当行为而提起的诉讼等。列明"特别案情"的"鉴于条款"则是该类令状中的必备要素。③随着这类诉讼在数目上越来越多,整个"非暴力侵害诉讼"(non-forcible trespass actions)被笼统地称为"类案侵害"(trespass on the case)或者"类案诉讼"(actions on the case)。④

直到1610年为止,"侵害诉讼"是一类令状的统称,它包括"使用暴力和武器的侵害诉讼"和"特种案件侵害诉讼"(trespass super casum)两种。但在此之后,因为法律人认同"形式优于内容"的法哲学,因此"直接侵害诉讼"必须同"类案侵害诉讼"区分开来。选择错误的令状来起诉会造成致命的后果,所以,"直接侵害诉讼"与"类案侵害诉讼"有了严格的

---

① Baker, J. H., *An Introduction to English Legal History*, 3rd. ed., London: Butterworths, 1990, p. 73.
② Baker, J. H., *An Introduction to English Legal History*, 3rd. ed., London: Butterworths, 1990, p. 73.
③ Baker, J. H., *An Introduction to English Legal History*, 3rd. ed., London: Butterworths, 1990, p. 74.
④ Baker, J. H., *An Introduction to English Legal History*, 3rd. ed., London: Butterworths, 1990, p. 74.

区分。正如首席大法官雷蒙德勋爵(Lord Raymond C. J.)所说:"我们必须将诉讼间的界限划分开,否则,我们会惹来最大程度的麻烦。"①

福蒂斯丘(Fortescue J.)曾这样阐释二者之间的差别:行为人将一根圆木抛到公路之上并砸到某人的是"直接侵害行为"(trespass);而若行为人将一根圆木落在了公路之上,由此绊倒某人的是"类案侵害行为"(case)。

(5)小结

有关起始令状,我们需了解并总结以下几点内容:

第一,在第一类起始令状(诉求权利的"请求令")中,提起诉讼之人被称为"demandant"。而在第二类起始令状(控诉过错的"请求状"诉讼)中,提起诉讼之人被称为是"plaintiff"而不是"demandant"②。在控诉过错的"请求状"诉讼中,被告的概括否认答辩是"无侵权行为"。原告因被告的过错行为获得的是损害赔偿金。③

第二,起始令状的内容有"选择性"和"强制性"之分。有些起始令状的内容是"有选择性的"。指令令状属于有选择性的令状,它允许被告或者选择遵照指令,或者到法院陈述理由并接受审判。有些起始令状的内容是"强制性的",如果原告就案件诉讼向郡长提供了担保,则郡长需强制被告别无选择地到庭。被告无法到庭的,必须有"正当的不到庭藉口"(essoins)。④

---

① Baker, J. H., *An Introduction to English Legal History*, 3rd. ed., London: Butterworths, 1990, p. 75.

② 在《格兰威尔》中"原告"被称为"上诉人"(appellant)。

③ Baker, J. H., *An Introduction to English Legal History*, 3rd. ed., London: Butterworths, 1990, p. 70.

④ Albert H. Putney, *Introduction to the Study of Law Legal History*, Cree Publishing Company, 1908, Section 64. 参见:http://chestofbooks.com/society/law/Popular-Law-1-Legal-History/Section-64-The-Original-Writs.html,访问时间:2009年1月26日。

第三,在诉讼的从头至尾过程中,对起始令状的选择是最为关键的一步。原告需自担风险选择最为合适的令状。[①] 当然,原告也可以聘请代理律师来帮助他展开诉讼。因此,对于代理律师而言,他们需要掌握的核心法律知识与技能就是不同令状的性质、选择以及相应的诉讼程式。只有掌握了这些令状方面的知识,代理律师才能正确地指导或直接代理诉讼当事人申请正确的诉讼起始令状,并向法院申请合适的司法令状。[②]

第四,起始令状经过发展后,至少发挥如下重要作用:首先,它授权普通法法院对案件双方当事人具有管辖权限。其次,它起着启动诉讼的重要作用。被告按指示在国王法院出庭时,令状即转变成诉讼。最后,它决定着案件的性质,假如原告从文秘署处购买的是债务起始令状,则他只能提起债务之诉,而不能提起其他如账目之诉(action of account)、违反盖印合同请求赔偿之诉(action of covenant)或其他任何形式的程式之诉。因此,令状的性质决定并限制着诉讼的性质。[③]

第五,起始令状是普通法的一大特色,对普通法的形成起到了巨大的作用。这点内容十分重要。日本法学家望月礼二郎在谈到普通法的特色,特别是起始令状时,说过诉讼起始令状制度对于以后普通法的性质有很大影响。"诉讼开始令状除命令被告出庭外,还具体记载原告的请求;按请求的性质而定郡长传唤被告之程序[一种是给予被告选择机会:按原告请求至国王法官面前应诉或叙说不按请求应诉的理由——吩咐令状(writ of praecipe);另一种是不给予此类选择

---

① Baker, J. H., *An Introduction to English Legal History*, 3rd. ed., London: Butterworths, 1990, p. 66.

② 陈绪纲:《法律职业与法治——以英格兰为例》,清华大学出版社2007年版,第157页。

③ Alison Reppy, The Development of the Common-Law Forms of Action, Part I, 22 *Brook. L. Rev.*, 1955—1956, p. 191.

机会直接命令其出庭的方法——侵害令状(writ of trespass)];审理的方法(按照陪审制审理抑或采用决斗裁判或其他方法);确定执行判决的方法。"①

2. 司法令状(Judicial Writs)

司法令状包括"中间过程司法令状"②(mesne process)和"终止过程司法令状"(final process)。后者主要是指执行令状(writ of execution),用于强制执行;判决的执行,一般以自觉为主,但如果胜诉方确实怀疑对方之执行诚意或能力,则可向法院申请该令状。

从功用来看,司法令状概又可分为下述四种:第一,用于刑事保全程序的司法令状,例如,逮捕令状、禁止离境令状(ne excut regno)③、移审令状(writ of pone)等。第二,用于取证的司法令状,如调查令状(writ of inquiry)等。第三,用于强制被告出庭的司法令状,如程序令状(writ of process)等。第四,用于上诉或纠正错案的司法令状,如错误令状(writ of error)等。

那么何为"(司法)过程"?何为"中间过程"?有代表性的司法令状有哪些?为什么在逮捕令状之后还会有第二令状或第三令状之说?是什么因素决定了司法过程效率的高低?是什么原因导致了王室法院的超期审判?什么是"拟制"?何为"执行令状"?在接下来的论述中,本书主要拟解决这几个问题。

第一,何为"(司法)过程"

(司法)过程(process)专指司法机制中的一个部分,是被告人被

---

① [日]望月礼二郎:《英美法》(新版),郭建、王仲涛译,牛豫燕校,商务印书馆2005年版,第13页。
② 也翻译为"中间令状"、"中间程序"等,本书作者认为翻译为"中间司法过程"最能达意。
③ 指禁止某人离开英国的令状。以前主要用于政治目的,现在仅用于在衡平法上当被告打算离开英国的情形,但只有在能够表明被告有离开英国的意图时才可签发此令状。参见薛波:《元照英美法词典》,法律出版社2003年版,第954页。

交付审判的依据。除此之外,判决的执行也离不开它。虽然今日之一般人士可能对不同程式诉讼(forms of action)的具体过程并不感兴趣,但是法史学家必须清楚的是,司法过程的细节对于诉讼当事人来讲意义十分重大,因为它经常会影响到诉讼当事人选择的诉讼,甚至影响到法律的发展。① 因此,研究"过程"问题自然有它的价值所在。司法过程(process)虽毫无疑问受令状支配,但这里的令状不是指文秘署签发的起始令状,而是指司法令状——经法院盖印后签发的令状。②

第二,何为"中间过程"

所谓"中间过程"(mesne process)是指处于起始令状和判决中间的诉讼阶段。③ 因为诉讼在被告缺席的情况下往往不能展开,所以司法的第一阶段就是要保证被告能够出庭。假如被告不愿出庭,也可以宣告他为法外之徒。

当一道起始令状被回呈至普通诉讼法院或王座法院时,它会即刻转至法院的"令状归档官"(filazer)④处。"令状归档官"凭呈回的令状,签发"中间过程司法令状"(writs of mesne process),直至被告要么出庭要么被宣布为法外之徒为止。中间过程司法令状主要有"财产担保令状"(writ of attachment)、"财产扣押令"(distringas)及"逮捕令

---

① Baker, J. H., *An Introduction to English Legal History*, 3rd. ed., London: Butterworths, 1990, p. 76.
② Baker, J. H., *An Introduction to English Legal History*, 3rd. ed., London: Butterworths, 1990, p. 76.
③ Baker, J. H., *An Introduction to English Legal History*, 3rd. ed., London: Butterworths, 1990, p. 76.
④ 1432年最初在威斯敏斯特普通民事诉讼法院(Court of Common Pleas)设立,共设14名,后来王座法院和财政署法院也都设立了令状归档官,其职责在于将起始令状归档,并对其进行分理。1837年《高等法院法》(Superior Courts Act)废除了这一官职。参见薛波:《元照英美法词典》,法律出版社2003年版,第551页。

状"(*capias ad respondendum*)等。①

第三,什么才是决定司法过程效率的因素

由于司法令状同起始令状一样,同样是签发至郡长的,且同样需回呈到法院,因此,这一司法过程效率的高低取决于郡长。由于郡长的开支无法报销,而一旦出现差错还要承担损害赔偿,所以郡长常倾向于消极怠工,相关事务尽量什么也不去做。② 倘若郡长发现被告并无财物可供扣押,可将"财产扣押令"退回;倘若郡长发现被告生病或下落不明,可将"逮捕令状"退回。

由于人们无权过问郡长是否有过真正的调查,因此一些郡长、代理郡长(under-sheriffs)常常消极怠工、拖延案件,他们图的是能从原告处捞得一些好处。几乎每一个案件中,在审判结果宣布前,法院通常须向被告签发一连串的司法令状。③ 这也是为什么在逮捕令状之后还会有第二令状或第三令状之说的缘故。"逮捕令状"有时要连续签发三次才可进入下一步程序;虽有三次"逮捕令状",而被告仍未到庭的,原告将仍无法寻求缺席判决,而只能请求法院宣布被告为法外之徒。④

逮捕令状(*capias*)常紧随"侵害他人土地的起始令状"(original writ of trespass *quia clausum fregit*)签发,但倘若被告接到第一道司法令状后未按规定日期出庭,法院仍需签发第二令状(Alias writ)甚至第三令状(*pluries* writ)。所以,第二令状和第三令状是指前次发出的

---

① Baker, J. H., *An Introduction to English Legal History*, 3rd. ed., London: Butterworths, 1990, p. 76.
② Baker, J. H., *An Introduction to English Legal History*, 3rd. ed., London: Butterworths, 1990, p. 76.
③ Baker, J. H., *An Introduction to English Legal History*, 3rd. ed., London: Butterworths, 1990, p. 76.
④ Baker, J. H., *An Introduction to English Legal History*, 3rd. ed., London: Butterworths, 1990, pp. 76—77.

令状在未被遵守的情形下再次发出的令状。

"逮捕令状"虽然是一种最为有效的中间过程司法令状,但在普通法中,它仅限于"违反国王宁静"的案件;这一令状后来被逐渐运用到了其他"对人诉讼"之中。①

如果当事人提出的是一个"事实问题",法院还需签发司法令状保障由陪审团负责裁定事实的真相。法院最先签发的是"陪审团召集令状"(venire facias juratores),它会指令郡长于指定日期将其郡内的12个自由且守法的公民带到威斯敏斯特,以审理案件中的争议事项。如果第一道"陪审团召集令状"没有产生作用,则重复签发一次;倘若仍无效果,法院会签发"陪审员财产扣押令状"(distringas juratores),通过扣押拒不从命之陪审员的财产来保证他们到庭参加裁决程序。若仍无效果,最后一道司法令状是"强制陪审员出庭令状"(habeas corpora juratorum),"habeas corpora juratorum"的原意是"控制陪审员的身体",该司法令状要求郡长将陪审员带至法院,必要时得扣押其土地和财物以强制或保证其到庭。②

第四,导致郡长及王室法院超期审判的因素是什么

在普通法中,郡长甚至王室法院的超期(delay)有其制度上的原因。这是因为在普通法中,所有的礼拜天及部分圣日(Saints' days)都是"非法律日"(dies non juridici)。一个"法律年度"(legal year)被分为四个"开庭期"(term)。最初,财政署法院每年只有两个开庭期,即"复活节开庭期"(Easter)和"米迦勒节开庭期"(Michaelmas);到1190年王座法院正式设立后,又在这两个开庭期的基础上增加了两

---

① Baker, J. H., *An Introduction to English Legal History*, 3rd. ed., London: Butterworths, 1990, p. 76.

② 参见 Baker, J. H., *An Introduction to English Legal History*, 3rd. ed., London: Butterworths, 1990, p. 78.

个开庭期,分别是"三一节开庭期"(Trinity)和"希拉里开庭期"(Hilary)。四个开庭期之外,是四个休假期(four vacations),分别是圣诞节(连同降临节和显现节)、大斋节(连同复活节)、三一主日(连同圣神降临周和圣体节)等三个宗教假期和一个夏日"长假"(Long Vacation)。这样算下来,以伊丽莎白一世时期为例,一年中的工作日加起来只有99天。而后来的改革又将这一工作日缩短了约10天左右。所以,在威斯敏斯特的普通法法院,一年中有3/4的时间是不开庭的。①

每一个"开庭期"又被分为四个左右的"回呈期"(returns)。每个"回呈日"(return day)中间隔一周时间,所有令状须在"回呈日"呈回,原告须在这一阶段进一步推进诉讼的进程。每一个"回呈期"都有三日的宽限期,若在第四日回呈的,根据规定需支付一定的罚款。② 如果原告未在回呈日出庭的,其诉讼会被"中止",在这种情形下,他须放弃诉讼或者重新开始诉讼。③ 如郡长或被告未在回呈日出庭的,则原告须向法院申请签发第二道司法令状,新签发的司法令状需在指定的另外一个"回呈日"呈回,通常会在下一个开庭期内。因此,律师除密切注意其当事人的诉讼理由外,还须确保诉讼日程安排得当。④ 因此,超期审判在普通法上屡见不鲜。有时,被告可能会在收到令状一两年以后才会到庭。所以,在实践中,只要有可能,原告通常会十分青睐于那些需

---

① Baker, J. H., *An Introduction to English Legal History*, 3rd. ed., London: Butterworths, 1990, p. 77.

② Baker, J. H., *An Introduction to English Legal History*, 3rd. ed., London: Butterworths, 1990, p. 77.

③ Baker, J. H., *An Introduction to English Legal History*, 3rd. ed., London: Butterworths, 1990, p. 78.

④ Baker, J. H., *An Introduction to English Legal History*, 3rd. ed., London: Butterworths, 1990, p. 78.

要令状数很少即能保证被告到庭的诉讼程式,在经过上述分析之后,奥秘自然不难发现。①

第五,"拟制"在司法令状中有何巧妙运用

逮捕令状、潜逃拘捕令状(latitat)以及合理减少令状(quominus)等三种令状充分体现了英国普通法法院程序中的"拟制"(fiction)或"拟制之诉"(fictitious allegation)。

15世纪时,王座法院创制了一种独特的程序,这种程序可使它对某些案件与普通诉讼法院享有共同管辖权。该种程序以被告人真正或依法推定处于马夏尔西监狱(Marshalsea prison)典狱长的拘禁状态下为前提事实,因为该监狱处于王座法院所在地米德尔塞克斯郡,这样就能使王座法院对该案拥有当然的管辖权。其操作是:首先由原告提出针对被告的"米德尔塞克斯申诉状"(Bill of Middlesex),宣称被告以暴力手段对他实施了侵权行为,并拟称后者已提供担保,保证按时出庭。这实际上就赋予了王座法院对该案件以司法管辖权。如果已知被告不在米德尔塞克斯郡,那么签发潜逃拘捕令状是诉讼的第一步。如果届时米德尔塞克斯郡郡长找不到被告,则一道潜逃拘捕令状(latitat)就会发给邻郡之郡长,命令他拘捕被告。该令状中强调使用latitat(潜逃)一词,故名。1832年的《统一程序法》(Uniformity of Process Act)废除了这一令状。

合理减少令状(quominus)则是财政诉讼法院通过"拟制"获得普通民事诉讼管辖权的工具。在早期普通法的实践中,普通民事诉讼管辖权归普通诉讼法院,财政诉讼法院只管辖与国王财政税收有关的案件,但为了诉讼的便捷,人们设计了如下的"拟制":原告向财政诉讼法院法

---

① Baker, J. H., *An Introduction to English Legal History*, 3rd. ed., London: Butterworths, 1990, p. 78.

官宣称,他是国王的债务人,但被告给他造成的侵害使他无法偿还国王的债务或支付租金。因为被告"影响了"原告对国王债务的偿还,案件事实与财政诉讼法院的管辖权之间由此(通过该"拟制")建立了联系,财政诉讼法院从14世纪开始获得了对人诉讼的管辖权。

我们注意到,普通法法院引入的拟制程序实际上逐渐改变了起始令状的命运。通过拟制,起始令状的签发逐渐被终止,当然不动产诉讼例外。一般的民事诉讼中已不再需要起始令状,所有案件均通过传唤令(writ of summons)启动,传唤令属于司法令状,这一程序最早于1832年确立。

通过潜逃拘捕令状和合理减少令状,王座法院和财政法院分别对普通民事诉讼获得了管辖权。所以,我们须注意的是,在普通法案件中,诉状中存在两种诉因,一种为虚构诉因,以赋予法院管辖权;另一种是制定法所要求的真正诉因,称为"引出条款"(ac etiam clause)。

第六,何为终止过程司法令状(Final Process)

判决的执行同样要有签发给郡长的司法令状。令状的选择取决于程式诉讼以及判决的性质。在动产诉讼中,因为判决的结果通常是恢复原告对土地的占有,因此,动产诉讼判决的执行令状往往是"恢复占有土地令"(habere facias seisinam),①它命令郡长给予原告自由保有地产的实际占有,因为原告已在诉讼中获胜,"恢复占有土地令"的命令性文字如下:"使某甲获得实际占有"。金钱诉讼判决(如债务诉讼、损害赔偿金诉讼)的执行往往要靠"债务人财产扣押令状"(writ of fieri facias),常简称为"fi. fa.",它命令郡长扣押被告的动产并要求扣押的财产在金额上够数。②

---

① Baker, J. H., *An Introduction to English Legal History*, 3rd. ed., London: Butterworths, 1990, p. 78.

② Baker, J. H., *An Introduction to English Legal History*, 3rd. ed., London: Butterworths, 1990, p. 78.

原告在运用过"逮捕令状"这一中间过程司法令状后,还可以继续选择"拘留还债令状"(capias ad satisfaciendum),简称为"ca. sa."来拘留被判负有债务的人,直至债务人还清债务、履行判决为止。① "终止过程司法令状"在实践中曾广为使用,《普通法程序法》(Common Law Procedure Acts)并未废除这类令状。在 1869 年后,大多数民事案件的判决结果中不再允许有拘禁刑这一刑罚性的惩罚,这一规定基本上宣告了"拘留还债令状"(capias ad satisfaciendum)的死亡,尽管它仍在极少数案件中一直使用至 1981 年。②

现代的"执行形式"(forms of execution)大多旨在执行更多种类的财产,而不以有形财产为限,它们大多或者源自制定法或者源自衡平法程序。③

第七,关于"移送令状"(writ of tolt)及"移审令状"(writ of *pone*)

亨利二世时期,人们极为认同一条规则:若无王室令状,任何自由民(被告)无需就他的地产之诉作出答辩,除非他自己选择如此。这一规则大致可追溯至亨利一世时期。④ 这一原则带来了十分显著的效果——只要被告选择不在领主法院答辩,他可以将不动产案件从领主法院移送至国王法院。

具体的步骤是:一、移送(*tolt*)程序,⑤这一程序可将案件从领主法

---

① Baker, J. H., *An Introduction to English Legal History*, 3rd. ed., London: Butterworths, 1990, p. 79.

② Baker, J. H., *An Introduction to English Legal History*, 3rd. ed., London: Butterworths, 1990, p. 79.

③ Baker, J. H., *An Introduction to English Legal History*, 3rd. ed., London: Butterworths, 1990, p. 79.

④ Theodore F. Plucknett, *A Concise History of the Common Law*, Beijing: CITIC Publishing House, 2003, p. 357.

⑤ 在拉丁语中 *tollit* 表示"移动"、"转移"的意思。将案件从领主法院移送到郡法院的令状叫作"移送令状"(writ of tolt)。而将案件从领主法院或郡法院移送至上级法院审理或从郡长处移送法院审理的起始令状称为"上移审令状"(writ of *pone*)。

院移送到郡法院;二、移审(pone)程序,该程序再将案件从郡法院移送到普通诉讼法院。[1] 在亨利二世继位时,这一原则同日渐增多的指令令状结合到一起,为国王法院对土地案件的广泛管辖奠定了基础。

假如某一案件发生后,原告无法在其领主法院获得救济的,他无需再购买新的令状。原告只需带着原先的令状到郡长处即可,郡长根据"除非尔为之条款"派出自己的庭吏(sergeant)及4名骑士见证原告的宣誓——即原告的领主法院未对原告主持公道。

原告也可通过"移送"程序,将案件从领主法院移至郡法院。[2] 案件从领主法院移送到郡法院的司法令状叫做"移送令状"(writ of tolt),在拉丁语中 tollit 表示"移动"、"转移"的意思。

原告还可通过"移审令状"(writ of pone),将案件诉至王室法院。"移审令状"会命令郡长将诉讼交至王室法官面前。[3] "移审令状"这一重要的司法令状现已被调卷令(certiorari)取代。[4] 而将案件从教会法院移至王座法院的令状叫做"移转令状"(indicatif)。

还有其他一些值得一提的司法令状。例如,暂逮捕违背教规者的令状(Apostata capiendo),该令状发给郡长并命令郡长逮捕被告——即背教者或违反修道院院规的修士——并交与修道院院长(abbot)或副院长(prior)监管。

再如"调查小陪审团的裁决是否虚假的令状"(Attaint)。该令状命令一个由24人组成的陪审团承担调查先前12人陪审团作出的裁决

---

[1] Theodore F. Plucknett, *A Concise History of the Common Law*, Beijing: CITIC Publishing House, 2003, p. 357.

[2] Joseph Biancalana, For Want of Justice: Legal Reforms of Henry II, 88 *Columbia Law Review*, 1988, p. 443.

[3] Joseph Biancalana, For Want of Justice: Legal Reforms of Henry II, 88 *Columbia Law Review*, 1988, p. 443.

[4] 参见薛波:《元照英美法词典》,法律出版社2003年版,第1064页。

是否为虚假裁决的职责。如果大陪审团裁断与小陪审团的裁决相反，不仅小陪审团的裁断会被撤销，而且陪审团的成员会丧失民事权利并受其他惩罚。① 这一制度起源于陪审团被当作证人的时代。1670年的"布谢尔案"（Bushell's case）后，该制度逐渐被放弃。

再如十倍于令状（*Decies tantum*）。该令状是指要求收受当事人金钱贿赂的陪审员向因其裁断而受到损失的对方当事人支付十倍于受贿金额的金钱的古代令状。

还有怨诉听审令状（*Audita querela*）。它是指如果在法院判决之后出现了对于被告答辩关键的抗辩事实，或是因为被告在判决之前没有机会提出如此的抗辩，因而签发给被告这样一个救济令。现在美国大多数州已将之废止，由中止执行申请书（stay of execution）替代；在英国，1875年《司法法》（*Judicature Act*）中的一些规定已经取代了这一令状。

三、非常令状

非常令状的目的在于保护个人的权利，它们针对的是行政人员或低级法院人员可能对于当事人的侵害。② 在非常令状之中，共计有五种特别重要的非常令状，此外还有三种较次要的非常令状。这五种非常重要的"非常令状"是指"人身保护令状"、"训令令状"、"调卷令状"、"禁止令状"以及"特权开示令状"。五种非常令状之中，禁止令状和特权开示令状兼具权利令状与非常令状的性质。除五种特别重要的非常令状之外，还有另外三种较为重要的非常令状，它们分别是"禁止离境

---

① 参见薛波：《元照英美法词典》，法律出版社2003年版，第114页。
② 参见〔美〕阿瑟·库恩：《英美法原理》，陈超璧译注，法律出版社2002年版，第66页。

令状"、"告知令状"和"发还审理令状"。

（一）人身保护令状(habeas corpus)

"人身保护"(habeas corpus)一词来自拉丁语,本意为"你有人身"(you have the body)。根据美国最权威的《布莱克法律词典》(Black's Law Dictionary)中的解释,"人身保护"(habeas corpus)又称为"人身保护令"(writ of habeas corpus)、"大令状"(Great Writ)或"自由大令状"(Great Writ of Liberty)。人身保护令是"一种用于将某人带交法院的令状,最经常的用于保证当事人不受非法拘禁或非法羁押"。人身保护令是古代普通法(common law)[①]上的"特权令状"。由于本书第六章将对这一问题专门展开论述,故在此不再赘述。

（二）训令令状(mandamus)

训令令状,[②]Mandamus 在拉丁语中是"我们要求(命令)"的意思,训令令状由法院发出,敦促行政官员履行依法要求履行的义务。根据《布莱克法律词典》,"训令令状是高等法院签发的、强制低等法院或政府官员正确履行强制性或纯行政性义务的一种令状。"[③]

"训令令状"最初来自国王的行政公函,它要求接到此函的人向皇

[①] common law:"普通法"有四个含义,此处指英格兰法律,包括在英格兰所实施的全部成文法和不成文法,以区别于其他国家或地区的法律。参见李宗锷、潘慧仪主编,《英汉法律大词典》,法律出版社 1999 年版,第 59 页;也可参考〔美〕阿瑟·库恩:《英美法原理》,陈朝璧译注,法律出版社 2002 年版,第 10 页中的论述,"普通法"一语通常含有英国法的含义。

[②] 1803 年发生在美国的"马伯里诉麦迪逊"(Marbury v. Madison)一案中,威廉·马伯里对国务卿麦迪逊提起的案件就涉及到"训令令状"。马伯里同其他四名被任命者正式请求联邦法院签发"训令令状"。马伯里要求最高法院强制麦迪逊来发出尚未发出的司法委任状(judicial commissions)。

[③] Garner, Bryan A., *Black's Law Dictionary* (7th ed.), St Paul: West Publishing Co., 1999, p. 973.

室履行特定的义务。① 后来,由王座法院以国王名义签发的司法训令状逐渐取代了原始的君主个人命令。现代训令令状在 16 世纪出现于英格兰。训令令状在早期主要是用于"强制公共权力部门将申请该令状之人重新安排到被该权力部门非法撤职的职位之上"。② 美国革命(1776—1783 年)时期,训令令状在美国以及英格兰得以完全确立。美国独立之后,继承了英国法中的训令令状制度。训令令状的目的不是创设一种新的权利,而是为了执行现存的权利。

训令令状不是一种权利令状,完全是法律自由裁量是否签发。因此,在很多情况下,法院可以拒绝签发令状。英联邦许多法院都声称训令令状的申请者必须拥有受保护的合法权利。例如,加拿大最高法院指出:"训令令状不会签发以执行某些抽象的权利"。③ 一般来讲,当原告的权利仅仅是基于合同权利,并且被告没有公共义务去满足原告时,原告的训令令状申请不会得到支持;被告的义务必须是目前应该完成的而非将来的义务。在英国以及其他一些英联邦国家,当有其他的合适替代救济存在时,申请者请求签发训令令状的申请不会得到支持;在美国,情况有些不同,例如美国的伊利诺斯州 CCP§14—108 规定:"训令令状程序的申请,不能因为原告可能有其他司法救济,甚至其他司法救济可以提供合适、充分的救济而被驳回或拒绝给予救济"。④

---

① DeSmith, The Prerogative writs, 11 *Cambridge L. J.* , 1951. p. 40.; James High, Extraordinary Legal Remedies (3rd ed. ,1896 Chicago)6;转引自 Antieau, Chester James, *The Practice of Extraordinary Remedies*: Habeas Corpus and the Other Common Law Writs, Volume I., New York: Oceana Publications, Inc. 1987, p. 291.

② Jenks, The prerogative Writs in English Law, 32 *Yale L. J.*, 1923, p. 523.

③ Antieau, Chester James, *The Practice of Extraordinary Remedies*: Habeas Corpus and the Other Common Law Writs, Volume I., New York: Oceana Publications, Inc. 1987, p. 446.

④ Antieau, Chester James, *The Practice of Extraordinary Remedies*: Habeas Corpus and the Other Common Law Writs, Volume I., New York: Oceana Publications, Inc. 1987, p. 298.

当今世界上,确立训令令状制度的国家有美国、英国、澳大利亚、加拿大、印度、肯尼亚、新西兰、尼日利亚、巴基斯坦、菲律宾、巴布亚新几内亚以及加勒比国家[1]等。

(三) 调卷令状(certiorari)

调卷令状是指由上诉法院签发、并运用其自由裁量权指令下级法院移送案卷记录以供审查的一种非常令状。[2] 该令状的使用旨在使高级法院能够对行使司法权的下级法院、裁判所或其他机构所作裁判的合法性进行审查。它只适用于具有司法或准司法职权的下级机构和人员。如果下级法院或法官的裁决违反了自然正义或是在无管辖权或超越管辖权的情况下作出裁决,可通过该令状予以撤销。[3]

Certiorari 一词系拉丁语,本意为"为被进一步全面知晓"(to be more fully informed)之意。"调卷令状"有时被简称为"调卷令"。但严格讲,调卷令状同调卷令是两个不同的概念。"调卷令状"(writ of certiorari)是非常令状的一种,调卷令(order of certiorari)是在"调卷令状"被废除之后,高等法院所取得的签发"命令"的权力,为区别两概念,本书作者建议规范使用这两个概念。

调卷令状的历史同样由来已久。调卷令状起源于"御前会议"(curia regia)同皇室之下行使权利之人的通信。到14世纪后半期,调卷令状得以广泛使用。到17世纪,行政裁判所(administrative tribunal)与行政机关、王座法院连同衡平法院都可以签发调卷令状。

---

[1] Antieau, Chester James, *The Practice of Extraordinary Remedies: Habeas Corpus and the Other Common Law Writs*, Volume I., New York: Oceana Publications, . Inc. 1987, p. 443.

[2] Garner, Bryan A., *Black's Law Dictionary* (7th ed.), St Paul: West Publishing Co., 1999, p. 220.

[3] 薛波:《元照英美法词典》,法律出版社2003年版,第208页。

调卷令状是非常令状,而非权利令状。因此,通常是在法院的自由裁量之下签发调卷令状。普通法调卷令状已经被废除并被制定法所取代。1938年,在美国调卷令(状)被废除,但高等法院取得了签发"调卷令"(order of *certiorari*)的权力,并逐渐适用于非司法性裁决。[1] 调卷令状所保护的权利主要指被指控犯罪人的程序正义、民事诉讼中当事人的程序正义、私有财产权如土地权利以及公司自由,如对企业营业执照的非法撤销。上述权利受到侵犯时均可得到调卷令状的保护。

调卷令状往往在下级法院超越管辖权、无管辖权或丧失管辖权时由上诉法院签发;此外,当记录的表面有错误、自然正义原则受到侵害、根本正义或公正被否决,以及当低等法院不遵守强制性制定法规定或低等法院的判决是通过欺诈、串通或作伪证取得时,上诉法院可以签发调卷令来撤销低等法院的判决。

(四) 禁止令状(*prohibition*)

在非常令状这个层面上,*prohibition*[2] 的意思是"禁止令状",即"由上诉法院签发的、阻止下级法院超越其管辖权或阻止非司法官员(组织)行使权力的一种非常令状"。[3]

禁止令状兼具非常令状和权利令状的性质,即在诉讼程序表面,如果下级法院明显没有管辖权或超越管辖权,上诉法院应将禁止令状视为权利令状;但是,如果这种管辖权的欠缺并不明显,则法院可自由裁量,根据申请禁止令状当事人的具体申请来判断是否应该签发该禁止

---

[1] 薛波:《元照英美法词典》,法律出版社2003年版,第208页。
[2] prohibition 的另一个意思是"禁止令",指禁止某一特定行为的法律或命令。Prohibition 还指美国在1920年至1933年时期,根据美国宪法第18条修正案禁止酿造、运输、销售酒精饮料的禁酒令,后来于1933年美国宪法的第21条修正案废止了此项禁令。
[3] Garner, Bryan A., *Black's Law Dictionary* (7th ed.), St Paul: West Publishing Co., 1999, p. 1228.

令状。①

在英国,禁止令状原由高等法院对下级法院签发,它包括三种:①绝对禁止令状(absolute prohibition),它完全禁止下级法院行使管辖权;②临时禁止令状(temporary prohibition),它在其要求的某一特定行为完成之前有效,该行为一旦完成,禁止令状即自动解除;③有限禁止令状(limited prohibition),也称局部禁止令状(partial prohibition),它只禁止下级法院继续进行超越其管辖权限的程序,对其他程序仍允许继续进行。②

禁止令状的历史堪称与普通法本身一样古老。在英国著名法学家格兰威尔(Glanvill,约1130—1190年)的伟大著述《英格兰王国的法和习惯》(*Tractatus de legibus et consuetudinibus regni Angliae*(*Treatise on the Laws and Customs of the Realm of England*))就有关于禁止令状的论述。禁止令状作为最为古老的特权令状,在13世纪时是用来限制教会法院干涉世俗事务的。③ 后来,禁止令状又被用来限制整个英格兰境内的其它法院。禁止令状最初作为特权令状只能由王座法院签发,后来普通诉讼法院、财政法院以及衡平法院均可签发该令状。王座法院、普通诉讼法院以及财政法院均是12世纪时从御前会议中分离出来的机构。1641年后,由于皇室的权力受到议会的限制,禁止令状在后来的发展没有其他非常令状迅速。英国于1938年通过《英国司法管理法案》(*U. K. Administration of Justice Act*)后,禁止令状改为"禁止令"(order of prohibition)。

---

① Antieau, Chester James, *The Practice of Extraordinary Remedies: Habeas Corpus and the Other Common Law Writs*, Volume II., New York: Oceana Publications, Inc. 1987, p. 559.

② 薛波:《元照英美法词典》,法律出版社2003年版,第1104页。

③ Baker, J. H., *An Introduction to English Legal History*, 3rd. ed., London: Butterworths, 1990, p. 166.

美国法中的禁止令状是继受英国法的。今天,美国的许多州的禁止令状已被一些法案所取代,例如《犹他州民事诉讼规则》第 56 条 B(b)(4)、《肯塔基州民事诉讼规则》81b、《佛蒙特州民事诉讼规则》81c、《爱达荷法典》第 201 条中的相关规定均取代了禁止令状。不过,这些规则只是变换了一种叫法,它们与普通法禁止令状的本质基本相同。正如纽约上诉法院某法官曾经说过的:"改变的不过是形式变化而已,这一命令的本质功能以及控制签发禁止令状的事实仍受普通法支配。"① 禁止令状不仅禁止下级法院,也用于执行司法或准司法职能的公司、个人、行政人员及行政机关。

(五) 特权开示令状(quo warranto)

特权开示令状是指用来调查(公职人员)依何权力位居公职或享有特权的一种普通法令状。② quo warranto 是拉丁语"凭何特权"(by what authority)之意。特权开示令状同禁止令状一样,兼具非常令状与权利令状的性质。

特权开示令状同样是普通法上最为古老的令状之一。有关特权开示令状的记录最早出现在 1198 年,即狮心王查理一世(1189—1199 年在位)第九年。特权开示令状在最早是用来审查封建特权的有效性的。在封建时代,特别是在爱德华一世统治期间(1272—1307 年在位),特权开示令状经常被用来加强皇室权力、削弱封建贵族的权力。当人民指控皇室官员违反皇室特权时,国王的特派员就会调查他们依何权力

---

① Antieau, Chester James, *The Practice of Extraordinary Remedies: Habeas Corpus and the Other Common Law Writs*, Volume II., New York: Oceana Publications, Inc. 1987, p. 475.

② Garner, Bryan A., *Black's Law Dictionary* (7th ed.), St Paul: West Publishing Co., 1999, p. 1228.

行使特权,如果被质询者无法出示特许状,特派员将为国王主张权利,以罚金和监禁刑来惩罚非法使用或滥用皇室特权及自由之人。

后来,特权开示令状不再使用,取而代之的是通常由皇室官员提起的带有权利开示令性质的刑事指控令(criminal information)。1938年英国《司法管理法》第九条废除了"带有特权开示令状性质的指控令"并规定高等法院可颁发禁止令(injunction)以对抗非法使用公职、特权以及自由之人;与之相似,1979年不列颠哥伦比亚《司法审查程序法》废除了特权开示令状,取而代之的亦是禁止令,该法还在相关规定中授权法院宣布公职空缺。在尼日利亚,禁止令也取代了特权开示令状。①

(六)其他三种非常令状

禁止离境令状(writ of *Ne exeat*)是禁止某人离开法院管辖区域或本州或本国的令状,其目的在于通过确保被告仍留在本法院辖区内以防止原告衡平诉讼请求的落空。有时该令状仅限制某人离境,有时也用于禁止某人将财产转移或试图转移至法院管辖区外。②

告知令状(writ of *Scire facias*)是基于判决、特许状(letters patent)等法律文件签发的一种司法令状,它要求所针对的人向法院说明为什么某法律文件的持有人不应从该文件中获益,或该文件不应被撤销或宣布无效的理由。该名称同时也用来指依该令状而开始的程序。该令状主要用于判决的恢复执行程序,如以该令状要求债务人到庭说明已中止执行的对其不利的判决为什么不应被恢复执行。如其理由不成立,则恢复对判决的执行。英国于1947年在《皇室诉讼法》(Crown

---

① Antieau, Chester James, *The Practice of Extraordinary Remedies: Habeas Corpus and the Other Common Law Writs*, Volume II, New York: Oceana Publications, Inc. 1987, p. 662.

② 薛波:《元照英美法词典》,法律出版社2003年版,第954页。

Proceedings Act)废除了该令状在民事诉讼领域中的使用。美国大多数州也已不再使用该令状。

发还审理令状(writ of *procedendo*)是指因人身保护令状、调卷令状等将案件从下级法院移送至上级法院后,上级法院发现提取案件的理由不充分,又将案件发还至下级法院审理的命令或令状。[①]

简而言之,"人身保护令状"、"训令令状"、"调卷令状"、"禁止令状"以及"特权开示令状"这五种重要的非常令状被美国最高法院称为"个人自由的标志与卫士"。这些令状是英美法系国家法律中重要的部分。它们广泛存在于美国、英国、澳大利亚、加拿大、新西兰等国家;即便是大陆法系传统的日本、加拿大魁北克省等众多国家和地区,这种令状制度也发挥过重要的作用。非常令状保障公民权利不受非法侵害,能为公民提供及时有效的救济。

---

① 薛波:《元照英美法词典》,法律出版社 2003 年版,第 1099 页。

第四章 行政令状的司法化：
中央集权实现的途径

诉讼开始令状和由此规定的诉讼方式是普通法的框架（framework of common law）。没有令状就没有审判，而没有审判就没有普通法的形成。①

——日本法学家望月礼二郎

一、行政令状与行政令状的司法化

（一）英王早期治理国家的手段：行政令状与行政治理

诚如前文所述，盎格鲁—撒克逊时期（甚至包括盎格鲁—诺曼早期）的令状是国王的一种行政治理手段。行政令状在10世纪的英格兰就已得到发展，这一事实反映了国王高于天主教会的权威和封建领主等世俗权力的权威，也有助于国王的常规行政治理工作。② 但总的来说，这一阶段的令状在司法方面的运用却不太经常，依令状获得救济的

---

① ［日］望月礼二郎：《英美法》（新版），郭建、王仲涛译，牛豫燕校，商务印书馆2005年版，第14—15页。需要略作说明的是，本书将original writ翻译为起始令状，即这里的"诉讼开始令状"；本书将form of action翻译为程式诉讼，即这里的"诉讼方式"。

② 孙德鹏："源于'书写'的权利与技术——令状的司法化与普通法的形成"，载《现代法学》2008年第3期，第184页。

人也少之又少,因而,这时的令状被视为一种可以购买的国王恩惠。

诺曼征服后的一段时期内,百户区法院和郡法院仍同时承担着行政和司法两种职能,比如说,它们既要捕获盗窃犯(行政方面),同时还要判定哪些人触犯了法律(司法方面)。无论承担的是行政职能还是司法职能,这些法院至少都是在王室的名义之下行使职权的,因此它们代表的是王室利益在司法上的执行,至少在理论上是如此。① 但是,社区法院或地方法院有着这样或那样的缺陷,主要表现在以下几点。

首先,法院的工作效率过低,不确定性因素也很多。其次,审判所依赖的是无科学依据的神明裁判(trial by ordeal)及宣誓断讼等事实发现方法或证据形式。再次,社区法院中尚未出现职业法官。负责审判案件的是被称为"裁判官"(suitors)的门外汉,审判的依据也只是当地的习惯。

鉴于社区法院或地方法院上述内在的缺陷,王室法院开始偶尔干涉一下臣民间的案件纠纷。毋庸置疑,当时的英国实际上已拥有管辖一切普通问题的法院体系,但国王法院关心的只有与国家事务相关的案件以及其他法院无法判决的疑难案件。由于国王法院仅负责审理少数几类案件,自然而然地,这几类案件得到了程式化的处理。② 而在民事诉讼中,最先受到国王法院注意的必然是土地案件诉讼。国家理性(Reasons of state)要求王室须通过王室法院实现对土地的有力掌控。因此,普拉克内特说:普通法首先是土地法(law of land),然后才是英国这块土地上的法(law of the land)③。

---

① Geoffrey G. Hazard, The Early Evolution of the Common Law Writs: A Sketch, 6 *American Journal of Legal History*, 1962, p. 115.

② Theodore F. Plucknett, *A Concise History of the Common Law*, Beijing: CITIC Publishing House, 2003, p. 353.

③ Theodore F. Plucknett, *A Concise History of the Common Law*, Beijing: CITIC Publishing House, 2003, p. 355.

最初，王室主要是以地方法院或封建法院存有过错为由而对它们进行干涉，特别是如果有人在王国内"打破了宁静"而上述法院又对这样的行为未加纠正时，就更要进行干涉了。试举一例，有地主宣称自己的佃户并未向其交纳封建赋税，而将问题诉至领主法院，领主以此为托词，遂命令属下将此佃户驱逐出了土地。此时，如果该佃户确信自己无法在其领主的法院得到救济，则可将其问题诉至国王法院。假使案件足够重大，国王可能会指令地主改正错误。① 英格兰的佃户们相信"国王所至，法律必存（Wherever the king was, there was the law.）"，人们认为国王是正义的源泉。

国王用来干涉的工具就是令状。在 12 世纪上半叶，盎格鲁—诺曼国王经常会对社区法院或封建法院加以干涉，以履行国王在登基时曾做出的维护王国和平的宣誓。② 但严格来说，王室最初的干涉并不是司法性质的干涉，而是一种行政干涉。③

行政令状通常直接表现为一种警察式的命令。它会直接干脆地命令被告（alleged wrongdoer）或某一下级法院就某一特定问题行正义之事，并保证国王在今后不会就同一问题再次接到同一诉状；如果这种令状得不到遵守，国王法院将作出惩罚措施，除非国王法院能够见到令人满意的解释。④ 因此，有学者总结说："行政令状"是通过强制命令恢复占有或补偿来对非法侵害进行矫正和救济的，它是在对案件的是非曲

---

① Geoffrey G. Hazard, The Early Evolution of the Common Law Writs: A Sketch, 6 *American Journal of Legal History*, 1962, p. 117.

② Geoffrey G. Hazard, The Early Evolution of the Common Law Writs: A Sketch, 6 *American Journal of Legal History*, 1962, p. 117.

③ Geoffrey G. Hazard, The Early Evolution of the Common Law Writs: A Sketch, 6 *American Journal of Legal History*, 1962, p. 117.

④ Theodore F. Plucknett, *A Concise History of the Common Law*, Beijing: CITIC Publishing House, 2003, p. 355.

直进行简单调查后采取的警察式(行政)措施,因而显示了极大的权宜性而很少正规程序的意味。①

下文是一则斯蒂芬统治时期(1135—1154年)签发的行政令状:

> 英王斯蒂芬向诺里奇的主教致意。我命令你得使圣·埃德蒙兹的僧侣完全充分地恢复占有他们的凯斯特教堂,要回复到该教堂在他们的主教在去往罗马之日被强占前的状态。教堂中的任何被夺之物,须完璧归赵。要让它们不再遭受任何伤害。证人:奥布里·德·维尔于威斯敏斯特。②

这种行政干涉的方法为原告提供了非常便捷有效的救济,但是它同时又很容易被滥用。③ 文秘署是在收到原告(提出受到损害方)的诉状后签发行政令状,但假如原告对事实进行不实陈述,王室干涉起到的将是反作用,只能带来不公正(而非公正的)结果。王室一方面有着为过错行为提供便捷的救济愿望,一方面又想确保原告所陈述的过错确实已经发生,在这种两难的境地之下,正义的实现变得举步维艰。

行政令状是与盎格鲁—诺曼国王们的那种强势立场相一致的,它在迅速有力地恢复法律与秩序方面有着明显的优势。因为王室令状绝不是什么可以忽略而又不付出代价的东西,其用语明白无误,不留下任何可供斟酌踌躇的余地。④

---

① [比]R. C. 范·卡内冈:《英国普通法的诞生》,李红海译,中国政法大学出版社2003年版,第43页。

② Geoffrey G. Hazard, The Early Evolution of the Common Law Writs: A Sketch, 6 *American Journal of Legal History*, 1962, pp. 117—118.

③ Geoffrey G. Hazard, The Early Evolution of the Common Law Writs: A Sketch, 6 *American Journal of Legal History*, 1962, p. 118.

④ 参见[比]R. C. 范·卡内冈:《英国普通法的诞生》,李红海译,中国政法大学出版社2003年版,第45页。

总之,警察式的"不负责任的干预"常常会带来无法令人满意的后果。因为,说到底,王室的行政令状及其引起的行政救济是一种随意性很强的技术,因为它"不面对庭审,在没有进一步的预备程序的情况下就预先下了结论,授权恢复对土地的占有"。单方的武断的行为只能导致非正义的结果,最终可能会导致比它所要处理的不公更大的不公。①

(二) 英王治理国家手段的转变:司法化令状与司法治理

国王及其臣下也意识到,基于一方陈述而签发令状,势必会导致冲突、不公平以及他们力图避免的混乱无序。在陷入迅捷权威的行政命令(但有时导致不公的危险)和全面的司法程序(又可能过于琐细和拖沓)的抉择之际,②在面对行政效率(jussio)和司法公正(jurisdictio)之间的古老选择时,以英王亨利二世(1154—1189年)为代表的英王们最终认识到,"通往正义之门是没有捷径的",③在这种情形下,亨利二世后对行政令状进行了著名的司法化改革。为实现中央集权,亨利二世采取了四大行动:即设立由职业法官组成的常设性法院、建立巡回法院制度、发展令状制度(行政令状的司法化)以及引入陪审制。到12世纪时,王室终于通过以下两种途径克服了上述提及的令国王及臣下处于两难的境地。不过,需要特别指出的是,两种途径虽然有别,但殊途同归,它们都可归结为一点——将案件诉至王室官员的面前。

其一,陪审团(或类似于陪审团的)认定事实方法被采用。起初,令状对郡长如何作决定未加说明,但不久之后,令状就要求郡长必须依照

---

① 参见[比]R. C. 范·卡内冈:《英国普通法的诞生》,李红海译,中国政法大学出版社2003年版,第45页。
② 参见[比]R. C. 范·卡内冈:《英国普通法的诞生》,李红海译,中国政法大学出版社2003年版,第49—50页。
③ [比]R. C. 范·卡内冈:《英国普通法的诞生》,李红海译,中国政法大学出版社2003年版,第50页。

邻近地区若干人(这个群体类似于陪审团)的裁断(recognition)来进行裁决。亨利二世时期一则大约签发于1155到1166年的令状如下所示：

> 英格兰国王、诺曼底和阿奎丹公爵、安茹伯爵亨利向林肯郡的郡长致意。我命令你在林肯郡守法公民的誓证下不加耽搁地对以下情况做出认定,即近城市水域旁的土地是否确实为林肯的教士们所占用,这些土地是否在我的外祖父亨利在世时系马尔特鲁斯赠与他们,在亨利去世后,这些土地是否不公正地和未经判决地被强占。(假如事实果真如此)我命令你即刻公正地让他们以和平的方式重新恢复对土地的占有,并能正当、自由、安静、不致损害地持有该土地。除非有我的命令,在我返回英格兰之前,务使他们不再受到起诉。除非尔为之,王室司法将取而代之。证人:内务总管马纳瑟·比塞特(Manasser Biset)于提希布赖(Tinchbrai)。①

我们首先来回顾一下历史。在中世纪时期,追溯到威廉征服之前,在民事案件之中的最普通的认定事实方法②是"宣誓断讼法",或称为"宣誓无罪"(Compurgation,也译为"共誓涤罪"),由于这一裁定方法常在教会法院中使用,也称为"教会的涤罪"(canonical purgation)。例如,在到期应付款的诉讼案之中,被告可以否认其所欠的债款并建议采用"宣誓断讼"的方法来认定事实。如果法院同意,被告要在法庭上宣誓债款并未到期(not due),而且还要有11名"宣誓帮助人"(oath-

---

① Geoffrey G. Hazard, The Early Evolution of the Common Law Writs: A Sketch, 6 *American Journal of Legal History*, 1962, p. 118.

② 关于英国宣誓诉讼、决斗断讼、神明裁判等事实认定方法,还可见 F. W. Maitland, *Equity Also the Forms of Action at Common Law: Two Courses of Lectures*, Cambridge University Press, 1929, pp. 308—310. 神明裁判大概使用到1215年止,决斗断讼到1819年,宣誓断讼到1833年止。

helpers)或由法院决定其他数目的"帮助人"在场。"宣誓帮助人"不是"证人",他们并不需要知悉争议之中的有关交易的任何事情,他们只需在《圣经》前发誓,并证明被告所讲的话是事实以及被告的宣誓是可信的。如果他们都发誓了,被告便即刻赢得诉讼。①

另一种原始的事实认定方法被称为"决斗断讼法"(trial by battle)。决斗断讼是从诺曼舶来的一种制度。这种事实认定方法主要在以下两类案件中使用,其一:私人的重罪指控(private accusations of felony);其二:土地权益的纷争(contested titles to land)。"私人的重罪指控"称为"重罪私诉"(appeal of felony)——个人指控另一方当事人犯下了与自己或家人有关的重罪,例如抢劫或谋杀。这种诉讼并非公诉。双方当事人之间的决斗由司法监督。倘若被指控者(被告人)是妇女、老人、体弱病残的人或是法院可以确信这种指控是出于"憎恶和恶意"(hate and spite= *de odia et atia*)的话,不能使用决斗断讼法。"土地权益的纷争"(当时,并无清楚记录产权归属的证书)的决斗并非在双方当事人之间展开,而是在被雇用的勇士(champion)之间展开。每一名勇士都要发誓:他的父亲在其病榻上曾经告诉过他这片土地属于他的雇主(庇护人)。同样是在司法监督之下,决斗到一方喊叫"我服了!"或到可以看到天上的星星的时候便见分晓。如果决斗的结果是平手,则被告获胜。②

第三种原始的事实认定方法叫做"神明裁判"。神明裁判是请求超自然力量来判定被告人是否有罪的一种方式。神明判裁被称为"*Judicium Dei*"(神的裁判)或直接称为"*Judicium*"(神判)。在 6 世纪法

---

① 参见[美]腓特烈·坎平:《盎格鲁—美利坚法律史》,屈文生译,法律出版社 2010 年版,第 44 页。

② 参见[美]腓特烈·坎平:《盎格鲁—美利坚法律史》,屈文生译,法律出版社 2010 年版,第 46 页。

兰克人的记录中提到了一些神明裁判。神明裁判随着基督教的传播而传播到了欧洲东部、英格兰和爱尔兰。中世纪早期,神明裁判在西欧广泛运用于解决法律纠纷之中。在英格兰,神明裁判是一种常规的审判方式并一直存留到陪审团审判得到普遍实行前。神明裁判的形式因地而异、因犯罪的性质而不同。神明裁判使用最多的时期是在9—12世纪。在欧洲大陆,神明裁判不仅用于审判被指控犯罪的人,还用来实现政治目的(例如,由对土地享有王权的人用来证明他享有土地),还有一些妇女愿意通过神明裁判来反证对她们贞操的指控,神明裁判还用来判定谁拥有一定土地。但是,在英格兰,神明裁判只用于刑事案件之中。英国中世纪时期大概有四种形式的神明裁判:热水审(常称为"热锅/开锅审")、冷水审、热铁审以及食物审。热水审是最为古老的神明裁判形式。冷、热水审是12世纪用来审判穷人及不自由人的。热铁审用来审判世俗的自由人。"食物审"用来审判被起诉犯有罪行的神职人员。①

---

① 每种神明裁判均按照庄严的宗教仪式来进行。在冷水审中,被告屈膝而蹲,把手放在膝盖的下方,用一根绳子绕过他的膝盖与身体将其捆绑起来,然后再将其抛入一池塘之中。如果水接受了他,他沉了下去就证明他是无罪的,便要尽可能尽快将其拖出水面。在热铁审之中,被告手握烧红的烙铁走九英尺远,烙铁的重量随着罪行的严重而增加。随后,将被告的手用绷带包上。如果3天过后,伤口未感染就证明被告是清白的。在热水审中,水被烧到很高的温度后,被告要将其胳膊伸入开锅之中去取用鱼线悬在锅中的一块石头。罪行越重,石头在锅中的位置就越深,深度从腕部到胳膊肘不等。在食物审中,被告要试着吞食一块面包或奶酪,也许会将一根羽毛嵌入食物之中。如果被告能够吞下,他便是无辜的,但如果卡住了的话,他就是有罪的,来自早期案例证据表明,无罪释放的占多数。对于神明裁判的批评早在9世纪就已经出现。到12世纪,这种批评变得十分普遍。理由是神明裁判未必能够给出正确的判断,尽管这种判断来自上帝。这基于人们的一种看法,即神的惩罚可能是因为一无辜人其它一些不为人所知的违法行为,而非被指控的罪行。或者神可能认为应再给被告人一次机会。教会人员也提出了他们的神学论据。他们认为神明裁判有悖于教规。神明裁判在《圣经》以及其他宗教论述中均找不到依据。他们同时提出利用神的裁判实际上是对上帝的冒犯,这是禁止的。参见[美]腓特烈·坎平:《盎格鲁—美利坚法律史》,屈文生译,法律出版社2010年版,第52—53页。

"共誓涤罪"等证据形式虽然十分狂热或不理智(irrational),然诚如孟德斯鸠所说:"正像许多聪慧的事情是在以极其愚蠢的方式向前发展一样,也有许多愚蠢的事物却是在用非常巧妙的方法向前运动"。①我们必须承认的是这些貌似离奇的证据方式在熟人社会中发挥过它的作用,因为在一个人们互相熟识的社会中,如果被告不值得信任,要找11个人为他发誓也是一件很困难的事。此外,作假证构成对圣灵的冒犯,会被开除教籍,这不仅意味着此人要受到精神上的制裁,而且任何人均不得与此人来往或以任何方式来帮助此人。但当司法决斗完成了历史使命的时候,它就应该退出历史的舞台。

让我们回过头来再切入正题。随着令状制的发展,陪审团(或类似于陪审团的)认定事实方法开始被采用。首先是"调查陪审团调查程序"(device of the inquest),它是征服者从欧洲大陆带入英国的一项制度,是指由王室专员主持的、一种就特定事项召集近邻对他们进行询问的调查方式。以《末日审判书》(Domesday Book)为例,它是征服者威廉统治时期制作的一种关于英格兰财产状况的调查记录,其主要目的在于弄清国王及直属封臣土地的范围和价值,并为征收丹麦金(Danegeld)提供依据,它于1081年展开,到1086年完成。而《末日审判书》中的信息就是王室专员通过被称作"宣誓征询"(sworn inquest)的调查陪审团调查程序来收集的。《末日审判书》之后,国王仍经常派自己的法官利用"调查陪审团调查程序"来查明事实真相。

经过斯蒂芬无序的统治,亨利二世于1154年继承王位后,决定将和平和秩序重新带回王国。特别要提到的是,亨利二世决意要改变斯蒂芬统治时期经常发生的"暴力驱逐事件",而为实现这一目的,他大约在1166年派

---

① [法]孟德斯鸠:《论法的精神》(下册),孙立坚等译,陕西人民出版社2001年版,第631页。

出自己的司法专员在王国内展开巡回审判,并举行"调查程序"来确定近年来发生过哪些"驱逐事件"——即"强占土地案件"(disseisins)。

在这些"调查程序"之中,邻近地区之人会被召集在法官面前,并要说明最近有哪些"强占土地案件"发生,这一程序有些像盎格鲁—撒克逊时期的"裁断"(recognition)程序,法官充分信任地方居民的讲述以查明事实的真相。①假如国王法官经"调查陪审团调查程序"后发现,某郡的某甲在近年内不正当地强占(unjustly disseised)了某乙的某个庄园,则法官在"调查陪审团调查程序"中的回应会成为国王签发给不法行为者令状中纠正命令的基础。② "新近侵占土地审判"(*assize of novel disseisin*)就体现出了这一特点,即权利人对土地的占有权是法官通过调查陪审团的证言来裁定的,而非以往的决斗断讼、神明裁判或宣誓断讼等事实认定方式。

"新近侵占土地审判"的成功促使亨利二世派出了更多的王室调查专员。很快地,任何有冤屈之人,只要他们提出要求,就会有王室专员举行"调查陪审团调查程序"。换句话说,"调查陪审团调查程序"逐渐发展成国王法院中的一种固定的"正常私人救济"(ordinary private remedy),而不再像过去仅作为一种恢复公共和平的"非常救济"(extraordinary remedy)。这一转变大概发生在亨利二世统治的末期,约在1185年。这一程序自然运用到了令状之中,以下例令状为证③:

国王向郡长问候。甲向我控告乙自我上次航行去诺曼底期间,

---

① Geoffrey G. Hazard, The Early Evolution of the Common Law Writs: A Sketch, 6 *American Journal of Legal History*, 1962, p. 120.

② Geoffrey G. Hazard, The Early Evolution of the Common Law Writs: A Sketch, 6 *American Journal of Legal History*, 1962, p. 120.

③ Geoffrey G. Hazard, The Early Evolution of the Common Law Writs: A Sketch, 6 *American Journal of Legal History*, 1962, p. 120.

不公正地和未经判决地强占了他在某某村庄的自由持有地。因此，我命令你，如果甲保证他提起的权利请求真实可靠，你务使被从该土地上占取的动产得以返还，并以和平的方式将该土地和动产保持到复活节之后的星期天。同时你务使 12 名自由的和守法的邻人查看该地产，并将他们的名字签于此令状之上。由合适的传唤人将他们于复活节后的星期天传唤到我或我的法官面前，做好确认的准备。以抵押品和可靠的担保人作保证将乙或他所在小区的行政官（以防不能找到他）传唤到那里，然后开始审理，确认事实。并应有传唤人、本令状和担保人的姓名。证人：某某在某地。①

总之，"调查陪审团调查程序"是一种既带有公力性质的、旨在恢复秩序的"准刑事调查程序"（quasi-criminal investigation），它同时还带有一种"私救济"（private remedy②）的味道，能给受害方提供救济。③

此外，比这更早的还有1164年《克拉伦登宪章》，该法第9条规定：当某块土地是教会保有制还是世俗保有制发生争议时，应当从当地居民中选出12名骑士或自由人组成陪审团，经宣誓后对争议问题作出裁决。④

---

① Geoffrey G. Hazard, The Early Evolution of the Common Law Writs: A Sketch, 6 *American Journal of Legal History*, 1962, p. 120.［美］伯尔曼：《法律与革命》，贺卫方、高鸿钧、张志铭、夏勇译，中国大百科全书出版社1993年版，第540页。

② 也有人将英文 private remedy 翻译为"私力救济"。但私力救济实为大陆法概念，对应的法语为 justice privée，德语为 Selbsthilfe（亦可译作自助）。在英文中，私力救济大致相当于 Self-help。徐国栋教授认为，罗马古时，自力救济发达，公力救济疲软，前者作为常态，没有必要为它专立词汇，所以他认为自力救济必定是近代公力救济社会才有的一个词。为了证实这一点，他用寻找的方法检索了庞大的《学说汇纂》，称并未见到 remediuum privati 这一词汇，只有 Remediuum praetoris（裁判官的救济）这一大致相当于"公力救济"词汇。虽然徐教授认为，私力救济译成英文，恐怕还是要写成 Private remedy，但如将这里的"private remedy"理解成私力救济，也恐不当。关于此点论述，参见：http://www.romanlaw.cn/sub6-1-1.htm 罗马法教研室访问时间：2008年12月5日。

③ Geoffrey G. Hazard, The Early Evolution of the Common Law Writs: A Sketch, 6 *American Journal of Legal History*, 1962, p. 120.

④ 程汉大、李培锋：《英国司法制度史》，清华大学出版社2007年版，第263页。

到 1179 年,亨利二世又颁布了《权利法令》,规定在土地权利争议案件中,被告(tenant①)有权自主选择决斗法还是由国王法院采用陪审制审理。② 我们知道,按照最初审的决斗断讼形式,被告须在其领主的法院以决斗的方式来维护其权利,但亨利二世统治时,王室引入了一种替代性、可选择性的程序——大咨审团审判(trial by the grand assize③)——16 人大咨审团在宣誓后,对权利令状中的争议问题(mise)进行裁决,即由咨审团决定哪一方对争议地产更有权利,这就是所谓的"大咨审团审判"。

无论是"调查陪审团调查程序"、陪审制还是"大咨审团审判",这些事实认定方式一经运用,案件的管辖权就逐渐从领主法院被转移至了王室法院或王室官员面前。

其二,命令被告(被诉犯有过错之人)要么纠正过错,要么到国王本人或国王法官面前回呈其所以不纠正"过错"的原因。只要被告向国王或者国王法官陈述原因,案件的是非曲直自然能够得到确定。这种形式的令状十分著名,它们有一个共同的名字——指令令状(*praecipe*)。在这种形式的令状中,"令"(拉丁文 *praecipe*;英文 Order)这一字词会出现在国王的致意语之后。④ 试举一例:

国王向郡长问候。令某甲依某乙提起的其不公正地占有他财

---

① 在不动产诉讼中,被告一般用 tenant 一词,也可以理解为"土地保有人";不动产诉讼中的原告一般用 demandant 一词,相当于动产诉讼或混合诉讼中的原告(plaintiff)。
② 程汉大、李培锋:《英国司法制度史》,清华大学出版社 2007 年版,第 264 页。
③ 《元照英美法词典》将该词条翻译为"巡回大陪审",它是始于亨利二世的一种特殊的陪审团审理的方式,被告可以通过权利令状(writ of right)选择适用决斗裁判还是大巡回陪审团审判。参见薛波:《元照英美法词典》,法律出版社 2003 年版,第 1357—1358 页。
④ Geoffrey G. Hazard, The Early Evolution of the Common Law Writs: A Sketch, 6 *American Journal of Legal History*, 1962, p. 119.

产的指控,公正且不加耽搁地将其欠某乙的 100 马克归还他。若某甲不从,派人将他传唤至威斯敏斯特,令他在复活节的八日庆期(octave of Ester)到本王或本王的法官前说明他没有遵命的原因。你同传票送达人携本令状一同到上述法院。证人:某某于某地。①

我们发现,令状经过上述发展后发生了实质变化——令状开始从最初仅针对封建法院或地方法院一般程序的某种"非常的行政化干涉"(extraordinary executive interference)逐渐演变成为一种王室的"正常的司法性职能"(ordinary judicial function)。② 国王及臣下通过司法化令状可成功避免原本仅凭一方陈述便签发行政性令状的行为可能带来的混乱。新的司法化令状虽然琐细和拖沓,不如原先的行政令状迅捷和权威,但也避免了不公的危险。司法化令状不但成为原告到王室法院进行诉讼的前提,同时也促成了普通法的诞生。

(三) 行政令状、司法化令状及司法令状

尽管司法化的令状与古老的行政令状并不相同,但是,许多司法化令状的根源恰是行政令状。行政令状的作用在于最终解决问题,而司法化令状的作用主要在于启动诉讼程序。行政令状在传递一个"最终结果"式的命令时,有时仅为了使一项已经作出的判决得到执行,而不是去启动诉讼程序。③

在行政令状司法化的过程中,"选择权"(option)的引入发挥过十分

---

① Geoffrey G. Hazard, The Early Evolution of the Common Law Writs: A Sketch, 6 *American Journal of Legal History*, 1962, p. 119.
② Geoffrey G. Hazard, The Early Evolution of the Common Law Writs: A Sketch, 6 *American Journal of Legal History*, 1962, p. 119.
③ Baker, J. H., *An Introduction to English Legal History*, 4th. ed. London: Butterworths, 2002, p. 54.

重要的作用。令状的接受方(通常是郡长)负责向被告传递国王命令,同时还包括一个供选择的解决方案——被告可到国王法院前解释他不服国王命令的原因。拒不服从国王令状本身就是一种向王室发出的"答辩",通过签发令状,任何事项都有可能被包含在王室司法的范围之内。①

"选择权"在令状中的具体表现就是"除非尔为之"条款,这种形式的起始令状确立于 12 世纪。第二种形式的起始令状比前一种形式稍晚一些,它命令郡长要被告提供抵押以保证他到时能出席法院进行解释。② 而第三种形式的起始令状与"小咨审团"(petty assizes)有关,它命令郡长召集邻近地区之人来回答令状中涉及的问题,并传唤被告到场听取结果。③

需要注意的是,在上例指令令状中,"携本令状到上述法院"这句话能够使起始令状"回呈"至指定法院。郡长在接到令状后还须将其送还至令状中提到的法院,并在经他启动的诉讼上批注上一份汇报书,也称为"回呈书"(return)。指定法院在收到回呈的令状后,该法院的法官即对案件获得了令状提及范围内的管辖权。法官在此之后可进一步自主地签发一些回呈令状——即所谓的"司法令状",以保证被告能够出庭接受审判,并使诉讼顺利进行下去。每一个"回呈回来的令状"都由"令状保管官"归入档案,法院进一步签发的(司法)手令(warrant)也同样会被归入档案。④

---

① Baker, J. H., *An Introduction to English Legal History*, 3rd. ed., London: Butterworths, 1990, p. 64.
② Baker, J. H., *An Introduction to English Legal History*, 3rd. ed., London: Butterworths, 1990, p. 64.
③ Baker, J. H., *An Introduction to English Legal History*, 3rd. ed., London: Butterworths, 1990, p. 65.
④ Baker, J. H., *An Introduction to English Legal History*, 3rd. ed., London: Butterworths, 1990, p. 65.

在此需要明确的一点是,司法化的令状(judicialized writs)与司法令状(judicial writs)是两个完全不同的概念。司法化的令状是相对于行政性质令状的一个概念,它指的是经过"司法化"(judicialization)之后的一类令状,它们是由文秘署代表国王签署的,包括旨在启动诉讼的起始令状和推动诉讼程序进行及判决执行的司法令状。而司法令状是相对于起始令状的一个概念,司法令状是指在诉讼开始后或诉讼结束后以法官名义签发的,旨在保证诉讼能够顺利进行或判决能得以执行的命令。但在我国的学界,不少学者混淆了"司法化令状"与"司法令状"之间的界限。[①]

综上所述,我们可以总结出以下几点:

第一,王室令状从本质上看是国王对于既存的封建法院和地方法院的干涉。从基因来看,王室令状实际上属于"非常救济"(extraordinary remedies)。[②] 由于王室令状的签发不属于"通常的"救济途径,王室令状的申请便不能很随意,这无疑促进了普通法上一个重要传统的

[①] 下文中所谓的"司法令状"均应是"司法化令状"。"在司法上,亨利二世建立了巡回审判和陪审制,加强了司法的中央集权。为招徕诉讼,增加财政收入,亨利二世大量使用司法令状。如果某一诉讼在地方法院或贵族私人法院未能得到公正审理或迟延不决,又得到诉讼当事人的申请,大法官厅将颁发盖有国玺的司法令状,指示有关法院或法官主持公道,尽快结案,有时甚至明确规定审判程序和对被害人的赔偿办法。无视国王令状,以蔑视王权论处,有关讼案由国王法院接管审理。亨利二世时期,司法令状的种类大量增加,以致有人说他建立了一种'司法令状制度'。"参见程汉大:"论11—12世纪英国封建集权君主制",载《史学月刊》1997年第3期。"下面的司法令状引自格兰威尔1087—1189年撰写的著述……"以及"司法令状有三个方面的贡献:1.它提出了一种严密的事实检验标准,以决定双方当事人谁有权立即占有某块土地,由此提出了谁享有所有权这一较为复杂的问题;2.它把事实问题提交给一个邻人宣誓调查团(陪审团)决定;3.它确立了王室对颁发令状和对陪审诉讼的管辖权"。[美]哈罗德·J.伯尔曼:《法律与革命——西方法律传统的形成》,贺卫方、高鸿钧、张志铭、夏勇译,中国大百科全书出版社1993年版,第540—541页。这种例子还有很多。以上文字中的着重号系笔者所加。

[②] Geoffrey G. Hazard, The Early Evolution of the Common Law Writs: A Sketch, 6 *American Journal of Legal History*, 1962, p. 121.

形成——即如果一案件不在被申请令状的条款之内,则建立在该令状基础上的诉讼必定会败诉。

第二,王室令状是对特定几类情形的"特定回应"(ad hoc responses)。即便是在令状的种类和数量十分庞大以至于人们几乎可以为每一种案件都能申请到对应的令状之时,这一特点仍然适用。对于诉至王室法院的每件案件而言,国王或王室法官事实上并无一般权力(general power)对其进行管辖和审判,他们始终是通过签发和回呈令状这一方式来获得审判案件的特定权力(special power)。这一现象不但培育了普通法的技术性特征,还使得实体法得到了永久保持:实体法通过法院令状程序中提到的当事人的权利和义务表现了出来。当然,正是缘于此,梅特兰才说:我们埋葬了程式诉讼,但它们仍然在坟墓中统治着我们。①

第三,令状在最初实际上是一种行政管理的工具。令状程序的发展就是令状司法化(judicialization)的历史。

二、令状的司法化与亨利二世法律改革

(一) 亨利二世的法律改革

诚如历史学者所言,在西欧,12世纪是一个政府制度和意识形态发生巨大变革的时期。② 具体到英国,英王亨利二世在位期间(1154—1189年)实行了著名的法律改革。在这一部分,我们需要弄清楚的是,

---

① Geoffrey G. Hazard, The Early Evolution of the Common Law Writs: A Sketch, 6 *American Journal of Legal History*, 1962, p. 121.

② Joseph Biancalana, For Want of Justice: Legal Reforms of Henry II, 88 *Columbia Law Review*, 1988, p. 433.

亨利二世法律改革的起点、法律改革的重点及改革的历史意义等问题。

在谈论这一问题前,首先需要确定的问题在于亨利二世改革的起点。根据立法文件本身,历史学家通常把 1164 年或 1166 年视为改革的起始点。① 但是,也有迹象表明在 1164 年之前,甚至可能在亨利二世继位之前,司法制度上的变革已经取得了重大进展。不过,后一种观点的直接证据在数量上仍不足以达到让人信服的程度。

英国著名法史学家波洛克和梅特兰在他们合著的《英国法律史——爱德华一世以前》②中写到这一著名改革时说:"亨利二世统治时期在英国法律史上至关重要,原因就在于这一时期的中央集权行动和他推行的各种改革。"③梅特兰的观点是,亨利二世的法律改革极大地削弱了封建领主的权力。在谈及"收回继承地之诉"(the assize of mort d'ancestor)这一问题时,他甚至直言不讳地说:"这一诉讼是一位高压的国王瞄向封建制度的一击"(a blow aimed at feudalism by a high-handed king)。④ 然而,实际上英美的法律史学界对亨利二世改革的历史价值看法迥异。例如,剑桥大学圣约翰学院的英国法教授密尔松指出:梅特兰关于亨利二世改革是对封建领主和封建制的打击这一观点不足为信。但诚如再后来的学者评价密尔松的观点时所言:密尔松的看法完全忽略了亨利二世法律改革的"宪法背景",似乎也无法

---

① 参见[英]约翰·哈德森:《英国普通法的形成——从诺曼征服到大宪章时期英格兰的法律与社会》,刘四新译,商务印书馆 2006 年版,第 137 页。

② 到爱德华一世时,国王法院的大门对所有诉讼当事人敞开;国王法院较地方法院有着更为完善的程序和更强大的权力,因而国王法院成地方法院的高级法院。职业法官大约在爱德华一世前 100 年形成。

③ F. Pollock & F. Maitland, *The History of English Law Before the Time of Edward I* (2nd ed.), 1923, p. 136.

④ Sir Frederick Pollock & Frederick William Maitland, *The History of English Law Before the Time of Edward I*, London: Cambridge University Press, Volume II, 1923, p. 57.

说服我们。①

亨利二世改革在很大程度上决定了英国法在以后若干世纪里的命运。英国的全部法律,无论是在内容还是形式上,从此均发生了极大的变化。② 亨利二世制定的法令或条例概有以下几种:

(二) 实施法律的新举措

1.《克拉伦登宪章》

历史学家一般将《克拉伦登宪章》(Constitutions of Clarendon)颁布的年份(1164年)视为亨利二世改革的起始点。③ 1164年,在经过同主教贝克特(Becket)一段时期的激烈政治斗争后,④亨利二世在克拉

---

① Joseph Biancalana, For Want of Justice: Legal Reforms of Henry II, 88 *Columbia Law Review*, 1988, p. 435.

② 参见 Sir Frederick Pollock & Frederick William Maitland, *The History of English Law Before the Time of Edward I* (2nd ed.), Cambridge University Press, 1923, p. 136.

③ 但也有学者认为,1164年的《克拉伦登宪章》不能作为改革的起始点,改革的起始点应再向前推延。参见[英]约翰·哈德森《英国普通法的形成——从诺曼征服到大宪章时期英格兰的法律与社会》,刘四新译,商务印书馆2006年版,第140页。

④ 坎特伯雷大主教贝克特与亨利二世管辖权之争的背景大概如下:诺曼征服不久后,教皇格列高利七世宣称:作为教皇的他——而非皇帝或国王——是教会的首脑;唯有教皇有权废黜主教,其实也包括废黜皇帝和国王;由教皇,而非由皇帝或国王,来判断宗教会议所采取的行动是否合乎教规。威廉和他的两位继承者(其子威廉二世,1087—1100年,亨利一世,1100—1135年)成功抵制了教皇对其辖地的教会享有至上权力的要求,尽管亨利一世在《贝奇条约》里作出了某些实质性的让步。不过,在斯蒂芬乱世时期,教皇党(papal party)在声望和权力方面获得了重大进展。亨利二世继位后,重申了王室对教会的至上权威。1162年,他任命契友托马斯·贝克特担任坎特伯雷大主教。此前,贝克特已经担任御前大臣——这个在王国里接近于王位的最高官职。亨利二世期望贝克特在任大主教的同时,继续担任御前大臣,以便更有效地贯彻遏制教皇要求的政策。可是,贝克特辞去御前大臣一职,作为大主教,他成为教会独立于国王控制的一位热烈的支持者。1164年,亨利二世颁布了《克拉伦登宪章》,恢复了国王对教会所享有的大多数权力。但贝克特将《克拉伦登宪章》斥为篡权。1170年,作为"无人能使招摆脱这个瘟疫般的神父吗?"一语的回应,国王的4名役从在坎特伯雷大教堂谋杀了这位大主教。究竟孰合正义?是亨利二世?是贝克特?——参见[美]哈罗德·J.伯尔曼《法律与革命——西方法律传统的形成》,贺卫方、高鸿钧、张志铭、夏勇译,中国大百科全书出版社1993年版,第310—311页;第313—314页。

伦登(Clarendon)召开了议事会，并作出"宣言"。"宣言"旨在限制教会特权和宗教法院的权力，并最终形成一份书面文件，被称为《克拉伦登宪章》。该文件将自己描述为"对祖先即外祖父亨利国王的某些习惯法、特许权和荣耀以及其他应在王国内得到遵守和奉行的事项的记录和认可"。[1]

《克拉伦登宪章》规定了调整国王与教会关系的原则，进一步处理了教俗司法管辖权的争端。虽然贝克特将该法斥为篡权[2]，但是，该《宪章》还是真真切切地做出了规定。比如，《宪章》第1条规定：凡涉及教职(advowson)授予权的争议皆交由王室法院裁决，即使该争议发生在俗人和教士之间甚至发生在两个教士之间。第4条规定：未经国王批准，大主教、主教和其他教士不得离开王国。第8条设立了王室法院管辖对大主教法院的上诉。第9条设立了王室对特定的土地是否属于教会财产(frankalmoign，"自由施舍")问题的管辖权和陪审权。事实上，《宪章》中，共有9条规定(第1、4、6、7、8、9、12、15、16条)都与当时的教会法相抵触。[3] 当然，在另一方面，亨利二世也给予教会特权，即教会人士在第一次犯罪时，如果证明了自己是教会人士，即可以免受处罚。这被称为"僧侣的特权"(benefit of clergy)。[4]

我们要注意的是，《克拉伦登宪章》并非亨利二世的立法成果。按

---

[1] [英]约翰·哈德森：《英国普通法的形成——从诺曼征服到大宪章时期英格兰的法律与社会》，刘四新译，商务印书馆2006年版，第140页。

[2] 《元照英美法词典》中的介绍如下，经过这次会议，以贝克特为首的主教们在"宪章"上签了章，并郑重承诺遵守宪章的内容——教士如被指控有罪，应由世俗法院(civil courts)审理；国王的法官审理教职人员与俗人之间有关土地的纠纷；大主教只能向国王提出申诉；教职人员应服从国王的召唤等。参见薛波：《元照英美法词典》，法律出版社2003年版，第303页。

[3] 参见[美]哈罗德·J.伯尔曼：《法律与革命——西方法律传统的形成》，贺卫方、高鸿钧、张志铭、夏勇译，中国大百科全书出版社1993年版，第312页。

[4] 何勤华：《英国法律发达史》，法律出版社1999年版，第14—15页。

照亨利二世的理论,他本人扮演的是一种"守旧的角色",他所依赖的是所谓的"因袭习惯的权利"(prescriptive right)。① 所以,梅特兰说,亨利二世统治时期的第一个法律丰碑并不是他制定的"法令"(ordinance),而是《克拉伦登宪章》,梅特兰说《克拉伦登宪章》称不上是一部"法令"而是一个"协定"(concordat)。②

需要注意的是,这一文件被视为亨利二世对教会人士违法所进行的干预。这种变革对与教会有关的争端所产生的影响不言而喻,下面这则早期记录对我们评价这种影响更显重要:

> 无论任何教士因何种事由遭到传讯或控诉,在收到国王法官的传唤时,都应来到国王法院,并回答国王法院认为应当回答的问题,也应当来到教会法院回答教会法院认为应当回答的问题,国王的法官也应被派到神圣的教会法院以督察案件在那里是如何审理的。如果教士被判有罪或自己认罪,教会就不应该继续保护他。③

实际上,上述影响直接产生自《宪章》的第 3 条。它实际上规定,任何被指控犯有重罪(包括谋杀、放火、抢劫、强奸、杀伤和某些其他严重罪行)的教士须由王室法院交送教会法院审判,若确认有罪,须送回王室法院判处。④ 然而,这种影响的积极性到底有多大? 它是善是恶?

---

① Sir Frederick Pollock & Frederick William Maitland, *The History of English Law Before the Time of Edward I* (2nd ed.), Cambridge University Press, 1923, p. 137.
② Sir Frederick Pollock & Frederick William Maitland, *The History of English Law Before the Time of Edward I* (2nd ed.), Cambridge University Press, 1923, p. 137.
③ [英]约翰·哈德森:《英国普通法的形成——从诺曼征服到大宪章时期英格兰的法律与社会》,刘四新译,商务印书馆 2006 年版,第 141 页。
④ [美]哈罗德·J.伯尔曼:《法律与革命——西方法律传统的形成》,贺卫方、高鸿钧、张志铭、夏勇译,中国大百科全书出版社 1993 年版,第 312 页。

后世很多人认为,《克拉伦登宪章》第 3 条违背了"上帝不对同一罪行处罚两次"(ne bis in idem)的"反对双重危险原则"。①

2.《克拉伦登敕令》

1166 年初,亨利二世再次在克拉伦登召开大会,在征得其全部男爵同意的情况下,他颁布了《克拉伦登敕令》(Assize of Clarendon),并对刑法的实施进行了重大的变革。根据这一法令,王室法官或郡长在每个百户区召集 12 名、每个村镇召集 4 名守法之人宣誓作证,并对他们进行调查询问,以便对当地犯罪予以指控。② 事实上,这种通过宣誓作证进行调查的做法并非亨利二世所创立,但亨利二世将其进行了改革,并将之首先运用到刑事指控中,由此建立起了被后世称之为"刑事大陪审团"(grand jury)的刑事指控制度。③

虽然我们尚不能确定该"诏令"制定的初衷是一种权宜之计,仅供王室法官们指导即将举行的巡回审判临时使用,还是一种长远考虑,但我们必须注意到的一点是,它开了国王征求大贵族同意的先河。④

3.《新近侵占土地条令》

同在 1166 年,亨利二世还向王室法官颁布了《新近侵占土地条令》(Assize of Novel Disseisin)。同样的,虽然我们尚不清楚它仅是针对

---

① 参见〔美〕哈罗德·J. 伯尔曼:《法律与革命——西方法律传统的形成》,贺卫方、高鸿钧、张志铭、夏勇译,中国大百科全书出版社 1993 年版,第 314 页。

② 《克拉伦敕令》的条例规定:(1)询问应在每一个郡和每一个百户区通过每一个百户区里的 12 名以及每一个村庄里的 4 名守法居民进行,这些居民应起誓他们将讲出事实真相,不管在他们的百户区或村庄里是否有人被控告为抢劫犯、谋杀犯或者盗窃犯,或者是有实施上述行为的臭名昭著的嫌疑犯、窝藏犯,因为国王陛下是圣明的……参见〔英〕约翰·哈德森:《英国普通法的形成——从诺曼征服到大宪章时期英格兰的法律与社会》,刘四新译,商务印书馆 2006 年版,第 141—142 页。本书作者对上述引文有修改。

③ 陈绪纲:《法律职业与法治——以英格兰为例》,清华大学出版社 2007 年版,第 91 页。

④ Sir Frederick Pollock & Frederick William Maitland, *The History of English Law Before the Time of Edward I* (2nd ed.), Cambridge University Press, 1923, p. 137.

王室法官所作的一种"指示"(instruction),还是属于一种真正的"法令"(ordinance),但无疑它为整个英国民事诉讼法的日后发展奠定了基础,并深深地嵌入到了英国的土地法之中。①

4. 郡长大调查

1170 年,亨利二世进行了一次"郡长大调查"(Inquest of Sheriffs),即对已被其撤职的郡长们就其行为、收入及非法勒索②等事项进行的大调查。郡长必须宣誓回答,并对其不法行为作出赔偿。通过这一次大调查,亨利二世撤换了大部分当时在任的郡长,并任命了新郡长,加强了自己对地方的控制。③ 梅特兰对这次"郡长大调查"的评价是:它是"对司法机器进行修补和检查之后来调查文本的早期典范"。④

5.《北安普敦敕令》

1176 年,在北安普敦(Northampton),亨利二世又对巡回法官作了新的一套指示,史称《北安普敦敕令》(*Assize of Northampton*)⑤。梅特兰认为,《北安普敦敕令》中的第 4 条是"回复占有之诉"中"收回继承地之诉"的起源。在"收回继承地之诉"案件中,由 12 人组成的咨审团

---

① Sir Frederick Pollock & Frederick William Maitland, *The History of English Law Before the Time of Edward I* (2nd ed.), Cambridge University Press, 1923, p. 137.

② 有一种令状的名称就叫做"禁止非法勒索权利令状"(writ of right of *ne injuste vexes*),它是基于《大宪章》而产生的一个令状,它禁止领主向封臣非法勒索,即所征收的租金或要求封臣所承担的义务不得超过封臣祖上承担之义务的限度。参见薛波:《元照英美法词典》,法律出版社 2003 年版,第 956 页。

③ 参见薛波:《元照英美法词典》,法律出版社 2003 年版,第 702 页。

④ Sir Frederick Pollock & Frederick William Maitland, *The History of English Law Before the Time of Edward I* (2nd ed.), Cambridge University Press, 1923, p. 138. 另参见孙彼德:"令状的司法化与早期英国王权的特殊性",载《西南政法大学学报》2004 年第 6 期。程汉大:"论 11—12 世纪英国封建集权君主制",载《史学月刊》1997 年第 3 期。

⑤ 读者可以从陈绪纲著的《法律职业与法治——以英格兰为例》(清华大学出版社 2007 年版)的附录五(第 330—333 页)中看到《北安普敦条例》的英文全文。此《条例》比较简短,共 13 条。

负责"确认"或"裁断"(recognize)原告的祖先在死亡时是否在当下有争议的自用地(demesne)上享有占有权,且该土地是否是原告祖先保有的封地,原告祖先的死亡时间是否在声明的占有权期限内,原告是否是其祖先血缘最近的继承人(next heir)①。

此外,亨利二世还依据此条例,将英格兰分为6个巡回审判区,每个巡回区配3名巡回法官。②

6.《武器敕令》

1181年,亨利二世颁布了《武器敕令》(*Assize of Arms*),它调整和充实了地方警察和防卫力量的物质手段。该条令规定,凡自由民身份以上的居民,都必须自己置备一套链甲、铁胄、紧身上衣、头盔、盾牌、长矛等作战服装和武器;这些武器可以继承;每个居民拥有的武装如超过了本条规定的数目,必须予以出售或转让;监督居民配置上述武装的是所在地的法官。③

7. 其他敕令

亨利二世还于1166年颁布过《大陪审团法》(*Assize of Grand Assize*),1184年颁布《森林敕令》[*Assize of Woodstock（Forest）*]。此外,1188年,……亨利二世还颁布了一部有关规范"萨拉丁什一税"④(Saladin Tithe)的条例。还有,亨利二世还颁布过一部《面包敕令》(*Assize of Bread*),但具体日期已无法确定。⑤

---

① Theodore F. Plucknett, *A Concise History of the Common Law*, Beijing: CITIC Publishing House, 2003, p. 360.

② 参见薛波:《元照英美法词典》,法律出版社2003年版,第109页。

③ 何勤华:《英国法律发达史》,法律出版社1999年版,第14页。

④ 1188年,为支持十字军东征进攻当时的穆斯林苏丹萨拉丁(Saracen emperor, Saladin)而征收,数目为每人拥有动产的1/10。

⑤ Sir Frederick Pollock & Frederick William Maitland, *The History of English Law Before the Time of Edward I*(2nd ed.), Cambridge University Press, 1923, p. 138.

亨利二世在位期间虽然制定和颁布过上述敕令、条例或法令,但是颁布的原因大都是为了指导巡回法官更公正地解决问题。我们认为,在很大程度上,亨利二世并不是一个立法者(legislator),而只是一位管理者(an governor and an organizer)。梅特兰说,亨利二世没有颁布过一部法典,他甚至认为,在亨利二世统治期间,没有颁行过一条可以称得上"实体法"的法规。亨利二世乐此不疲的是有关法律实施的新设计。① 所以,亨利二世法律改革的重心在于司法,而不在于立法。也就是说亨利二世的法律改革重点在于司法,我们不妨称为"亨利二世的司法改革"。

波洛克和梅特兰曾说,假如用最简短的话来概括亨利二世的统治所带来的最为旷日弥久、秋实丰硕的成绩的话,我们可以如此评述:"他通过建立由职业法官组成的常设性法院、经常性地向全国派出巡回法官、引入'调查陪审团'(inquest)或者说'认定程序'(recognition)以及将'起始令状'作为司法机器的常规组成部分等措施,实现了整个英国法的中央化及统一化"。② 亨利二世的司法改革目的在于实现中央集权,本书作者遂将改革概括为下列四大行动,即设立由职业法官组成的常设性法院、发展令状制度(行政令状的司法化)、建立巡回法院制度以及引入陪审制。

(三) 实现中央集权采取的行动

1. 设立由职业法官组成的专门性、常设性法院

12 世纪以前,英国虽然已是一个政治统一的国家,但司法体制和

---

① Sir Frederick Pollock & Frederick William Maitland, *The History of English Law Before the Time of Edward I*(2nd ed.), Cambridge University Press, 1923, p. 136.

② Sir Frederick Pollock & Frederick William Maitland, *The History of English Law Before the Time of Edward I*(2nd ed.), Cambridge University Press, 1923, p. 138.

法律体系尚未实现全国统一。在 12 世纪前 700 年间先后入侵英伦的朱特人、盎格鲁人、撒克逊人、丹麦人、诺曼人随身带来了各自不同的原始习惯法,使英国的早期法律制度长期保持着混杂无序状态。① 因此,即使晚至 12 世纪初,我们仍能清晰地分辨出几种不同的法律——威塞克斯法、麦西亚法、丹麦法、盎格鲁—撒克逊习惯法、诺曼法及教会法。与法律体系多样性相一致的是司法管辖权的多元性。大致说来,至亨利二世前,社区法院、封建法院、王室法院及教会法院分割着案件的管辖权。

但是,在亨利二世司法改革前,英国尚无现代意义的法院。因为那时的国王法院、地方法院和封建法院,都是兼有多种职权的临时性或综合性机构。② 专职法院起源于亨利二世的司法改革。最早建立的专职司法审判机构应是普通巡回法院和清审监狱巡回法院,但二者都不是常设性的,巡回结束,即告解散。1178 年,亨利二世在威斯敏斯特建立了长期的中央法院——普通诉讼法院,受理一般"民事诉讼"。③ 学者们普遍认为,1178 年设立的普通诉讼法院是英国第一个独立于其他政府工作之外的专职法院。它由 5 名王廷成员(2 名教士和 3 名贵族)组成,常驻威斯敏斯特大厅,随时受理来自全国的各种投诉。④ 通过改革,亨利二世使得以前的临时性机构实现了固定化和专门化。此后,英国还建立了王座法院、财政署法院等专门法院,但它们是在 13 世纪之后的事了,已不在亨利二世改革范围之内,故不再赘述。

伴随着司法机构的专职化,英国法官的专业化进程开始启动。根据历史记载,在亨利二世统治的最后 10 年间,出现在威斯敏斯特各法

---

① 程汉大:"12—13 世纪英国法律制度的革命性变化",载《世界历史》2000 年第 5 期。
② 程汉大:"12—13 世纪英国法律制度的革命性变化",载《世界历史》2000 年第 5 期。
③ 尽管学界对普通诉讼法院的起源时间仍有不同的说法。本书前文已有提及。
④ 程汉大:"12—13 世纪英国法律制度的革命性变化",载《世界历史》2000 年第 5 期。

院及巡回法院的法官人数大约有55人,其中,出现频率较高的有13人,他们是英国专业法官的最早萌芽。①

2. 发展令状制度:行政令状的司法化

亨利二世改革的第二方面就在于起始令状的创新运用。在亨利二世统治时期,令状程序(writ process)是国王法院中一切民事案件的基础;在地方法院的民事案件中,令状也发挥着举足轻重的作用;令状还是财政署收缴捐税最得力的渠道之一。起始令状从管辖权、程式诉讼及案件类型等方面促进了王室法律在王国范围内的统一性,换句话说,它的发展促进了英国普通法的诞生。

在早期,当王室法院的法官进行巡回审判时,原告仅需在巡回法官(justices in eyre)或国王法官(justices coram rege)面前提出控告,无论是以口头形式还是以非正式的诉状形式均可,王室法院旋即会接受案件并启动当时存有的程序。② 到亨利二世时,自由人若欲在王室法院提起诉讼,须先取得(当时主要以金钱购买)相应的令状,然后根据一定的程序进行诉讼,每一令状都需经购买才签发。

亨利二世时期的"权利令状"(breve de recto)命令领主在他的法院上主持公道,并加上一句:"除非尔为之,否则郡长将代行此职"。正是"除非尔为之条款"帮助英国臣民迅速确立了这样一种信念:即当诉讼当事人在穷尽了地方司法资源仍未实现正义时,他们总是可以向国王及国王官员(如郡长)求助。也因为有"除非尔为之条款",案件最终才可以从领主的私人法院转移到郡法院,进而转移到王室的中央法院。③

---

① 程汉大、李培锋:《英国司法制度史》,清华大学出版社2007年版,第129页。

② Baker, J. H., *An Introduction to English Legal History*, 3rd. ed., London: Butterworths, 1990, p. 63.

③ 参见 R. C. Van. Caenegem, *Royal Writs in England from the Conquest to Glanvill*, London: 1958, pp. 155—156.

亨利二世将令状作为一种从社区法院及封建法院吸引案件的关键工具，扩大了王室法院的管辖权限，从而实现司法程序的中央集权。

在1166年，亨利二世设计出了被称为"回复占有诉讼"系列新令状的第一种。它们旨在弥补权利令状的不足。第一种令状叫做"新近侵占土地之诉"（Novel Disseisin, newly dispossessed），该令状要求土地所在地的郡长召齐同在一地区的12名男子，以确定实际占有土地的一方是否以不当的方式从原告手中获得了该土地。①

3. 巡回法院制度的建立

如果说令状制度是从管辖权、程式诉讼、案件类型等方面促进了王室法律在全国范围内的统一性，那么巡回审判制度则通过审判这种法律的实践活动使王室司法和王室法律惠及全国。②

实际上，巡回法院早在亨利一世时期就已经出现，但那时只是偶尔使用，未成制度，而且在随后的斯蒂芬内战时期一度中断。经过斯蒂芬无序的统治之后，亨利二世于1154年继承王位后决定将和平和秩序重新带回王国。他决意要改变斯蒂芬统治时期经常发生的"暴力驱逐事件"（violent ousters）。为实现这一目的，大约在1166年，他派出自己的司法专员在王国内展开巡回审判，并举行"调查程序"来确定近年来发生过哪些"驱逐事件"——即"强占土地案件"（disseisins）。正如前文所述，亨利二世分别通过1166年的《克拉伦登敕令》和1176年的《北安普敦敕令》在英国建立起了常规的巡回审判制度。③ 通过这一措施，国王司法权延伸到全国各个角落和各个领域，国王法院包揽了几乎全部的刑事案件和自由土地纠纷案件。

---

① 参见[美]腓特烈·坎平：《盎格鲁—美利坚法律史》，屈文生译，法律出版社2010年版，第29页。

② 参见[英]约翰·哈德森：《英国普通法的形成——从诺曼征服到大宪章时期英格兰的法律与社会》，刘四新译，商务印书馆2006年版，译者前言页X。

③ Theodore F. Plucknett, *A Concise History of the Common Law*, Beijing: CITIC Publishing House, 2003, p. 367.

亨利二世以后,特别是在 13 世纪末期,巡回审判(judicial eyres)被越来越多地加以运用;到 14 世纪早期,地方审判制度(nisi prius system)①得到创设,陪审团也无需再远赴威斯敏斯特审判案件。

4. 陪审制的引入

除上述三个方面外,亨利二世的司法改革还体现在陪审团认定事实的方法的运用之上。关于陪审制(trial by jury)的历史渊源这一问题,西方学者中曾有过许多争议,其中有代表性的人物有德国法律史学家海因里希·布伦纳(Heinrich Brunner)、②塞耶、③比利时著名法学家卡内冈(R. C. van Caenegem)④及特纳(R. V. Turner)等。⑤ 近年

---

① nisi prius 是拉丁文"除非以前"的意思。英文短语 trial at nisi prius 是指由一个法官主持并有陪审团参与的审判,不论这种审判是在伦敦或在巡回法院中进行。从前英格兰一切普通法诉讼(common law actions)皆由伦敦威斯敏斯特高级法院的合议庭审理。因此,发生在外地的案件需由郡长传唤诉讼发生地所在郡的陪审员到伦敦威斯敏斯特参与审判。1215年《大宪章》规定一些诸如驱逐原占有人而自行占有其土地等诉讼嗣后不再由威斯敏斯特高级法院的合议庭审判,而改由每年派至该郡的一个法官会同陪审团进行审判。1285 年的《威斯敏斯特法》扩大了这种由一个巡回法官会同陪审团审判的案件的范围。以后的法律更把它扩大到包括一切民事诉讼和刑事诉讼。由于这种案件不得由威斯敏斯特高级法院的合议庭审理,除非以前未曾有一个巡回法官会同陪审团审理,因此这种由巡回法官会同陪审团进行的审判就叫做 trial at nisi prius。参见《元照英美法词典》,第 965 页。也可参考毛玲:《英国民事诉讼的演进与发展》,中国政法大学出版社 2005 年版相关内容。

② 布伦纳曾在《陪审制的起源》(Die Entstehung der Schwurgerichte)(Berlin:Weidman, 1872)一书的第一章对陪审团制度的起源有过经典的论述。他指出,陪审制并非起源于日耳曼,也与古希腊或古罗马的某种类似制度无关,而是起源于法兰克王室的信息调查制度(Inquest of the Frankish Kings)。

③ James Bradley Thayer, *A Preliminary Treatise on Evidence at the Common Law*, Boston:Little Brown,1898. 书中第二至第四章是关于"陪审制及其发展"(Trial by Jury and Its Development)的介绍。

④ 卡内冈曾在他的著作 *Royal Writs in England from the Conquest to Glanvill* (Selden Society, vol. 77, 1959)第 57—61 页对英国陪审团的渊源(the Origin of English Jury)有过论述。

⑤ 特纳著有《中世纪英国陪审团渊源考:法兰克,英格兰,抑或是斯堪的那维亚?》(*The Origins of the Medieval English Jury:Frankish, English or Scandinavian?*),载 *Journal of British Studies* 7, no. 2 (1968):1—10 reprinted in idem, Judges, *Administrators and the Common Law in Angevin England* (London:Hambledon Press, 1994), chap. 3.

来,有关陪审团渊源的研究,仍然比较热门。比较有代表性的成果如麦克奈尔(Mike Macnair)的《陪审团的地方性与前身》(*Vicinage and the Antecedents of the Jury*)[①]等。

而陪审制可能的几个源头概有五种。一是诺曼征服前英格兰本土的盎格鲁—撒克逊司法实践。公元997年,英国的《艾塞雷德二世法典》在英国旺蒂奇(Wantage)地区设立了"十二乡绅制度"(Twelve Thegns),由该地区的具有良好声誉的"乡绅"在宣誓后负责起诉本地区内所发生的所有犯罪行为。二是欧洲大陆特别是法兰克人的司法实践。三是斯堪的那维亚说。有人认为,陪审制来自于斯堪的纳维亚的某种类似制度。[②] 四是古希腊罗马说。有人说陪审制源自古希腊罗马的民众审判制度。五是多元起源说。[③]

我们认为,陪审团的演变经过了"法兰克—诺曼底—英格兰"(Frank—Normandy—England)这样一个过程。"调查陪审团调查程序"是现代"陪审团审判"的历史起源,是一项最基本的王室特权,领主法院不可使用。[④] 查理大帝和他的继承者们曾利用它来发现哪些财产应当归属王室财库(Fisc);查理大帝及其继任者们或许借用了罗马法中的规定。在墨洛温王朝统治的后期,王室领地在各处均遭到劫掠。

[①] Mike Macnair, Vicinage and the Antecedents of the Jury, 17 *Law & Hist. Rev.*, 1999, p. 537.

[②] 英国法学家甄克思认为,令状和"调查陪审团调查程序"(Inquest)同是中世纪英国王室最为有力的统治工具。"调查陪审团调查程序"(Inquest)后来演变成了我们熟悉的"陪审团审判制"(Trial by Jury)。他说:经他深入研究后,这一制度同之前许多普遍为人们熟悉的制度并不相同。斯堪的纳维亚法中的"纳姆斯制度"(*Nœmth*)与之最为相似;而盎格鲁—撒克逊法中的"宣誓帮助人"和德国法中的"团体担保"(*Gemeindezeugniss*)则与之实不相同。参见 Edward Jenks, *Law and Politics in the Middle Ages*, London: John Murray, Albemarle Street, 1919, p. 125.

[③] 参见施鹏鹏:《陪审制研究》,中国人民大学出版社2008年版,第8—14页。

[④] Edward Jenks, *Law and Politics in the Middle Ages*, London: John Murray, Albemarle Street, 1919, p. 125.

掠夺者很自然地会隐瞒他们的掠夺行为。查理大帝吩咐他的钦差（missi）到各地处理纠纷，案件发生地周围的人都要（哪怕是被迫）对争议事实发誓，不管他们愿意还是不愿意。由于他们的处境十分尴尬，不得不受特殊权力的保护。由于这一程序在实践中大获成功，教会也借用了这一程序，尽管有人对它嗤之以鼻，并怀疑它可能仅适用于王室领地。对于一位对国家现状毫无所知的新任君主而言，这一程序确实受用。利用这一方法，"杂种威廉"（William the Bastard）①编纂了《末日审判书》；爱德华一世利用它收集了"百户区卷档"（Hundred Rolls）②的各种资料。在诺曼底，利用"调查陪审团调查程序"是公爵的特权。③程汉大教授也曾撰文指出：

> 陪审团起源于欧洲大陆，原是法兰克国王用以保护自身利益的一种特权性调查方法，后因法兰克王国分崩离析，王权衰落，陪审团随之消失。但幸运的是，在法国西北角的诺曼底，由于公爵权力强大，陪审团调查法得以保存下来。1066年诺曼人把它带进了英国。亨利二世时期，陪审团成为一种经常性的司法工具。陪审

---

① 杂种威廉（William the Bastard）：1066年征服英格兰的诺曼底公爵，因为他是私生子，所以有人称他为"杂种威廉"。威廉为人严厉、残忍，而且精力旺盛。有两个因素对威廉的性格及他对历史的影响起了不容忽视的作用。其一是他的私生子身份。他是他的父亲——绰号为"魔鬼"的罗伯特和被他拐来的农家姑娘阿莱特生下的儿子，但却是唯一的儿子。罗伯特费劲说服了诺曼底贵族，才确立了威廉的继承权。1035年，8岁的威廉继位，他的私生子身份使他经历了比其他人更多的嘲讽、歧视和挑战，他的三个监护人和老师先后被人杀害。这就铸就了日后威廉冷酷、多疑的性格。另一个因素则是诺曼底的传统。诺曼底公国是法国国王在无奈之下封给入侵的诺曼人的产物，于841年建立。公国实行集权统治，有一支相对固定的军事力量和相对固定的财政收入，还有着诺曼人固有的尚武和善于航海的传统。这些因素，帮助了威廉的征服，并影响了他日后在英国建立的一系列制度。

② 由英王爱德华一世于1274—1275年派王室专员调查大封建主是否篡行王室特权（jus regalia）后所作的记录卷档。

③ Edward Jenks, *Law and Politics in the Middle Ages*, London: John Murray, Albemarle Street, 1919, p. 126.

团分为检举陪审团和审判陪审团两种,前者被后人称作大陪审团,后者被称为小陪审团。陪审制首先被用于刑事审判,其标志是1166年的《克拉伦登敕令》。该法令规定,当巡回法院开庭时,郡长应从各百户区内遴选12名合法居民,从各村遴选4名合法村民,经宣誓后检举自亨利二世继位以后发生在自己百户区或村镇内的所有凶杀、抢劫、盗窃等刑事犯罪,被检举者立即由郡长逮捕,交付巡回法官审判。1176年的《北安普敦敕令》进一步扩大了陪审团的检举权限,明确了陪审团和法官的不同职权,从而使大陪审团检举制度更加完善。①

通过上述引文中提到的《克拉伦登敕令》和《北安普敦敕令》,刑事案件中的大陪审团起诉制度被确立了下来。关于民事案件中陪审制审判的运用,早在1164年《克拉伦登宪章》的第9条就有规定:当某块土地是教会保有制还是世俗保有制发生争议时,应当从当地居民中选出12名骑士或自由人组成陪审团,经宣誓后对争议问题作出裁决。② 亨利二世通过上述一系列法令,在不动产民事诉讼领域内率先确立起了陪审团审判制度。

国王法院后来创制的许多令状中一般都包含有必须组建陪审团进行审判的规定。此后,1215年《大宪章》的第18条规定:国王巡回法院应每年在各郡开庭数次;只要当事人双方同意,任何民事纠纷均可使用陪审制审理。从此以后,陪审制在整个民事审判领域中的主导地位确立了下来。③

如果说国王可以借助邻里群众的宣誓很方便地解决问题,那么该

---

① 程汉大:"12—13世纪英国法律制度的革命性变化",载《世界历史》2000年第5期。
② 程汉大、李培锋:《英国司法制度史》,清华大学出版社2007年版,第263页。
③ 程汉大、李培锋:《英国司法制度史》,清华大学出版社2007年版,第264页。

方法照理也一定能方便那些私人起诉者。当时存在的证据形式,尽管最初也可能是王室改革创新的结果,但确实已变得不合时宜。很多人已厌倦了"决斗断讼"的裁判方式,在英格兰,"决斗断讼"尤其不受欢迎,它被人们视为诺曼暴政的象征。对于"神明裁判"而言,人们对之一样失去了信仰,并于 1215 年在拉特兰教会公议会(Lateran Council)上将其废止。而更为古老的证据形式,即"宣誓帮助人"演变为了"宣誓断讼法",仍不伦不类。因此,这为新证据形式的诞生提供了空间,而陪审团制度恰好填补了这个位置。陪审团制度是特别用来解决占有权问题的;13 世纪时,王室巡回法官(justices of assize[①])在英格兰各郡的巡回越来越有规律,通常一年举行三次"调查陪审团审判程序"。[②]

中世纪时期,陪审团审判制唯独在英国得到了牢固确立;而在诸如德国这样王权很弱的国家里,陪审团审判根本就扎不下根。在法国,由于人们对于封建官吏和罗马化的法学家强烈抵制,因此,陪审团审判制度在还没能展示其优点之前,它的价值就遭到了法国的否定。在苏格兰,陪审团审判制同样未能实现;只有在王室权力十分强大的英格兰,陪审团才最终成为一个永保胜利姿态的制度,成为一个不仅能裁决国王与臣民之间,还能裁决臣民与臣民之间问题的正常渠道。毫无疑问,正是在英国,陪审团制度成了自由的堡垒。过去仅属于王室的特权已成为大众的权利。在 13 世纪时,审判被告人还需借助"酷刑折磨制度"(*peine forte et dure*[③]),而到了 16 世纪,陪审团审判已经成为了国家引以为荣的制度。但是尽管如此,陪审团审判的起源仍是王室特权,在

[①] 有时也称为 *justices of nisi prius*。
[②] Edward Jenks, *Law and Politics in the Middle Ages*, London: John Murray, Albemarle Street, 1919, p. 127.
[③] 一种对拒绝回答问题、拒绝接受陪审团审判的重罪犯施加的酷刑。将犯人单独隔离,使之挨饿并将其裸体压在一块大石板之下。这种酷刑俗称"折磨至死"。1772 年被废止。

法制史上，它的主要功能之一就在于将案件带至国家的法院——王室法院。①

亨利二世通过确立一种更为有效的程序（陪审制），最终达到了理想的效果，诉讼双方当事人从而可以在一个更有权威性的地方（国王法院）得到一种更为理性的裁决结果。②

亨利二世司法改革正是通过以上四大行动迅速实现了中央集权。也正是由于以上四点原因，梅特兰才讲："亨利二世统治时期在英国法律史上至关重要"。③

本书作者须提及的是，在西方学界，也有学者认为梅特兰的这一观点欠缺说服力，所以对这一评价不以为然。例如比安卡拉纳（Joseph Biancalana）在其著名的论文《由于缺少正义：亨利二世的法律改革》中指出：梅特兰的观点之所以欠说服力，是因为他小觑了国王同其男爵及臣民的关系。梅特兰在提出王室与贵族间存在敌对关系这一观点时，似乎没有认识到，经过斯蒂芬乱政时期之后，不管是否符合他们双方的本意，国王和贵族们之间主要是一种相互依赖的关系。亨利虽能够扩展王室权威，但与梅特兰和一些历史学家所描述的不同，亨利二世并不是一位"安茹王朝的独裁者"（an Angevin autocrat）。④按照比安卡拉纳的观点，亨利二世法律改革的目的在于恢复国王与贵族间管辖权限的平衡。

---

① Edward Jenks, *Law and Politics in the Middle Ages*, London: John Murray, Albemarle Street, 1919, p. 128.

② Joseph Biancalana, For Want of Justice: Legal Reforms of Henry II, 88 *Columbia Law Review*, 1988, p. 434.

③ F. Pollock & F. Maitland, *The History of English Law Before the Time of Edward I* (2nd ed.), 1923, p. 136.

④ Joseph Biancalana, For Want of Justice: Legal Reforms of Henry II, 88 *Columbia Law Review*, 1988, p. 436.

这是因为，按照古老的法兰克传统，盎格鲁—诺曼国王对与刑法有关的事项有自然的管辖权限。但是，对于亨利二世而言，创制新的法律制度并对民事方面的案件行使王室管辖权显然有悖于传统，因为欧洲大陆的民众法院（public courts）自 10 世纪凋零以来，民事纠纷的管辖权限一直归领主享有，而并不属于中央政府。① 在民事领域，我们熟知并可以接受的一个政治或宪法性的原则是：国王对于民事案件并无管辖权，除非领主未能审理原告的诉讼请求。这一原则有着悠久的传统。早在勃艮第人的法律（Burgundian laws）之中，就有"原告不得将其案件诉至国王，除非他已向当地法官提起过诉讼，且该法官未对案件予以审理"的规定。② 在加洛林王朝的法令集（Carolingian capitularies）中，也有类似的规定：无法在地方民众法院得到公正审理的案件要诉至国王之处的，需要满足特定的限制性条件。③ 与此类似，盎格鲁—撒克逊法律也规定，原告不得将其案件诉至国王之处，除非他在郡法院中未得到公允的裁决结果。④

---

① Joseph Biancalana, For Want of Justice: Legal Reforms of Henry II, 88 *Columbia Law Review*, 1988, p. 436.

② Leges Burgundionum, Liber Constitutionum, Primo Constitutio §§ 12, 81, in Monumenta Germaniae Historica, 2 Legum, Sectio I, Pars 1 (1867). Similar provisions are found in the Leges Langobardorum, 9 Liutprand §§ 7—10 and 1 Ratchis § 2, in Monumenta Germaniae Historica, 3 Legum (1868). 转引自 Joseph Biancalana, For Want of Justice: Legal Reforms of Henry II, 88 *Columbia Law Review*, 1988, p. 436.

③ E. g., Karlomanni Capitulare Vernense, § 11 in 2 Capitularia Regum Francorum, in Monumenta Germaniae Historica, Legum, Sectio II (1897). 转引自 Joseph Biancalana, For Want of Justice: Legal Reforms of Henry II, 88 *Columbia Law Review*, 1988, p. 436.

④ 2 Athelstan § 3, in The Laws of the Earliest English Kings (F. Attenborough ed. & trans. 1922), which is remarkably similar to Primo Constitutio § 12 of the Liber Constitutionum Primo Constitutio, supra note 10; 3 Edgar §§ 2 & 2.1; 2 Canute § 17 in The Laws of the Kings of England from Edmund to Henry I (A. Robertson ed. & trans. 1925). Joseph Biancalana, For Want of Justice: Legal Reforms of Henry II, 88 *Columbia Law Review*, 1988, p. 437.

比安卡拉纳认为,亨利二世推行的权利令状、不动产权益占有之诉(如"新近侵占土地之诉"和"收回继承地之诉"以及"寡妇地产指令令状")等主要法律改革,目的正在于适应这一管辖权原则。[1]

密尔松修正了法史学家们在研究中世纪英国法律史时倾向于采用的看法。在密尔松看来,亨利二世的改革不是为了削弱封建领主的权力,而是为了强化封建制框架(feudal framework),并使各领主在他们的封臣履行其效忠和兵役义务时也能遵守他们应转让土地的义务。[2]权力从领主法院到王室法院的移转只是亨利二世改革的意外收获,而非亨利二世的本意。[3]亨利二世无心插柳柳成荫,他在自己的统治期内不经意间驯服了各领主。在反对梅特兰持有的"亨利二世改革直指封建领主和封建制"这一观点的同时,密尔松同时也不认为亨利二世的创新是遵循某一政治政策或宪法原则的结果。

基于以上论述,笔者的看法是,第一,亨利二世的改革重点不在于立法,而在于司法;不在于实体法的制定,而在于程序法的创立。第二,亨利二世通过令状的司法化、巡回审判制度及陪审制度的确立等行动实现了王室中央集权;统一的中央集权王国为英国法制的"早熟"、英国"普通法"的诞生奠定了基础。第三,亨利二世同贵族之间的关系是敌是友,是一个存疑的问题。大量证据似乎证明了亨利二世与贵族之间存在着某种互相依赖的关系,用"高压的独裁者"来描写亨利二世似乎不够准确。

---

[1] Joseph Biancalana, For Want of Justice: Legal Reforms of Henry II, 88 *Columbia Law Review*, 1988, p. 438.

[2] Joseph Biancalana, For Want of Justice: Legal Reforms of Henry II, 88 *Columbia Law Review*, 1988, p. 435.

[3] Joseph Biancalana, For Want of Justice: Legal Reforms of Henry II, 88 *Columbia Law Review*, 1988, p. 435.

第五章 程式诉讼:司法化令状的具体运用

程式诉讼制度或令状制度是中世纪英国法最为重要的特征。①
———英国著名法律史学家梅特兰

兵器厂里有中世纪时期各式各样的武器,有双手剑,当然也有强化匕首。但对于一位同邻居发生冲突之人,他只能选择一样适合自己的武器。虽然选择的面很广,但他必须记住,在决斗的过程中无法更换武器。每个武器都各有所长,无可替代。选择了利剑,就必须遵守舞剑的规则,决不能拿着弩弓当狼牙棒来使唤。②
———波洛克和梅特兰在论述程式诉讼的选择时,
曾以兵器厂打过这样的比方

一、概说

程式诉讼(forms of action)是法律人研习法律最早的对象。普通法历史上最早的两部著作《格兰威尔》(*Glanvill*)和《布拉克顿》(*Brac-*

---

① 参见 F. W. Maitland, *Equity Also the Forms of Action at Common Law*: *Two Courses of Lectures*, Cambridge University Press, 1929, p. 295.
② Sir Frederick Pollock & Frederick William Maitland, *The History of English Law Before the Time of Edward* II, c. IX., London: Cambridge University Press, 1895, p. 559.

ton)所讨论的均是令状及令状所产生的程序。①

中世纪时期,法学学生在最初阶段要学习的内容就是令状,当然主要是靠死记硬背。② 著名法学家、法官安东尼·菲茨赫伯特爵士(Sir Anthony Fitzherbert)在其1534年出版的新著《令状的本质》(The Nature of Writs; Natura Brevium)前言中曾写道,令状是"整个法学依赖的基础"。③《令状的本质》是中世纪时期法学学生的入门课本。

(一) 有严格程式诉讼的程序制度与无严格程式诉讼的程序制度

从某种程度上说,每一种法律制度中都必定包含有某些确定的程序规则,以供人们在寻求救济时运用。我们可以将建立起程序标准的程式诉讼称为"有严格程式诉讼的程序制度"(formulary system of procedure);反之,就是"无严格程式诉讼的程序制度"(non-formulary system of procedure)。④

程式制度的最大特点就在于诉讼当事人不可以在法院依一件特定的过错行为(specific wrong)而提起一般的诉求(general demand),因为每一个特定的过错行为都有其相应特定救济。不过,诉讼当事人只有在符合特定程式诉讼的情况下,才可以得到特定救济。假使诉讼当事人未能选择正确的程式诉讼,则他的诉讼会被驳回。假使原告在陈述诉讼理

---

① Baker, J. H., *An Introduction to English Legal History*, 3rd. ed., London: Butterworths, 1990, p. 67.

② Baker, J. H., *An Introduction to English Legal History*, 3rd. ed., London: Butterworths, 1990, p. 67.

③ Baker, J. H., *An Introduction to English Legal History*, 3rd. ed., London: Butterworths, 1990, p. 67.

④ 参见 Alison Reppy, The Development of the Common-Law Forms of Action, Part I, 22 *Brook. L. Rev.*, 1955—1956, p. 181.

由时若选择"程式诉讼甲"即可获得救济,而他实际请求的是"程式诉讼乙"对应的救济,那么他就破坏了诉讼程序,无法得到救济。[1]

早期的社会显然无法适应现代社会中的抽象原则,人们习惯于具体的,或者自己能够感觉到的、看到的制度。随着社会的进步、文明的发展,人们逐渐掌握并开始运用抽象的概念,所以具体的程序形式也就逐渐被废止。这时,诉讼当事人仅需凭借"某一种不计形式的程式诉讼"来陈述清楚自己的诉求,即可由此得到救济。实际上,这就是所谓的"无严格程式诉讼的程序制度"。试举例说明。

在"有严格程式诉讼的程序制度"下,假使某乙将某甲"逐出"(ejected)了他的农场,某甲只有提起特定的程式诉讼——"逐出租地之诉"(action of ejectment),才有机会获得救济。但若依"无严格程式诉讼的程序制度",某甲即不需提起"逐出租地之诉"。原告如需恢复占有土地,他只需提出恢复占有土地的诉求即可,只要他能举出足够的证据来证明自己的诉讼主张,就能够重新占有土地。[2] 但中世纪时期的普通法尚无一个包含所有救济形式的、简单的"无严格程式诉讼的程序制度"。

普通法的诉讼程序属于"有严格程式诉讼的程序制度";在普通法的诉讼程序中,找不到一种可以囊括所有救济类型的程序形式。即便原告是因某些混合事实的发生而寻求救济,也只能选出一种可以给他(她)提供救济的特定程式诉讼。还是借前文已提到的那则例子,假使某乙用一根木棍袭击了某甲的头部,对于这种"直接的暴力伤害"而言,某甲只能选择提起"殴击侵害之诉";假使他提起的是"类案之诉",则必输无疑。而假使某乙在道路上丢去一根圆木,一小时后,这根木头绊倒

---

[1] Alison Reppy, The Development of the Common-Law Forms of Action, Part I, 22 Brook. L. Rev., 1955—1956, p. 182.

[2] Alison Reppy, The Development of the Common-Law Forms of Action, Part I, 22 Brook. L. Rev., 1955—1956, p. 182.

了某甲并致其小腿骨折,则对于这种"间接的、结果性的伤害"而言,某甲应选择的程式诉讼是"类案之诉"。① 倘若依据"无严格程式诉讼的程序制度",原告仅需向法院提交"某一种不计形式的程式诉讼",他(她)只需依法阐明其遭受了不法损害并要求得到赔偿,便可得到相应的救济。

(二) 程式诉讼的价值

关于程式诉讼的重要性,梅特兰在当年《普通法程式诉讼讲座》② 的第一讲③中仅用"我们虽然已经埋葬了程式诉讼,但它们仍从坟墓中统治着我们。"(The forms of action we have buried, but they still rule

---

① Alison Reppy, The Development of the Common-Law Forms of Action, Part I, 22 Brook. L. Rev., 1955—1956, p. 183.

② 《普通法程式诉讼讲座》是《衡平法及普通法程式诉讼讲座》(Equity Also the Forms of Action at Common Law: Two Courses of Lectures)一书的一个有机部分,是英国法史学家梅特兰在剑桥大学任唐宁英国法教授时约 18 年的讲义。《讲义》在梅特兰去世后三年(1909年)由内殿会馆的蔡特律师(A. H. Chaytor)和剑桥大学三一学院的惠特克(W. J. Whittaker)共同编辑,由剑桥大学出版社出版,后于 1910、1913、1916、1920、1926、1929、1936、1984、1999 年(不完全统计)多次重印。《普通法程式诉讼讲座》共分 7 讲,每讲并未见单独的标题,只是以 Lecture I、Lecture II……Lecture VII 来命名。7 次讲座后附有"令状选登",共计 17 道,由具有代表性的不动产诉讼令状、对人诉讼令状组成。全书最末尾的部分是编后记(Note)。《普通法程式诉讼讲座》目前已有中译本,取名《普通法的诉讼形式》,商务印书馆 2009 年版。

③ 梅特兰在《普通法程式诉讼讲座》第一讲中主要谈了程式诉讼的研究价值、程式诉讼的概念、现代令状与古代令状的区别、程式诉讼的分类、程式诉讼的废除以及程式令状曾发挥的作用等问题。一方面,由于上述内容是以讲义的形式来展现并得以解答的,所以,梅特兰在给出这些问题的答案时,大都是先以问题的形式提出的。另一方面,在文章中"大量设问"也是梅特兰行文的一大特点。基于上述原因,本书作者在介绍"司法化令状与程式诉讼"这一重要问题时,试图以梅特兰的《普通法程式诉讼讲座》为蓝本,以期最终能对二者及二者间的关系有一个完整的描绘。一是因为此书代表着令状制度研究或程式诉讼研究的高度,它是无法绕过的一座高峰,而倘若我们能对这部作品本身加以认真深入的解读,这种解读本身便会引导我们通往最佳的研究路径。二是因为此书提出的大量问题,无论梅特兰在讲座中是否已就这些问题给出了答案、是否已给出了直接的答案或者是否已经给出了全面的答案,这些问题本身非常有价值。

us from their graves.)①这句流传至今的名言便足以证明演讲者本人的伟大和令状制及程式诉讼的"不朽"。

程式诉讼有何价值？这一问题的答案实际上于梅特兰时代的人们而言，已经是现成的了。梅特兰在开篇即引用了梅因的著名论断"在法院得以建立的初级阶段，诉讼法的价值之大就在于——实体法已在隐蔽于程序法的缝隙之中浑然不觉地生成"。②有了这句名言，梅特兰时代的法律人认识到，令状决定着程式诉讼和救济的类型，而若无救济也就没有权利，即"程序先于权利"。

从13世纪始到19世纪司法改革止，程序形式一直主导着普通法思维。③就法院而言，只有在已经形成合适的程序或程序形式的情况下，当事人的权利才会变得重要，受害人才能获得恰当的救济。毋庸置疑，普通法一定先于程式诉讼存在，而且最初的救济也一定产生于某些"无严格形式的诉讼"(formless action)，正因如此，英国首席大法官霍尔特(Holt)才在1703年说：有权利必有救济。④

程式诉讼体现出权利对于救济机制的依赖（即"无救济即无权利"⑤）。普通法上的"有过错必有救济"(wherever there is a wrong there is a remedy)的理论实际上在布拉克顿时期就已成形。布拉克顿

---

① F. W. Maitland, *Equity Also the Forms of Action at Common Law: Two Courses of Lectures*, Cambridge University Press, 1929, p. 296.

② F. W. Maitland, *Equity Also the Forms of Action at Common Law: Two Courses of Lectures*, Cambridge University Press, 1929, p. 295. 原文是："So great is the ascendancy of the Law of Actions in the infancy of the Courts of Justice, that the substantive law has at first the look of being gradually secreted in the interstices of procedure."

③ Baker, J. H., *An Introduction to English Legal History*, 4th. ed., London: Butterworths, 2002, p. 53.

④ Baker, J. H., *An Introduction to English Legal History*, 4th. ed., London: Butterworths, 2002, p. 53.

⑤ "无救济则无权利"又作"救济先于权利"(Remedy Precedes Rights)或"没有救济的权利不是权利"(A right without remedy is not right)。

曾说:"每种过错都应当有相应的救济;假使某种新的过错出现了,就应当创立新的令状去满足它。"①

确实如此,如果从理论上讲,"有权利便有救济"(ubi jus, ibi remedium)。然而在普通法上,诉讼当事人的权利却依赖于他陈述的事实是否与令状名录中的范畴相一致。② 人们是选择提起这一诉讼,还是那一诉讼的问题,例如是选择提起侵害之诉(trespass)、非法侵占之诉(trover)还是简式契约之诉(assumpsit),终究是有关实体权利的问题,有关责任的问题。因此我们发现,程式诉讼实际上构建出了一幅生动的图画——从中可以看到"权利对于救济(机制)的依赖"(dependence of right upon remedy)。

程式诉讼在英国实际运用的时间达七百年之久,大约从亨利二世统治时期(1154—1189年)和爱德华一世时期(1272—1307年)开始,直到19世纪的《司法法》(Judicature Act)为止。文秘署中的《令状方式集》(Register of Writs;拉丁文 Registrum Brevium)对这些程式诉讼进行了永久的记录。亨利八世统治时期(1509—1547年),《令状方式集》首次出版印行。③《令状方式集》是旨在为文秘署职员提供有关现存

---

① Bracton, *De Legibus et Consuetudinibus Angliae*, f. 413b. (London 1878—1881)。转引自 Alison Reppy, The Development of the Common-Law Forms of Action, Part I, 22 Brook. L. Rev., 1955—1956, p. 187.

② Alison Reppy, The Development of the Common-Law Forms of Action, Part I, 22 Brook. L. Rev., 1955—1956, p. 187.

③ 除梅特兰外,霍兹沃斯在其名著《英国法学文献渊源》(*Sources of Literature of English Law*)一书第121—161页对该作品有较深入的研究。在此之后,《美国律师协会杂志》(American Bar Association Journal)1972年第58卷刊登了弗里德里克·伯奈斯·威纳(Frederick Bernays Wiener)的论文《令状方式集:普通法的播种床》(*The Register of Writs: Seed-Bed of the Common Law*),也是这一领域的一篇好文章。梅特兰在其发表于《哈佛法律评论》上的《起始令状方式集之历史》一文中说,《令状方式集》在约300年的时间里迅速得到了发展和扩展,在此期间,它的体积不断增大。在经历过快速发展之后,又过了若干年,它首次得到印行出版,即1596年的《拉斯特尔条目汇编》(*A Collection of Rastell's Entries*)。

令状之方式的一种权威汇编。它同时还为法律人了解文秘署中有多少种能供他们使用的令状打开了一扇方便之门。因此,《令状方式集》这部著作也成为确定英国法律史上各个时期存在过的令状形式的权威依据。①

梅特兰"我们虽然已经埋葬了程式诉讼,但它们仍从坟墓中统治着我们"这句名言让后世的法律人认识到,程式诉讼虽然已经死去,但在严格的程式诉讼制度下诞生的普通法无论如何摆脱不了它的萦绕。

(三) 起始令状与程式诉讼

起始令状最早实属国王的恩惠,由国王官员——文秘署署长(chancellor)及其职员(clerks)②根据案件酌量签发。而令状一经签发即形成一则先例,以后有类似的案件也就可以签发。随着王室中央集权的需要,令状的种类日益增加。起始令状后来虽曾受到1215年《大宪章》及1258年《牛津条例》等制定法的束缚,但后又有1285年《威斯敏斯特法 II》为其松绑。几经周折,令状数量的增长逐渐放缓,令状的程式(formula)逐渐定型,与此相对应,程式诉讼(forms of action)也逐渐定型化。在学术研究中,我们常把定型化了的程式诉讼称为"程式诉讼"。

最初,令状(司法命令)代表的是国王,它们的签发也是偶尔为之,大概仅旨在帮助国王的某些直接封臣。③ 但到后来,出于扩大王室法院活动的需要,令状的形式不断得到新设和扩展。在格兰威尔时期

---

① Alison Reppy, The Development of the Common-Law Forms of Action, Part I, 22 Brook. L. Rev., 1955—1956, p. 188.
② 有学者将此处的 clerks 翻译为"幕僚"。参见[日]望月礼二郎:《英美法》(新版),郭建、王仲涛译,牛豫燕校,商务印书馆2005年版,第14页。
③ Alison Reppy, The Development of the Common-Law Forms of Action, Part I, 22 Brook. L. Rev., 1955—1956, p. 186.

(Glanvill's time，1178—1184年)，三大王室法院扩大自身的趋势尚不明显,但到了布拉克顿时期(Bracton's days，1245—1267年)，王室法院扩大自身管辖权的行为就体现的十分明显了。新的程式诉讼不断创立,诚如布拉克顿所言,有多少种诉讼请求,就有多少种程式诉讼。①

原告展开诉讼的第一步就在于索得一道起始令状,他需向国王支付一笔费用,费用的多少取决于案件的损害赔偿数额的大小,二者成正比例关系。因此,这笔费用自然成为国王岁入中一个连续不断且持续增长的来源,从某种程度来说,这也可以解释王室乐此不疲地执行司法的原因。这些实践反过来可使人们去相信"国王乃正义的源泉"(fountain of justice)，同时坚信国王的令状是法院管辖权的基础。②

认识令状制度的早期发展阶段时,我们必须清楚,令状的重要性在于它为王室法院获得案件的管辖权铺平了道路。③

我们完全可以推测,在第一份起始侵害土地令状(writ of trespass quare clausum fregit)签发后,文秘署又接连若干次签发了这样的令状,它逐渐有了一种固定的程式和固定的责任理论。然而,假如申请令状之人在文秘署递交的诉求是他的牲畜已被他人强占,则第一份令状与这样的事实情形并不相符,因此,文秘署官员必须制定出一种新的令状来运用于对动产的侵害。以起始侵害土地令状(writ of trespass *quare clausum fregit*)为样板,文秘署官员很快将对于该令状中不动产的描述换成对于动产的描述,然后再将这一案件授权至合理的法院来审理。就这样,侵

---

① Alison Reppy, The Development of the Common-Law Forms of Action, Part I, 22 Brook. L. Rev., 1955—1956, p. 187.

② Alison Reppy, The Development of the Common-Law Forms of Action, Part I, 22 Brook. L. Rev., 1955—1956, pp. 192—193.

③ Alison Reppy, The Development of the Common-Law Forms of Action, Part I, 22 Brook. L. Rev., 1955—1956, p. 193.

害物品令状(writ of trespass to personalty,也称为 writ of trespass *de bonis asportatis*)应运而生。然后,再在上述两种令状的基础上,对语言稍加修改,就可以创制出殴击侵害令状(wirt of trespass for assault and battery)。同样道理,如果原告的诉求是被告未能向其按时归还到期的债务,违反了盖印合同的条款,则原告可获得的唯一救济就是违反盖印合同请求赔偿之诉(writ of covenant)。就这样,人类的全部活动都可以以类似的方式被包括进去,普通法中由此发展出了大量的程式诉讼,比如说,各种类型的损害,不管是由违约行为引起的损害、对人身造成的损害、还是对财产造成的损害,都可以请求到新的令状,令状一旦签发,新的权利即告产生。①

不过,也许有人会说,英国当时存在的社区法院②及领主法院数量众多,它们亦有实施不动产法的管辖权限。在某种意义上讲,这种说法是正确的。每一土地所有人都可以在其封建领主的法院就土地问题提起诉讼。如果封建领主法院有偏袒或过于软弱,则土地所有人可能选择向更高一级的法院提出诉讼。逐渐地,国王签发的令状似乎可以解决领主法院的一切问题,早期的王室会签发带有尖锐告诫意见的令状,或命令封建领主行正义之事,或到王室法院将争议的问题解释清楚。这种干涉最初属于政治干预或行政干预③。为将国王封臣的司法机器运转起来,国王会充分运用自己的影响,有时甚至以威胁的方式。这方

---

① Alison Reppy, The Development of the Common-Law Forms of Action, Part I, 22 *Brook. L. Rev.*, 1955—1956, p. 190.

② 社区法院是指中世纪英格兰中央政府在各级地方行政区设立的法院,这里包括郡法院(county court)和百户区法院(hundred court)及镇区(township)或村庄(village)的十户联保体制(frankpledge),它们代表国家的管理体制和司法管辖。薛波:《元照英美法词典》,法律出版社2003年版,第265页。

③ Theodore F. Plucknett, *A Concise History of the Common Law*, Beijing: CITIC Publishing House, 2003, p. 355.

面有盎格鲁—撒克逊的先例,早期的盎格鲁—诺曼令状无疑还延续着盎格鲁—撒克逊令状的特点。王室最容易干涉到的是普通的民事诉讼类案件;国王之诉在这一时期主要是刑事诉讼,由王座法院管辖。

当王室法院的管辖范围变得有必要扩大时,实现这一目标最为简单的方式莫过于创造出一套新的格式,因此,国王法院管辖权的早期变化与行政机构领域的扩大密切相关,行政机构正是通过创造新的行政常规而实现了自身领域的扩大。[1]

然而,假如原告希望在普通诉讼法院或位于他郡的王座法院提起诉讼,则其必须从国王的文秘署处购买一道王室令状,只有它才能正式授权诉讼程序的启动。[2] 原因如下:尽管这些王室法院早已迅速成为普通的、常设的法院,但它们在开始仍有着"无与伦比"(exceptional)的特点。[3]

国王不是仅仅运用现成的制度,而是还提供属于王室自己的新颖、独立的司法制度。王室司法在其真正成为一种"权利"(right)之前,只能算作一种替代性的司法(alternative justice),属于一种王室的"恩惠"。[4] 但这种恩惠随后几乎"惠及"到所有在王室法院提起诉讼的人,进而逐渐转变成人们的一种权利。

到13世纪时,在文秘署中,许多种令状有了共同的形式,只要购买就能签发;原告若想在威斯敏斯特的王室法院提起诉讼,购买令状仍是先决条件。[5] 签发至封建领主并在领主法院审理的、原告向其主张土

---

[1] Theodore F. Plucknett, *A Concise History of the Common Law*, Beijing: CITIC Publishing House, 2003, p. 354.

[2] Baker, J. H., *An Introduction to English Legal History*, 3rd. ed., London: Butterworths, 1990, p. 63.

[3] Baker, J. H., *An Introduction to English Legal History*, 3rd. ed., London: Butterworths, 1990, p. 64.

[4] Baker, J. H., *An Introduction to English Legal History*, 3rd. ed., London: Butterworths, 1990, p. 64.

[5] Baker, J. H., *An Introduction to English Legal History*, 3rd. ed., London: Butterworths, 1990, p. 64.

地权利的令状——"未密封权利令状"(writ of right patent),保留了行政性质令状的形式。其他一些令状,如人身保护令状、禁止令状、调卷令状,也运用这种行政形式,它们被称为"特权令状"。①

在普通法形成过程中,起始令状真正发挥重要作用是在程式诉讼被确定下来之后。一旦令状被签发,它对于将来的诉讼而言,便是一则先例。原告因此不能随意编造自己的令状,他只能或者寻找一种适合自己案件的程式(formula),或者申请国王创造一种新的形式。②

到《布拉克顿》面世时,我们发现已有大量的先例集汇(collections of precedents),我们将它们称为"令状集"(registers),它们指导着文秘署职员和正在形成的法律职业群体,到 13 世纪中期,我们发现新令状的创设几乎不受抑制,有关令状形式的令状集汗牛充栋。③《布拉克顿》意识到,必须对令状的创设进行限制,因此它说:新的令状形式(forms of writ)必须符合法律,新令状的创设必须得到咨议院(council)的批准。这就相当于说,没有立法及司法的许可,王室的管辖权不能再去延伸。④ 关于这一点,有以下史实为证。有 1244 年诉愿书(complaints)反映文秘署首长经常在有违正义或有违法律的情况下签署令状;1256 年,有一位被告请求法院拒绝接受一道令状(quash a writ),理由是它"新造令状、闻所未闻且不合常理"。1258 年《牛津条例》(*Provisions of Oxford*)制定出台,它要求文秘署首长宣誓在未经

---

① Baker, J. H., *An Introduction to English Legal History*, 3rd. ed., London: Butterworths, 1990, p. 64.

② Baker, J. H., *An Introduction to English Legal History*, 3rd. ed., London: Butterworths, 1990, p. 65.

③ Baker, J. H., *An Introduction to English Legal History*, 3rd. ed., London: Butterworths, 1990, pp. 65—66.

④ Baker, J. H., *An Introduction to English Legal History*, 3rd. ed., London: Butterworths, 1990, p. 66.

国王咨议会的同意下，不得签发没有先例的令状。① 在这一时期之后，虽然议会偶尔也会批准几则新的令状，但令状的种类基本上固定了下来。这带来了十分重大的变化。寻找合适的令状形式已不仅是一致与否或例行公事的问题了，假如原告无法在令状集中找到合适的令状，那么他就无法在普通诉讼法院及王座法院等两大王室法院(two benches)获得救济。我们并不能说，原告再也无法获得救济。因为王室法院并无排他性的管辖权，它们甚至没有"全面的管辖权"。

普通法的令状在某种意义上，几乎像"十诫"或"十二铜表法"那样，逐渐被视为法律本身赖以产生的基本渊源。因为普通法范围内的变化机制，一直允许一种令状发挥以前由另一种令状发挥的作用，所以，普通法的全部进程后来被看作是在"程式诉讼"之间的令人难以理解的相互作用。②

二、程式诉讼产生的背景及其发展

(一) 程式诉讼产生的法律背景

正如令状的制定是国王法院与地方领主法院斗争后折衷的结果，并无多少科学的设计一样，我们须清楚的是，普通法上的程式诉讼机制

---

① Baker, J. H., *An Introduction to English Legal History*, 3rd. ed., London: Butterworths, 1990, p. 66.

② [美]S. F. C. 密尔松：《普通法的历史基础》，李显东，高翔，刘智慧，马呈元译，中国大百科全书出版社1999年版，第27页。这段经典评述虽然出自密尔松的大作《普通法的历史基础》，但似乎是密尔松援引梅特兰的一段话。然本书作者按图索骥，照着密尔松的参考文献——F. W. Maitland, *The Forms of Action at Common Law* 遍寻之后，仍未找到梅特兰就此比拟的只言片语。当然，密尔松本人实际上并不认同这段话，他的本意是为了证伪梅特兰著作中的这一"经典论述"（如果确实有这一句话）。因为他接下来说："其实普通法的发展并非如此，它是人类思想的直接产物。"

也不是由法学家们刻意设计出来的,而是自然生成的。①

国王会议或王廷在最初仅是国王的私人财产,它们起初既非全国性机构,也非常设性的国家机器。诺曼征服前,英格兰主要是通过地方的习惯法调整,而执行习惯法的是地方的百户区法院及郡法院。征服者威廉在注意到这些情形之后,在政治上重组整个国家的同时,开始创建一个高一级的法院体系,即王室法院体系。创建王室法院的初衷就在于提供更公正的司法,在诉讼当事人不满地方法院的裁决时,能够找到一处更高级的法院来修正地方法院的判决。可以这样说,王室法院体系在经过征服者威廉(1066—1100年)本人、其子亨利一世(1100—1135年)、其外孙亨利二世(1154—1189年)及爱德华一世(1272—1307年)几代国王的努力下,基本建立了起来,英国到此基本实现了司法的中央集权化。②

在普通法上,诉讼可在三大王室法院通过起始令状或诉状来提起,这三大王室法院分别是:王座法院、财政署法院及普通诉讼法院,每个法院都由四名法官主持。在王座法院和普通诉讼法院,诉讼可以通过起始令状也可以通过诉状来启动;而在财政署法院,案件最初只能通过诉状来启动。③

三大法院的管辖权限如下:王座法院负责管辖刑事案件、近似于刑事案件的侵权案件及其他与王室有关的案件(税收案件除外);财政署法院负责管辖与税收有关的案件;普通诉讼法院负责处理一般的臣民

---

① Thomas Atkins Street, *Foundations of Legal Liability*, c. II, Northport, 1906, p. 37. 转引自 Alison Reppy, The Development of the Common-Law Forms of Action, Part I, 22 *Brook. L. Rev.*, 1955—1956, p. 180.

② Alison Reppy, The Development of the Common-Law Forms of Action, Part I, 22 *Brook. L. Rev.*, 1955—1956, pp. 184—185.

③ Alison Reppy, The Development of the Common-Law Forms of Action, Part I, 22 *Brook. L. Rev.*, 1955—1956, p. 185.

与臣民间的民事案件,即所谓的"普通诉讼"(拉丁文 communia placita,英文 common pleas)。①

三足鼎立的局面形成后,三大法院之间实际上存在着管辖权争夺的竞争关系。王座法院通过运用"拟制"这一法律技术——虚假的侵害指控,在牺牲掉其他两大法院利益的情况下,扩大了自身的管辖权限,从而实现了对所有对人诉讼(personal actions)的管辖权。通过类似的方法,财政署法院也开始对"对人诉讼"案件具有了管辖权限。但是王座法院和财政署法院的管辖权限都没有扩展至不动产诉讼(real action)和混合诉讼(mixed action)案件。同时,普通诉讼法院的管辖权限也在扩大,它可以管辖臣民与臣民之间的一切案件,包括不动产诉讼、混合诉讼及对人诉讼等全部民事案件,例如,通过权利令状提起的"所有权诉讼"(proprietary action)和"回复占有诉讼"(possessory assizes),通过进占令状(writs of entry)、强占令状(writs of entry and forcible detainer)提起的诉讼,以及更为现代的账目之诉(action of account)②、违反盖印合同请求赔偿之诉(action of covenant)、金钱债务之诉(action of debt)和请求返还扣留财物之诉(action of detinue),等等。③

---

① Alison Reppy, The Development of the Common-Law Forms of Action, Part I, 22 Brook. L. Rev., 1955—1956, p. 185.

② 账目之诉(account)是特别值得研究的一种严格程式诉讼,因而它的历史应值得更多的关注。它在13世纪以后的诉讼卷宗(plea rolls)中开始出现。在形式上看,它属于"指令交付令状"(praecipe quod reddat),最初,该令状用于庄园领主(lord of manor)及其"执行管家"(bailiff)之间,为的是强制后者对庄园的整个收益作出解释。但是"执行官家"一词的含义逐渐发生了转变,到14世纪末期,账目之诉(account)还可用于针对某些特定类型的"受托人"(bailees),他们也被描述成为一种"执行官家"。毋庸置疑,这种转变与账目之诉(account)最早可以用于合伙人之间这一事实有关。参见 Theodore F. Plucknett, A Concise History of the Common Law, Beijing: CITIC Publishing House, 2003, p. 365.

③ Alison Reppy, The Development of the Common-Law Forms of Action, Part I, 22 Brook. L. Rev., 1955—1956, p. 185.

因此,可以这样讲,国王法院在这一时期正在经历阵痛——它孕育的"有严格程式诉讼的程序制度"即将分娩,而这种严格的程式诉讼最终意在被用于建立一个具有广阔的、一般的、全国性管辖权的王室法院,以此达到王室法院可就每一个过错给予诉讼当事人以一个救济的目的。① 这种类型的活动主要集中于民事诉讼(civil pleas)或称为普通诉讼(common pleas)案件,而有关王室诉讼(主要是刑事案件)则主要依赖于地方权力机关所掌控的程序制度。这些民事案件基本上无一例外地与土地有关,在封建制度下,王室所主要关心的问题就是牢牢地掌握住土地,因此,调整土地的法律最终也就顺理成章地成为整个王国的普通法(common law of the land)。一般而言,这些问题也有可能通过地方法院来解决,在封建法院势力弱小、偏袒一方或者贪赃舞弊时,则国王可以通过文秘署签发一道令状,或直接命令封建领主依令状的指示公正执法,或要求其在指定日期出席国王法院并陈述其为何不遵守国王令状的原因。在最初,这样的干涉在性质上讲基本上是行政性的,而且国王的这种命令也主要旨在使地方领主的司法机器发动起来,这里面既有盎格鲁—撒克逊令状的影响,也有盎格鲁—诺曼令状的影子。②

此外,根据征服者威廉于 1072 年颁布的《征服者威廉条令》(*Ordinance of William the Conqueror*),教会法院与普通法法院正式分离。这一法令不仅对有关继承的实体法和程序法影响重大,更为重要的是,它赋予了普通法法院对"自由保有地产"(freehold estates)案件的管辖权,它直接影响到普通法诉讼在日后的划分——即不动产诉讼(realaction)、

---

① Alison Reppy, The Development of the Common-Law Forms of Action, Part I, 22 *Brook. L. Rev.*, 1955—1956, p. 188.

② Alison Reppy, The Development of the Common-Law Forms of Action, Part I, 22 *Brook. L. Rev.*, 1955—1956, pp. 188—189.

对人诉讼(personal action)及混合诉讼(mixed action)。[1]

(二) 程式诉讼在英国的发展

程式诉讼在英国的发展大概经历了以下五个时期。

1. 第一时期(1066—1154年)

第一个发展时期是在1066—1154年,是程式诉讼的萌芽时期。在这一阶段,王国内发生的案件主要在地方法院审理。由于这一时期的令状多为行政令状,司法化的令状运用并不常见。国王法院仅对下述案件有管辖权:刑事诉讼案件(pleas of crown)、直属封臣间的诉讼(suits between tenants in capite)以及地方法院未能公正裁决的案件。

2. 第二时期(1154—1189年)

第二时期是在亨利二世统治时期,即1154—1189年。在格兰威尔时期,对人诉讼主要是在地方法院进行。[2] 但到这时,很显然的是,国王法院开始梦想拥有对土地的一般管辖权,而无需理会当时现存的封建领主法院。

在这一时期,亨利二世还制定出下列原则:(原告)未有王室令状的,任何人无须为其占有的自由保有地应诉。[3] 任何人的自由保有地在未经审判的情况下被不正当剥夺的,有权在王室法院进行审判。[4]

---

[1] Alison Reppy, The Development of the Common-Law Forms of Action, Part I, 22 Brook. L. Rev., 1955—1956, p. 184.

[2] F. W. Maitland, *Equity Also the Forms of Action at Common Law: Two Courses of Lectures*, Cambridge University Press, 1929, p. 332.

[3] F. W. Maitland, *Equity Also the Forms of Action at Common Law: Two Courses of Lectures*, Cambridge University Press, 1929, p. 315.

[4] F. W. Maitland, *Equity Also the Forms of Action at Common Law: Two Courses of Lectures*, Cambridge University Press, 1929, p. 316.

这就意味着,在地方法院进行的有关自由保有土地的诉讼,全部需由国王令状来启动。① 此外,亨利二世新创了若干种新的程式诉讼,它们也明显冲击了领主的地位。②

第二时期是程式诉讼得到极大发展的重要时期。在这一阶段,亨利二世的司法长官格兰威尔完成了被人们称为《格兰威尔》(Glanvill)的《英格兰王国的法和习惯》。在这之后,令状有了明确不同的形式,每一种令状用来开始一种特定形式的诉讼。③ 因为原告在申请令状的过程中,许多控告的内容基本相似,所以各种令状的文本很快就被标准化了,所要做的不过是填上当事人的姓名和地址,法律职业者都熟知它,简称"程式诉讼"(forms of actions,本书译作"程式诉讼")。④

当原告向文秘署申请起始令状时,他必须选择同自己案件合适的正确的令状。在选择令状形式问题上,他完全自担风险,如果他选择了错误的令状形式,无论他的诉愿有多么正确,他都无法胜诉。

波洛克和梅特兰在论述令状程序的选择时,曾拿兵器厂(armory)打过比方:"兵器厂里有中世纪时期各式各样的武器,有双手剑(two handed sword),当然也有强化匕首(poignard)。但对于一位同邻居发生冲突之人,他只能选择一样适合自己的武器。虽然选择的面很广,但他必须记住,在决斗的过程中无法更换武器。每个武器都各有所长,无可替代。选择了利剑,就必须遵守舞剑的规则,绝不能拿着弩弓当狼牙

---

① F. W. Maitland, *Equity Also the Forms of Action at Common Law*: *Two Courses of Lectures*, Cambridge University Press, 1929, pp. 316—317.

② Theodore F. Plucknett, *A Concise History of the Common Law*, Beijing: CITIC Publishing House, 2003, p. 357.

③ F. W. Maitland, *Equity Also the Forms of Action at Common Law*: *Two Courses of Lectures*, Cambridge University Press, 1929, p. 315.

④ [德]K. 茨威格特、H. 克茨:《比较法总论》,潘汉典、米健、高鸿钧、贺卫方译,法律出版社2003年版,第276页。

棒来使唤。"①

3. 第三时期(1189—1272年)

程式诉讼发展的第三时期是在1189—1272年,是程式诉讼的高速发展时期。在这83年间,英国先后迎来了理查德、约翰和亨利三世等三位国王。当然令状(writs "de cursu")在这一时期得到飞速发展;《令状方式集》也在这一时期形成。②

程式诉讼的黄金时代出现在亨利三世统治时期(1216—1272年)的后期。③在这一时期,程式诉讼的数量最多,但在这之后,不动产诉讼呈现出衰落趋势,普通法创造新程式诉讼的权力也基本丧失。

亨利三世是约翰王的儿子,他的统治时期虽然较长,但由于其继位时年幼,政府权力主要由大贵族马歇尔河德布尔代掌。因此亨利三世并不是一位强势的国王;相反,贵族的势力在这一时期十分强大。④ 在这种背景下,1258年国王被迫召开牛津大会,并通过了《牛津条例》(*Provisions of Oxford*)。《牛津条例》首次提出了定期召开议会的原则,在该《条例》的影响下,文秘署仅保留了十分有限的令状创制权。令状创制权实际上从文秘署转移到了议会手中。

与亨利二世去世前简单的局面相较而言,这一时期的英国不动产诉讼出现了混乱局面。"进占土地之诉"⑤的起源是回复占有权诉讼,

---

① Sir Frederick Pollock & Frederick William Maitland, *The History of English Law Before the Time of Edward* II, c. IX., London: Cambridge University Press, 1895, p. 559.

② F. W. Maitland, *Equity Also the Forms of Action at Common Law*: *Two Courses of Lectures*, Cambridge University Press, 1929, p. 335.

③ Alison Reppy, The Development of the Common-Law Forms of Action, Part I, 22 *Brook. L. Rev.*, 1955—1956, p. 205.

④ 参见阎照祥:《英国史》,人民出版社2003年版,第86—89页。

⑤ 布莱克斯通认为,"进占土地之诉"的历史比 the assizes 的历史久远。参见 F. W. Maitland, *Equity Also the Forms of Action at Common Law*: *Two Courses of Lectures*, Cambridge University Press, 1929, p. 339.

但是，在实践中，它们又属于确立所有权诉讼。①

在这一时期，在确立所有权之诉（proprietary actions）与回复占有权诉讼（possessory actions）之间，形成了第三种"进占土地之诉"（Writs of Entry）。权利人可据此主张被告的权利有瑕疵。进占土地令状数量众多，最初有"亲等"（degrees）的限制，但 1276 年的《马桥法》②（*Statute of Marlbridge*）废除了这一限制。③

《马桥法》禁止领主在未取得国王令状的情形下，扣押自由地产保有人（freeholders）并强迫他们就其完全保有地产（freeholds）诉讼或其它与完全保有地产有关的财产诉讼作出答辩。

4. 第四时期（1272—1307 年）

程式诉讼发展的第四时期是在 1272—1307 年，是程式诉讼的定型阶段。1272—1307 年是爱德华一世的在位时期，爱德华一世被誉为英国的优士丁尼皇帝（the English Justinian）。

在英国历史上，爱德华一世被列入伟人之列，但后人对他褒贬不一。赞美者说他身材魁梧、性格倔强、敏于思考、手段灵活、口吃而不失为善辩，他是英勇的武士、法律的制造者、弱者权利的维护者，在位期间使英国成文法和议会得到良好发展。反对者则称他狂妄自大、无法无天、生性残暴，认为他的权力是没有什么法律界限的。④

令状制作程序大约在 13 世纪末时走到了终点。也许是因为普通

---

① F. W. Maitland, *Equity Also the Forms of Action at Common Law*：*Two Courses of Lectures*, Cambridge University Press, 1929, p. 338.

② 也称为《马尔伯勒法》（*Statute of Marlborough*）；1267 年通过，肯认了《大宪章》和《森林宪章》（*Charta de Foresta*），对某些地产保有形式及一些程序问题作了规定。本法的名称源于通过该法的议会是在马桥（Marlbridge；Marlebridge）举行。参见薛波：《元照英美法词典》，法律出版社 2003 年版，第 1290 页。

③ F. W. Maitland, *Equity Also the Forms of Action at Common Law*：*Two Courses of Lectures*, Cambridge University Press, 1929, p. 336.

④ 参见阎照祥：《英国史》，人民出版社 2003 年版，第 90—91 页。

法法院的法官们已经丧失了创造力,也许是因为新建立的议会妒嫉这一程序,议会认为,签发新的令状就意味着宣布新的法律。这一时期救济的形式开始由议会及制定法来规定,新型程式诉讼的创制主要由制定法来完成。综上,在程式诉讼发展的第四时期中,我们必须要提及的是 1285 年的《威斯敏斯特法 II》①(Statute of Westminster the Second)。

1285 年,负责制定新法的议会出台了《威斯敏斯特法 II》,它规定了一个权宜之策,允许"文秘署"以类似的方式制定新令状,此时的"文秘署"尚不是法院。对于一个不断发展的国家来说,这一规定绝不是长久之计。后来的贵族进一步向国王提出申请:对于普通法中没有提供救济的案件,交由"文秘署"来处理。如果国王认为是关于立法的,可将事情交由咨议会(Council)处理,并最终提交议会;如果是关于"恩典"的事情,国王应交给自己的"大法官"(Chancellor)来处理。②

大法官是"文秘署"的首长,同时担任牧师司祭(an ecclesiastic),因此,具有双重优势来审视普通法是否提供了合适的令状,如果不合适,在国王"良心"的支配下,又可以提供别的什么样的合适救济。渐渐地,这一做法被正式确定了下来。对于原告的"请愿"或"诉状",被告可以甚至是必须进行宣誓答辩;当事人也可以相互盘问。一代代的大法官在沿袭前任的做法时,亦宣布他们自己新的规则。衡平法院除处理诉讼事务,还新增了大量的行政职责。它负责管理未成年人的地产,对债务人和受托人进行评估,确定不动产遗产继承纠纷中的继承顺序。有时,衡平法院还会协助普通法法院的诉讼。而有时,衡平法院会限制当事人自由,

---

① 《威斯敏斯特法 I》于 1275 年颁布,是《大宪章》的补充;《威斯敏斯特法 II》于 1285 年颁布,主要内容为附条件赠与。《威斯敏斯特法 III》于 1290 年颁布,规定封地可自由买卖;《威斯敏斯特法 IV》于 1931 年颁布,规定大不列颠及自治领享有平等地位,都是英联邦的成员。

② Edward Jenks, *Law and Politics in the Middle Ages*, London: John Murray, Albemarle Street, 1919, p. 143.

并宣布普通法法院的诉讼无效。以"衡平"或"良心"的名义,衡平法院自始至终都保持着"非常法院"(extraordinary tribunal)的特点。①

英国衡平法院存在的原因正在于英国法的极端程式主义(formalism),这一点毋庸置疑。程式主义或僵化并不是普通法的缺点,因为它们有着明显的优点:它能反对国王行政权力的恣意干涉,也可以抵制外国法律的渗透。但是,程式主义同时也伴随着危险。一个国家要不断再制定新的法律,首先必须有宣布过的新法。在14世纪时期属于条顿人的欧洲,英国是唯一一个拥有较完善的立法组织的国家,也是唯一一个发展出这种特殊的"造法法院"(law-declaring court)的国家。在中世纪晚期,英国的经济发展态势迅猛,它的增长速度之迅猛,甚至让议会无法跟得上它的发展,这就是我们的结论。好在衡平法院在英国法发展与改革过程中,起到了宝贵、独特的作用,研究英国法制史的学者没人会怀疑这一点。②

5. 第五时期(1307—1833年)

1307年爱德华一世去世,英国第一个伟大的立法时代也告结束。③程式诉讼在此之后逐渐开始衰落。爱德华一世之后,程式诉讼的发展主要集中在类案侵害之诉(Case)、驱逐之诉(ejectment)、默示简式契约之诉(general assumpsit)和明示简式契约之诉(special assumpsit)等几种形式之上。

这些程式诉讼对合同法、财产法及侵权行为法的发展做出了不朽的贡献。一方面,我们可将这一时期程式诉讼的发展仍看作是程式诉

---

① Edward Jenks, *Law and Politics in the Middle Ages*, London: John Murray, Albemarle Street, 1919, p. 144.

② Edward Jenks, *Law and Politics in the Middle Ages*, London: John Murray, Albemarle Street, 1919, p. 145.

③ Alison Reppy, The Development of the Common-Law Forms of Action, Part I, 22 *Brook. L. Rev.*, 1955—1956, p. 205.

讼具有生命力、活力的证据,它们确实推动了实体法的发展;但从另一方面来看,它们则也可被视作"严格程式诉讼制度"的真正衰落,因为令状的运用已经开始背离它们最初被制作的初衷,而且它们只有在借"拟制"(fiction)这一法律手段时才得以运行。①

19世纪,普通法进行了大规模的改革运动。在这次改革中,令状制度几乎被英国法所抛弃。改革所颁布的一系列制定法,不断对令状制度进行修正,直到《司法条例》废除了令状制度。② 或许这是真理:任何事物在使命已经完成时,必须退出历史舞台。到1830年,许多程式诉讼宣告完成了自己的历史使命并被废止或"被埋葬"。

1832—1875年程式诉讼遭废除的主要几步。首先,1832年《统一程序法》废除了对人诉讼的各种令状格式,代之以统一的令状格式。接着1833年《不动产实效法》,几乎废除了所有的不动产令状制度,但由于几种重要的不动产诉讼格式仍未被废除,所以收效不大。但《普通法诉讼条例》(1852—1860年)几乎将令状制度扫荡一空。1873—1875年的《司法条例》再一次清除了英国法中尚剩余的一些令状。③

三、程式诉讼的分类

(一) 不动产诉讼、对人诉讼与混合诉讼

按照诉讼的性质不同,我们常将普通法中的程式诉讼(Form of

---

① Alison Reppy, The Development of the Common-Law Forms of Action, Part I, 22 Brook. L. Rev., 1955—1956, pp. 205—206。另参见:F. W. Maitland, *Equity Also the Forms of Action at Common Law: Two Courses of Lectures*, Cambridge University Press, 1929, pp. 300—301.

② 郑云瑞:"英国普通法的令状制度",载《中外法学》1992年第6期。

③ 参见郑云瑞:"英国普通法的令状制度",载《中外法学》1992年第6期。

Action in the Old Common Law of England)分为"不动产诉讼"、"对人诉讼"及"混合诉讼"等三类。布莱克斯通在《英国法释义》第 III 卷中对这三类诉讼的定义分别是：

不动产诉讼（real actions）也称为对物诉讼（feodal actions），只同不动产有关，在不动产诉讼中，原告①主张其对某一土地或保有地（tenements）、租地（rents）、公地（commons）或其他非限嗣可继承地产、限嗣可继承地产及终身保有地产享有所有权。②

对人诉讼（personal actions）是指权利人提起的债务诉讼、个人责任诉讼或替代它们的损害赔偿金诉讼；人身或财产受到损害之人提起的损害赔偿诉讼也属于对人诉讼。前者属于由违约行为引起的诉讼，而后者属于由侵权行为或过错引起的诉讼。对人诉讼中的合同之诉全部是建立在债务或允诺之上的诉讼；而对人诉讼中的侵权之诉则均是侵害之诉、妨害之诉、殴击之诉、诽谤之诉等。③

混合诉讼是指兼有上述两类诉讼性质的诉讼，在混合诉讼中，原告既主张不动产权利，又因受到损害而主张人身损害赔偿。以毁地之诉（action of waste）为例，对土地享有剩余地产继承权或复归权（who hath the inheritance in remainder or reversion）之人，可凭此诉讼对荒芜土地之终身保有人（tenant for life who hath committed waste therein）提起诉讼，原告不但可以恢复占有被荒芜之土地，还可以依据 1278 年的《格罗塞斯特法》（*Statute of Gloucester*）获得三倍的损害赔偿金（treble damages），前一个诉求可使该诉讼归不动产诉讼，但后一个诉

---

① 不动产诉讼中的原告称作"demandant"。
② Roscoe Pound, *Readings on the History and System of the Common Law* (2d ed.), 1913, p. 350.
③ Roscoe Pound, *Readings on the History and System of the Common Law* (2d ed.), 1913, p. 350.

求又可使本诉讼归于对人诉讼。两个诉求出现在了同一诉讼之中,兼具不动产诉讼和对人诉讼的性质,故而被称为混合诉讼。①

但是,在不同历史时期的英国法学家的笔下,具体的分类还会略有差异,正如梅特兰所言:布拉克顿称为"对人诉讼"的可能会被布莱克斯通称为"不动产诉讼"或"混合诉讼"。②《元照英美法词典》中对程式诉讼的分类如下表所示:③

英格兰普通法中的程式诉讼		
不动产诉讼(real action)	自由继承地产之诉(action of right proper)	
	赠与地产与遗孀地产之诉(action of right in their nature)	
	进占土地之诉(action of entry)	
	无形可继承财产之诉(action as to interests in land)	
	妨害之诉(action of nuisance)	
	毁地之诉(action of waste)	
对人诉讼(personal action)	合同之诉	允诺契据之诉④((action of) covenant)*
		简式契约之诉⑤((action of) assumpsit)*
		金钱债务之诉((action of)debt)*
		告知理由之诉(scire facias)
		账目之诉((action of)account)
		土地年金之诉((action of)annuity)
		侵害之诉⑥((action of) trespass)*
		类案之诉((action on the)case)*
		非法侵占之诉((action of) trover)*

---

① Roscoe Pound, *Readings on the History and System of the Common Law* (2d ed.), 1913, pp. 350—351.

② F. W. Maitland, *Equity Also the Forms of Action at Common Law: Two Courses of Lectures*, Cambridge University Press, 1929, p. 301.

③ 参见薛波:《元照英美法词典》,法律出版社 2003 年版,第 573 页。

④ 本书译为"违反盖印合同请求赔偿之诉"。

⑤ 又分为默示简式契约之诉(general assumpsit)和明示简式契约之诉(special assumpsit)。

⑥ 又分为侵害土地之诉(trespass quare clausum fregit)和侵害物品之诉(trespass de bonis asportatis)。

第五章 程式诉讼:司法化令状的具体运用

英格兰普通法中的程式诉讼		
	侵权之诉	请求返还扣留财物之诉((action of) detinue)*
		侵占财物之诉①((action of) replevin)*
		重新抗辩之诉(audita querela)
		共谋之诉(action for conspiracy)
		包诉之诉(action for champerty)
		陪审团裁定之诉(action for attaint)
		十倍罚金之诉(decies tantum)
		诈欺之诉(deceit)
混合诉讼(mixed action)		驱逐之诉(ejectment)*
		逐出租地之诉(ejectione firmae)

本书作者在详细考察大量英文原始文献后,对上表做出如下增删,并对部分译名进行了修改。见下修订表:

英格兰普通法中的程式诉讼:修订表			
不动产诉讼/real action	最早的不动产诉讼/Ancient Real Actions	确立所有权的不动产诉讼/Proprietary Real Actions	未密封权利令状/The Writ of Right Patent
			直属封臣权利令状/The Writ of Right Praecipe in Capite
			保证合理份额的权利令状/The Writ of Right de rationabili parte
			恢复圣职推荐权令/The Writ of Right of Advowson
			寡妇地产权利令状/The Writ of Right of Dower
			取得亡夫遗留地产令状/The Writ of Dower Unde nihil habet
			限嗣土地受赠人令状/The Writ if Formedon
		回复占有权的不动产诉讼	新近侵占土地之诉/The Assize of *Novel Disseisin*
			妨害之诉/The Assize of Nuisance
			最终圣职推荐权之诉/The Assize of *D'arrein Presentment*

---

① 本书翻译为"收回非法扣留动产之诉"。

英格兰普通法中的程式诉讼：修订表			
不动产诉讼/real action	最早的不动产诉讼/Ancient Real Actions	/Possessory Real Actions	地产性质之诉/The Assize of *Juris Utrum*
			收回继承地之诉/The Assize of Mort d'ancestor
			基于强占的进占令状/The Writ of Entry sur disseisin
			基于转让的进占令状/The Writ of Entry sur alienation
			基于非法侵入的进占令状/The Writ of Entry sur intrusion
			基于终止的进占令状/The Writ of Entry sur abatement
			租期届满回复土地进占令/The Writ of Entry Ad Terminum qui praeteriit
			禁止租期内逐出承租人令/The Writ of Quare ejecit infra terminum
			妨碍圣职推荐令/The Writ of Quare impedit
			禁止毁损土地令/The Writ of Waste
			驱逐租地人之令/The Writ of De ejectione firmae
			欺诈令状/The Writ of Deceit
			土地分割令/The Writ of Partition
			强行侵入并霸占/Forcible Entry and Detainer
	近代的不动产诉讼/Modern Real Actions	逐出租地赔偿之诉/The Action of Ejectment	
		收回不动产并要求损害赔偿之诉/The Action of Trespass to Try Title	
		进占令状/Writs of Entry	
		强占令状/Writs of Disseisin	
		取得亡夫遗留地产诉讼/Dower	
		土地分割诉讼/Partition	
		强行侵入并霸占/Forcible Entry and Detainer	

英格兰普通法中的程式诉讼:修订表		
对人诉讼/ personal action	合同之诉 (Actions Ex Contractu) (用于获得 损害赔偿 金)	金钱债务之诉(Debt)
^	^	违反盖印合同请求赔偿之诉(Covenant)
^	^	账目之诉(Account)
^	^	明示简式契约之诉(Specific Assumpsit)
^	^	默示简式契约之诉(General Assumpsit)
^	^	土地年金之诉((action of)annuity)
^	^	告知理由之诉(scire facias)
^	侵权之诉 (Actions Ex Delicto) (用于获得 损害赔 偿金)	侵害之诉①((action of) trespass)*
^	^	类案之诉((action on the)case)*
^	^	非法侵占之诉((action of) trover)*
^	^	请求返还扣留财物之诉((action of)detinue)*
^	^	侵占财物之诉②((action of) replevin)*
^	^	驱逐之诉(ejectment)*
^	^	重新抗辩之诉(audita querela)
^	^	共谋之诉(action for conspiracy)
^	^	包讼之诉(action for champerty)
^	^	陪审团裁定之诉(action for attaint)
^	^	十倍罚金之诉(decies tantum)
^	^	诈欺之诉(deceit)
混合诉讼/ mixed action	逐出租地之诉(ejectione firmae)	
^	毁地之诉(action of waste)	

1. 古代不动产诉讼(Ancient Real Actions)

根据恢复物的性质,古代不动产诉讼又分为两大类。第一类是仅用于恢复土地或可继承无形资产(incorporeal hereditament)的诉讼,这类诉讼被称为严格的"不动产诉讼"(real actions)。第二类是用于获得损害赔偿金以及恢复土地或可继承无形资产的诉讼,这类诉讼被称

---

① 又分为侵害土地之诉(trespass quare clausum fregit)和侵害物品之诉(trespass de bonis asportatis)。
② 本书翻译为"收回非法扣留动产之诉"。

为"混合诉讼"(mixed actions)。这两类诉讼都被归为广义上的"不动产诉讼",这是因为这些诉讼的主要目的在于恢复自由保有地产,而获得损害赔偿金仅是次要目的,所以,严格的不动产诉讼和混合诉讼都被视为不动产诉讼。① 如今,我们把严格的不动产诉讼和混合诉讼区分了开来。

严格的不动产诉讼后来又分为两种,一种是"确立所有权的不动产诉讼"(Proprietary Real Actions),一种是"回复占有权的不动产诉讼"(Possessory Real Actions)。②

要想了解法律史上为何会有这样的分类,我们首先须清楚两个概念,一是"调查"(inquisition),二是"裁断"(recognition)。案件若是采用"调查"的方法,充当事实真相"调查官"(inquisitors)的是法院本身,而案件若采用"裁断"的方法进行,则对于事实的"询问"(inquiry)是由一组被挑选出的男子来展开的,他们并非法院的常规组成人员。③

根据比奇洛(Bigelow)的研究④,庄园法院或郡法院中最早审判的就是确定所有权的案件,从记录最早的签发至郡长或国王其他官员的令状——十分近似于后来的"新近侵占土地令状"(Writ of *Novel Disseisin*)——来看,原告控诉自己的土地被不正当地强占(unjustly disseised),这些令状要求上述官员在被告提出辩护事由时(即不遵守令状中指令的情况下)审理案件。但这类审判与后期的由"新近侵占土地令

---

① Alison Reppy, The Development of the Common-Law Forms of Action, Part II, 23 *Brook. L. Rev.*, 1956—1957, p. 39.

② Alison Reppy, The Development of the Common-Law Forms of Action, Part II, 23 *Brook. L. Rev.*, 1956—1957, p. 40.

③ Alison Reppy, The Development of the Common-Law Forms of Action, Part II, 23 *Brook. L. Rev.*, 1956—1957, p. 40.

④ Bigelow, *History of English Procedure*, c. IV, Boston 1880. p. 151. 转引自 Alison Reppy, The Development of the Common-Law Forms of Action, Part II, 23 *Brook. L. Rev.*, 1956—1957, p. 40.

状"(Writ of Novel Disseisin)指定的审判并不相同,因为令状中并未交待郡长必须依某种"裁断"(recognition)的方法或其他审判模式来审理案件。所以审判的方式可能靠"决斗断讼法"(trial by battle)来进行,也有可能依"调查"(inquisition)、"当事方证人"(party-witness)或"裁断"(recognition)等方式来展开。而不管采用哪一种形式,法院需弄清楚的就是一个事实问题:原告在某一特定时日是否确实占有(in peaceable possession)争议的土地? 被告是否强占了这一土地?①

比奇洛(Bigelow)认为,这些早期用于审理不动产产权的令状与格兰威尔时期的"新近侵占土地令状"(Writ of Novel Disseisin)相关,但不同的是,"新近侵占土地令状"(Writ of Novel Disseisin)增加了"举行裁断的传唤"(summons of the recognition)②,即审判的方式被确定了下来,且最终被所有的"回复占有权的诉讼"(Possessory Actions)所采用。③

根据比奇洛的观点,这一变化可能同12世纪意大利法学家、罗马法教授瓦卡留斯(Vacarius)在牛津大学讲学(约1149年④)有关,称得上是罗马法在英国的影响。瓦卡留斯依《学说汇纂》(Digest)和《优士丁尼法典》(Code)为蓝本,共写出9部著作,其中就有关于"诉讼和债"(De actionibus et obligationibus)的论述,并将诉讼分为不动产诉讼、对人诉讼及混合诉讼。⑤ 根据比奇洛(Bigelow)的观点,法学家瓦卡留

---

① Alison Reppy, The Development of the Common-Law Forms of Action, Part II, 23 Brook. L. Rev., 1956—1957, p. 40.

② Bigelow, History of English Procedure, c. IV, Boston 1880. pp. 173—174。转引自 Alison Reppy, The Development of the Common-Law Forms of Action, Part II, 23 Brook. L. Rev., 1956—1957, p. 40.

③ Alison Reppy, The Development of the Common-Law Forms of Action, Part II, 23 Brook. L. Rev., 1956—1957, p. 40.

④ 这一时期正值斯蒂芬乱政时期(1135—1154年)。

⑤ Alison Reppy, The Development of the Common-Law Forms of Action, Part II, 23 Brook. L. Rev., 1956—1957, p. 41.

斯(Vacarius)在讲授这一题目时,一定注意到了教会法中有关"确认所有权之诉"(petitory actions;proprietary actions)同"回复占有权之诉"(possessory actions)区分十分重要,是个无法绕过去的问题。①

(1)确立所有权诉讼(Proprietary Actions)

在普通法发展初期,不动产上的完整权利包括基本的所有权(ultimate right of property)、占有权(right of possession)以及实际占有权(actual present possession)。② 因为所有权(right of property)和占有权(right of possession)有可能不在一人身上,而实际占有权(actual possession)可能由第三人享有,所以实际占有权被认为是有别于所有权(right of property)和占有权(right of possession)的另外一种权利。

如果某一对于土地享有完整所有权之人被剥夺了实际占有(dispossesses),则他丧失了全部权利中的一个有机部分。也就是说,他只剩下了两种权利——所有权(right of property)和占有权(right of possession)。

《大宪章》颁布后,从理论上讲,确立所有权的诉讼(proprietary actions)均需在地方的领主法院来审理;只有被告是国王的直属封臣(tenant in chief)时,案件才可以在国王法院来审理。③ 确立所有权诉

---

① Alison Reppy, The Development of the Common-Law Forms of Action, Part II, 23 Brook. L. Rev., 1956—1957, p. 41. 梅特兰认为,新近侵占土地之诉(The Assize of *Novel Disseisin*)、收回继承地之诉(The Assize of *Mort d'ancestor*)、最终圣职推荐权之诉(The Assize of *D'arrein Presentment*)等三大回复土地占有诉讼(The Three Possessory Actions),可追溯至罗马法中的禁令制度(Roman interdict)。此外还有地产性质之诉(The Assize of *Juris Utrum*),最后转变为"堂区主持牧师权利令状"(the parson's writ of right)。参见 F. W. Maitland, *Equity Also the Forms of Action at Common Law; Two Courses of Lectures*, Cambridge University Press, 1929, pp. 321—326.

② Alison Reppy, The Development of the Common-Law Forms of Action, Part II, 23 Brook. L. Rev., 1956—1957, p. 42.

③ Alison Reppy, The Development of the Common-Law Forms of Action, Part II, 23 Brook. L. Rev., 1956—1957, p. 48.

讼(proprietary actions)至此形成了两种形式——在领主法院提起的确立所有权的诉讼和在王室法院提起的确立所有权的诉讼。

需要说明的是,"占有权"(旧时称 seizin,现称 possession)和"所有权"(旧时称 right,现称 property)的实际区别发挥着重要的作用。很明显的是,原告若是使用"权利令状"(writ of right)在国王法院提起了诉讼,则诉讼的性质是"所有权诉讼"(proprietary action),因为原告在此类诉讼中主张的是"所有权"(right),而不仅是"占有权"(seizin)。①

另外,"确立所有权诉讼的令状"(writ of right②)创制的初衷并不一定是用来启动诉讼。事实上,"确立所有权诉讼的令状"经国王签发之后,是通过郡长来命令某人去做某一行为——比如交还其不当持有他人的土地、归还其所欠的合法债务,倘若他不按令行事,则需到王室法院说明其缘何拒绝遵命。所以,从理论上讲,诉讼理由不仅包括被告不当地持有原告土地这一行为,而且,按照很多权威学者如布伦纳(Brunner)、比奇洛(Bigelow)、霍兹沃斯(Holdsworth)及梅特兰(Maitland)的观点③,还包括被告"对国王令状藐视"(contempt of the King's

---

① Alison Reppy, The Development of the Common-Law Forms of Action, Part II, 23 *Brook. L. Rev.*, 1956—1957, p. 48.

② 在英文法律史文献中,writ of right 实际上有两个意思。第一是"权利令状",它与"非常令状"相对;具体包括:国王命令领主主持公道的权利令状(拉丁文 breve de recto tenendo)以及国王法院在对案件有管辖权时使用的指令交付令状(Praecipe quod reddat)或直接封臣指令令状(Praecipe in capite)。参见 F. W. Maitland, *Equity Also the Forms of Action at Common Law: Two Courses of Lectures*, Cambridge University Press, 1929, p. 317. 第二个意思即指此处的"确立所有权令状",即 proprietary writ,与"回复占有权令状"(possessory writs)相对应。

③ Brunner, *Entstehung Der Schwugerichte*, Berlin, 1872, pp. 332, 405; Bigelow, *History of Procedure in England*, 78, et seq. (Boston 1880); Adams, *Origin of the English Constitution*, 82 (New Haven 1912); Holdsworth, *History of English Law*, 172 (4th ed. Boston 1936) and by Maitland, *The Forms of Action at Common Law*, Lecture III, 25 (Cambridge 1948). 转引自 Alison Reppy, The Development of the Common-Law Forms of Action, Part II, 23 *Brook. L. Rev.*, 1956—1957, p. 50.

writ)的事实,二者结合起来才是原告完整的诉讼理由,才是原告向王室法院寻求救济的基础。

但是,根据舒尔茨(Schulz)的论文《指令交付权利令状及其在欧洲大陆的对应形式》①,他认为,"确立所有权诉讼的令状"授权郡长无需通过审判来解决纠纷,这种令状赋予被告一种选择权——要么满足被告的诉求,要么到王室法院来为自己辩护。他还说,确立所有权诉讼的令状中实际包含有两个王室命令,两个都是附条件的命令,其一:有条件地命令被告,在其不愿到国王法院出庭的情形下,满足原告的诉求;其二:有条件地命令被告,在其无法满足原告诉愿的情况下,到王室法院出庭应诉。舒尔茨还援引令状中的短语"si taliter agitur"以论证自己的观点,它的意思是"假使原告的陈述属实",这就是说,令状中的命令不是无条件的,所以,舒尔茨并不支持诉讼理由中包含有"藐视令状"这一要素的说法。②

(2)回复占有权的不动产诉讼(Possessory Real Actions)

各种形式的"确立所有权诉讼的令状"为国王法院扩大自己对于土地案件的管辖权奠定了基础。而亨利二世通过改革,引入了大咨审团审判(trial by the grand assize)——16人大咨审团在宣誓后,对确立所有权诉讼的令状中的争议问题(mise)进行裁决,即由咨审团决定哪一方对争议地产更有权利,这就是所谓的"大咨审团审判"。亨利二世的改革无疑进一步巩固了王室法院对于确立所有权诉讼案件的管辖权限。

梅特兰说,"回复占有权诉讼"是第二类不动产诉讼,它们大概可以

---

① Schulz, Writ "Praecipe Quod Reddat" and Its Continental Models, 54 *Jurid. Rev.*, 1942. p.1。转引自 Alison Reppy, The Development of the Common-Law Forms of Action, Part II, 23 *Brook. L. Rev.*, 1956—1957, p. 50.

② Alison Reppy, The Development of the Common-Law Forms of Action, Part II, 23 *Brook. L. Rev.*, 1956—1957, p. 50.

追溯至罗马法中的"禁令"(interdicts),教会法学家们后来又将之发展为"侵夺之诉"(actio spolii)。① 但是,后世学者们更倾向于认为"回复占有权诉讼"是英国本土发展而来的一种制度,既非源自罗马法,也非源自教会法。②

梅特兰(Maitland)和霍兹沃斯(Holdsworth)后来将"不动产权益占有之诉"(petty assizes)这种诉讼称为"确立占有之诉"(possessory assizes)③。

"新近侵占土地之诉"(the assize of *novel disseisin*)、"收回继承地之诉"(the assize of *mort d'ancestor*)、"地产性质之诉"(the assize of *juris utrum*)以及"最终圣职推荐权之诉"(the assize of *d'arrein presentment*)等四种"确立占有之诉"(possessory assizes)或称为"不动产权益占有之诉"(petty assizes)则被更为简单的程序(一般诉讼)所取代。

一般认为,在确立所有权诉讼的令状被设计出之后,亨利二世还创设了所谓的"回复占有权诉讼"(possessory assizes),也称为"小咨审团审判"(petty assizes),区别于前文所述的"大咨审团审判"(trial by a grand assize)。

布拉克顿率先认为"不动产权益占有之诉"(petty assizes)的初衷在于保护区别于所有(ownership)的占有(possession),但是也有不少学者认为,布拉克顿套用的"所有"和"占有"并不适用于同时代的英国法④。

---

① F. W. Maitland, *Equity Also the Forms of Action at Common Law: Two Courses of Lectures*, Cambridge University Press, 1929, p. 321.

② 参见 Alison Reppy, The Development of the Common-Law Forms of Action, Part II, 23 *Brook. L. Rev.*, 1956—1957, p. 57.

③ 参见 Theodore F. Plucknett, *A Concise History of the Common Law*, Beijing: CITIC Publishing House, 2003, p. 357.

④ Theodore F. Plucknett, *A Concise History of the Common Law*, Beijing: CITIC Publishing House, 2003, p. 357.

"回复占有权诉讼"主要是用来保护"占有权"(seisin)的。中世纪时期英国法中的"占有权"(seisin)是一个非常特别的概念,它与所有权(right)的概念无异,因此,它不像罗马法一样,不再进一步细分为"所有权"(property)和"占有权"(possession)。换言之,罗马法上的"所有权"(property)和"占有权"(possession)概念在中世纪时期的英国法中并不存在;英国法上的"占有权"(seisin)概念既包含罗马法上的"占有权"(possession),也包含罗马法上的"所有权"(ownership)。[①]"回复占有权诉讼"(possessory assizes)与通过"确立所有权诉讼的令状"所提起的案件不同,后者全部是用来判定哪一方有着更古老的或更好的"占有权"(seisin)的。

"回复占有权诉讼"的法理依据在于:所有被非法剥夺占有其地产之人,当有权得到一种救济,并可借此救济迅速恢复其对地产的占有(one ousted from the quiet enjoyment of his land was entitled to a remedy by which possession could quickly be restored)。布拉克顿认为,这些新兴诉讼的诞生在于保护占有权(区别于所有权),但按照霍兹沃斯和梅特兰的说法,强占(disseisin)部分程度上被视为是一种犯罪行为,被告因此要承担罚金刑或监禁刑的惩罚。[②]

"回复占有权诉讼"中的原告还被允许获得损害赔偿金,因此,这类诉讼包含了侵权的因素。因为这类诉讼主要是用来回复土地占有的,因此还是被归入了不动产诉讼(real action)。

"回复占有权诉讼"(possessory assizes)主要包括四种——新近侵占土地之诉(The Assize of *Novel Disseisin*)、收回继承地之诉(The

---

[①] Alison Reppy, The Development of the Common-Law Forms of Action, Part II, 23 *Brook. L. Rev.*, 1956—1957, p. 57.

[②] Alison Reppy, The Development of the Common-Law Forms of Action, Part II, 23 *Brook. L. Rev.*, 1956—1957, p. 57.

Assize of *Mort d'ancestor*)、最终圣职推荐权之诉（The Assize of *D'arrein Presentment*）以及地产性质之诉（The Assize of *Juris Utrum*）。下面,我们将对它们分别展开详细介绍。

第一种是**新近侵占土地之诉**(The Assize of *Novel Disseisin*)。在"新近侵占土地之诉"(the assize of *novel disseisin*)案件中,起始令状首先被签发至土地所在郡的郡长,如果原告对诉讼提供担保的,该令状会命令郡长传 12 位自由且守法之人查验有争议的土地并准备好在国王的大法官面前确认(recognize)被告是否曾不公正地和未经判决地在原告声明占有权期限内(since the period of limitation)强占了原告的自由保有物①(free tenement)。②

新近侵占土地之诉有时效的限制。此外,"被强占人"(disseisee)的继承人不可提起新近侵占土地之诉(The Assize of *Novel Disseisin*)。同理"被强占人"(disseisee)也不可针对"强占人"(disseisor)的继承人提起这一诉讼。③

强占(disseisin)是指以非法驱逐的方式排斥或剥夺他人对地产、出租房屋或其他继承财产事实上占有的行为。它不同于侵夺(abatement)和侵入(intrusion),后两者指非法侵入无人占有的地产或房屋,即法律上的强占(ouster in law);而 disseisin 是指通过驱逐实际占有人而实现对事实占有的强夺,即事实的强占(ouster in deed)。被强占

---

① 在普通法中,保有物包括土地及其他可以自由保有的遗产和租地。通常意义上,保有物仅指房屋和其他建筑物;但就其最初的、准确的、法律上的意义而言,保有物是指一切可以保有的具有永久性的物,既包括有体物,也包括无体物,如租金、圣俸、贵族地位或身份等。参见薛波:《元照英美法词典》,法律出版社 2003 年版,第 1334 页。

② Theodore F. Plucknett, *A Concise History of the Common Law*, Beijing: CITIC Publishing House, 2003, p. 360.

③ Alison Reppy, The Development of the Common-Law Forms of Action, Part II, 23 *Brook. L. Rev.*, 1956—1957, p. 59.

者享有进占权(right of entry)和诉讼权(right of action)。选择强占(disseisin by election)是指在强占行为实际上并未发生的情况下,当事人声称遭到了强占,但其目的只是为了取得更为简捷的新近侵占之令(writ of assize of novel disseisin)。衡平法上的强占(equitable disseisin)是指权利人被非法剥夺了衡平法上的占有,即地租和其他收益。对无形的可继承财产的强占(disseisin of incorporeal hereditaments)因为无形的可继承财产不能事实上占有,因而仅指对权利人享有权利的干扰和妨碍。因诉讼格式的废除,强占和其他非法剥夺、侵占他人对土地占有的行为区别已没有实际意义,并已被废除①。

强占(disseisin)通常可被视为是一种犯罪,因此,被告如被判有罪,可能被处以罚金,有时还有可能被处以监禁刑。因此,对于和平与秩序的维护也成为"不动产权益占有之诉"(petty assizes)的题中之意②。"不动产权益占有之诉"(petty assizes)中也包含有侵权法上的内容,原告因此可以很快获得损害赔偿金。此外,"不动产权益占有之诉"(petty assizes)也是完整意义上的不动产诉讼(real action),它主要用于土地的收回③。一句话,"不动产权益占有之诉"(petty assizes)旨在保护"占有权"(seisin),"占有权"(seisin)是中世纪时期的一个特有概念,它指在所有权(title)基础上对于财产的一种享有(enjoyment),基本上等同于权利(right)。换言之,所有权(property)与占有(possession)这组在罗马法上有明显差别的概念在英国法中并不存在;seisin 并不同于罗马法上的 possession,right 也并非罗马法中的 ownership④。英国法中的 seisin 既可以表示罗马法上的 possession,也可以表示 ownership,

---

① 薛波:《元照英美法词典》,法律出版社 2003 年版,第 423 页。
② Theodore F. Plucknett, *A Concise History of the Common Law*, Beijing: CITIC Publishing House, 2003, p. 357.
③ Theodore F. Plucknett, *A Concise History of the Common Law*, Beijing: CITIC Publishing House, 2003, p. 357.
④ Theodore F. Plucknett, *A Concise History of the Common Law*, Beijing: CITIC Publishing House, 2003, p. 358.

且 seisin 的核心在于,某些 seisins 可能会优于另外一些 seisins。通过调查原被告哪一方拥有更为古老的、更优的占有权(older and better seisin),权利令状(writ of right)这一不动产法中最为正式的诉讼,所要解决的正是究竟是原告还是被告拥有更优的权利[1]。

第二种是收回继承地之诉(The Assize of *Mort d'ancestor*)。在收回继承地之诉中,一个由 12 人组成的咨审团负责裁定原告的祖先在死亡时是否以可继承地产的形式亲自占有争议地产;争议是否超过了诉讼时效;原告是否其直接继承人。如果这三个问题的答案都有利于原告,则该地产将判归原告[2]。

第三种是最终圣职推荐权之诉(The Assize of *D'arrein Presentment*)。"最终圣职推荐权之诉"(the assize of *d'arrein presentment*)将"新近侵占土地之诉"(the assize of *novel disseisin*)原则运用于圣职推荐权(advowsons)的疑难案件之中,并召集咨审团来判断原告是否系在和平时期最后一位圣职推荐权人(last patron)并向有争议的教会推荐了一位堂区主持牧师(parson)。如果属实,则原告享有占有权(seised),因此享有再次推荐圣职的权利[3]。

当某圣职推荐权的归属发生争议时,巡回法官将会派郡长召集咨审团(assize),看是谁最后一次行使了推荐权就将该权利判归给谁。该诉讼后为妨碍圣职推荐权之诉(quare impedit)所取代[4]。

---

[1] Theodore F. Plucknett, *A Concise History of the Common Law*, Beijing: CITIC Publishing House, 2003, p. 358.

[2] 参见薛波:《元照英美法词典》,法律出版社 2003 年版,第 110 页。另见 Alison Reppy, The Development of the Common-Law Forms of Action, Part II, 23 *Brook. L. Rev.*, 1956—1957, p. 58.

[3] Theodore F. Plucknett, *A Concise History of the Common Law*, Beijing: CITIC Publishing House, 2003, p. 360.

[4] 参见薛波:《元照英美法词典》,法律出版社 2003 年版,第 110 页。

上述三种"不动产权益占有之诉"(petty assizes)都对封建领主法院置之不理;"收回继承地之诉"(the assize of mort d'ancestor)特别是将矛头对准了领主,因为在这种诉讼中,被告通常就是一位封建领主,他拒绝承认其已经死去之封臣的继承人可以继承财产,因此,这一诉讼对于继承原则的最终确立发挥了重要的作用[1]。

第四种是地产性质之诉(The Assize of *Juris Utrum*)。第四种确权诉讼称为"地产性质之诉",这一诉讼同样以一种初始程序(preliminary proceedings)开始,旨在确定目前有争议的土地究竟是归教会还是王室管辖,但实际上这一初始问题的判断结果会直接影响到主要问题的判定[2]。在决定特定的土地是由教会还是非神职人员保有的诉讼中使用,可以由教士提起,也可以由非神职人员提起。由 12 名守法的男子组成陪审团来确定争议的土地是属于教产(alms)还是俗产(lay fee),从而决定是归王室法院还是归教会法院管辖。[3]

这些程式诉讼大约在 1237 年时得到了补充,收回继承地之诉(The Assize of Mort d'ancestor)中的原告可以对其祖父(aiel)[4]和曾祖父(besaiel)被强占的地产提起诉讼;提起诉讼的原告还可以是堂兄弟(cousins)[5]。

到亨利三世统治时期,开始出现了《令状录》(Register of Writs),

---

[1] Theodore F. Plucknett, *A Concise History of the Common Law*, Beijing: CITIC Publishing House, 2003, p. 360.

[2] Theodore F. Plucknett, *A Concise History of the Common Law*, Beijing: CITIC Publishing House, 2003, p. 360.

[3] 参见薛波:《元照英美法词典》,法律出版社 2003 年版,第 108 页。

[4] 有关 Aiel, Besaiel, Cosinage 等问题,请参见 F. W. Maitland, *Equity Also the Forms of Action at Common Law: Two Courses of Lectures*, Cambridge University Press, 1929, p. 325 & p. 340.

[5] Alison Reppy, The Development of the Common-Law Forms of Action, Part II, 23 *Brook. L. Rev.*, 1956—1957, p. 58.

此时的格式诉讼数量众多,足可以收集成一部汇编集。大约在 1237 年,大量新的诉讼又被创设,旨在填补"收回继承地之诉"(the assize of mort d'ancestor)中尚存在的空白;起初,人们可主张实现继承权的对象只有自己的父亲、母亲、兄弟、姐妹、叔叔(舅舅)或姑姑(姨姨)。一些特殊诉讼原本并不属于确权诉讼(assizes),而是属于权利令状的变体,现在规定为可依照祖父占有权或曾祖父占有权而提出权利主张[1]。

到这一时期,王室法院开始思忖着对所有的土地案件行使管辖权,以完全排除封建法院对这类案件的管辖权。另外一种新出现的令状巩固了这一局面。"回复占有权诉讼"(possessory assizes)的诉指是被告新近不当获得了土地。但在一种新创设的质押令状(writ of gage)[2]中,原告要求恢复占有的土地是——被告起初合法占有该土地,但后来不再对土地享有权利时仍占有该土地。在质押令状(writ of gage)中,原告称自己曾将土地质押给被告以充作债务的担保,因为他已经做好了清偿债务的准备,所以被告必须将土地归还与他。这种情形又引出另外一种类型的令状——进占令状(writs of entry)。[3]

进占令状(writ of entry)的起源:尽管债务权利令状(writ of right for debt)同现代的进占令状(writ of entry)看起来有很大的不同之处,但是比奇洛(Bigelow)认为,它们"都是直接来自同一个金钱债务令状

---

[1] Theodore F. Plucknett, *A Concise History of the Common Law*, Beijing: CITIC Publishing House, 2003, p. 361.

[2] 李红海将之翻译为"抵押令状",见《英国普通法的诞生》第 69 页。另外还有质押权人令状(writ for gagee)——可用来要求质押人支付欠款;质押人令状(writ for gagor)——可用来要求质押权人收取金钱,返还土地。质押人令状是进占土地令状(writs of entry)的前身。参见 F. W. Maitland, *Equity Also the Forms of Action at Common Law: Two Courses of Lectures*, Cambridge University Press, 1929, p. 332.

[3] Alison Reppy, The Development of the Common-Law Forms of Action, Part II, 23 *Brook. L. Rev.*, 1956—1957, p. 58.

(writ of debt);二者的差别无怪乎在于取了个不同的名而已"。① 事实上,侵害令状、债务令状、扣押财物令状以及进占令状,都是从权利令状发展而来。

我们已经看到,"不动产权益占有之诉"(petty assizes)是建立在原告的指控——即被告在近期不法地获得了原告的土地——之上的。

而在土地质押令状(writ of gage)案件中,原告的诉由是他将土地作为债务的担保物交付被告占有,由于他现在已做好偿还债务的准备,因此被告再无权利继续占有土地,相反被告必须将土地交还原告②。

回复土地占有令状(writs of entry)的产生正是上述现实的结果。与土地质押令状(writ of gage)类似,回复土地占有令状(writs of entry)明确诉称被告拥有的是一种有瑕疵的权利(defective title),他只能以有限的方式进占土地。随着时间的推移,越来越多种回复土地占有令状被设计出来③。

在众多的回复土地占有令状(writs of entry)中,我们必须要提及的是,它们全部不顾领主法院的存在,且会以 *praecipe quod reddat* 开头,即"命令交付"(command that he render)④的意思。

回复土地占有令状(writs of entry)在布拉克顿时期十分普遍,但我们很难说清它们是确立占有权(possessory)还是确立所有权(pro-

---

① Bigelow, *History of English Procedure*, c. IV, Boston, 1880, p. 165。转引自 Alison Reppy, The Development of the Common-Law Forms of Action, Part I, 22 *Brook. L. Rev.*, 1955—1956, p. 200.

② Theodore F. Plucknett, *A Concise History of the Common Law*, Beijing: CITIC Publishing House, 2003, p. 361.

③ Theodore F. Plucknett, *A Concise History of the Common Law*, Beijing: CITIC Publishing House, 2003, p. 361.

④ *Black's Law Dictionary* (7th ed.), St Paul: West Publishing Co., 1999, p. 1192.

prietary)的令状,因为它们都是布拉克顿移植过来的术语,它们与当时的英国法事实上并不相关①。梅特兰在其著名的《衡平法与严格程式诉讼》(Equity and Forms of Action)中也曾提到过这一问题。②

在极个别情形下,我们可将回复土地占有令状(writs of entry)视作是对于"新近侵占土地之诉"(the assize of *novel disseisin*)的补充。由于"新近侵占土地之诉"(the assize of *novel disseisin*)仅解决强占者(disseisor)和被强占者(disseisee)之间的纠纷。假使强占者(disseisor)死亡的,强占者继承人继承并进占了该争议土地的,则被强占者不可以使用这一令状来对抗该继承人。因此,到1205年,一种新的基于侵夺土地占有的进占令状(writ of entry *sur disseisin*)③得到创设,以解决这种案件④。反过来讲,如果被强占者(disseisee)死亡的,被强占者继承人也不能使用这一令状来对抗强占者,后来,被称作 *de quibus* 的进占令状(writ of entry called *de quibus*)或称为"entry in the nature of assize"的令状弥补了这一缺陷。此外,还有"期限届满时签发的进占令"(entry *ad terminum qui praeterit*),是指土地租赁期限届满后,土地出租人为恢复对该土地的占有而取得的进入令⑤。"寡妇收回财产的进占令"(entry *cui in vita*),是指因妇女在其丈夫在世时,无法阻止他转让她的财产,故而在丈夫死后又请求恢复其先夫在世时转让掉她的财产的进入令。但是,如果先于丈夫死亡的,妻子的继承人需得到

---

① Theodore F. Plucknett, *A Concise History of the Common Law*, Beijing: CITIC Publishing House, 2003, p. 361.
② F. W. Maitland, *Equity and Forms of Action*, p. 338 & p. 340.
③ 姜栋:"英国普通法'程序先于权利原则'的思考",载《河北法学》2007年第4期。
④ Theodore F. Plucknett, *A Concise History of the Common Law*, Beijing: CITIC Publishing House, 2003, p. 362.
⑤ Theodore F. Plucknett, *A Concise History of the Common Law*, Beijing: CITIC Publishing House, 2003, p. 362.

"entry *sur cui in vita*"(entry *sur cui in vita*)才能恢复上述土地[①]。

进占令状具体又包括以下 11 种：

(一)基于强占的进占令状(The Writ of Entry sur disseisin)

(二)基于转让的进占令状(The Writ of Entry sur alienation)

(三)基于非法侵入的进占令状(The Writ of Entry sur intrusion)

(四)基于终止的进占令状(The Writ of Entry sur abatement)

(五)租期届满回复土地进占令(The Writ of Entry Ad Terminum qui praeteriit)

(六)禁止租期内逐出承租人令(The Writ of Quare ejecit infra terminum)

(七)妨碍圣职推荐令(The Writ of Quare impedit)

(八)禁止毁损土地令(The Writ of Waste)

(九)驱逐租地人之令(The Writ of De ejectione firmae)

(十)欺诈令状(The Writ of Deceit)

(十一)土地分割令(The Writ of Partition)

回复占有权的不动产诉讼除包括上述 4 种回复占有权之诉及 11 种具体的进占之诉外，还包括"强行侵入并霸占之诉"(Forcible Entry and Detainer)。

2. 现代不动产诉讼

现代的不动产诉讼分为以下几种：

(一)逐出租地赔偿之诉(The Action of Ejectment)

(二)收回不动产并要求损害赔偿之诉(The Action of Trespass to Try Title)

[①] Theodore F. Plucknett, *A Concise History of the Common Law*, Beijing: CITIC Publishing House, 2003, p. 362.

(三)进占令状(Writs of Entry)

(四)强占令状(Writs of Disseisin)

(五)取得亡夫遗留地产诉讼(Dower)

(六)土地分割诉讼(Partition)

(七)强行侵入并霸占(Forcible Entry and Detainer)

3. 对人诉讼

从 13 世纪中期始,直至伊丽莎白统治时期(1558—1603 年),古代的有关"确立所有权"和"回复占有权"的不动产诉讼和混合诉讼,以及我们现在所谈的现代的对人诉讼(personal actions)一直在并行发展。但是从伊丽莎白统治末期始,古代不动产诉讼开始衰落,而现代的对人诉讼开始成为最主要的程式诉讼。对人诉讼(personal actions)是指诉讼当事人提起的,用于恢复债款、恢复占有特定动产、获得违约赔偿金、获得人身伤害损害赔偿金、获得相关权利损害赔偿金、获得动产损害赔偿金及不动产损害赔偿金的诉讼。[1]

根据责任的性质来划分,对人诉讼可分为[2]:

(I)契约之诉(Actions Ex Contractu),这类诉讼建立在契约(contract)或债(obligation)之上。

(一)金钱债务之诉(Debt)

(二)违反盖印合同请求赔偿之诉(Covenant)

(三)账目之诉(Account)

(四)明示简式契约之诉(Special Assumpsit)

---

[1] Alison Reppy, The Development of the Common-Law Forms of Action, Part III, 23 Brook. L. Rev., 1956—1957, p. 225.

[2] 梅特兰曾讲过 9 种对人诉讼。他将这里的明示简式契约之诉(Special Assumpsit)和默示简式契约之诉(General Assumpsit)合为一个"简式契约之诉"(Assumpsit)。此外,他未包括这里的驱逐之诉(Ejectment)。参见 F. W. Maitland, *Equity Also the Forms of Action at Common Law: Two Courses of Lectures*, Cambridge University Press, 1929, p. 355.

(五)默示简式契约之诉(General Assumpsit)

(II)侵权之诉(Actions Ex Delicto),这类诉讼的提起主要是获得过错救济,也包括回复不动产和动产的诉讼。

(一)侵害之诉(Trespass)

(二)类案侵害之诉(Trespass on the Case)

(三)非法侵占之诉(Trover)

(四)驱逐之诉(Ejectment)

(五)请求返还扣留财物之诉(Detinue)

(六)收回非法扣留动产之诉(Replevin)

在上述列出的程式诉讼中,金钱债务之诉(Debt)、违反盖印合同请求赔偿之诉(Covenant)、账目之诉(Account)、请求返还扣留财物之诉(Detinue)、收回非法扣留动产之诉(Replevin)、侵害之诉(Trespass)及驱逐之诉(Ejectment)在《威斯敏斯特法 II》于 1285 年制定时,就已在使用。前三种属于契约之诉(Actions Ex Contractu),而后四种属于侵权之诉(Actions Ex Delicto)。需要说明的是,有些学者将请求返还扣留财物之诉(Detinue)归于契约之诉(Actions Ex Contractu),还有一些学者将之归为侵权之诉(Actions Ex Delicto)。[1]

(二)重要程式诉讼列举

在众多的程式令状中,一般认为最主要的有以下 10 种,它们分别是:金钱债务之诉(Debt)、请求返还扣留财物之诉(Detinue)、违反盖印合同请求赔偿之诉(Covenant)、收回非法扣留动产之诉(Replevin)、明示简式契约之诉(Special Assumpsit)、默示简式契约之诉(General As-

---

[1] Alison Reppy, The Development of the Common-Law Forms of Action, Part III, 23 *Brook. L. Rev.*, 1956—1957, p. 226.

sumpsit)、侵害之诉(Trespass)、类案侵害之诉(Trespass on the Case)、驱逐之诉(Ejectment)、非法侵占之诉(Trover)。

1. 金钱债务之诉(Debt)[①]

虽然国家理性(Reasons of state)要求王室必须通过王室法院实现对土地的有力掌控。因此普通法首先是"土地法"(law of land),国王法院最为注意的也是土地案件诉讼。但在极少数的情形下,国王法院会对与土地案件无关的案件也进行干预。金钱债务之诉(action of debt)就是典型的例子。

因为国王法院有时会使用几乎同一种格式的程式诉讼,比如说,金钱债务令状的格式与"指令交付令状"(*praecipe quod reddat*)十分相似,因此,金钱债务之诉乍看上去非常像"不动产诉讼"(real action)[②]。

但金钱债务之诉绝对不是"不动产诉讼"。普拉克内特认为,12世纪时期英国国王法院中的法律人并无"形而上的玄想"(metaphysical speculation),他们只是非常实际的管理者。因此,当时的法学家并未研究出债法理论,也从未讨论过何谓共同同意、合意或约因等契约理论。他们所做的目的就在于建立起一种强制债务人偿还其应偿之债的程序。因此,这一时期的起始令状大都是同一个形式:国王要郡长命令被告照做其应做之事,如果被告没有去做,则将他传唤至国王法院。[③]

金钱债务令状在格兰威尔时期就已经存在,它作为一种权利令状(writ of right)的形式一直未变,申请金钱债务令状的原因有许多种。

[①] 由于 debt 和 covenant 这两种程式诉讼之间的一大区别就在于前者用于返还确定金额的金钱之诉,后者用于不确定金额的金钱之诉,所以,也有学者直接将 debt 翻译为"返还确定金钱之诉"。参见潘维大、刘文琦:《英美法导读》,法律出版社 2000 年版,第 18 页。

[②] Theodore F. Plucknett, *A Concise History of the Common Law*, Beijing: CITIC Publishing House, 2003, p. 362.

[③] Theodore F. Plucknett, *A Concise History of the Common Law*, Beijing: CITIC Publishing House, 2003, p. 363.

提起这一诉讼最常见的事由是"债"(obligations),换言之,通过盖印契据(deed under seal)确认的债务。此外,在一些案件中,如果原告的契据确实可被认定是真实的盖印契据,则原告也会申请这一令状。但由于这一令状并不要求申请者提供"盖印合同"(specialty),因此即便契据并无盖印,原告也可利用这一令状收回放出的贷款、依照租约收回到期的租金及销售所得。到后来,该令状还可用来执行多种法定的处罚。[1] 综上所述,金钱债务令状的涵盖面很广,虽然原告不可利用这一令状来获得违约的损害赔偿。[2] 金钱债务之诉因此被认为是中世纪时期最为常用的一种普通法程式诉讼。

但随着时间的流逝,这一格式诉讼的缺陷也显得越来越明显,主要体现在:它无法为第三方交易提供救济、对诉讼请求的金额也作出了限定、无法适用于待履行契约等方面。此外,由于这一诉讼采取宣誓断讼的裁定方法,因而也带有这方面的缺陷。[3] 下面我们来详细叙述。

由于金钱债务诉讼的理论基础是被告非法占有了某种属于原告的物(quid),因此被告要承担的法律责任就是拿出交换物(pro quo)。这就是金钱债务之诉的一大重要特点——对价或对待给付(quid pro quo)[4]。但是在"对待给付"条件的影响下,很多第三方交易无法得以实现。以担保合同为例,因为担保合同中担保人没有得到任何属于原告的物,所以担保人没有"对待给付"的法律责任,法院会因此拒绝强制

---

[1] Theodore F. Plucknett, *A Concise History of the Common Law*, Beijing: CITIC Publishing House, 2003, p. 363.

[2] F. W. Maitland, *Equity Also the Forms of Action at Common Law: Two Courses of Lectures*, Cambridge University Press, 1929, p. 357.

[3] Kevin M. Teeven, Problems of Proof and Early English Contract Law, 15 The *Cambrian Law Review*, 1984, p. 57.

[4] 参见姜栋、李彤:"英国契约法上违约损害赔偿之诉的历史发展",载《山东警察学院学报》2007年第1期。quid pro quo是拉丁文短语,意指契约的对价关系,英文对应词是consideration。

执行该合同。"没有对待给付的言辞或允诺不构成契约,只能被称为'裸体简约'(nudum pactum)"①。

金钱债务令状中,原告必须向法院主张被告返还确定金额的钱款。这种令状主要用在下列四种情况:1. 曾有其他法院之判决,指出被告应该偿还原告多少金额的赔偿。2. 法律或法规中要求被告必须赔偿确定之金额或罚金之数目。3. 在封印契约(contract under seal)中,当事人明确约定违约金额之数目时。4. 在简单契约(simple contract)中,被告承诺支付一定之金额,且有"约因"存在。如果原告一方当事人已经履行完毕其义务,而被告未履行,则原告可以利用该令状,请求被告履行。② 不过到后来,这一限制被逐渐放宽。

在中世纪普通法中,金钱债务诉讼最根本的缺陷还在于,它无法保证待履行允诺(executory promise)③的实现。因为"对待给付"条件要求原告已履行完毕自己一方的义务,所以这一条件实际上变成了真正待履行允诺实现的阻却因素。口头文字在债务诉讼中不构成诉讼理由,而只有实际的买卖行为或借贷行为才会产生具有强制执行性的义务。

2. 请求返还扣留财物之诉(Detinue)④

请求返还扣留财物之诉的情形与金钱债务之诉十分类似,很显然,这两种诉讼最初是合一的。格兰威尔只描述过其中一种诉讼,即金钱

---

① "裸体简约"是指当事人是没有诉权的简约,它是不受法律保护的,虽然可作为抗辩的理由。也可理解为"无对价契约",指建立在单纯允诺的基础上无对价支持的协议,除非以盖印的方式作成,否则当事人没有诉权。亦作"naked contract"、"nude contract"。参见薛波:《元照英美法词典》,法律出版社 2003 年版,第 986 页。另见阿瑟·库恩:《英美法原理》,陈超璧译注,曾于 1948 年在厦门大学内部发行,法律出版社 2002 年版,第 180—181 页。

② 参见潘维大、刘文琦:《英美法导读》,法律出版社 2000 年版,第 18 页。

③ Kevin M. Teeven, Problems of Proof and Early English Contract Law, 15 The Cambrian Law Review, 1984, p. 57.

④ detinue 也翻译为"请求返还动产之诉"、"非法留置的动产恢复"等。

债务之诉。可以肯定的是,该诉讼后来又细分为金钱债务之诉和请求返还扣留财物之诉。①

一般地,原告像在金钱债务之诉中一样诉称被告欠债,但如果原告追诉的是一种动产(如一匹马)而非金钱,则法院会将这类案件作为"请求返还扣留财物之诉"案件。可以说,"请求返还扣留财物之诉"是上述"金钱债务之诉"的一个分支。② 梅特兰断定,"请求返还扣留财物之诉的情形与金钱债务之诉"在13世纪时开始分道扬镳。③

在请求返还扣留财物之诉与金钱债务之诉后来的发展史中,金钱债务之诉成为合同法史中一个极为重要的因素,而请求返还扣留财物之诉则对于"动产法"规则(rules of personal property law)的发展作出了有益的贡献。④

请求返还扣留财物之诉只适用于与寄托制度(bailment)有关的案例。例如,甲将某物寄放在乙家,约定经过一段时间,甲将物取回。如果乙届时非法留置该物不归还给甲的,则甲可以申请"恢复扣留财物"令状。⑤

因此,请求返还扣留财物之诉最初专指寄托人(bailor)针对受托人(bailee)而获得的特定救济;"寄托"涵盖的意思是,被告最初是经过原告同意后才占有原告动产的。假若被告是通过强行侵犯原告的占有权而占有动产,则原告可获得的救济明显是另一种程式诉讼——侵害动产的侵权诉讼(trespass *de bonis asportatis*);后人将之

---

① Theodore F. Plucknett, *A Concise History of the Common Law*, Beijing: CITIC Publishing House, 2003, p. 364.

② Val D. Dicks, Contract Law and Christian Conscience, 2003 *Brigham Young University Law Review*, 2003, p. 1014.

③ F. W. Maitland, *Equity Also the Forms of Action at Common Law: Two Courses of Lectures*, Cambridge University Press, 1929, p. 342.

④ Theodore F. Plucknett, *A Concise History of the Common Law*, Beijing: CITIC Publishing House, 2003, p. 364.

⑤ 潘维大、刘文琦:《英美法导读》,法律出版社2000年版,第17页。

称为"非法侵占之诉"(trover)①。

需要注意的是,在请求返还扣留财物之诉案件中,被告被称为"不法扣留者"(unjust detainer),可用拉丁文"injuste detinet"表示。这里的"不法扣留"不能理解为"不法夺取"。②

"恢复扣留财物"令状最早只限于侵权行为人于行为开始时是合法之取得,到后来才成为非法持有之状态的案件。由此它区别于下述"收回非法扣留动产之诉"(Replevin),它们的不同之处在于,在后一种案件中,侵权行为人一开始即为不法持有属于原告的动产。但是,到后来,由于恢复请求返还扣留财物之诉也可以适用于一开始为非法持有的案件,如此一来,原告可以从两种令状中选择一个来适用。但即便如此,两类诉讼仍有差别。败诉之被告在"恢复请求返还扣留财物之诉"中,可以拒绝返还原物,而以物之价值代替原物作赔偿;但于"收回非法扣留动产之诉"的败诉被告而言,除非原物之返还已不可能外,不得要求以原物的价值赔偿。③

请求返还扣留财物之诉还经常用于获得地契的占有(possession of charters)。其依赖的原则是,利用请求返还扣留财物之诉来获得与土地有关的契据是土地权人的当然权利④。

3. 违反盖印合同请求赔偿之诉(Covenant)⑤

同金钱债务之诉一样,违反盖印合同请求赔偿之诉也是一种十分

---

① Theodore F. Plucknett, *A Concise History of the Common Law*, Beijing: CITIC Publishing House, 2003, p. 364.

② F. W. Maitland, *Equity Also the Forms of Action at Common Law: Two Courses of Lectures*, Cambridge University Press, 1929, p. 355.

③ 参见潘维大、刘文琦:《英美法导读》,法律出版社 2000 年版,第 17—18 页。

④ Theodore F. Plucknett, *A Concise History of the Common Law*, Beijing: CITIC Publishing House, 2003, p. 364.

⑤ 也有学者将 covenant 翻译为"封印契约赔偿之诉"。参见潘维大、刘文琦:《英美法导读》,法律出版社 2000 年版,第 19 页。

古老的诉讼。① 原告可以主张被告允诺或承诺去做某事,但结果未能完成此事,从而提起诉讼。假如原告向法院提出这一诉求,或文秘署签发"违约令状"(conventiones)要求法院对原告提供救济的,我们即可称这种诉讼为"违反盖印合同请求赔偿之诉"(covenant)。②

违反盖印合同请求赔偿之诉在格兰威尔时代过后便马上出现。1237 年,禁止租期内逐出承租人令(The Writ of Quare ejecit infra terminum),由雷利(Raleigh)创造。它赋予定期保有土地或地产之人(termor)一种不受侵犯的占有权(protected possession)并最终和 seisin 区分了开来。③

违反盖印合同请求赔偿之诉最早即主要用于保护定期保有土地或地产的人(termor);它曾一度是承租人能够获得的唯一一种救济。④

13 世纪早期时,假使原告能在法院上出示见证交易证人即可通过宣誓断讼的方法提供证据的,法院即可受理这样的违反盖印合同请求赔偿之诉。⑤ 但到 1284 年,依据这一年通过的《威尔士法令》(*Statute of Wales*⑥),违反盖印合同请求赔偿之诉只能采用陪审团审判的方式来审理。根据此法令,原告可以根据不同情况依违约令状(writ of cov-

---

① F. W. Maitland, *Equity Also the Forms of Action at Common Law:Two Courses of Lectures*, Cambridge University Press, 1929, p. 358.

② Val D. Dicks, Contract Law and Christian Conscience, 2003 *Brigham Young University Law Review*, 2003, p. 1003.

③ F. W. Maitland, *Equity Also the Forms of Action at Common Law:Two Courses of Lectures*, Cambridge University Press, 1929, p. 341.

④ F. W. Maitland, *Equity Also the Forms of Action at Common Law:Two Courses of Lectures*, Cambridge University Press, 1929, p. 358.

⑤ Kevin M. Teeven, Problems of Proof and Early English Contract Law, 15 The *Cambrian Law Review*, 1984, p. 56.

⑥ 又拼为 Statutum Walliae,根据 1284 年颁布的这一法令,臣属于英格兰国王的威尔士及其居民被兼并,与英格兰统一。

enant)对土地或动产主张权利①。

但到 14 世纪初期时,王室法院要求,原告只有向法院出示一份"盖印书面合同"(specialty)后,才可将违反盖印合同请求赔偿之诉提交陪审团裁决。原告若依非正式的契约提起诉讼的,这类案件会被交由地方法院审理。② 这也是我们今日将 Covenant 理解并翻译为"违反盖印合同请求赔偿之诉"的原因。

14 世纪中叶后,大概是因为受到原告须提交盖印书面合同这一硬性规定的束缚和限制,违反盖印合同请求赔偿之诉开始衰落。与之相对,因为金钱债务之诉(debt)更为便捷,因此,到中世纪后期,金钱债务诉讼成为合同诉讼的主要形式。

4. 收回非法扣留动产之诉(Replevin)

在数十种"缘何事由诉讼"(quare actions)中,在 13 世纪初期,最为著名的就是对人侵害之诉、对物侵害之诉以及土地侵害之诉。剩余的"缘何事由诉讼"有的不久就消失不见,而更多地则转变为几种明显的程式诉讼,这其中有"缘何逐出承租人之诉"(quare ejecit),再有就是"收回非法扣留动产之诉"(action of replevin)——它是封臣对抗其领主的最佳反击,它要求被告(通常是领主)说明他缘何在动产所有人提供抵押或质押的情况下仍旧扣押其动产的理由。③

在中世纪时期,"收回非法扣留动产之诉"的使用频率非常高。封臣通常会宣称自己的牲畜、农具等生活生产工具被其领主扣留,领主有可能拒绝承认这种说法,也有可能承认他确实扣留了封臣的财产,但领

---

① Theodore F. Plucknett, *A Concise History of the Common Law*, Beijing: CITIC Publishing House, 2003, p. 365.

② Kevin M. Teeven, Problems of Proof and Early English Contract Law, 15 The *Cambrian Law Review*, 1984, p. 56.

③ Theodore F. Plucknett, *A Concise History of the Common Law*, Beijing: CITIC Publishing House, 2003, p. 368.

主会陈述自己的理由。比如说,领主会在陈述中称封臣拖欠了他的租金、未向他履行臣服礼或未向他支付继承金(relief①)。领主如做出这种答辩,即承认自己已占有争讼的动产。领主陈述理由说明自己的占有行为系合法、正当的行为被称为"承认并申明扣留正当性答辩"(avowry)②。

"收回非法扣留动产之诉"发展的历史原因系英国封建制度下的农民生活辛苦,法院为防止地主滥用留置权,故而发展制定出这一令状,但原告申请到该令状后,需提供担保,于审判前要求地主将所留置的财产交给受侵害的原告,若原告败诉,他所提供的担保会被冲抵赔偿。被告也可提出反担保,继续留置该动产,若审判后被告败诉的,其提供的反担保亦会被冲抵赔偿。③

5. 明示简式契约之诉(Special Assumpsit)

由于"assumpsit"是指作出承诺就必须履行的意思,比如说有些专门职业人员,例如医生、建筑师或理发师等,能使一般人相信他们具有相当的专业知识和能力,此种专业知识和能力的提供,即是专业人员的"承诺履行"——"assumpsit",所以,这一术语还常被翻译为"承诺之诉"④、"违诺赔偿之诉"⑤及"承诺履行赔偿之诉"⑥等。本书将"as-

---

① 封臣的继承人在继承遗产时向领主上缴的款项,在采邑法上,这是保有土地的一种附属义务,即保有人的继承人必须向领主缴纳一笔款项,以使其能继承其长辈的财产,并表示对领主权的一种承认。反过来,领主也由此认可继承人对土地的世袭继承权。

② Theodore F. Plucknett, *A Concise History of the Common Law*, Beijing: CITIC Publishing House, 2003, p. 368.

③ 潘维大、刘文琦:《英美法导读》,法律出版社2000年版,第17页。

④ 参见陈融、刘庆飞:"论早期普通法的契约程式诉讼及其演进",载《华东师范大学学报》(哲学社会科学版)2007年第5期。

⑤ 参见刘承韪:"英美合同法对价理论的形成与流变",载《北大法律评论》2007年第8卷第1辑,北京大学出版社,第107页。

⑥ 参见潘维大、刘文琦:《英美法导读》,法律出版社2000年版,第21页。

sumpsit"这一术语翻译为"简式契约之诉"。

需要指出的是"简式契约之诉"中的"承诺"不同于契约责任中的"允诺"(promise)。契约责任的前提,必须是被告在契约中,允诺要完成某些事情,若违反允诺就要负责任。但专门职业人员的承诺是藉由其专业能力间接产生,国家为维护社会秩序就要制定行为的规范标准,违反该标准的,即要负担侵权行为责任。

由此可见,"assumpsit"这种程式诉讼最初实为一种"侵权之诉";但到后来,如在劳务提供或商品买卖的契约中有明示允诺时,买卖契约中的利益受害方也可主张"简式契约令状",这一令状进而成为违反契约时的重要诉讼方式。本令状适用于未经封印的契约。这一程式诉讼的发展历程和王室法院间的管辖之争有着十分紧密的联系,它们之间的关系可概述如下:

在英国普通法历史上,因为普通诉讼法院在最初对于私人协议性质的契约尚不予受理,无法为违反非正式待履行的协议提供救济,这就为王座法院对这一类型的案件行使管辖权提供了机会。① 到16世纪时,王座法院借机发展出了被称为简式契约之诉的救济形式。王座法院宣称只要有债务存在,就推定法律上的"简式契约"的存在,而且不需事实的证明。王座法院首先处理滥用职权即"积极作为"(misfeasance)场合中的契约义务,后来又纳入未履行约定即"不作为"(nonfeasance)的案件。② 就这样,简式契约之诉自然涵盖了对于允诺的违反。

但是,王座法院与普通诉讼法院就契约案件的管辖权之争直到

---

① Kevin M. Teeven, Medieval Contract Actions, 87 Commercial Law Journal, 1982, p. 470.

② 高春常:"英国历史传统与北美奴隶制的起源",载《历史研究》2001年第2期。

1602年的"斯莱德案"(Slade's Case)[①]才有了最终结果。斯莱德案的案情及判决大概如下:

斯莱德同意以16英镑的价款将其位于Rack Park一片地上的小麦和黑麦全部卖给莫利(Morley)。莫利允诺在"施洗者圣约翰节"(Feast of St John The Baptist)付款给斯莱德,但最终未能履行允诺。斯莱德日后追偿时,亦遭到莫利的拒绝。陪审团裁定:在本案双方当事人之间有效的只有最初的那份口头协定,莫利在此之后并未作出付款的允诺。尽管有陪审团的这个裁定,法院仍然认定斯莱德有权选择通过"金钱债务之诉"或"默示简式契约之诉"(indebitatus assumpsit)任意一种方式来起诉莫利。[②] 我们发现,在1602年这起英国契约法制史上具有标志性意义的斯莱德案中,最终"待履行的协议"被置于保护之下,未加封契约也可诉讼于普通法法院。[③]

6. 默示简式契约之诉(General Assumpsit)

"默示简式契约之诉"是指根据案件事实或法律推定行为人应承担的责任。在"默示简式契约之诉"案件中,被告确系违反契约义务的,应

[①] 斯莱德案的原被告代理人分别是家喻户晓的法学家爱德华·科克和弗朗西斯·培根(Francis Bacon, 1561—1626),该案的大胆判决标志着英格兰的契约诉讼摆脱古老的侵权理念的束缚而开始独立发展。该案的最终结果是"简式契约之诉"可以代替"金钱债务之诉",由原告自行决定选用哪种诉讼方式。法官的陈述是"所有待履行的契约本身就内含了承担义务的允诺,因为当一个人同意支付金钱或交付某物时,他其实就作出了支付或交付的承诺,所以,当某人卖东西给他人并同意在某一天交付,而作为买方的另一方同意在约定的那一天支付款项,双方都可能提起'金钱债务之诉'或'简式契约之诉',因为相互的待履行协议本身就内含了这两种诉讼。"斯莱德案是"简式契约之诉"发展的顶峰,也宣布了有数百年历史的"金钱债务之诉"事实上的终结。参见陈融、刘庆飞:"论早期普通法的契约程式诉讼及其演进",载《华东师范大学学报》(哲学社会科学版)2007年第5期。另参见 Edward Jenks, A Short History of English Law: From the Earliest Times to the End of the Year of 1919, third edition, Methuen & Co. Ltd., 1924, pp. 141—142.

[②] Michael Bridge, The Overlap of Tort and Contract, 27 Revue de Droit de McGill, 1982, pp. 873—874.

[③] 高春常:"英国历史传统与北美奴隶制的起源",载《历史研究》2001年第2期。

承担损害赔偿责任。台湾学者潘维大及刘文琦曾将该程式诉讼翻译为"不当得利"①,但终因后者按照约定俗成的翻译规则是"unjust enrichment"的对应译法,故本书认为最好将"General Assumpsit"译为"默示简式契约之诉",不但能和"不当得利"区别开来,还与上述"明示简式契约之诉"相照应。

"默示简式契约之诉"的类型有两种:第一种是"要求赔偿合理金额的简式契约之诉"(Quantum Meruit);第二种是"要求按货物价值赔偿的简式契约之诉"(Quantum Valebant)。前一种可理解为,对于服务性质的契约未明确约定酬金内容,提供服务完毕后,依服务的价值要求被告负担的金额。后一种可理解为,对于未明确规定价格之货物买卖契约,依据卖给被告的货物合理价格作为赔偿范围。②

默示简式契约之诉与金钱债务之诉不同,采用的不是"宣誓断讼法",而是陪审团审判方法。

7. 侵害之诉(Trespass)

我们已在前文谈及侵害令状和类案侵害令状(见第四章第二节)。这里就侵害之诉再谈以下几点。

在谈及侵害之诉时,首先我们需要知晓一个概念——"申述原因传唤令"(summons *ostensurus quare*),它是指要求被告陈述或说明其对原告造成损害及破坏王室和平之理由的传唤令;在法律史上,这一概念有着重要的意义,因为它为我们带来了侵害之诉(action of trespass)这一程式诉讼。③

事实上,"破坏和平"(breach of the peace)这一短语有时并不出现

---

① 参见潘维大、刘文琦:《英美法导读》,法律出版社 2000 年版,第 22 页。
② 参见潘维大、刘文琦:《英美法导读》,法律出版社 2000 年版,第 22 页。
③ Theodore F. Plucknett, *A Concise History of the Common Law*, Beijing: CITIC Publishing House, 2003, p. 366.

在诉由之中,有大量的例证表明,很多传唤令中并未包含"破坏和平"这几个字,而只是要求被告说明给原告造成损害的理由。①

这类诉讼的重要性,已早有学者论证过。梅特兰曾说,除收回非法扣留动产之诉(Replevin)、请求返还扣留财物之诉(Detinue)、金钱债务之诉(Debt)、账目之诉(Account)、违反盖印合同请求赔偿之诉(Covenant)等5种对人诉讼之外,其他对人诉讼都源自"侵害之诉"。②

侵害之诉中具体又有攻击侵害之诉(trespass for assault)、非法拘禁侵害之诉(trespass for imprisonment)、侵夺动产侵害之诉(trespass for taking away chattels)以及非法进入土地侵害之诉(trespass for entering upon land)等。概括而言,侵害之诉基本上又分为三种,即土地侵害之诉、人身侵害之诉及动产侵害之诉。③ 因为被害人是在受到直接的损害之后才可提起这一诉讼,向法院请求救济,所以,我们也可将"侵害之诉"理解为"直接侵害行为之诉"。

如前文所述,侵害令状中写有"使用暴力和武器"(vi et armis)字样。在侵害之诉中,被告如果败诉的,在听候发落(in misericordia)的同时(有可能被宣布为法外之徒或处以监禁),还要承担"判决罚款"(capias pro fine)。④ 所以,侵害之诉具有某种刑事诉讼的性质,它规定有惩罚性损害赔偿金的赔偿类型。

与"金钱债务之诉"和"请求返还扣留财物之诉"不同,侵害之诉须

---

① Theodore F. Plucknett, *A Concise History of the Common Law*, Beijing: CITIC Publishing House, 2003, p. 366.

② F. W. Maitland, *Equity Also the Forms of Action at Common Law: Two Courses of Lectures*, Cambridge University Press, 1929, p. 359.

③ F. W. Maitland, *Equity Also the Forms of Action at Common Law: Two Courses of Lectures*, Cambridge University Press, 1929, p. 359.

④ F. W. Maitland, *Equity Also the Forms of Action at Common Law: Two Courses of Lectures*, Cambridge University Press, 1929, p. 359.

由陪审团来裁定事实。而前两种诉讼是采用"宣誓断讼"的方法来裁定案件的。

从亨利三世(King Henry III,1207年10月1日生—1272年11月16日死)统治第 35 年(即 1250—1251 年间)的《贡金录》①(*Fine Rolls*)记载来看,已有多笔购买侵害令状的记录了。② 所以,我们可以推定"侵害之诉"至晚在 1250 年已经出现。

问题是,侵害之诉既然在 13 世纪中期时就已在国王法院出现,但是这种诉讼直至 14 世纪中期才开始十分常见,这是为什么呢？我们认为其中的原因大概有三。

首先,国王法院起初之所以对土地感兴趣,唯一原因就在于其包含的封建意义;而它之所以对侵害之诉案件感兴趣的唯一原因在于它属于刑事案件。但侵害之诉虽属于刑事案件,但不属于重罪案件。威斯敏斯特只对重罪案件以及可诉侵害案件(indictable trespasses)才会加以注意。

其次,从诉讼当事人角度来看,侵害之诉的诉讼标的通常并没有不动产案件那么贵重,因此他们很难说服陪审团赶赴到遥远的国王法院作出陪审裁决。毕竟,与诉讼之困难度和成本相较而言,侵害之诉可能确实称不上什么。

最后,《威斯敏斯特条例 II》第 24 章授权文秘署官员遇到与根据现

---

① 记录 1199 年到 1641 年间向国王缴纳的各种费用的卷宗。这些费用可能有多种目的,其中多数费用仅为购得令状,后来,该卷中所记录的费用多为获得特许(License)和赦免(pardons),如土地转让费、因玩忽职守(breach of duty)而被罚款等,其中最重要最多数的则是那些为获得盖有国玺(under the Great Seal)而签发的与王室有直接财政利益关系的特许状(letter patent)或密封特许状(letters close)所缴付的费用,包括命令将财物交付管理人加以管理的令状等。到 14 世纪末,该卷趋向于专门记载充公产业(escheats)和安排监护事宜向国王交付的款项。参见薛波:《元照英美法词典》,法律出版社 2003 年版,第 555 页。

② Theodore F. Plucknett, *A Concise History of the Common Law*, Beijing: CITIC Publishing House, 2003, pp. 366—367.

有令状可获得救济案件的类似案件时,可以对现有令状进行变通以审理这些案件。在这部法令中,文秘署获得部分的令状创制权,它可以自由签发"基于同样理由的进占令制度"(writ of entry in consimili casu)。该法案的另外一个重要影响就在于,它大大扩大了侵害之诉的使用范围①——侵权行为法中"类案侵害之诉制度"(trespass on the case)正是这一立法的重要结果。

8. 类案侵害之诉(Trespass on the Case)

我们可以这样说,直到1610年为止,"侵害诉讼"是一类令状的统称,它包括"使用暴力和武器的侵害诉讼"和"特种案件侵害诉讼"两种。但在此之后,因为法律人认同"形式优于内容"的法哲学,因此"直接侵害诉讼"必须同"类案侵害诉讼"区分开来。选择错误的令状来起诉能带来致命的后果,所以,"直接侵害诉讼"与"类案侵害诉讼"有了严格的区分。

"类案侵害之诉"也可被理解为"间接侵害之诉",在英文中,它还经常被写为"Trespass upon the Special Case"或"Case"。

"类案侵害之诉"中不再写有"使用暴力和武器"(*vi et armis*)和"违反和平"(*contra pacem*)的字样。整个"非暴力侵害诉讼"均被笼统地称为"类案侵害"(trespass on the case)或者"类案诉讼"(actions on the case)。②

类案侵害之诉中还包括"口头诽谤"(slander)、"书面诽谤"(libel)、过失侵权以及"欺诈"(deceit)等剩余诉讼。但是在中世纪时期,由于诽谤案件通常由教会法院管辖,还有一些由地方法院管辖,所以王室法院中这一方面的已决先例不是很多。③

---

① F. W. Maitland, *Equity Also the Forms of Action at Common Law: Two Courses of Lectures*, Cambridge University Press, 1929, p. 360.

② Baker, J. H., *An Introduction to English Legal History*, 3rd. ed., London: Butterworths, 1990, p. 74.

③ F. W. Maitland, *Equity Also the Forms of Action at Common Law: Two Courses of Lectures*, Cambridge University Press, 1929, p. 361.

1875年,布拉姆韦尔爵士(Lord Bramwell)在"霍姆斯诉马瑟案"(Holmes v. Mather)①中对侵害之诉和类案侵害之诉进行了区别:"如果不法损害行为系使用了直接暴力的——使用了暴力和武器——无论是因故意还是过失,侵害之诉当为合适的救济。"②

福蒂斯丘(Fortescue J)则曾以举事实摆道理的方式阐释过二者之间的差别:行为人将一根圆木抛到了公路之上并砸到某人的,是"直接侵害行为";而若行为人将一根圆木落在了公路之上,由此绊倒某人的,是"类案侵害行为"。③

此外,与"侵害之诉"相同的是,"类案侵害之诉"也须由陪审团来裁定事实。与"侵害之诉"不同的是,在"类案侵害之诉"中,原告不可请求惩罚性损害赔偿金。

9. 驱逐之诉(Ejectment)

Ejectment通常被翻译为"驱逐之诉"、"逐出土地之诉"、"不动产侵害之诉"等,它是从类案侵害之诉发展而来的一种诉讼。驱逐之诉主要供只有定期保有土地或地产的人(termor)——即承租人(lessee)或仅对土地享有占有权者——使用,而且原告在这一诉讼中只能请求法院命令被告向其支付赔偿金,而不能主张"定期地产的恢复"(recovery of the term)。④

在普通法中,只有自由地产保有人(freeholder)才可以主张地产权

---

① F. W. Maitland, *Equity Also the Forms of Action at Common Law: Two Courses of Lectures*, Cambridge University Press, 1929, p. 362.

② F. W. Maitland, *Equity Also the Forms of Action at Common Law: Two Courses of Lectures*, Cambridge University Press, 1929, p. 362.

③ Baker, J. H., *An Introduction to English Legal History*, 3rd. ed., London: Butterworths, 1990, p. 75.

④ Theodore F. Plucknett, *A Concise History of the Common Law*, Beijing: CITIC Publishing House, 2003, p. 373.

的恢复。而且,自由地产保有人提起的诉讼被称为"侵入他人土地之诉"或"缘何侵入私地之诉"(quare clausum fregit)。"侵入他人土地之诉"不同于这里的"驱逐之诉"。

二种诉讼的区别其实十分清晰。自由地产保有人在"侵入他人土地之诉"中诉称的是其"圈地"(close)受到了侵害;而承租人在"驱逐之诉"中只能诉称自己从其"定期地产"(term)上被驱逐了出来。所以,两种诉讼间的区别主要取决于原告对土地的权利划分。

自由土地保有人因为是土地的完全所有权人,因此他不可以提起该诉讼。承租人若为农奴的,也不可以援用该诉讼,因为农奴不能被视为土地的实际占有者,在农奴土地被侵占时,只有领主才有权主张前述不动产令状。驱逐之诉的审理程序是采用陪审团审判方式进行。[1]

10. 非法侵占之诉(Trover)

非法侵占之诉是从"类案侵害之诉"发展而出的,是"类案侵害之诉"中的一种形态,大约到16世纪中期才发展成为一种独立的程式诉讼。[2] 从这一点来看,它与"简式契约之诉"十分相似,后者也曾是类案侵害之诉的一种。《哈佛法律评论》第11卷曾发表埃姆斯(Ames)专门介绍"非法侵占之诉"发展史的文章。

非法侵占之诉自16世纪中期发展起来后,最早主要用于遗失物的返还。原告可向法院诉称,他曾经合法占有某物,如今遗失了该物,而被告在拾到该物之后,将其非法侵占并据为己用。就这样,它逐渐取代了请求返还扣留财物之诉(Detinue)。到后来,原告在其动产被他人非法占有或毁坏之后,也可提起非法侵占之诉,请求法院审理,被告通常可以选择或者支付物之价值,或者返还原物。

---

[1] 潘维大、刘文琦:《英美法导读》,法律出版社2000年版,第23页。

[2] F. W. Maitland, *Equity Also the Forms of Action at Common Law: Two Courses of Lectures*, Cambridge University Press, 1929, p. 365.

在非法侵占之诉中,原告可以要求被告返还原物,也可以要求被告以物之价值作为赔偿。非法侵占之诉可以采用"宣誓断讼法"来审理,也可采用陪审团审判方式来审理。

但在1854年《普通法程序法》(Common Law Procedure Act)颁布之后,情况发生了改变。根据该法第78条的条文,被告无权在支付物之价值和返还原物这两种古老的救济方式间作出选择,法院有权力命令被告返还原物(restitution of the chattel)。换言之,被告在此之后失去了支付物之价值的选择权。[①]

1854年后,上述十大程式诉讼中,只有侵害之诉、类案侵害之诉、驱逐之诉、简式契约之诉及非法侵占之诉等五类诉讼仍在使用。其他诸如账目之诉(Account)及取得亡夫遗留地产诉讼(Dower)则为衡平法院的救济所取代。[②]

[①] F. W. Maitland, *Equity Also the Forms of Action at Common Law*: *Two Courses of Lectures*, Cambridge University Press, 1929, p. 365.

[②] F. W. Maitland, *Equity Also the Forms of Action at Common Law*: *Two Courses of Lectures*, Cambridge University Press, 1929, p. 366.

第六章　人身保护令状：从特权到人权

　　那些愿意放弃基本自由来换取一点暂时安全的人，只会既丧失自由又得不到安全。①

　　——本杰明·弗兰克林（Benjamin Franklin）

　　三百年来，人身保护令状在美国一直是一只可靠的晴雨表，它反映着自由的气候变化；它又是一只伏特计或安培计，测量着美国政府三大机构间能量的分流情况。②

　　——美国哥伦比亚特区联邦地区法官詹姆斯·麦考密克

---

　　①　"Those who would give up essential liberty to purchase a little temporary safety, deserve neither liberty nor safety." See: Azra B. Zaidi, The Military Commissions Act and Its Impact on Our Justice System, 25 *Buffalo Public Interest Law Journal*, 2006—2007, p. 1.

　　②　美国哥伦比亚特区联邦地区法官詹姆斯·麦考密克（James McCormick）于2007年3月21日纽约州立大学水牛城分校法学院发表演讲时，如是说。原文照录如下：Habeas corpus, for three hundred years, has been a reliable barometer for observing changes in the atmosphere of liberty, and also a voltmeter (or maybe I mean an ammeter)—a device, in any event, for measuring the distribution of power between and among the three branches of our national government. 参见：James Robertson, Quo Vadis, Habeas Corpus?, 55 *Buff. L. Rev.*, 2008, p. 1065. 考虑到power的一语双关，即表示"电流"又表示"权力"，故译为"能量"。

一、人身保护令状之概念、起源与嬗变

(一) 人身保护令状的概念与种类

1. 人身保护令状的定义

"habeas corpus"一词来自拉丁语,本意为"你有人身"[1](you have the body)[2]。根据美国最权威的《布莱克法律词典》(Black's Law Dictionary)提供的解释,"habeas corpus"又称为"人身保护令状"(writ of habeas corpus)、"大令状"(Great Writ)或"自由大令状"(Great Writ of Liberty)。有时也简称为"人身保护令"(habeas)。

人身保护令状是针对拘押罪犯者——比如说监狱官(jailor)——签发的"一种用于将某人送交法院的令状,最经常的用于保证当事人不受非法拘禁或非法羁押"。除用于审查逮捕或关押的合法性之外,人身保护令状还可用于审查:(一)引渡程序的合法性;(二)保释获准权或获保释额;(三)做出刑事判决法院的管辖权[3]等。

在考察过人身保护令状的经典定义之后,为有助于读者更加清楚地了解人身保护令状的概念,本章在最一开始还需要交代清楚以下几点:

---

[1] 也可翻译为"你掌握着(被要求交出)人的身体"。参见邓智慧:"人身保护令与人权保障——以刑事诉讼为主视角",载《中国法学》2004年第4期。

[2] 有人错误地将"habeas corpus"这一拉丁语英译为"produce the body",这是错误的。正确的翻译应是"you have the body"。事实上,"you have the body"是人身保护令状文本的开头语(introductory words)。人身保护令状的行文大概如下:"You have the body of William. Bring him to me, in three days time, and show me what legal cause you have for detaining him." 翻译成中文:"你控制着威廉的人身。将他在三日之内带到我的面前,并告诉我你拘押他的理由。"这一事例见 James Robertson, Quo Vadis, Habeas Corpus?, 55 *Buff. L. Rev.*, 2008, p. 1066.

[3] Bryan A. Garner, *Black's Law Dictionary* (7th ed.), St Paul: West Publishing Co., 1999, p. 715.

首先，本章所要论述的"人身保护令状"（writ of habeas corpus）指的是"解交审查令"（writ of habeas corpus ad subjiciendum），而不指中世纪历史上曾经存在过的其他形式的令状。

其次，"writ of habeas corpus"的中文译名曾有过很多种（比如说出廷（庭）状[1]、身体出庭状[2]、保护人身票[3]等），人身保护令状在我国

---

[1] 光绪三十四年（1908年）八月初一颁发之《宪法大纲》中已有"臣民非按照法律所定，不加以逮捕、监禁、处罚"的规定。据我国学者研究，1912年中华民国成立后，几乎与当时的立宪热潮相始终，英国的人身保护令制度颇受中国人的注意，以至于出现了长达15年的关于移植人身保护令制度的尝试（杨慧清，尹灵芝："民初移植人身保护令制度述论"，载《许昌学院学报》2003年第6期。）。章士钊是在民国初期向我国介绍引入英国人身保护令制度第一人。1912年3月11日临时参议院通过并公布了《临时约法》，第二天，身为《民立报》的编辑章士钊就立即撰文揭露它没有解决公民自由的保障问题。"《约法》曰：'人民之身体，非依法律不得逮捕、拘禁、审问、处罚。'倘有人不依法律逮捕、拘禁、审问、处罚人，则如之何？以此质之《约法》，《约法》不能答也。"他指出，这是许多成文宪法的共同缺陷，应该吸取英美法系的优长予以补救："然人欲滥用其权，中外一致。于是英人之保障自由，厥有一法。其法维何？则无论何时，有违法侵害人身之事件发生，无论何人（或本人或其友）皆得向相当之法廷呈出廷（庭）状（Writ of Habeas Corpus，即现译人身保护令状）。法廷不得不诺，不诺，则与以相当之罚是也。出廷状者乃法廷（庭）所发之命令状，命令侵害者于一定期限内，率被害者出廷、陈述理由，并受审判也。英人有此一制而个人自由全受其庇荫……兹制者，诚宪法之科律也，吾当亟采之。"（章士钊："临时约法与人民自由权"，载《章士钊全集》第一卷，文汇出版社2000年版，第85—86页。）

[2] 参见梁龙、李浩培：《英国的司法与司法制度》，商务印书馆1946年重庆初版，第64—69页关于"人身出庭命令制在英国之历史的发展"等部分。

[3] 1913年4月8日，中华民国国会正式成立，这是中国民选议会之始。宪法起草委员伍朝枢提议，在人身保护上应采用英美的人身保护令制（伍朝枢采用日本译文，称之为"保护人身票"）。"本席（伍朝枢——笔者注）主张增加之条文为：国民被拘留时，法院得以提票提至法院审查被拘留之理由。第二项云：提票之发出以法律定之"（吴宗慈：《中华民国宪法史前编·论坛异同集粹》，（中国台湾）文海出版社1998年版，第3页；转引自杨慧清，尹灵芝："民初移植人身保护令制度述论"，载《许昌学院学报》2003年第6期。）。于是在《天坛宪草》第五条规定："中华民国人民非依法律不受逮捕、监禁、审问或处罚"之后，又补加规定："人民被羁押时，得依法律以保护状请求法院提至法院审查其理由。"《中华民国宪法》是在《天坛宪草》的基础上制定的，其第六条保留了《天坛宪草》第五条的内容。就这样，英美的人身保护令制度终被我国近代史上第一部正式宪法所确认。然而，这部宪法因曹锟（1862—1938）"贿选"而被称为"贿选宪法"，不为世人所重；1924年曹锟被拘禁，段祺瑞（1865—1936）政府通过颁发《临时执政府组织令》，正式宣布不承认这部贿选宪法。关于设立人身保护令制度的事情也随之中断。

大陆虽然没有移植成功,但我国学者对这一问题的研究却并未停止。① 从我国其他三个法域的立法和法律实践(包括台湾②、香港③、澳

---

① 1927年北京摄政府颁布了《保护状条例》。该条例共18条,包括申请保护状的条件、申请状格式、受理机关、保护状格式、授予办法、违法拘禁和违反本条例的责任,等等。《保护状条例》所规定的申请条件、相关责任、受理机关等,大致与英国《人身保护法》的有关规定相似。《保护状条例》的颁布,实际上表明中国对英国人身保护令制度的移植在形式上已告完毕。遗憾的是,仿制而成的《保护状条例》并没有英国人身保护法那样的生命力,也没有产生英国人身保护法所产生的作用。它仅仅存在一年五个月,便随着北洋军阀政权的消亡而消亡。15年关于英国人身保护状制度的移植,最终并没有成功。民国初期移植人身保护令制度虽然没有成功,但移植的意义却不能忽视,它顺应了中国建立宪政的进步趋势,实际上是关于人身自由及其保障的一次启蒙。
1932年12月,国民党四届"三中全会决定于民国24年召开国民大会,并令立法院从速制订宪法草案以备届时采择施行"。1933年1月,立法院组成宪法草案委员会着手起草宪法草案。这一决定成了中国学者研究人身保护令的契机,《东方杂志》则不失时机地推出了"宪法专号",为中国学者研究人身保护令制度提供了论坛。这一专号发表了丘汉平先生的《宪法上关于人民之权利规定之商榷》一文,也发表了伍廷芳之子伍朝枢以宪法草案委员会顾问资格给立法院院长孙科的一封信,题为《保障人民身体自由之手续》。丘汉平、伍朝枢在这两篇文章中不约而同地提出了"身体出庭状",但是这两位学者都没有阐述"身体出庭状"究竟为何物。《东方杂志》编辑史国纲深感"人民没有自由,这是一桩很痛苦的事情",于是在4月16日出版的《东方杂志》上发表了一篇《身体出庭状》之研究,从渊源、历史出发,详细讨论了"身体出庭状"这一"英美法制中保障人民的利器"。这是目前国内学者掌握的旧中国时期专题研究人身保护令制度十分鲜见的文献。(薛玹:《人身保护令制度研究》,法律出版社2008年版,第7—8页。)
② 我国台湾地区的"中华民国宪法"第八条第二项及第三项规定:"人民因犯罪嫌疑被逮捕拘禁时,其逮捕拘禁机关应将逮捕拘禁原因,以书面告知本人及其指定之亲友,并至迟于二十四小时内移送该管法院审问,本人或他人亦得申请该管法院,于二十四小时内向逮捕之机关提审。"以及"法院对于前项声请,不得拒绝,并不得先令逮捕拘禁之机关查复。逮捕拘禁之机关,对于法院之提审,不得拒绝或迟延。台湾可并据以制定提审法,以落实提审制度之保障"。台湾地区的《提审法》第一条规定"非法逮捕拘禁"曾以人民申请提审为前提要件,但此项要件已经司法院大法官会议认定与宪法之规定有所违背,已于民国八十六年十二月二十二日起失其效力。今天,台湾人民受法院以外的任何机关逮捕拘禁时,其本人或他人均可向逮捕拘禁地之地方法院或其隶属的高等法院提出提审之申请,以避免人身自由受不当禁锢之侵害。
③ 《高等法院条例》第23条授权人身保护令是法院根据被拘禁者或其代理人的申请,命令释放不合法拘禁的人的一种救济手段。若某人被治安机构扣押,其代表可以在任何时候向任何高等法院法官申请颁发人身保护令,限令有关当局在适当时间内将被扣人带上高等法院原讼法院并解释因何扣押该人。如果有关机关有合理解释,诸如怀疑被扣人触犯刑事法律,高等法院原讼法院大法官即撤销人身保护令。人身保护令程序可以保护公民的人身自由不被无故剥夺,监督治安机关依法行使职权。(参见林莉红:"香港的行政救济制度",载《中外法学》1997年第5期。)在香港,警察一般没有签署搜捕许可证的权力,但法律有特别规定的除外。如刑事罪行条例规定,特定的警官有权签署搜查色情场所的许可证。香港《警察条例》规定,在任何时间、任何公众场合、船上或其他交通工具上,对任何形迹可疑的人,怀疑某人已经实施、将要实施或企图实施任何罪行的人,警察可以对其截停搜查,如有需要,可以对其拒捕、扣留,以便进一步侦查。警署签署的许可证称为"警察手令",裁判官签署的拘捕、搜查许可证称为"法院手令"。

门①地区)来看,人身保护令状或人身保护令是其最通用的译法。

再次,我们还须清楚人身保护令状的性质。传统上,由于人身保护令的提起是由受监禁者个人向掌握其身体自由的另一个人(如典狱官)提出,因此,历史上人身保护令状具有明显的私法性质和民事色彩。所以,人身保护令状被视为是一种民事救济,它命令羁押人或羁押机构将被羁押人带至民事法院前,以确定羁押是否合法。② 人身保护令状发展至今日,不但具有私法性质和民事色彩,它实际上横跨刑事、民事和行政诉讼的功能,因而具有非常独特的法律程序地位。③ 人身保护令状不仅用于刑事案件的权利救济,还可覆盖其它民事和行政诉讼领域的问题。

2. 其他几类人身保护令状

在历史上,特别是在英国普通法上,曾有过很多不同种类的人身保护令状。有的人身保护令状要求将被羁押人带至法院前,有的要求带至某一官员前,它们的作用和目的也有所不同。④ 比如说,古代"将被羁押人解交行为地审判的人身保护令状"(writ of *habeas corpus ad deliberandum et recipiendum*)会命令羁押机构将被羁押人移至被指控犯罪行为的发生地有关当局,并由后一有权机关行使管辖权,有学者

---

① 在澳门现行法中就有有关人身保护令方面的规定。《中华人民共和国澳门特别行政区基本法》(1999年12月20日起执行)第28条规定:"澳门居民的人身自由不受侵犯。澳门居民不受任意或非法的逮捕、拘留、监禁。对任意或非法的拘留、监禁,居民有权向法院申请颁发人身保护令。"

据此,澳门居民可向法院申请颁发人身保护令。居民一旦提出申请,法院必须受理并进行调查;法院在调查后若发现对当事人的拘留或拘禁确属违法,就应作出裁决,下令有关机关释放被关押的居民。

② Leonard v. B. Sutton, Habeas Corpus: Its Past, Present and Possible World-wide Future, 44 *Denver Law Journal*, 1967, p. 548.

③ 参见邓智慧:"人身保护令与人权保障——以刑事诉讼为主视角",载《中国法学》2004年第4期。

④ 《元照英美法词典》中有若干"人身保护令状"的词条。参见薛波:《元照英美法词典》,法律出版社2003年版,第620页。

称,这一程序与当前用于美国州与州之间的引渡程序颇为类似①。

古代"将被羁押人解交有适当管辖权地审判的人身保护令状"(habeas corpus ad prosequendum)基本上同上述"将被羁押人解交行为地审判的人身保护令状"一样。"有适当管辖权地"通常指行为地。

古代"将被拘押人解交有管辖权的上级法院审理并说明拘押日期和原因的人身保护令"(writ of habeas corpus ad faciendum et recipiendum)又称"附原因解交令"(writ of habeas corpus cum causa)。

其他早期的人身保护令状还包括"解交执行令"(writ of habeas corpus ad satisfaciendum),它是一种将已在下级法院被判有罪的罪犯解交上级法院,以执行下级法院已作出之判决的令状。

"解交作证令"(writ of habeas corpus ad testificandum)是一种将被拘押之证人带至法院作证的令状。②

3. 人身保护令状的价值概述

在今日之英国,人身保护令状是"一个人藉以恢复其自由的最通常的方法",是英国臣民人身自由之保障的基石。③ 在美国,人身保护令状一直影响着联邦与各州的关系,又与死刑、反恐以及美国公民的人身安全等重大问题休戚相关,因而它一直广受关注。④ 人身保护令状的研究价值自然不言而喻。

---

① Leonard v. B. Sutton, Habeas Corpus: Its Past, Present and Possible World-wide Future, 44 *Denver Law Journal*, 1967, p. 548.

② Leonard v. B. Sutton, Habeas Corpus: Its Past, Present and Possible World-wide Future, 44 *Denver Law Journal*, 1967, p. 549.

③ 参见梁龙、李浩培:《英国的司法与司法制度》,商务印书馆 1946 年重庆初版,第 64 页。

④ 薛兹和邓智慧均在他们各自的论文中提到过这一问题。参见薛兹:《人身保护令制度研究》,西南政法大学博士论文 2006 年,第 5—7 页。邓智慧博士说:"人身保护令虽然如古董般散发出陈年的气息,但在当今司法(特别是英美国家)依然具有十分重要的作用。"参见邓智慧:《人身保护令研究》,中国政法大学博士论文 2006 年,第 10 页。

历史上,汉密尔顿在《联邦党人文集》第 84 篇曾专门解释了人身保护令状及禁止追溯既往的内容何以区别于公民其他权利条款列入宪法的缘故。他说:"事后确立罪状,或换言之,以发生时并不违法的行为为根据加以惩办及任意拘禁公民的做法,历来是暴政所善用及最恐怖的手段。"他援引布莱克斯通的话说:"不经起诉、审判而剥夺一人生命或强行没收其财产乃是粗暴恶劣的行为,必须立即引起全国对暴政的警惕;但秘密拘禁、匆匆投人入狱,其痛苦不为人知或被人遗忘,事件不公开、不引人注目,故为专制政府更为危险的手段。"① 正是为铲除此一严重弊端,布莱克斯通对人身保护法不惜到处推崇,并曾将之称为"英国宪法之屏障"。② 人身保护令状的重要性毋庸赘述。

(二) 人身保护令状的起源

1. 关于人身保护令状起源的几种说法

尽管历史上最早规定人身(自由)权保护的宪法性文件无疑当属英国的 1215 年《大宪章》。③ 1215 年英国《大宪章》第 39 条规定:"任何自由人,非经同等地位者依法审判或经国法裁决,均不得逮捕、监禁、没收

---

① [英]布莱克斯通:《评论集》第 1 卷第 136 页。转引自[美]汉密尔顿、杰伊、麦迪逊:《联邦党人文集》,程逢如、在汉、舒逊译,商务印书馆 2006 年版,第 428 页。

② 参见[美]汉密尔顿、杰伊、麦迪逊:《联邦党人文集》,程逢如、在汉、舒逊译,商务印书馆 2006 年版,第 428 页。另,关于《联邦党人文集》书的英文原名是 *The Federalist Papers*,关于书名的汉译,今有学者尹宣(翻译有《辩论:美国制宪会议纪录》辽宁教育出版社)提出,这本书的书名宜译为《联邦主义文集》,因为,书中的文章发表时,还没有联邦党。尹宣先生认为,在撰写《联邦主义文集》时,汉密尔顿只是联邦主义者,不是联邦党人,那时,还没有联邦党。麦迪逊则从来不是"联邦党人"。反之,联邦政府成立后,杰斐逊的长期战友和追随者麦迪逊,成为协助杰斐逊建立共和党的积极帮手,这时,麦迪逊成为汉密尔顿的政敌,他是民主共和党人。杰伊不是制宪代表,后来成为联邦党人。但是,参与撰写《联邦主义文集》时,他还不是联邦党人,只是热忱的联邦主义者。参见尹宣:"是《联邦党人文集》,还是《联邦主义文集》?",载《南方周末》2006 年 10 月 26 日。

③ 邓智慧:《人身保护令研究》,中国政法大学博士论文 2006 年,第 11 页。

财产、流放或加以任何其它损害,也不得加以谴责或将其押入监狱。"①《大宪章》第 39 条条文中的"依法审判"或"国法裁决"最终使被告人得以避免不合理的"宣誓断讼"(wager of law)以及"神明裁判"(ordeal)。②

但对于人身保护令状制度到底源于何时这一问题,人们众说纷纭,正因此故,英国宪法学家戴雪(Dicey)才说人身保护令状制度"以代远年湮之故,史家不能考出"。③ 本书作者现将关于人身保护令状起源的几种有代表性的观点摘录如下:

第一种观点:《大宪章》起源说。科克(Coke)和布莱克斯通(Blackstone)认为人身保护令状制度源于《大宪章》(*Magna Carta*)。此外,布莱克斯通还认为人身保护令状制度是"英国宪法之屏障"。④

但是也有学者对这一说法持坚决的反对态度,比如詹姆斯·麦考密克(James McCormick),他认为《大宪章》今日虽被誉为"自由大宪章"(Charter of Freedom),但它却是国王约翰的贵族们强迫他在润尼米德(Runnymede)的一块草坪上签订的。这就是说,约翰一定是在极

---

① See http://www.cs.indiana.edu/statecraft/magna-carta.html. "No freemen shall be taken or imprisoned or disseised or exiled or in any way destroyed, nor will we go upon him nor send upon him, except by the lawful judgment of his peers or by the law of the land."

② 在中世纪时期,追溯到威廉征服之前,在民事案件之中最普通的认定事实的方法是"宣誓断讼法",也称为"宣誓无罪"或"教会的洗罪",这种方法尤其在教会法院中使用。在欧洲大陆,神明裁判不仅用于审判被指控犯有罪行的人,还用来实现政治目的(例如提出对土地享有王权的人用来证明他享有土地),还有一些妇女愿意通过神明裁判来反证对她们贞操的指控,神明裁判还用来判定谁拥有一定土地。在英格兰神明裁判只用于刑事案件之中。神明裁判的形式有热水审(通常称为"热锅/开锅审"),冷水审,热铁审以及食物审。"冷、热水审"是 12 世纪用来审判穷人及不自由人的。"热铁审"是用来审判世俗的自由人。"食物审"是用来审判被起诉犯有罪行的神职人员(僧侣)。See Kempin, Frederic G. *Historical Introduction to Anglo-American Law* (3rd ed.),法律出版社 2001 年影印版,pp. 48—61.

③ [英]戴雪:《英宪精义》,雷宾南译,中国法制出版社 2001 年版,第 254 页注。

④ [英]布莱克斯通:《评论集》第 4 卷第 438 页。转引自[美]汉密尔顿、杰伊、麦迪逊:《联邦党人文集》,程逢如、在汉、舒逊译,商务印书馆 2006 年版,第 428 页。

不情愿的情况下签订了这一宪法性文件,由此推断,约翰是无论如何不会情愿遵守这一协定的。好在《大宪章》的生命比约翰王的寿命要长。约翰死后,《大宪章》像一粒种子,终于在英国孕育出了议会制政府(Parliamentary Government)以及法治(Rule of Law)的原则。所以,麦考密克说:"润尼米德的那块草坪上是没有人身保护令状的。《大宪章》绝非人身保护令状的起源;公平地说,约 400 年后,是人身保护令状真正赋予了《大宪章》效力。"①

第二种观点:早于《大宪章》说。比如贝克(Baker)教授认为,人身保护令状制度的起源早于《大宪章》的问世。萨顿(Sutton)认为人身保护令状起源于盎格鲁—撒克逊时期。② 安提奥(Antieau)也认为人身保护令状的诞生,可能比 1215 年《大宪章》的历史还要悠久,它最终大概在 13 世纪末期得到确立。③

第三种观点:罗马法来源说。有学者考证,人身保护令作为宪法权利保护令的一部分,最早出现于罗马时代。古典罗马法中即有:Edict of *quem liberum hominem dolo malo retines*, the interdict *De homine libero exhibendo* 制度,它们是类似于人身保护令状的一种司法救济制度。当一个自由人受到另一人之非善意的拘束时,裁判官(praetor)下令此人应被带至他面前,并在初步审查事实后如发现此人无罪,即可将其释放。④ 此外,在智者阿方索(1221—1284 年)编纂的文集《法律集

---

① James Robertson, Quo Vadis, Habeas Corpus?, 55 *Buff. L. Rev.*, 2008, p. 1066.
② Leonard v. B. Sutton, Habeas Corpus: Its Past, Present and Possible World-wide Future, 44 Denver Law Journal, 1967, p. 549.
③ Chester James Antieau, *The Practice of Extraordinary Remedies: Habeas Corpus and the Other Common Law Writs*. Volume I, New York: Oceana Publications, Inc. 1987, p. 1.
④ 参见秋风:《立宪的技艺》,北京大学出版社 2005 年版,第 157 页。另见 Leonard v. B. Sutton, Habeas Corpus: Its Past, Present and Possible World-wide Future, 44 Denver Law Journal, 1967, p. 549.

成》(*Siete Partidas*，也翻译为《七章律》)中也有其渊源。①

本书作者在阅读大量资料后，赞同第二种观点，即人身保护令状的起源早于《大宪章》的诞生这一学说。以下论述可证明这一观点的正确性。

第一，基于人身保护令状原理的令状在英国的运用，早在亨利二世时期(1154—1189年)就有书面记录。亨利二世时期已经出现有一种称作"出于憎恨与恶意的令状"(writ of *de odio et atia*)，这一令状即被用来释放被非法监禁之人。② 该令状指令郡长(行政司法官)调查对被指控谋杀者的拘禁是基于正当的怀疑还是仅出于憎恨和恶意。如经调查属于后者，即签发另一道令状，要求郡长允许对其保释。③

第二，亨利二世时期至少还存在另外三种能够体现人身保护令状原理的令状。这三种保护个人财产与自由的令状分别是："返还人身令状"(writ of de homine replegiando)④、"保释令状"(writ of de manucaptione capienda)和"保证保释令状"(writ of mainprize)。但到后来，上述三种令状的使用逐渐减少，这大概一是因为它们的用途有限，二是因为它们的程式过于复杂。

总之，人身保护令状的起源应早于《大宪章》的制定时间。虽然"出于憎恨与恶意的令状"、"返还人身令状"、"保释令状"和"保证保释令状"这四种中世纪时期的、体现人身保护令状原理的令状与后来的人身

---

① 王敏远：《刑事司法理论与实践检讨》，中国政法大学出版社1999年版，第307页。
② Leonard v. B. Sutton, Habeas Corpus: Its Past, Present and Possible World-wide Future, 44 Denver Law Journal, 1967, p. 549.
③ 参见薛波：《元照英美法词典》，法律出版社2003年版，第399页。
④ 也有词典将其翻译为"保释令状"，指在向司法行政长官保证后，保释某人出狱或脱离某人的监管，并答应随时前来答辩。此令状现已基本上为人身保护令状所取代，但在美国某些州仍在使用这一令状，只是在形式上有一些变化。参见薛波：《元照英美法词典》，法律出版社2003年版，第390页。

保护令状并不相同(主要不同点在于法院并不要求拘禁人说明拘禁之理由,故不去判断拘禁的合法性问题),但是无疑正是这些用于特定情境下的特定令状孕育了后来普适的人身保护令状。

2. 人身保护令状诞生的法律背景及初步发展

虽然基于人身保护令状原理的令状早在亨利二世时期就已开始运用。在13世纪早期,"*habeas corpus*"(人身保护令)也已成为民事法律程序用语中一则常见的短语,①但是直到亨利六世时期(1422—1461年)为止,人身保护的法律发展十分缓慢。在这段时期里,人身保护令状的意思只表示要求行政官员将被告人带至法院的一种命令,而不包含既将被告人送交法院,还需出示逮捕理由这层含义。该令状的目的只是将被告人带至法院,而法院根本不会严格审查逮捕的理由。

在《大宪章》颁布之前,英国有众多法院系统,例如普通诉讼法院、财政法院、王座法院、大法官法院,等等,而每一法院均有其各自特定的管辖范围。但各法院均想扩大自己的管辖范围,由此便出现了管辖之争。

在这种情况下,如果某一法院超越了其管辖权,臣民便可求助于本应具有管辖权的合适法院,并请求一种停止程序的命令,要求不具有管辖权的法院将管辖权移至合适法院,比如说"将被羁押人解交行为地审判的人身保护令状"。爱德华统治(1272—1307年)时期,人身保护令的种类增多,各自起着不同的作用,比如说有的人身保护令状起着确保被告人或陪审员(juryman)出庭的作用。(王室)法院逐渐习惯于签署这种令状,从而使在低等管辖权法院(特别是市法院和地方特权法院②)已获得判决的人可以被带到中央管辖权法院。我们发现这一制

---

① 1214年的文献中已有"人身保护令"字样的出现,而且这一时间可能还会提前。参见 R. J. Sharpe, *The Law of Habeas Corpus* (Second Edition), Oxford: Clarendon Press, 1989, p. 1.

② 地方特权法院(local franchises)因特许或国王准许而成立,主要有自治市特许法院、海事法院、商事法院、各种工商事务监督委员会法院。

度设计的初衷似乎就是在牺牲地方法院的情形下扩大威斯敏斯特中央法院的权力。①

在亨利六世统治时期,"附原因解交令"(writ of *corpus cum causa*)这一救济形式的运用变得多了起来。与前述"出于憎恨与恶意的令状"(writ of *de odio et atia*)相较而言,因为"附原因解交令"主要用于对不正当的私人拘押(private detention)提供救济,所以无论在形式还是在效果上来看,"附原因解交令"均与后来的人身保护令状更为接近。②"附原因解交令"到亨利七世统治时期(1485—1509年)才开始用于对抗王室做出的非法羁押行为。

从以上叙述我们可以发现,人身保护令状在早期与"自由理念"(idea of liberty)并无联系,但人身保护令与法律的"正当程序"(due process)却有一定的关系。因为即便在最初,人身保护令程序同样拒绝法院在被告人不在场的情形下来判定案件。③

此外,人身保护令状的确切起源还无法判定,但是人身保护令状这一名词在英美法史、英美政治史中均具有一种特殊的共鸣,那就是人身保护令被普遍认为是"自由大令状"。④

(三) 人身保护令状的嬗变

1. 中世纪中末期:现代形式的人身保护令状的出现

15世纪的管辖冲突案件标志着,人身保护令状已经从一种确保一

---

① Theodore F. Plucknett, *A Concise History of the Common Law* (Fifth Edition), Beijing: CITIC Publishing House, 2003, p. 57.
② Leonard v. B. Sutton, Habeas Corpus: Its Past, Present and Possible World-wide Future, 44 *Denver Law Journal*, 1967, p. 550.
③ R. J. Sharpe, *The Law of Habeas Corpus* (Second Edition), Oxford: Clarendon Press, 1989, pp. 2—3.
④ Eric M. Freedman, *Habeas Corpus: Rethinking the Great Writ of Liberty.*, New York: New York University Press, 2001. p. 1.

方当事人的人身到场,以经历某种特定程序的制度设计,发展到了要求说明逮捕申请者理由的、由法院来判定羁押理由是否充足的一种清楚的命令。① 现代形式的人身保护令即"解交审查令"(*habeas corpus ad subjiciendum*)开始出现,解交审查令是要求拘禁者呈出拘禁理由并接受法院严格审查的人身保护令。根据《元照英美法词典》,16世纪英国王座法院(King's Bench)开始签发解交审查令。通常,如果单独使用,人身保护令(*habeas corpus*)一词即指"解交审查令"。② 由此可见,现代形式的人身保护令是在中央法院与地方法院(第一阶段),普通法法院与大法官法院管辖权冲突和斗争的过程中形成的(第二阶段)。③

几乎可以断定,正是在皇室的中央法院与地方法院之间不断运用该令状以及相互竞争的过程中,这种要求说明羁押理由的人身保护令概念才得以形成。人身保护令由中央法院指引,来对抗地方低等法院,它为诉讼案件以及诉讼费用流向中央管理开辟了渠道。由于在诉讼之中对当事人实施人身控制十分重要,加之由于法院所拥有的最终制裁是逮捕或关押,所以人身保护令可以用来打乱整个诉讼过程。在这点上,人身保护令状既为普通法法院也为大法官法院所利用,这使它们能够尽力实现司法的中央集权管理。

起初,从低等法院调取羁押原因的除人身保护令状外,一同还有"调卷令状"(*certiorari*)或"特权"等。到15世纪中期,利用人身保护令状同"特权"一起从低等法院调取羁押理由的做法成为一种通行惯例。被告人可以证明他与授予低等法院审判权限的某一中央法院有特

---

① R. J. Sharpe, *The Law of Habeas Corpus* (Second Edition), Oxford: Clarendon Press, 1989, p. 4.

② 薛波:《元照英美法词典》,法律出版社2003年版,第620页。

③ Neil Douglas McFeeley, The Historical Development Habeas Corpus, *30 Southwestern Law Journal*, 1976, p. 586.

定联系。为了保护其自身的管辖权及争抢低等法院的诉讼案件,高等法院常命令将被告人带至其庭上并将被告人释放。这与 15 世纪初期利用人身保护令状同调取案卷令状一起来检验羁押的合法性的那一通行做法比较相似。但这里释放低等法院的被告人须有一个条件,即低等法院必须是对"羁押原因"超越了其权限。

整个程序是一种很明显的诡计,而人身保护令在这程序中也明显是一个辅助设计。但这在人身保护令同审查羁押理由合法性相结合这点上讲,是十分重要的发展阶段。审查低等法院是否有权限发布逮捕被告人的命令,这种想法的重要意义恰在于此。很显然,中央法院的动机就是寻求一种扩大其控制力的方法。不过,有一点值得注意,人身保护令状在此时已不单单是为获得被告人到场的一种辅助手段了,人身保护令状同时还成为了确保公民不受非法拘禁的一种司法救济。

大法官法院到 1474 年已经成为独立的法院,由于大法官法院的首要任务是给予公民在普通法法院得不到的救济,因此,这两种法院之间的斗争是不可避免的。有时大法官法院会重新审理已经在普通法法院得到判决的案子,而两种法院的审判结果又往往大相径庭。[①]

人身保护令状是普通法法院与大法官法院之间斗争的最主要的武器之一。由于大法官法院同样具有签发这种令状的权力,这就意味着双方均具有这一武器。大法官法院控制普通法法院诉讼最主要的方法是"禁令"(injunctions)。早在 1482 年,王座法院就清楚规定,如果大法官法院大法官使用了签发禁令的权力,并阻止诉讼当事人向普通法法院起诉,则普通法法院可以使用人身保护令状来释放由于违反这一禁止令而被关押的起诉人。大法官法院经常签发禁令来限制违反了衡

---

① Kempin Frederic G., *Historical Introduction to Anglo-American Law* (3rd ed.), Law Press, 2001, pp. 38—39.

平原则的普通法法院的判决,而普通法法院通常借人身保护令状来释放违反了禁令的人,两种法院间的斗争可见一斑。①

2. 中世纪晚期:人身保护令状的发展

人身保护令的一个最重要的发展是以人身保护令来审查"行政关押"(executive committal)的正当性。有案例表明,早在1576年,就有被关押的人运用人身保护令,而从"枢密院"(privy council)的关押命令中获得保释。在后来的案例中,法院曾以欠缺正当理由为由,认定一个由枢密院官员亲自完成的关押不合法。还有许多由于人身保护令而使得一些政治犯得以释放或被保释的例子。到1592年,枢密院不得不批准法官的请求,即在某些原则下有些被关押之人应被释放。法官们的决议如下:

"我们认为如果任何人是由于人民的告诫或枢密院委员会的命令而由女王陛下关押;或者由枢密院之中任何一人或两人将某人因严重叛国而关押,在这种案件之中,这些人在被关押之前倘若没有依法正当审判,不能被任何法院释放或宣判无罪。但是法官可以颁发女王令状而将这些人犯带至法官面前,如果关押他们的理由能通过人犯的回复得到证实,则法官不能将人犯释放而应将他们还押至其原来的受监禁之地……"②

1592年决议表明,一方面,君主和枢密院确有权力在第一种情形之下不需确定的原因而将某人关押待审;但另一方面,该决议顾及到,

---

① R. J. Sharpe, The Law of Habeas Corpus (Second Edition), Oxford: Clarendon Press, 1989, p. 6.

② R. J. Sharpe, *The Law of Habeas Corpus* (Second Edition), Oxford: Clarendon Press, 1989, p. 8.

假定羁押理由不确定,法官也确有权力依人身保护令状而使被关押之人得以获保释或被释放。①

斯图亚特王朝早期的案例表明人身保护令状在审查羁押的合法性问题上仍起着重要的作用,但是在面临庞大的行政权力、特种权力的挑战时,法院开始表现得唯唯诺诺,缺乏信心。事实上,在这个问题上,就连中世纪末英国最负盛名的法学家爱德华·科克(Edward Coke,1551—1634年),这位《权利请愿书》(Petition of Right)的起草者也曾动摇过。1614年②,科克认为罪犯如果系由枢密院关押,便不得保释。1615年的两个案件之中,两名由枢密院关押的人犯的保释均遭到科克的拒绝。在斯图亚特王朝早期,关押政治犯的权力渐被滥用。③

1627年的"达内尔案"(Darnel),通常也称为"五骑士案"(The Five Knights' Case)。"五骑士案"是宪政史上一个十分重要的案件,也是证明17世纪早期人身保护令状发展程度的重要案例。该案牵涉到的是斯图亚特对特权的要求同普通法之间的冲突,该案的案情梗概如下:查理斯一世在未经议会批准的情况下,希望借助强制贷款政策来筹足所需费用,他的下属由此拘捕了一些拒绝纳贡的臣民。在这些臣民中间,有五位试图通过人身保护令状来寻求救济。他们想让法院审查整个强行借款政策的违法性,但查理斯一世政府的回复却仅仅说明这些人被捕的原因是"*per speciale mandatum domini Regis*",也就是"根据王命,无明确理由"。该案继而引发的问题是,这样的理由陈述是否能使法院拥有使被关押之人得以保释的权力。问题的核心是,国王

---

① R. J. Sharpe, *The Law of Habeas Corpus* (Second Edition), Oxford: Clarendon Press, 1989, p. 8.
② 1614年,詹姆斯一世将科克调离普通法法院,改任王室高等法院的首席法官,国王此举是想笼络科克……参见何勤华:《英国法律发达史》,法律出版社1999年版,第56页。
③ R. J. Sharpe, *The Law of Habeas Corpus* (Second Edition), Oxford: Clarendon Press, 1989, p. 9.

是拥有超越普通法审判程序的权力？还是国王的行为永远要受司法权力的监督？国王的行为是否要经过调查从而来判断这些行为合乎法律与否？王座法院，甚至议会在会议上，对此案展开了极为详尽的争论。这件事的益处在于英王查理斯一世在1628年最终接受了议会议员提出的《权利请愿书》。

争论中，支持五骑士一方的主要依据是《大宪章》以及爱德华三世期间通过的法典，这些法典确认了《大宪章》所确立的法律正当程序制度；但支持国王的一方则坚持《大宪章》并未冲击到国王的特权，而且毫无疑问，君主历来可以对国家安全构成威胁的人恣意实施关押权。

法院的最后判决拒绝了保释五骑士以及其他被关押之人，但是法官显然没有打算让自己的决定成为最终决定，在最终使《权利请愿书》得以通过的议会会议上，所讨论问题的核心也不在于是否应推翻法院的判决，而是集中到了议会是否应该回答由该案引发的、而法官们没有圆满回答的问题。法院应该说是在政治压力之下或是在法官的政治确信下使得天平倾斜向了国王的一方。①

《权利请愿书》全文共8条，主要解决的是人民对查理斯一世的不满，它列数国王滥用权力的行为，如恣意征税、非法拘禁，等等。它规定，非经议会同意，国王不得强迫任何人交纳任何赐物、恩税、德税或类似的税收；重申了《大宪章》中有关保护公民自由和权利的内容，规定非依照同级贵族②之依法审判或经国王判决，任何自由人都不得被逮捕、

---

① R. J. Sharpe, *The Law of Habeas Corpus* (Second Edition), Oxford: Clarendon Press, 1989, p. 10.

② 这里的"同级贵族"即前述"同等地位者"，它对应的英文是peer。peer兼具"同等地位者"与"贵族"二义，按照旧译，peer为"贵族"，但实为"同等地位者"。因为依英国古制，人们遇有纷争，受同等地位者之裁判，名之曰"参与裁判制"；但旧时译者按中国古制（由贵者审判贱者），将其译作"贵族"，属误译。此误长期流传，近年始被译正。参见高鸿钧：《清华法治论衡》(第四辑)，清华大学出版社2004年版，卷首语。

监禁、没收财产、流放、剥夺法律保护权及受其他任何损害;规定海陆军队不得驻扎在居民住宅,不得根据戒严令任意逮捕自由人。①

就在《权利请愿书》得以被接受后的第二年,众多事件表明查理斯一世并不情愿其权力受限制,他解散了议会。查理斯一世发布逮捕令,塞尔登(Selden)以及议会几位议员因而被关押。议员们提起人身保护令请求,但是得到的答辩状称,这些议员由于"明显藐视⋯⋯对我们发动叛乱"因而被羁押。该案的法官在受国王召唤之后,与国王达成了在这些被关押之人提供担保的情况下,可将这些人保释的意见,但前提是这些议员要承认罪过。然而这一要求被议员们拒绝,他们中的几个人在狱中固执地呆了10年之久,直到1640年议会重新召开为止。②

3. 近现代时期:人身保护令状的逐步完善

(1) 从1640年《人身保护法》到1679年《人身保护法》

当议会于1640年召开时,就开始削减逮捕权特权。1640年《人身保护法》专门规定:依国王或枢密院之命令而被监禁之任何人,均应享有人身保护令权利并能不受拖延地被送交至法院,并附监禁之缘由。该法案还要求法官在3日之内宣布拘禁理由是否合法,并依此或保释、释放,或将犯人还押至原监狱。倘若法官或其他官员不能遵守法典之规定,便须承受高额罚金,并对受损害一方承担损害赔偿责任。该法案问世还不足一年,1641年英国议会就通过了《大抗议书》(Grand Remonstrance),该抗议书包含了对滥用行政关押权的谴责。但1640年的《人身保护法》没有得到全面实行。

克伦威尔时期,即摄政时期,是指1653—1659年英国克伦威尔父

---

① 参见何勤华:《英国法律发达史》,法律出版社1999年版,第78页。又见何勤华、李秀清:《外国法制史》,复旦大学出版社2002年版,第187页。

② R. J. Sharpe, *The Law of Habeas Corpus* (Second Edition), Oxford: Clarendon Press, 1989, p. 15.

子摄政时期。有案例表明有人因"国家安全"而被关押。克伦威尔威胁法官,法官逆来顺受地接受政务院关押当事人的理由。查理二世复辟(Restoration)后,人身保护令成为广为认同的救济令状。①

但是人身保护令在程序方面仍存在大量瑕疵。其中,最重要的一个问题是该令状在法院假期的时候应否签发。科克和海尔(Hale)都认为大法官法院可以在假期签发令状。海尔补充说,其他法院则不可以。1679年《人身保护法》之后,根据英格兰法律,大法官法院和其他法院都有权签发此令状。但是复辟时代的案例,如1676年的"詹克斯案"(Jenke's Case),王座法院的大法官和大法官法院的大法官均拒绝在他们的长假之中签发令状给一位主张应重新召开议会而被枢密院关押的人犯。很明显,此人是有权利可以被保释的,但是由于法律上的不确定性,他最终没有得到救济。其他问题也层出不穷。如有些犯人从一监狱被移至另一监狱,以至于令状根本无法送至合适的监狱负责人,更糟糕的是,有些犯人被送到了苏格兰或其他该令状根本没有效力的地方。有时,被关押之人成功取得保释或被释放,但是转眼又被重新逮捕回监狱。②

根据霍兹沃斯(Holdsworth)的《英国法史》(第七版)中的介绍,在1679年《人身保护法》之前,曾有数个流产的"人身保护令法",它们分别是1668年、1669—1670年、1673—1674年、1675年、1676—1677年法案。

1679年《人身保护法》共有20条,其主要内容有:除叛国及遇战争和其他紧急状态外,若没有法院签发的写明理由的逮捕证,不得逮捕和

---

① R. J. Sharpe, *The Law of Habeas Corpus* (Second Edition), Oxford: Clarendon Press, 1989, p. 16.

② R. J. Sharpe, *The Law of Habeas Corpus* (Second Edition), Oxford: Clarendon Press, 1989, p. 18.

羁押任何人;被逮捕的臣民及其亲友,有权请求法院发给"人身保护令状",要求限期将被逮捕者移送到审判机关;审判机关应尽快审核逮捕的理由,如认为理由不成立的,应立即释放被逮捕者,若确定逮捕理由成立,审判机关应决定保释或继续拘押,以待审判;不得以同一罪名再度拘押已准予保释的人犯;英国的臣民不得被送到海外领地拘禁。①

1679年《人身保护法》经常被认为是大英王国的另外一个《大宪章》,②标志着人身保护令状已成长为自由大令状,成为"质疑所有非法羁押方式中伟大和有效的令状"(布莱克斯通语),它是捍卫人身自由不受非法任意剥夺或限制的犀利武器。③它是英国人身保护法律中最重要的制定法,它不仅为英国日后保障公民人身自由树立了典范,而且随着大英帝国的海外扩张,其影响还辐射到世界上许多国家和地区④,特

---

① 何勤华:《英国法律发达史》,法律出版社1999年版,第84页。

② [美]约瑟夫·斯托里:《美国宪法评注》,毛国权译,上海三联书店2006年版,第406页。当然,最早把《人身保护法》比作第二个《大宪章》的是英国法学家布莱克斯通,具体见《英国法释义》第一卷。参见 James Robertson, Quo Vadis, Habeas Corpus?, 55 *Buff. L. Rev.*, 2008, p.1065. 另 Quo Vadis 是拉丁语短语,是"你要去哪里"的意思。本书《人身保护令状,你要到哪里去?》的作者詹姆斯·麦考密克(James McCormick)是美国哥伦比亚特区联邦地区法官。这篇重要论文是麦考密克于2007年3月21日纽约州立大学著名教授斯坦菲尔德(Robert J. Steinfeld)在该校水牛城分校法学院(University at Buffalo Law School, The State University of New York)的演讲稿。

③ 薛竑在其博士论文《人身保护令制度研究》的第15—16页也对该法作了类似的评价。

④ 当今世界上,确立人身保护令制度的国家和地区有美国及美国各州、大不列颠及北爱尔兰联合王国(但不包括苏格兰)、澳大利亚及澳大利亚各州、加拿大以及加拿大各省(包括拥有民法传统的魁北克)、印度、巴基斯坦、缅甸、尼日利亚、新西兰、牙买加、圣卢西亚、马来西亚、爱尔兰共和国、日本、巴拿马、菲律宾、利比里亚、南非、斯里兰卡、乌干达、塔桑尼亚、肯尼亚、加纳、斐济、吉里巴斯、瑙鲁、巴布亚新几内亚、所罗门群岛、汤加、吐瓦鲁、博茨瓦纳、塞蒲路斯、莱索托、尼泊尔、史瓦济兰、特立尼达和多巴哥、圣克里斯托弗、巴贝多、百里斯、新加坡、毛里求斯、圣文森特、多米尼加、冈比亚、塞拉利昂、赞比亚、津巴布韦、秘鲁、巴西等。此外,德国、我国澳门和台湾等地区也确立了人身保护令制度。参见 Chester James Antieau, *The Practice of Extraordinary Remedies: Habeas Corpus and the Other Common Law Writs*. Volume I, New York: Oceana Publications, Inc. 1987, p. 3.

在加拿大,英国的人身保护令法经过1640年、1679年、1816年《人身保护法》的发展,一直在加拿大得以适用,而加拿大本土的人身保护令法到1866年在加拿大安大略通过。这就是1866年的《安大略省人身保护令法》。(Sharpe, R. J. *The Law of Habeas Corpus (Second*

别是当今的普通法系国家。① 该法的意义在于,它确立了人身保护令状

Edition), Oxford: Clarendon Press, 1989, pp. 19—20.)根据《安大略省人身保护令法》(1980年)193条第7款,法院有权根据其得到的特别授权来审查"宣誓书以及其他证据"(affidavit and evidence)形式来作出的答辩状(return)中所陈述的事实。

在印度,1773年当印度加尔各答(Calcutta)最高法院被批准建立时,人身保护令制度同时被英国统治者带入印度。在19世纪时期,经过多番周折之后,人身保护令制度最终在印度通过一系列刑事诉讼法典以制定法的形式被固定了下来。(Clark, David & McCoy, Gerard, *The Most Fundamental Legal Right: Hebeas Corpus in the Commonwealth*, Oxford: Clarendon Press, 2000, p. 21.)在印度,人身保护令救济最初只有欧洲的英国臣民才可以得到,后来将适用这一制度的主体扩大到所有在印度出生的人。印度的1898年《刑事诉讼法典》的第491条只允许三家法院签发人身保护令状,而且签发的对象只能是这三家法院管辖范围之内被羁押之人。这三家法院是加尔各答高等法院、马德拉斯(madras)高等法院和孟买(bombay)高等法院。1923年印度《刑法修正法案》扩大了1898年《刑事诉讼法典》第491条的规定,在491条之后增加规定,允许在印度的所有高等法院都可以向被非法羁押人颁发人身保护令。(Clark, David & McCoy, Gerard, *The Most Fundamental Legal Right: Hebeas Corpus in the Commonwealth*, Oxford: Clarendon Press, 2000, p. 22.)

在德国,为了在实施强制措施时更好的保护嫌疑人或被告人的权利不受侵害,德国也实行人身保护令制度,即嫌疑人或被告人在被拘留或逮捕后,应毫不迟疑地被带到法官面前,最迟不能超过拘留或逮捕之次日,由法官审查逮捕、拘留是否正确,要否维持已经签发的拘留证的效力。(程味秋:《外国刑事诉讼法概论》,中国政法大学出版社1994年版,第147页。)德国的侦查权由检察机关行使,司法警察只是作为检察官的助手,在检察官的领导、指挥下实施具体的侦查活动。审前羁押必须由检察官向法官提出申请,由法官签发许可令状。当然在情况紧急时,检察官或司法警察也可以直接进行逮捕。无论是经授权还是未经授权实施的紧急情况下的逮捕,检察官一般都要在逮捕后及时将被捕者带至法官面前,最迟不得超过逮捕的第二天结束之时。法官要对被告人进行讯问、审查逮捕、拘留是否正确,要否维持已经签发的拘留证的效力以及决定是否对被羁押人继续进行羁押,是否可以对其适用保释。此外,在德国,嫌疑人或被告人可以在任何时候向发布拘留令的法官提出撤销拘留令的申请。如果被告人或嫌疑人没有律师或未提出这样的申请,法官必须每隔三个月重新审查一次。如果羁押期超过六个月,法官则须将案卷提交上诉法院进行审查,由其作出羁押是否应当超出六个月的决定。如果决定是否定的,被告人应当被释放。这就是德国强制措施当中的"自动人身保护令制度"。(程味秋:《外国刑事诉讼法概论》,中国政法大学出版社1994年版,第147—148页。)除此之外,被羁押人或被告人还可以直接向德国宪法法院甚至欧洲人权法院提出申诉,要求对其所受的羁押进行特殊的司法审查。

第二次世界大战后,日本刑事诉讼受到了美国法的影响,大量吸收了当事人主义的因素,形成了颇具特色的刑事诉讼制度。当事人主义的影响表现在具体的制度上有诸如在侦查过程中被疑人享有沉默权,被羁押人的人身自由被限制时,可依人身保护令申请法官判断羁押的合法性,警察在实施扣押时须依法官签发的令状进行等。战后的日本由于进行了大规模引入普通法精神的改革,专门制定了《人身保护法》。(参见邓智慧:"人身保护令与人权保障——以刑事诉讼为主视角",载《中国法学》2004年第4期。)

① 参见邓智慧:"人身保护令与人权保障——以刑事诉讼为主视角",载《中国法学》2004年第4期。

在宪法中的地位,并使公众知晓了人身保护令状是保障公民自由的一个最根本的保证。

(2)《人身保护法》的完善

1816年《人身保护法》通过了一项措施,该法废除了案件中"禁止反驳答辩真实性"原则,它规定如果法官对答辩状的真实性持怀疑态度,法官可将被关押之人予以保释并在全院范围内来评定答辩状真实与否。

1862年,英国女王王座法院向上加拿大①(Upper Canada)殖民地发出了一人身保护令状,法院认为"王室自治领的所有地方,如果有非法拘禁臣民的情况发生,便可以向该地方发出人身保护令状,尽管在当地有独立的司法机构且其完全有权给予同样的救济"。

但这个判例的结果是,它带来了极大的不便及它本身的不切合实际。所以议会很快就通过了1862年《人身保护法》。1862年法案一方面安抚殖民地人民的情感,一方面尽力避免这种明显的不便。它规定"人身保护令状不得依英格兰法官或大法官之权力,而从英格兰向女王陛下已合法建立法院的或当地司法法院有权签发上述令状的任何王室殖民地或外国自治领签发,以确保令状在整个这样的殖民地或自治领内正当执行。"在1862年之前,人身保护令适用于英国所有领土,此后,在英国殖民地由当地法院签发"人身保护令状"②。1862年法案同时保留了从殖民地法院至枢密院的上诉权。③

---

① 1791年英国议会制定了《1791年宪法法案》,把魁北克以渥太华河为界一分为二。河西地区名为上加拿大省,河东地区名为下加拿大省。上加拿大大相当于今安大略省,当时是一个封闭的内陆农业省。参见杨令侠:"加拿大魁北克省分离运动的历史渊源",载《历史研究》1997年第2期。

② 由嵘:《外国法制史》,北京大学出版社2000年6月重排本,第350页。

③ R. J. Sharpe, *The Law of Habeas Corpus* (Second Edition), Oxford: Clarendon Press, 1989, pp. 189—190.

1679年《人身保护法》标志着人身保护令发展为了现代形式。《人身保护法》主要经过两次变更,但其作为保障自由的非常令状的本质并没有没变。

二、人身保护令状在美国的确立与发展

在今日之美国,首先,人身保护令状已被视为保障公民不受非法羁押之"法盾"(legal shield)。① 其次,它还被称为美国宪法中最重要的一项人权。②

在保护公民不受非法羁押方面,它的主要价值在于:它不但为审判程序前的被告人提供了及时救济,它还为已经定罪的州罪犯(state prisoners)就未解决的联邦问题上诉提供了一条重要的路径。州罪犯在穷尽州法院的全部上诉程序后,还可以在联邦地区法院申请人身保护令。这就是所谓的"附诉"(collateral attack③)制度。倘若联邦地区法院驳回州罪犯的申请,他还可向联邦上诉法院提出上诉,直至联邦最高法院。④ 因此,公民利用人身保护令状特权可免受警察、监狱等机构的非法侵害与羁押。

在体现人权价值方面,它之所以被称为写入联邦宪法中的一项"最

---

① Harvard Law Review Association, Book Note, A Constitutional History of Habeas Corpus by William F. Duker, 95 *Harv. L. Rev.*, p. 1186.

② Zechariah Chafee, Jr., The Most Important Human Right in the Constitution, 32 *Boston University Law Review*, 1952(2), pp. 143—161.

③ 《元照英美法词典》(第244页)将此短语翻译为"间接攻击"、"附带攻击",是为直译,不能达意。贺卫方先生在《美国法律辞典》的译者序中也曾专门提及此词,他认为应将此短语翻译为"附诉"。参见[美]彼得·G.伦斯特洛姆:《美国法律辞典》,贺卫方等译,中国政法大学出版社1998年版,译者序言。

④ Cary Federman, *The Body and the State: Habeas Corpus and American Jurisprudence*, State University of New York Press, 2006, p. ix.

重要"的人权,是因为人身保护令状是其他多数人权的保障与基石。联邦宪法中的人身保护令条款是最强有力的武器,它是1791年修正案中众条款得以实现的基础,这些条款包括——公民获大陪审团起诉的权利、不受双重危险的权利、未经法律正当程序公民自由不受剥夺的权利、快速审判的权利、公开审判的权利、知悉指控性质的权利、对质不利证人的权利、传唤己方证人及获得律师帮助的权利,等等。[①] 虽然人权的定义可以从要素、资格、利益、主张以及意志等角度给以解释,但世所公认,人身自由权和生命权、健康权以及财产权等一起构成现代人权的最古老和最核心的内容。[②] 因此,人身保护令救济制度对于人权特别是公民宪法权利的保障具有根本性意义。

(一) 人身保护令状写入美国联邦宪法的渊源

根据美国学者查菲(Chafee)及麦克菲利(McFeeley)等学者的研究,美国的国父们之所以将人身保护令状中止条款写入宪法,至少有以下几大渊源:

1. 英国的人身保护法实践

1679年英国《人身保护法》通过后,现代形式的人身保护令状即"解交审查令"(writ of *habeas corpus ad subjiciendum*)成为保护英国臣民自由之最为有效的武器。它为因受非法刑事指控而被羁押的臣民提供了一种救济,人们可通过申请这一令状请法院对监禁的合法性进行迅速的司法调查;同时,它还为那些处于羁押中等待审判的犯罪分子尽早得到审判(speedy trial)提供了保障。[③]

[①] Zechariah Chafee, Jr., The Most Important Human Right in the Constitution, 32 *Boston University Law Review*, 1952 (2), p. 144.

[②] 参见邓智慧:"人身保护令与人权保障——以刑事诉讼为主视角",载《中国法学》2004年第4期。

[③] Neil Douglas McFeeley, The Historical Development Habeas Corpus, *30 Southwestern Law Journal*, 1976, p. 589.

以最终转化为"塞尔登案"(Selden)的"达内尔案"(Darnel)等为代表的一系列案件证明,人身保护令状在英国已成为"任何被羁押之人最高程度的救济"、"受英王特殊命令……任何以莫须有之罪名而被拘押之人的唯一救济"①。

众所周知,美国法从一开始就受到英国法的影响。伴随英国在北美殖民地的确立,英国普通法也被带到北美殖民地。17世纪初,"英国臣民在移居这些不隶属于文明国家的领土时,就把普通法一起带过去了"。② 不仅如此,根据1608年加尔文案(Calvin's Case)确立的原则,英国法律在英属殖民地是自动生效的。

由此可见,人身保护法在英国的实践及其在美国的移植无疑是美国宪法中人身保护令条款的渊源,甚至是最重要的渊源。

2. 第一届大陆会议上发表的《告魁北克人民书》

1774年9月5日,除佐治亚外,北美12个殖民地的代表在费城召开了第一届大陆会议(Continental Congress),通过了"宣言"并建立大陆协会。1774年10月③,制宪会议为号召法裔加拿大人加入他们的队

---

① "the highest remedy in the law for any man that is imprisoned" as well as the "only remedy for him that is imprisoned by the special command of the king ... without shewing cuase of commitment". See Neil Douglas McFeeley, The Historical Development Habeas Corpus, *30 Southwestern Law Journal*, 1976, p. 589.

② [法]勒内·达维德:《当代主要法律体系》,漆竹生译,上海译文出版社1984年版,第372页。

③ 众所周知,殖民地时期的美洲主要是适用英国法的。独立战争前的殖民地民众或按照传统,或依据先例,或遵照宣言,或依据制定法,均像英国臣民一样,享有人身保护令状特权。殖民地人民亦十分珍视这一特权,他们不容许任何人损害这一特权。然而,英国议会在1774年时却决定拒绝在魁北克殖民地适用人身保护令法,这一做法被殖民地人民视作对他们一种潜在的危害,并引发了他们在全美殖民地范围内对英国议会这一做法的强烈谴责。于是,当1774年第一届大陆会议召开时,代表们向魁北克人民发出了这封信,一方面是为了得到魁北克的革命力量,另一方面也是为了保障他们自己的这一特权今后不被侵犯。这就是《告魁北克人民书》的发表背景。参见 Neil Douglas McFeeley, The Historical Development Habeas Corpus, *30 Southwestern Law Journal*, 1976, p. 593.

伍,向魁北克民众发表了《告魁北克人民书》(Address to the People of Quebec)①,其中一项重要的权利就是"人的自由"(liberty of the person)。《告魁北克人民书》称:"任何臣民被逮捕或监禁的——即便是因政府的命令(而被限制自由)——均可以依本法立即从法官处获得一道称为'人身保护令'的令状",签发此种令状乃法官分内之事,故任何非法羁押都能得到及时纠察与补救。② 这一全面精确的论述被视为美国宪法中人身保护令条款的第一大渊源。

3. 早期制定的州宪法

1776年,殖民地数州制定了州宪法。但第一个将人身保护令状写入州宪法的是北卡罗来纳州,时间是在1776年12月。在北卡罗来纳州的这一版宪法中,对人身保护令状有如下的规定(未规定人身保护令的中止):"任何自由民之自由被限制的,均有权获得救济,以调查该限制自由行为是否合法,如果违法则撤销之。公民的这一权利不得被拒绝或拖延。"③

此后,佐治亚在1777年宣布:"人身保护令法的原则"将是其宪法的一部分;1789年,《佐治亚州宪法》规定:"所有人都有获得人身保护令状的权利。"④宾夕法尼亚在其第二部宪法即1790年宪法照录了费

---

① 更多资料称这一文件的英文名为:"Letter to the Inhabitants of the Province of Quebec"。

② 原文照录如下:"If a subject is seized and imprisoned, tho' by order of Government, he may, by virtue of this right, immediately obtain a writ, termed a Habeas Corpus, from a Judge, whose sworn duty it is to grant it, and thereupon procure any illegal restraint to be quickly enquired into and redressed."参见Zechariah Chafee, Jr., The Most Important Human Right in the Constitution, 32 *Boston University Law Review*, 1952 (2), p. 145.

③ 原文照录如下:"That every freeman restrained of his liberty, is entitled to a remedy, to enquire into the lawfulness thereof, and to remove the same, if unlawful; and that such remedy ought not to be denied or delayed."。

④ All persons shall be entitled to the benefit of the writ of habeas corpus. *Georgia Constitution* (1789), Article IV, section 4.

城会议(Philadelphia Convention)上制定出的合众国宪法中的这一条内容,文字完全相同。①《马萨诸塞政府结构》(Massachusetts Frame of Government)(1780 年)和《新罕布什尔政府结构》(New Hampshire Frame of Government)(1784 年)中亦有人身保护令状中止的规定,但内容不尽相同。

其余 6 州在早期州宪法中并未就人身保护令状权利进行规定。但正如美国学者查菲(Chafee)所言:"虽然这些州在各自州宪法中对人身保护令状并未提及,但这并不代表人身保护令状在这些州不被看重,事实上,由于它早已在各殖民地得到了稳固的确立,人们甚至觉得没有重申其重要性的必要。"②

4. 1787 年《西北准州地区条例》

虽然《邦联条例》(The Articles of Confederation)对人身保护令只字未提,但是 1787 年的《西北准州地区条例》③(Ordinance of 1787 for the Government of the North-west Territory)中有这样的规定:"上述地区之民众享有人身保护令状特权","永远不得更改,除非经过民众共同同意"。④

5. 殖民地宪章

因为大部分宪章的颁行是在 1679 年《人身保护法》颁布之前,所以各殖民地宪章(charters)中均无明确提到人身保护令状。但是,殖民者

---

① Pennsylvania Constitution (1790), Article IX, section 14.

② Zechariah Chafee, Jr., The Most Important Human Right in the Constitution, 32 Boston University Law Review, 1952 (2), p. 146.

③ 更多的学者将之翻译为《西北法令》、《西北条例》、《西北土地法》等,但严格讲,上述译法都不够精确。

④ 原文照录如下:"forever unalterable, unless by common consent";"The Inhabitants of the said territory, shall always be entitled to the benefits of the writ of habeas corpus."。

一定将这一普通法权利带到了美洲,它一定是英国殖民者向殖民地人民宣告的重要权利之一。

美洲殖民地人民获悉与他们志同道合的约翰·威尔克斯(John Wilkes)①在提出人身保护令状申请后成功地从"伦敦塔"(Tower of London)中被释放后,他们在深感欣慰的同时,亦进一步认识到人身保护令状对于保护公民不受非法羁押的重要价值。

6. 法学家著述

随着英国和殖民地之间定期航运的频繁,大量普通法书籍和法律报告传入北美。到18世纪中期,许多普通法经典之作摆放到了殖民地律师们的书架。如爱德华·科克的《英国法概要》和《案例报告集》、布莱克斯通的《英国法释义》以及弗朗西斯·培根的《英国普通法原理》等。② 这些都为人们了解英国普通法原理、概念和程序提供了极大方便,从而为英国普通法在殖民地的传播提供了思想基础。③ 而在上述大量名著中,以科克、布莱克斯通为代表的法学家们对个人自由的保护推崇备至。虽然殖民地人民,特别是宪法的起草者们未必能够认同布莱克斯通关于人权的全部论述,但是他们对布氏称人身保护令状为"英国宪法之屏障"(great bulwark of the Constitution)的论述十分赞同。因此,法学家著述无疑也是美国宪法中人身保护令条款的渊源之一。

在接下来的部分,我们将要回顾人身保护令状写入美国联邦宪

---

① 1763年英国政论家约翰·威尔克斯在他所出版的《北不列颠人报》(*The North Briton*)上批评了国王乔治三世,为此,被革除出下院;被宣布不受法律保护以后,不得不逃往法国。

② 刘艺工、王继忠:《外国法律史》,中国人民大学出版社2008年版,第178页。

③ 到1833年斯托里(Story)在《美国宪法评注》中说"今日之法学的全部架构都站在了普通法的原始基础之上"。参见 Neil Douglas McFeeley, The Historical Development Habeas Corpus, *30 Southwestern Law Journal*, 1976, p. 590.

法的过程以及人身保护令状写入宪法后在美国200余年的发展简史。

(二)制宪会议代表对人身保护令状问题入宪的意见

《美国联邦宪法》以及作为《宪法》有机组成部分的《权利法案》规定了类似英国的"人身保护令制度"。《宪法》第1条第9款第2项规定:"人身保护令之特权不得中止,惟在发生叛乱或受到侵犯而出于公共安全必需时不在此限。"① 这就是美国宪法中赫赫有名的"中止条款"(suspension clause)。这一宪法性规定将人身保护令的中止作了严格的限定。

因为人身保护令状无论在英国本土的历史还是北美13个殖民地的历史上都有着良好的实践传统,而英国史毕竟也是北美殖民地的历史,所以,考虑到它在整个历史上一直扮演着真正"自由大令状"的角色,因此,人身保护令条款的入宪本身不会有太大的阻碍。

但是,制宪会议②的代表们知道,人身保护令状是可以被中止的,在英国的历史上,它的确被中止过。就在1688年"光荣革命"(Glori-

---

① The Privilege of the Writ of Habeas Corpus shall not be suspended, unless when in Cases of Rebellion or Invasion the public Safety may require it. 也有人将这一款翻译为:"人身保护令特权除遇内乱或外患在公安上要求必须停止情况外不得停止之。"参见[美]汉密尔顿、杰伊、麦迪逊:《联邦党人文集》,程逢如、在汉、舒逊译,商务印书馆2006年版,第457页。

② 1787年5月,根据美国联邦国会的邀请,在乔治·华盛顿的主持下,在费城举行了全国代表会议。会议的原定目的是:修改执行已有八年之久的《联邦条例》。但是,经过了近三个月的秘密讨论以后,会议不仅否定了这个条例,而且重新制定了一部取而代之的新宪法。因此,这次会议就成了美国历史上著名的制宪会议。参见[美]汉密尔顿、杰伊、麦迪逊:《联邦党人文集》,程逢如、在汉、舒逊译,商务印书馆2006年版,第i页。

ous Revolution of 1688)①迫使詹姆斯二世逃亡法国、威廉接受《权利法案》接任英国王位、百年来因宗教和专制引起的动荡终于结束的数月之后,新任国王威廉建议应将人身保护令中止三个月的时间,因为——"在一些阴谋集团中不少人仍然拥护詹姆斯二世,他们在密谋反抗政府",集团中的一些人"已经被捕并已监禁了起来"剩余的反政府分子"也有可能会被逮捕与监禁","如果这些人万一被释放,则我们的安全、政府的安全、人民的安全将失去保障"。英国议会最终同意了英王威廉的提议,将人身保护令中止了三个月。但英国在这之后,并未再度同意

---

① 资产阶级革命爆发后,国王查理一世被推上断头台,英国成立了共和国,17世纪的英国革命发展到顶点。在这个阶段的革命发展过程中,英国社会的中下层人民群众和作为中下层人民代表的平等派起了决定性的作用,赋予这个阶段的革命事件以革命民主的性质。然而,革命未能继续深入下去,因为作为资产阶级和贵族利益代表者的独立派掌握了政权之后,立刻转过头来镇压人民并扼杀革命的民主进程。在这种形势下,克伦威尔主要从对内和对外两个方面采取措施巩固统治。这些措施对英国资本主义的发展起到了一定的作用,说明了克伦威尔代表了资产阶级和新贵族的利益。但是,共和制还处在不成熟阶段,封建君主思想并没有得到彻底批判,旧势力没有被铲除,再加上克伦威尔本人逐渐擅权专断,好大喜功,1653年他被宣布为"护国主",并先后多次解散议会,成为军事独裁者。

克伦威尔死后,政局混乱,保王党分子活跃起来。1660年,查理一世的儿子登上王位,称查理二世,斯图亚特王朝复辟。查理二世进行残暴的统治,使在革命中所取得的成果逐渐被否定甚至丧失。这种倒退使政治斗争又趋于尖锐,在这种形势下,英国政坛发生分化,政党开始形成,出现了代表不同利益集团的政党——辉格党和托利党。辉格党代表金融资本家、大商人、新贵族等的利益,托利党代表贵族地主和英国国教上层教徒的利益。这是英国近代政党的起源。19世纪中期,托利党发展成保守党,辉格党发展成自由党。

1685年,查理二世去世,他的弟弟詹姆斯二世(查理一世的次子)即位。詹姆斯二世是个狂热的天主教徒,他比查理二世更加反动。他企图在英国恢复天主教。这是历史的倒退,所以詹姆斯二世在议会中不仅引起了辉格党人的反对,也遭到一部分托利党人反对。

到了1688年,反抗詹姆斯二世的运动在英国兴起。资产阶级和新贵族决定发动一次政变,结束詹姆斯二世的统治。他们开始同荷兰国王威廉谈判,要求他对英国进行武装干涉。威廉是英王詹姆斯二世的女婿,他的妻子玛丽是詹姆斯二世的长女。由于詹姆斯二世在当时还没有儿子,她成了王位的当然继承人。1689年2月,议会宣布威廉为英国国王,玛丽为女王,实行双王统治。

1688年的政变是一次没有经过流血而完成的政变,所以又称"光荣革命"。光荣革命彻底结束了英国的专制主义统治,开始了君主立宪制的统治。

国王再将人身保护令状中止三个月的提议,这大概是因为国会听取了罗伯特·纳皮尔(Sir Robert Napier)的建议。①

制宪会议的代表们也深知,人身保护令状已不仅在刑事领域有妙用,它甚至已经延伸进入了公序良俗的领域,甚至是道德的范畴。在独立战争爆发前夕,1772 年发生在英国的著名案例"萨默塞特案"(Sommersett's Case)是证明这一观点的最佳例证。

詹姆斯·萨默塞特(James Sommersett②)的人生经历堪称传奇。他是一名黑人奴隶,原本出生在非洲,1749 年,他被一名奴隶主贩到了弗吉尼亚。后又在弗吉尼亚被卖给了一位名叫斯图尔特(Stewart)的英国人。斯图尔特是一位驻马萨诸塞工作的海关官员,他先将萨默塞特带到了马萨诸塞,后于 1769 年将他带回了英国。被带到英国后,萨默塞特于 1771 年 10 月寻机逃跑,但不幸又被斯图尔特的人抓了回来。③ 萨默塞特被逮回之后,斯图尔特决意不再继续使唤这名有过逃跑经历的奴隶,于是他又将萨默塞特交给了约翰·诺尔斯(James Knowles),一位做轮渡生意的人,他们打算用轮船将他带到牙买加(Jamaica),然后再将他卖掉。④

---

① James Robertson, Quo Vadis, Habeas Corpus?, 55 *Buff. L. Rev.* , 2008, p. 1072.

② 也拼为 *Somerset*。

③ 英国法上曾有两种(可能不止)与奴隶有关的令状。一是逃奴拘捕令状(writ *de nativo habendo*),领主在其农奴逃跑时申请的权利令状,该令状直接指示郡长,要求他拘捕逃奴,并弄清被拘捕者究竟是农奴还是自由人,然后将该逃奴及其财物一并归还领主。二是证明自由的令状(writ de libertate probanda),对被称作农奴(serf)而申请证明自己已获得自由的人发出的令状,该令状要求申请人向郡长提供担保,并出庭证明自己已获得自由。令状规定申请人提供担保后,在判决作出前可不受干扰。参见 F. W. Maitland, *Equity Also the Forms of Action at Common Law: Two Courses of Lectures*, Cambridge University Press, 1929, p. 331.

④ William M. Wiecek, *Somerset*: Lord Mansfield and the Legitimacy of Slavery in the Anglo-American World, 42 *The University of Chicago Law Review*, 1974, p. 102.

他们将萨默塞特用铁锁链绑在了泰晤士河上一艘名叫"安妮 & 玛丽号"(The Ann and Mary)的轮船上,等待轮船的开航。幸运的是,当时伦敦已有一个基督教废奴主义组织,他们同宾夕法尼亚贵格会教徒(Pennsylvania Quakers)有着密切的信函联络。这一废奴主义组织的核心人物是格兰威尔·夏普(Granville Sharp),一名圣公会高派信徒(High Church Anglican)。夏普一行人从英国王座法院首席大法官曼斯菲尔德勋爵(Chief Justice of King's Bench Lord Mansfield)处申请到了一道人身保护令状,并竭力释放萨默塞特。这就是"萨默塞特案"的由来,它是英美废奴运动史上最为著名的一则案例。①

为成功释放萨默塞特和推动废奴事业,夏普还邀请到当时英国最为著名的高级律师威廉·戴维(William Davy)和约翰·格林(John Glynn),出庭律师詹姆斯·曼斯菲尔德(James Mansfield)和弗朗西斯·哈格雷夫(Francis Hargrave)。在众人的努力下,曼斯菲尔德勋爵于1772年6月22日在威斯敏斯特宣判:"我不能说英国的法律准许或认可这样的案件;因此,这名黑人必须被释放。"②

美国的建国之父们对于人身保护令在普通法上的历史、地位及作用十分清楚。因此,在制宪会议上③,就人身保护令状条款的起草而言,制宪会议的代表们所讨论的焦点在于人身保护令状的权利是否要

---

① George Van Cleve, Somerset's Case and Its Antecedents in Imperial Perspective, 24 Law & History Review, 2006, pp. 601—602.

② James Robertson, Quo Vadis, Habeas Corpus?, 55 Buff. L. Rev. , 2008, p. 1072. 又见 William M. Wiecek, Somerset: Lord Mansfield and the Legitimacy of Slavery in the Anglo-American World, 42 The University of Chicago Law Review, 1974, p. 86.

③ 制宪会议共分为四个阶段。第一阶段是在1787年5月25日至6月19日,主要围绕弗吉尼亚方案提出的十五点建国计划展开辩论。第二阶段是在1787年6月20日至7月26日,主要围绕全体委员会报告辩论。第三阶段是在1787年8月6日至9月10日,主要围绕详情委员会报告辩论。第四阶段是在1787年9月11日至9月17日,主要是检查与通过文字排列和风格委员会报告。

中止这一问题。关于此点,共有两种不同意见。

1. **人身保护令状特权不得中止**

南卡罗来纳制宪代表查理·平克尼先生(Charles Pinckney)建议:"在新成立的国家中,人身保护令状的特权与益处应能(使人民)得到迅捷、极大地享有:立法机关不得中止这一令状,除非情况极为紧急,即使如此,也不得超过限定的(若干个)月"。① 这则建议未经辩论就顺利进入了"细致委员会"(Committee on Detail)。在 1787 年 8 月 28 日星期二的第三阶段制宪会议上,平克尼强调继续实行人身保护令做法的必要性,并提议"不得暂停颁发人身保护令,除非情况危急,即使情况危急,暂停时间也要限制,不得超过十二个月"。② 只是,在 8 月 28 日,不知何故,文本中再未出现"立法机关"字样。

同样是南卡罗来纳的拉特里奇先生主张宣布"人身保护法不得违反"。他还认为,没有必要在同一时间,在所有的州宣布暂停人身保护法。

威尔逊先生则发言:怀疑是否有暂停人身保护法的必要,因为,现在颁发人身保护令的权力在法官手中,实际上,大多数都是收监,或允许保释。

2. **人身保护令状特权可有条件地中止**

宾夕法尼亚代表古文诺·莫里斯先生提议:"申请人身保护令的特权不得暂停,除非有的地方出现叛乱和入侵,公共安全要求,方可暂停。"事后证明,古文诺·莫里斯的提议得到了制宪会议大多数代表的认同。

3. **表决结果**

会议一致同意古文诺·莫里斯动议的前一半:"申请人身保护令的

---

① Stephen I. Vladeck, The Suspension Clause as a Structural Right, 62 *University of Miami Law Review*, 2008, p. 283.

② [美]麦迪逊:《辩论:美国制宪会议记录》,尹宣译,辽宁教育出版社 2003 年版,第 627 页。

特权不得暂停"。对"除非"以后的部分表决,新罕布什尔赞成,马萨诸塞赞成,康涅狄格赞成,宾夕法尼亚赞成,特拉华赞成,马里兰赞成,弗吉尼亚赞成,北卡反对,南卡反对,佐治亚反对。7邦赞成,3邦反对,会议通过古文诺·莫里斯先生动议的后一半。①

制宪会议在第三阶段辩论结束后,形成一个小结。美国宪法的雏形已在这一时候形成,这一版本的宪法共计23条,而人身保护令状条款则在第11条第4款第2项,照录如下:"不得中断申请人身保护令的特权;但遇到叛变和入侵、公共安全需要时例外。"②

在制宪会议第四阶段第一天即9月11日,宪法成稿形成,此时展现在我们眼前的宪法已由第三阶段的23条调整为7条。人身保护令状条款被调整至第1条第9款第〈(a)〉项。文字稍有变动,照录如下:"不得中止申请人身保护令的特权,发生叛乱或入侵、公共安全需要时例外。"③

4. 宪法文本中最终的人身保护令状条款

9月11日星期二的制宪会议上,文字排列和风格委员会的报告尚未完成,需要等待。因此接下来休会。9月12日的制宪会议上,文字排列和风格委员会主席约翰逊博士向会议作了摘要报告,发给每位代表一份报告印刷件。9月17日宪法获得通过,制宪会议结束。宪法文本的内容在最后一个星期内仍有多处变动,但关于人身保护令条款的内容,代表们并无争议。只是在宪法的最后版本上,在项的文字的排序上,并未采用第三阶段中使用的〈(a)〉、〈(b)〉、〈(c)〉……。最终宪法文本的结构包括"序言"(Preamble)、"条"(Article)、"款"(Section)和"项"。"项"前不标任何数字。

我们知道《美国联邦宪法》于1787年9月17日通过,但是直到

---

① [美]麦迪逊:《辩论:美国制宪会议记录》,尹宣译,辽宁教育出版社2003年版,第627页。
② [美]麦迪逊:《辩论:美国制宪会议记录》,尹宣译,辽宁教育出版社2003年版,第722页。
③ [美]麦迪逊:《辩论:美国制宪会议记录》,尹宣译,辽宁教育出版社2003年版,第733页。

1789年3月4日第一届国会开会之日才正式生效,这中间实际上还经历过一段漫长而有意义的辩论时期。①

在1787至1789年宪法正式生效前的这段辩论中,"联邦派"和"反联邦派"同样就人身保护令状条款有过辩论,但他们的焦点是——人身保护令状权利作为公民的基本权利之一,是否也同"权利法案"一样不写入宪法正文的问题;而人身保护令状条款的文字本身并不是相关辩论的重点。

为更好的理解这一问题,我们有必要先做个铺垫。《美国联邦宪法》草案通过后,一方面是反联邦派(Anti-Federalists)②的反对呼声,

---

① 新宪法在费城会议通过后,要由13个州的代表会议分别批准,而且规定有9个州同意,即可生效。但是,在各州的批准过程中,对新宪法有两种截然相反的意见:一种拥护,一种反对。因此就发生了美国历史上一场最激烈的论战。《联邦党人文集》就是这次论战的产物。参见[美]汉密尔顿、杰伊、麦迪逊:《联邦党人文集》,程逢如、在汉、舒逊译,商务印书馆2006年版,第i页。

② 1787年9月联邦制宪会议结束后,多数制宪代表及会外人士,凡赞同按照联邦宪法建立新国家的人,自称Federalist,汉语宜译为"联邦派"或"联邦主义者"。对宪法持反对或保留意见的人,被联邦派称为"反联邦派"(Anti-Federalist),当时,美国还没有政党。华盛顿当选总统,第一届联邦政府成立后,政府内部的主要官员迅速分化为两派。华盛顿兼收并蓄,任命与他政见相左的杰斐逊为国务部长(麦迪逊提议建立此部时原名"外交部",由于职责包括与内部各邦联系,更名"国务部")。外交方面,杰斐逊支持当时正处于大革命中的法国,认为"人权宣言"是"独立宣言"的法国版;内政方面,杰斐逊反对联邦政府集权,主张赋予各邦政府更多的权力。财政部长汉密尔顿相反,认为法国革命是暴民造反,倾向英国的君主立宪。汉密尔顿主张加强联邦政府的权力。宾夕法尼亚西部有人拒不缴纳联邦政府规定的威士忌税,汉密尔顿认为显示联邦政府力量的时机到来,力劝华盛顿用兵弹压。华盛顿力图调和两派,显示自己公正不偏,实际上还是偏于汉密尔顿。因此,有的史家仍把华盛顿归于联邦派。还有人认为华盛顿与汉密尔顿之间有"父子情结":华盛顿没有自己生育的子女,汉密尔顿是不知其父的私生子,二人年龄相差约一代。华盛顿终于采纳汉密尔顿的意见,从各邦调集一万民兵,前往弹压抗税农人。此举虽未杀一人,却引起杰斐逊撰文提醒美国民众,"推翻乔治三世(英国国王)后,要警惕美国出现乔治一世(暗指名字叫乔治的华盛顿)"。杰斐逊担任国务部长三年,因与华盛顿政见不合辞职。美国初年,华盛顿威信如日中天,杰斐逊几乎是惟一敢与华盛顿分庭抗礼的人。支持杰斐逊的人逐渐集结,自称共和党人。支持汉密尔顿的人则被称为联邦党人。杰斐逊是脱离政府主流、创建政党的第一人,开美国政党政治先河。——参见尹宣:"是《联邦党人文集》,还是《联邦主义文集》?",载《南方周末》2006年10月26日。联邦党作为一个政党是短命的,1791年浮现,1825年消亡,寿命仅34年。

另一方面是联邦派的支持意见。而在反联邦派的"遗留的反对意见中，最堪重者，乃认为制宪会议草案的内容未列入人权法案"。①

但是，作为联邦派的汉密尔顿则断言："人权法案，从目前争论的意义与范围而论列入拟议中的宪法，不仅无此必要，甚至可以造成危害。人权法案条款中包括若干未曾授予政府的权力限制；……既然并未授权政府如何限制出版自由，则何必声明不得限制之？……由于鼓吹人权法案者的盲目热情必将使持建设性权力论者得到许多把柄。"②

有了上述背景，我们就更容易理解了。就人身保护令状条款而言，反对者认为，将人身保护令状权利条款写入宪法，势必会像联邦派担心的一样，写入宪法的权利成为美国公民惟一享有的权利。因为诚如联邦派所言，联邦政府的权力应该明确限定在联邦宪法文本规定的范围之内——这也是联邦宪法第十条修正案的内容：宪法未授予合众国、也未禁止各州行使的权力，由各州各自保留，或由人民保留③。对此问题，联邦派的回答是：由制宪会议提出的联邦宪法与纽约州宪法一样，实际上包括了许多此类支持各种特权及权利的条款。确立人身保护令、禁止追溯既往内容的法律及授予贵族爵位等规定，似为对自由与共和政体更为切实的保障。④

至此，人身保护令状条款成功写入宪法，并成为写入《美国联邦宪法》之中的唯一一种普通法令状。

---

① 参见[美]汉密尔顿、杰伊、麦迪逊：《联邦党人文集》，程逢如、在汉、舒逊译，商务印书馆 2006 年版，第 427 页。
② 参见[美]汉密尔顿、杰伊、麦迪逊：《联邦党人文集》，程逢如、在汉、舒逊译，商务印书馆 2006 年版，第 429—430 页。
③ 1789 年 9 月 25 日提出，1791 年 12 月 15 日批准。
④ 参见[美]汉密尔顿、杰伊、麦迪逊：《联邦党人文集》，程逢如、在汉、舒逊译，商务印书馆 2006 年版，第 427—428 页。

5. 人身保护法在《权利法案》及美国其他法律中的体现

制定于1791年的《权利法案》即是《美国宪法修正案》的前十条。《权利法案》中的前八条即美国宪法前八个修正案中确立的23项权利中,有12项涉及刑事程序。其中第4条明确规定:"人民有保护其身体、住所、文件与财产之权,不受无理搜索与扣押,此为不可侵犯之权,除有可能之理由,以宣誓或代誓宣言确保,并详载指定搜索之地、拘捕之人或扣押之物外,不得颁发搜查状、拘票或扣押状。"①此其一。

1789年《司法法》(The Judiciary Act)规定联邦法院有"调查拘押理由的权利"②,"签发人身保护令状,以及制定法没有明确规定的、与法律习惯和原则相一致的、其他有助于实现管辖权的令状。"③由此为联邦法院创设了向受联邦监禁(federal custody)的罪犯签发人身保护令状的权力。此其二。

此外,根据美国《联邦刑事诉讼规则》的规定,无论是持法官签发的合法令状实施逮捕的警察,还是实施紧急逮捕的警察和民众,都必须在"无不必要拖延"的情况下,将被逮捕者立即送往"最近的"法官处,由法官对嫌疑人实施初次聆讯(first appearance)。这种初次聆讯,保持了开庭的形式,由负责逮捕的警察或检察官出庭提出控告,并解释实施逮

---

① 陈光中:《中国刑事诉讼程序研究》,法律出版社1993年版,第107页。原文为:"Amendment IV The right of the people to be secure in their persons, houses, papers, and effects, against unreasonable searches and seizures, shall not be violated, and no warrants shall issue, but upon probable cause, supported by oath or affirmation, and particularly describing the place to be searched, and the persons or things to be seized."

② 1 Stat. 73, 81—82. 原文是:to inquire into "the cause of commitment". 转引自:Steven Semeraro, A Critical Perspective on Habeas Corpus History, TJSL Public Law Research Paper No. 04—22, 2004 Research Paper Series, p. 10. (*This paper can be downloaded without charge from the Social Sciences Research Network Electronic Paper Collection at* http://ssrn.com/abstract_id=599141).

③ James Robertson, Quo Vadis, Habeas Corpus?, 55 *Buff. L. Rev.*, 2008, p. 1073.

捕的理由,法官要告知嫌疑人享有的权利,并就其是否允许保释作出裁决。一般而言,除非涉嫌特别重大的犯罪(如谋杀等),一般均可获得保释。当然警察或检察官也可以就保释提出异议申请,法官就是否羁押问题作最终裁决。①

(三) 人身保护令状在美国:历史考察

根据美国学者费德曼(Federman),人身保护令状在美国的发展史可分为五个时期。分别是,第一时期:1789—1863 年;第二时期:1867—1915 年;第三时期:1923—1953 年;第四时期:1963—1979 年;第五时期:1986 年至今。②

1. 第一时期:1789—1863 年

南北战争前,法院只能在审判之前签发人身保护令。而且人身保护令的签发只能用于质疑"作宣判的法院"(committing court)。理解这一时期人身保护令的关键不在于《联邦宪法》第 1 条第 9 款——"人身保护令中止条款",而在于 1789 年的《司法法》(*Judiciary Act*)。该法授予联邦最高法院大法官和联邦法院法官向"因或依联邦名义而被羁押之人③"签发令状的权力。这一规定因而意味着只有依联邦法律而被羁押的罪犯才可以申请人身保护令,它将州罪犯排出了可申请人身保护令的范围之外,1833 年"巴伦诉巴尔的摩案"(Barron v. Baltimore, 1833)便是例证。此外,1859 年的"艾布曼诉布思案"(Ableman v. Booth, 1859)禁止州法院向联邦罪犯和逃亡的奴隶签发人身保护令。④

---

① 陈瑞华:《刑事诉讼的前沿问题》,中国人民大学出版社 2000 年版,第 293—294 页。
② Cary Federman, *The Body and the State: Habeas Corpus and American Jurisprudence*, State University of New York Press, 2006, p. ix.
③ ... in custody under, or by colour of the authority of the United States...
④ Cary Federman, *The Body and the State: Habeas Corpus and American Jurisprudence*, State University of New York Press, 2006, p. ix.

2. 第二时期:1867—1915 年

在 1867 年,国会通过了人身保护令法案,旨在将申请权扩大至州罪犯。该法案赋予联邦法院向"在所有违反宪法的案件中任何一位自由被限制之人"签发人身保护令的权力。[1] 但是,国会担心的是,最高法院可能会因州罪犯的人身保护令上诉权而推翻"重建法"(Reconstruction Laws)并颠覆国会部属的战后民权方案。在 1868 年,国会中止了法院对于人身保护令的上诉管辖权,到 1885 年,这一权力得到了恢复。在 1886 年的"罗亚尔单方诉讼案"(Ex parte Royall,1886)中,最高法院要求州罪犯在联邦地区法院"攻击"(attack)对他们的有罪判决前,要穷尽一切可能的上诉途径。直到 20 世纪,最高法院一直尊重州法院的判决。在 1915 年的"法兰克诉马格努姆案"(Frank v. Magnum, 1915)中,联邦法院拒绝了被告人的人身保护令申请,原因是被告人已在州法院实现了其通告及听证的正当程序权利。自罗亚尔案以后,联邦法院一直遵照根植于普通法传统中的正当程序,并一直尊重州的法律。[2]

3. 第三时期:1923—1953 年

在 1923 年的"摩尔诉登普西案"(Moore v. Dempsey, 1923)中,联邦最高法院大法官奥利弗·温德尔·霍姆斯(Oliver Wendell Holmes)代表多数意见,签发了人身保护令并宣布,如果州上诉法院在没有调查的情况下即驳回了被告人的"联邦诉求"(federal claim),则被告人的正当程序权利不算得到实现。摩尔案并未推翻法兰克案这一先例,但是它将人身保护令申请同 1868 年第 14 条宪法修正案联系到了一起,正当程序的内涵已发生了变化。在 1953 年的"布朗诉艾伦案"(Brown v. Allen)中,尽

---

[1] Cary Federman, *The Body and the State: Habeas Corpus and American Jurisprudence*, State University of New York Press, 2006, pp. ix—x.

[2] Cary Federman, *The Body and the State: Habeas Corpus and American Jurisprudence*, State University of New York Press, 2006, p. x.

管联邦法院拒绝了被告人的人身保护令申请,但该案认为,联邦法院在接到"人身保护令上诉申请"(habeas appeals)时有义务对已由州法院判定的宪法性诉由(constitutional claims)重新进行判定。①

4. 第四时期:1963—1979 年

布朗案打破了州法院终局定罪及量刑的裁判权。在 1963 年的"费伊诉诺亚案"(Fay v. Noia)中,最高法院依人身保护令复议,裁定罪犯未能遵守州诉讼程序要求的上诉时间限制的,不构成其申请联邦人身保护令救济的阻碍。该案还明确指出人身保护令的价值在于:"为社会不能容忍的限制(人身自由)提供迅速而有效的救济"。② 大法官威廉·布伦南(William Brennan)认为人身保护令状为"法律正当程序权利被拒绝者获得补救提供了解决方式"。在接下来的六年中,沃伦法院(Warren Court)利用人身保护令诉求(habeas claims)扩大了被告人及已决犯的正当程序权利,有关已决犯权利的保护,1963 年的"吉迪恩诉温赖特案"(Gideon v. Wainwright,1963)③ 是最好的例证。但是在

---

① Cary Federman, *The Body and the State*: *Habeas Corpus and American Jurisprudence*, State University of New York Press, 2006, p. x.

② *Fay v. Noia*, 372 U. S. 391, 401—02, 83 S. Ct. 822, 9 L. Ed. 2d 837 (1963). 转引自邓智慧:"人身保护令与人权保障——以刑事诉讼为主视角",载《中国法学》2004 年第 4 期。

③ 学习美国刑事诉讼法律的人会发现一个很有趣的现象:很多程序规则是由人名来命名,几乎可以用人的名字命名的规则来讲解其主要内容。比如:1963 年确定重罪被告人有律师援助权的吉迪恩规则(Gideon Rule);1964 年关于获得陪审团审理的马歇尔权利(Massiah Right);1966 年确定被告人沉默权的米兰达规则(Mirranda Rule);1967 年确定搜查中的隐私权标准的凯茨规则(Katz Rule);1968 年关于构成限制人身自由标准的特里拦截(Terry Stop);1969 年关于上诉双重危险标准的皮尔斯原理(Pearce Principle);1974 年关于上诉权的布兰克来吉原理(Blackledge Principle);1978 年关于证据不足之标准的伯克斯原理(Burks Principle);1980 年关于构成扣押的标准的门登豪测试(Mendenhall Test);1984 年关于证据排除例外的里昂规则(Leon Rule),等等。在这些以人名命名的规则中,吉迪恩规则就是这些曾经改变法律历史,影响深远的规则之一。

克拉伦斯·吉迪恩(Clarence Earl Gideon)是美国佛罗里达州的一个贫穷的白人,51 岁的流浪汉,只有初中文化水平(美国实行中小学 12 年制义务教育,吉迪恩的学历为 8 年级)。1961 年,他因涉嫌闯入一家台球厅兼小型旅店行窃而被捕,被控从台球厅内的酒吧中窃取了

1969年的"考夫曼诉美国案"(Kaufman v. United States,1969)中,大十几瓶罐装饮料、啤酒和葡萄酒,以及从自动售货机中盗窃了总额为65美元的硬币。吉迪恩请不起律师,他要求法院免费为他提供一位律师,结果遭到法官拒绝。吉迪恩只好自行做无罪辩护,可是他毕竟没受过正规的法律专业教育和律师训练,结果辩护的效果不佳,被判了五年有期徒刑。

吉迪恩在佛罗里达州监狱服刑期间,利用狱中的图书馆刻苦自学法律,他在反复阅读宪法第六条修正案(美国宪法第6条修正案规定,刑事被告在法院受审时,有权请律师为其辩护)的有关法律和案例后,用铅笔给美国最高法院大法官写了一份"赤贫人申诉书"。收到吉迪恩的申诉书后,最高法院很快决定立案审理,案子称为"吉迪恩诉温赖特"(Gideon v. Wainwright)(此案中那个倒霉的被告人温赖特是佛罗里达州监狱的监狱长)。沃伦大法官(Earl Warren,1953—1969年任职)推荐福塔斯(Abe Fortas)出任吉迪恩的免费律师。此人曾任罗斯福总统内阁内政部副部长,是一位能言善辩的著名大律师。在吉迪恩案后不久,他被当时的约翰逊总统任命为联邦最高法院大法官(1965—1969年任职)。

在1963年1月的法院辩论中,福塔斯律师口若悬河,慷慨陈词。他认为,在美国的刑事审判程序中,律师是公正审判的一个重要因素;由于法律极度复杂,连律师打官司都需要请律师或律师团出庭辩护,可见律师的重要性。但是,请不起律师的穷人与那些可以一掷千金买到最佳法律服务的富翁相比,反差实在太大,对穷人极不公平。这样,宪法规定的律师权条款,实际上沦为只有富人才能享有的法律特权,这显然违反了宪法第14修正案中关于对公民平等法律保护的条款。道格拉斯大法官(William O. Douglas,1939—1975年任职)后来回忆说,在他36年的大法官生涯中,福塔斯在吉迪恩案中的滔滔雄辩是他听到的最佳法院辩护。

1963年3月18日,最高法院9位大法官全体一致裁决,律师权属于公平审判的最基本内容,应当纳入宪法第14条修正案中"正当法律程序"的保护之列。布莱克大法官(Hugo Black,1937—1971年任职)在判决书中指出:"理智和思维要求我们认识到,在我们抗辩式的刑事审判体系中,任何一个被指控的人,如果因贫穷请不起律师,就不会受到公正的审判,除非法院给他指派一个律师。对我们来说,这是显而易见的真理。"

吉迪恩案结束后,佛罗里达州和全美其它各州监狱中,共有数千名在押犯人因当年受审时没钱请律师辩护,后来都获得了重新开庭复审的机会。复审后,多数人的最终判决是无罪释放,吉迪恩一时成为深受小民百姓仰慕的英雄好汉。

吉迪恩这个无权无势、文化不高、一贫如洗的穷汉,大胆上诉最高法院,挑战刑事审判程序的故事,在全美各地引起了很大震撼。颇有商业眼光的出版商迅速推出由《时代》周刊常驻最高法院记者刘易斯(Anthony Lewis)撰写、详尽报道整个案情的纪实性著作《吉迪恩的号角》(Gideon's Trumpet),出版后大获成功。好莱坞也不甘落后,凑热闹拍摄了一部根据此书改编的同名故事片,由著名影星亨利·方达(Henry Fonda)出演吉迪恩一角,使吉迪恩其人其事名声大噪。1972年吉迪恩病逝后,美国公众自由联盟出资捐赠了一块大理石墓碑,为这位在美国宪政史上留下独特痕迹的小人物树碑立传。碑文摘自吉迪恩在"赤贫人申诉书"中用铅笔写下的一句话:"我相信,每一个时代都会发现法律的改善。"美国最高法院通过"吉迪恩诉温赖特"(Gideon v. Wainwright, 1963)案的裁决,使第六条修正案规定的得到律师协助的权利适用于所有各州及联邦法院的重罪案,这一规则也被叫做"吉迪恩规则"。

1966年,在著名的米兰达诉亚利桑那州案(Miranda v. Arizona, 1966)中,最高法院再次重申,各级法院应为穷人免费提供司法援助。美国警察在抓获嫌犯后必须高声宣读的"米兰达告诫"中的第4条,即如果犯罪被告人请不起律师,法院将免费为其指派一位律师的规定,法官雨果·布莱克(Hugo Black)在反对意见(dissent)中发出质疑,他认为罪犯的罪过应是决定在第四条修正案基础上签发人身保护令救济的一个因素。在1976年的"斯通诉鲍威尔案"(Stone v. Powell)中,大法官刘易斯·鲍威尔(Lewis Powell)也支持布莱克的立场,并认为与罪过无关的(nonguilt-related)第四条修正案人身保护令诉求破坏了州政府惩罚已决犯的权力。斯通案认定,假使州法院已经对被告人的全部联邦诉求做出了全面公正的审理,则再无必要对州罪犯的诉求进行联邦人身保护令复议。①

5. 第五时期:1986年至今

伦奎斯特法院(Rehnquist)的人身保护令法哲学的特征在于,为维护联邦制,最高法院对人身保护令上诉的次数做了限制。在1991年的"科尔曼诉汤普森案"(Coleman v. Thompson,1991)中,大法官桑德拉·戴·奥康纳(Sandra Day O'Connor)拒绝了人身保护令申请,并宣布"这是一起有关联邦制的案件","联邦法院要尊重州法院及州法院诉讼规则"。伦奎斯特法院还作出过一些重要的决定,比如说新近宣布的宪法性规则是否在人身保护令上有溯及力,见1989年的"蒂格诉莱恩案"(Teague v. Lane,1989)以及1991年的"彭里诉莱奈夫案"(Penry v. Lynaugh,1991)。这些判决要求联邦法院在人身保护案件适用州法院审判时已存在的法律标准。这些裁定的目的在于限定人身保护令同正当程序间的关联,并限制州罪犯的联邦人身保护令救济。

1996年,美国国会通过立法确认了联邦最高法院在这之前采用的

就是源于1963年对吉迪恩案的判决。

现在美国律师协会(ABA)的一项重要任务就是为穷人提供无偿的法律服务,每一个请不起律师的人只要填写一张简单的表格,就可以无条件获得律师的帮助。

① Cary Federman, *The Body and the State: Habeas Corpus and American Jurisprudence*, State University of New York Press, 2006, p. x.

对人身保护令状的限制原则。① 在这一年,国会通过了《反恐与死刑绩效法》②(Antiterrorism and Effective Death Penalty Act,简称 AEDPA),该法案是对许多最高法院人身保护令裁决的法典化。《反恐与死刑绩效法》禁止联邦法院因人身保护而推翻州法院的判决,除非该判决"有悖于明确制定的联邦法,或是对联邦法的不合理适用"。它还规定,州罪犯可以在一年内申请联邦人身保护令,并限制二次或连续多次的申请。联邦最高法院在 1996 年的"费尔克诉特平案"(Felker v. Turpin)中维护了《反恐与死刑绩效法》中有关连续多次申请人身保护令的禁止性规定。③

三、恐怖主义与人身保护令状的中止

近年来,在 1996 年《反恐与死刑绩效法》、2001 年美国"9·11"恐怖袭击事件、2006 年美国前总统布什(George W. Bush)对《军事委员会法令》(Military Commissions Act)的签署、关塔那摩监狱丑闻以及伊拉克前总统萨达姆的审判等一系列事件的影响下,在美国,人们再度对人身保护令状,特别是人身保护令状中止的讨论呈现出一番热火朝天的景象。④

不但有众多学术刊物刊登了大量此类评论或回顾的文章,2006 年

---

① Steven Semeraro, Two Theories of Habeas Corpus, 71 Brooklyn Law Review 2006, p. 1276.
② 本词条的翻译,参见赵秉志、郑延谱:"中美两国死刑制度之立法原因比较",载《现代法学》2008 年第 2 期。另有学者将之翻译为《反恐与有效死刑法》,参见[美]黄锦就,梅建明,《美国爱国者法案:立法、实施和影响》,蒋文军译,法律出版社 2008 年版。
③ Cary Federman, The Body and the State: Habeas Corpus and American Jurisprudence, State University of New York Press, 2006, p. xi.
④ 在 LexisNexis、Westlaw、Heinonline 等数据库,以"habeas corpus"、"suspension of habeas corpus"为标题的论文数以千计。

10月,美国全国广播公司(NBC)旗下的MSNBC有线电视台自由派新闻主播基斯·奥尔贝曼(Keith Olbermann)[1],曾至少连续制作两期节目来讨论人身保护令状的生死存亡。[2]

(一)英国人身保护令中止概述

1. 早期相关法律规定与历史

从应然的角度来说,在英国,无论是依历史上的还是依照现行的实证法法律规定来看,只有议会才有权中止人身保护令状。[3] 然而,从实然的角度来看,在英国历史上,既有过议会中止过人身保护令状的事件,也发生过行政机关未经授权就中止人身保护令状的情形。

关于1627年的"五骑士案"的情况,我们已在前文有所论述。五骑士的逮捕未见任何合法理由,而只有国王的特别命令。事实上,"五骑士案"是英国历史上由"行政机关"中止人身保护令的一个例子。

这样,一个重大问题明显摆到了我们的面前:是不是要想更好、更

---

[1] 奥尔贝曼常猛烈抨击布什政府及共和党,一向被自由派视为英雄,是保守派的攻击对象。另外,2008年9月,MSNBC有线电视台曾宣布撤换两名被指偏袒奥巴马的大选新闻节目主播,其中一位就是奥尔贝曼,另一位是马修斯。参见"美国两名新闻主播被指偏袒奥巴马遭撤换",载"新华网"2008年9月10日。见 http://news.xinhuanet.com/newmedia/2008-09/10/content_9892106.htm,访问时间:2009年2月7日。

[2] 这两期电视节目的名字更是触目惊心,夸张至极。一是10月9日的《美国何故难容人身保护法?》(Why does habeas corpus hate America);一是10月11日的《人身保护令状之死》(The Death of Habeas Corpus),当然,这是新闻人对于布什中止人身保护令状猛烈的抨击和强烈不满的表现。在每则电视评论的开头都配有"人身保护墓碑"作为主持人奥尔贝曼的背景。两个墓碑上分别赫然写着"HABEAS CORPUS 1215—2006","HABEAS CORPUS 1789—2006",其中的寓意已经明白不过。一是祭奠"人身保护令状"自英国诞生以来到2006年死亡;二是祭奠"人身保护令状"自写入美国宪法,自美国宪法通过的年份到2006年。当然,奥尔贝曼作为左翼评论人物,此处主要意在抨击布什和布什政府,意在突出《军事委员会法案》的违宪性。

[3] Antieau, Chester James, *The Practice of Extraordinary Remedies: Habeas Corpus and the Other Common Law Writs*, Volume I, New York: Oceana Publications, Inc., 1987, p. 13.

有效地保护臣民的自由权,就一定要剥夺行政机关全部的逮捕和关押权限? 或者进一步说,如若行政机关确信有些臣民一定会对王国的安全构成危险了,在这种情形下,行政机关在逮捕和拘押方面的自由裁量权限是否也要被剥夺? 这一问题的答案十分确定,答案是肯定的。

受分权与制衡学说的影响,国王行使的应只是行政权,而不应兼具备行使司法权的权力,故而1628年的《权利请愿书》废除了曾于"五骑士"案之中被确认的国王拘留权。《权利请愿书》不仅削去了国王与枢密院在议会背后强行征税的权力,而且停止了国王在没有刑事指控下便擅自关押那些被认为对国家安全构成威胁之人的权力。《权利请愿书》的通过进一步保证普通法绝不允许行政机关在人身自由上的自由裁量。[①]

遵照这样的法律传统,在1628年《权利请愿书》颁布之后,虽然行政机关一直在以公共安全为名义,试图扩大自己的权限范围,试图获得逮捕和拘押的紧急权力,但是,这样的呼唤无论如何不会得到议会的同意。不过,议会也有让步,那就是——只有议会才可以授予行政部门紧急权力以实现其逮捕与羁押权。而这种紧急权力的授予,无疑只有制定《人身保护令状中止法案》(*Habeas Corpus Suspension Acts*)才能得以实现。

《人身保护令状中止法案》中最重要的一条是:任何人因严重叛国、有严重叛国嫌疑或有任何叛国行为,依六名枢密院官员签字的枢密院逮捕令,或依任何一国务大臣(Secretary of State)之逮捕令而被关押入狱的,在中止法案生效之日及生效后均不得被保释或审判,除非得到枢密院之命令。[②] 这一条款无疑赋予行政机关依据指控某人犯叛国

[①] Sharpe, R. J., *The Law of Habeas Corpus* (Second Edition), Oxford: Clarendon Press, 1989, p. 93.

[②] Sharpe, R. J., *The Law of Habeas Corpus* (Second Edition), Oxford: Clarendon Press, 1989, p. 94.

罪,而逮捕或拘留某人的权力。

我们发现,上述条款除赋予行政机关对犯有叛国罪(treason)之人有任意逮捕权和拘押权之外,它并未赋予行政机关对普通罪犯随意逮捕和拘押的权力。当然,这一条款能够起到尽量延长审前羁押的期限,即延长指控某人犯叛国罪而将其关押但不进行审判的这段期间。不过,中止法案的期限往往有明文规定,中止的期限通常在一年之内。

2. 人身保护令状中止权力的现代运用

到 20 世纪,这方面最大的变化体现在行政机关紧急权力的获得方式变化之上。立法机关(议会)已通过委托立法或授权立法等方式,赋予行政机关大量广泛的权力。换言之,不仅议会本身赋予行政机关规定范围内任意的逮捕和关押权力,它还将原本属于议会的立法权限部分让与行政机关,因此,行政机关自身也可以通过行政法规或规章来赋予自身这一方面的权力。① 根据著名学者夏普的研究,这一变化在下列两个历史时期之中又有不同的变化。

(1) 第一次世界大战时期(1914—1918 年)的战时拘留权规章

依据 1914 年《王国防御法案》②(*Defence of the Realm Act 1914*),议会授权"国王会同枢密院"(King in Council)制定保护王国安全之一般规章的权力。虽然此法案并未对拘禁(internment)有特别规定,但是行政机关确实通过其制定的一些行政规章确立了拘禁方案(internment scheme)。根据这些规章,为确保公共安全或王国防御,"国王会同枢密院"有权对任何人实施拘禁(internment)。

在 1917 年的"哈利迪案"(R. v. Halliday)中,上述"拘禁方案"的合法性遭到了质疑。被拘禁者提出了人身保护令状申请,并诉称行政

---

① Sharpe, R. J., *The Law of Habeas Corpus* (Second Edition), Oxford: Clarendon Press, 1989, p. 95.
② 也有人翻译为《领土防御法》。

机关对他的拘押系非法拘押,因为整个"拘禁方案"显然是"越权的"(ultra vires)。但上议院拒绝承认这一诉称的合理性,上议院认为,议会已授权行政机关以广泛的裁酌权,行政机关由此可自由裁断对何人、何事采取必要的拘禁措施。

(2) 第二次世界大战时期(1939—1945年)的战时拘留权规章

在1939到1945年间,议会毫无忌讳地明确规定,行政机关可以制定"国务大臣认为出于公共安全或王国防御需要而拘押任何人"[1]的规定。这样,被拘押人再无法对拘押行为本身的合法性问题提出任何质疑。

与《人身保护令状中止法案》不同,战时的拘留规章并不明确规定拘押权的期限(duration of the power to intern)。很显然,拘押的合法性来自政治上的需要,只要紧急情况仍然存在,这样的极端措施就会持续存在,然而,问题是,战时的拘留规章中并未有这样的文字规定:紧急情况结束的,拘押自动解除。[2]

因此,鉴于这种情况,法院仍需判定,这种不设定拘押期限的权力是否符合议会授权行政机关以制定规章的本意。被拘押人仍然可以提起人身保护令状申请,法院仍然可以确定行政机关的拘押权(power to intern)的实施是否恰当,国务大臣是否确系在规定的权力范围内实施了其权力等问题。

总之,虽然在英国经常发生这样的情况——以各式各样的借口和时机而中止人身保护令状,因而涉嫌犯罪而被逮捕的人经常会遭受长期监禁,有时是故意的、有时是因为关押人将他们忘记了。但是,将中止令状的权力明确限制在叛乱或入侵、公共安全需要这样的情况下,是

---

[1] *Emergency Powers (Defence) Act* 1939, s. 1(2) (a).
[2] Sharpe, R. J., *The Law of Habeas Corpus* (Second Edition), Oxford: Clarendon Press, 1989, p. 97.

一个非常正当和有益的制约,它可以极大地降低人身保护令状成为一种易导致压迫的、可能在恶劣时期为恶劣目的而被滥用的手段。①

(二) 美国人身保护令中止的历史演变

殖民者将人身保护令状带到了新大陆后,美国的建国之父们在《美国联邦宪法》第1条第9款第2项规定了赫赫有名的"人身保护令状中止条款",它对人身保护令状的中止做出了非常明确的限制。从行文来看,虽然《联邦宪法》并未明确规定中止人身保护令状的权力归立法机关——即国会。但是,美国一些州宪法在明确表明人身保护令状不得中止的时候,还明确地表明任何官员、行政机关或立法部门在任何情况下,均不得中止人身保护令状。例如1901年《阿拉巴马州宪法》第一条第十七款规定:"本州的权力机关无中止人身保护令之特权。"1910年《亚利桑那州宪法》第二条第十四款也有相同的规定。1876年《德克萨斯州宪法》第一条第十二款甚至规定:"人身保护令状是权利令状,任何时候均不应中止。②"

美国历史上州立法机关曾几次中止过人身保护令状。例如,马萨诸塞州立法部门曾于1786—1787年谢司起义③(Shay's Rebellion)期间中止过人身保护令状。这也是美国历史上首次中止人身保护令的记录,谢司起义后,人身保护令还在很多情形之下被中止过。④

---

① [美]约瑟夫·斯托里:《美国宪法评注》,毛国权译,上海三联书店2006年版,第406页。文字略有改动,意思不变。

② Antieau, Chester James, *The Practice of Extraordinary Remedies: Habeas Corpus and the Other Common Law Writs*, Volume I. New York: Oceana Publications, Inc. 1987, p. 13.

③ 有关谢司起义部分,请参见赵凤岚:"有关美国'权利法案'的几个问题",载《南开学报》1997年第4期。张友伦:"美国史研究百年回顾",载《历史研究》1997年第3期。莫纪宏:"论宪法原则",载《中国法学》2001年第4期。

④ Clark, David & McCoy, Gerard, *The Most Fundamental Leagl Right: Hebeas Corpus in the Commonwealth*, Oxford: Clarendon Press, 2000, p. 77.

1. 杰斐逊总统与人身保护令中止

1805年,艾伦·伯尔(Aaron Burr)在卸任美国第三位副总统、竞选纽约州长失败、在决斗中枪杀亚历山大·汉密尔顿(Alexander Hamilton)[①]等一连串事件后,遂到俄亥俄河谷(Ohio River Valley)及路易斯安那购地(Louisiana Purchase)等地方探险。1806年,总统托马斯·杰斐逊(Thomas Jefferson,1801—1809年)获悉,伯尔所谓的探险活动实为一种叛国阴谋——伯尔策划先夺得新奥尔良,然后再袭击墨西哥,最终攫取蒙特祖马的帝位(Montezuma),将路易斯安那州据为其帝国的领土,并将阿勒格尼山脉以西的(Allegheny Mountains)北美各州并入自己的帝国。

杰斐逊闻讯后,向国会致特讯并将伯尔称为"大阴谋家"(arch conspirator),伯尔的"罪行已昭然若揭",他还说,埃里克·博尔曼(Erick Bollman)和萨缪尔·斯沃特伍特(Samuel Swartwout)是伯尔的同谋。在接到总统的命令后,詹姆斯·威尔金森(James Wilkinson)将军兼新奥尔良地区的代州长,逮捕了博尔曼和斯沃特伍特,并将他们送至华盛顿接受审判。新奥尔良地区最高法院签发了人身保护令状,但是威尔金森对之视而不见。当博尔曼和斯沃特伍特在押送中途停留查尔斯顿(Charleston)时,南卡罗来纳地区法院也签发了一道人身保护令状,但

---

① 1796年,华盛顿退出舞台,联邦党人亚当斯(John Adams,1797—1801年)以71票当选美国总统,民主共和党(Democratic-Republican Party)人杰斐逊(Thomas Jefferson)以68票屈居副职。1800年,杰斐逊以73比65票把亚当斯赶下台,成为美国第3位总统(1801—1809年)。在这次竞选中,杰斐逊是拉拢纽约政客艾伦·伯尔(Aaron Burr)一起参加竞选的,民主共和党人提名伯尔为副总统候选人。但谁料杰斐逊和伯尔的选票数相等。伯尔原来只是想支持杰斐逊,一见票数相等,便要当"任"不让。这中间,汉密尔顿讨厌伯尔更胜于杰斐逊,在复选中,汉密尔顿指使联邦党人议员支持杰斐逊,帮助杰斐逊登上总统宝座;伯尔最终任副总统。四年后,伯尔改为竞选纽约州州长,汉密尔顿再次作梗,伯尔再次失败。伯尔要求与汉密尔顿决斗,49岁的汉密尔顿死于伯尔枪下。参见[美]麦迪逊:《辩论:美国制宪会议记录》,尹宣译,辽宁教育出版社2003年版,第7页。

威尔金森对这道令状同样置之不理。①

当两名罪犯被送至华盛顿后,杰斐逊命检察官立即取得一份法院逮捕令(bench warrant)并将他们以叛国罪起诉至法院。当日下午,在杰斐逊特使的授意下,参议院通过了一则中止人身保护令状三个月的法案。乔治·华盛顿(George Washington)曾跟杰斐逊保证过,参议员在他们六年的任期内,应当是一个茶碟,能给一杯民主的热茶降点温。但是,这一次起作用的显然是众议院。众议院最终以113比19拒绝通过人身保护令状中止法案。②

两名罪犯被送至华盛顿后,他们均再次向联邦最高法院递交了人身保护令申请,首席大法官马歇尔(Chief Justice Marshall)在断定国会曾有制定法授权联邦最高法院签发人身保护令状的权力后,签发了释放博尔曼和斯沃特伍特的司法命令,这也确立了联邦最高法院在不存在有下级法院判决可审查的情况下,可依人身保护令状申请签发诉讼起始令状,从而获得初审审判权并做出救济的权力。③

我们由此能判断出"博尔曼案"(Ex part Bollman)在宪法史上的重要地位,它不但有效防止了人身保护令状的中止,还切实保证了它的实际地位,充分体现了其保障人权的价值。

2. 斯科特单方诉讼案

南北战争之前,美国历史上最著名的人身保护令诉讼是"德雷德·斯科特单方诉讼案"(Ex Parte④ Dred Scott)。斯科特是一名内科医生的奴隶,他的主人在去世时曾答应释放斯科特。但是,主人死后,斯科

---

① James Robertson, Quo Vadis, Habeas Corpus?, 55 *Buff. L. Rev.*, 2008, p. 1073.
② James Robertson, Quo Vadis, Habeas Corpus?, 55 *Buff. L. Rev.*, 2008, pp. 1073—1074.
③ Stephen I. Vladeck, The Suspension Clause as a Structural Right, 62 *University of Miami Law Review*, 2008, p. 287.
④ Ex Parte:就是不经过通知对方,一方单方面向法院提出的程序。

特仍被作为奴隶而限制人身自由。斯科特于是向联邦法院发出请求,申请人身保护令状。后来联邦地区法院签发了令状,宣布释放斯科特,这一判决得到联邦上诉法院的支持。但是,联邦最高法院罗杰·B.唐尼(Roger Tanney)[①]认为:斯科特作为奴隶并不是联邦宪法中的"人",他认为像斯科特这样的黑人奴隶仅仅是"财产",因此无权向联邦法院申请人身保护令状。最高法院因而推翻了联邦地区法院所签发的令状。虽然唐尼的判决后来随着美国宪法第13条修正案[②]的通过而被推翻,但是对于斯科特来说,这一非常令状就如此被中止了。

3. 杰克逊总统与人身保护令中止

美国宪法中没有"军事管制法"(martial law)的具体规定,国会通过的其它法案中也没有作出明确规定。1812年美英战争期间,安德鲁·杰克逊(Andrew Jackson)将军(后来美国的第七位总统,1829—1837年)于1814年12月16日在新奥尔良宣布军事管制法,该法到1815年3月13日期间一直有效。在此期间,他命令逮捕过很多人,其中一人向联邦法院申请人身保护令状。杰克逊将军丝毫没有理会这一令状,他甚至逮捕了大法官霍尔[③](Hall J.)。

4. 林肯总统与人身保护令中止

南北战争时期(1861—1865年),美国第16位总统林肯(Lincoln,1861—1865年)也曾经中止过人身保护令状。

林肯在1861年3月宣誓就职后,他开始担心万一费城到华盛顿的铁路桥被毁,就会阻止武装保卫华盛顿的北方军队的到来。如果巴尔

[①] 罗杰·B.唐尼(Roger Tanney),1836—1864年在职。他是首席大法官马歇尔(Marshall,1801—1835年在位)的继任者。

[②] 美国于1865年1月31日提出废除奴隶制,1865年12月6日批准宪法第13条修正案。即在合众国境内受合众国管辖的任何地方,奴隶制和强制劳役都不得存在。

[③] Clark, David & McCoy, Gerard, *The Most Fundamental Leagl Right: Hebeas Corpus in the Commonwealth*, Oxford: Clarendon Press, 2000, p. 77.

的摩附近的路桥被毁的话,则情况会更加糟糕。在这种情形下,1861年4月27日,林肯向联邦军队的温菲尔德·斯科特(Winfield Scott)司令(Commanding General)下了一道命令,林肯写道:

> 如果你在费城到华盛顿之间的军队驻扎地或任何附近地遭遇抵抗,在必要的情况下可出于公共安全需要中止人身保护令状,特授予你——可由你亲自或通过抵抗发生地指挥官——中止该令状的权力。①

在这封信发出约一个月之后,1861年5月25日凌晨两点,马里兰州巴尔的摩县居民梅利曼(Merryman)被军方逮捕。军方指控梅利曼在4月份巴尔的摩暴动之后,曾参与破坏铁路桥的行动。

当时,美国联邦最高法院首席大法官罗杰·B.唐尼恰巧在巴尔的摩县巡回审判。于是梅利曼的律师抓住了这一千载难逢的机会,向唐尼提出人身保护令状申请。需要插入的一点说明是:梅利曼同林肯恰好政见不和,事实上,梅利曼在"德雷德·斯科特单方诉讼案"中发表露骨的种族歧视言论后,林肯在自己发表的演说中常常将其作为攻击的靶子,可以这样说,梅利曼的不当演说恰为林肯当选总统铺平了道路。在这种情形之下,唐尼很快签发了人身保护令状。但军方拒绝遵守法院的令状。唐尼命令他的人扣押或逮捕指挥官卡德瓦拉德(Cadwalader),但是被派往送达扣押令的执法官根本无法进入

---

① Letter from Abraham Lincoln, President, United States, to Winfield Scott, Commanding General, (Apr. 27, 1861), reprinted in Abraham Lincoln: Speeches and Writings 1859—1865, at 237 (1989). 转引自 James Robertson, Quo Vadis, Habeas Corpus?, 55 *Buff. L. Rev.*, 2008, p. 1075.

那个军事要塞。①

在1861年"梅利曼单方诉讼案"中,首席大法官罗杰·B.唐尼强烈反对由总统实施中止人身保护令权,并提出只有国会才有权依宪法第1条第9款来实施中止权。但是林肯总统以及内战期间的军方显然没有理睬最高法院的判决。雪上加霜的是,美国国会也于1863年制定"1863年3月3日法案"授权总统可以中止人身保护令状的权力。

1864年底,南北战争快要结束的时候,联邦军队又在印第安纳州逮捕了兰丁·米利根(Lambdin Milligan)等人,并指控他犯有夺取联邦军队军火,袭击战俘营放走战俘等罪名。需要说明的是,印第安纳不在南北战争的战区内,米利根是个平民。按照人身保护令状特权,他有权在印第安纳的法院里得到审判。但是联邦军队的军官们主观臆测印第安纳的陪审团会同情南方,遂决定动用南北战争的特别军事法院审判米利根等人。他和另外两个人被判死刑。米利根的律师将这个案子上诉到了联邦最高法院。②

在1866年"米利根单方诉讼案"中,美国联邦最高法院签发了令状,并确认只有国会才有权力中止人身保护令状③,军方不享有在战后南方审判平民的管辖权。④ 大法官戴维·戴维斯(David Davis)在判词

---

① Clark, David & McCoy, Gerard, *The Most Fundamental Leagl Right: Hebeas Corpus in the Commonwealth*, Oxford: Clarendon Press, 2000, p. 77.

② 丁林:"醒来方知是险境", http://opus.51.net/wenxuan.htm. 访问时间:2004年3月15日。

③ 从世界范围来看,中止人身保护令状的权力大都在立法机关,但也有例外。比如在汤加,国王自1875年便一直有权力中止人身保护令,但行政机关本身就拥有中止人身保护令法案的权利的这种情况很少见。参见 Antieau, Chester James, *The Practice of Extraordinary Remedies: Habeas Corpus and the Other Common Law Writs*, Volume I, New York: Oceana Publications, Inc., 1987, p. 5.

④ Joseph Dale Robertson. *Habeas Corpus-The Most extraordinary Writ*. at http:// law. about. com/newsissues/law/library/forum/uc-habeas_corpus. htm. 访问时间:2004年3月15日。

中说,"在紧急状态下,宪法并没有中止",它仍然"既是统治者的法,也是人民的法,既是战争时期的法,也是和平时期的法"。

5. 布什总统与人身保护令状的中止

在今日,人身保护令状条款之所以再次受到持续热议,这当然与美国第 43 位总统乔治·W. 布什总统(George W. Bush,2001—2009 年)行使中止权有极大的关系。

2001 年 9 月 11 日,美国突然遭到严重的恐怖主义袭击。布什总统在"9·11"事件以后向全国人民保证,他会带领国家击败恐怖主义。但是,他在敦促国会尽快通过反恐怖法案的时候,又多次说过,如果没有新的反恐怖法,政府缺乏有效的手段来打击恐怖分子,说白了,就是以往保障民众个人基本权利的法律,捆住了政府的手脚,他没有足够的法律依据来采取必要的措施。① 正如美国一学者所言,2001 年的"9·11"恐怖袭击事件让美国的立法机关重新定义了美国刑事诉讼法的体系,它还提示美国法院要在民权保护同法律的有力执行之间达到一种微妙的平衡关系。② 就这样,从 2001 到今天(2009 年 2 月),一系列的司法判例和制定法都集中在了如何维护国家安全和如何保护民众自由权利的问题上。

2004 年美国军队以打击恐怖主义为名攻打阿富汗后,美军将逮捕的罪犯关押在古巴的关塔那摩基地,并认为这些"非法敌方交战人员"(unlawful combatants)的审判最终须在军事法院进行。这一行为引发了人们对于关塔那摩罪犯无法获得"正当程序"权利问题的关注。如

---

① 丁林:"醒来方知是险境",http://opus.51.net/wenxuan.htm。访问时间:2004 年 3 月 15 日。

② Azra B. Zaidi, The Military Commissions Act and Its Impact on Our Justice System, 25 *Buffalo Public Interest Law Journal*, 2006—2007, pp. 1—2.

此，一系列司法案例都集中在了保护关塔那摩囚犯正当权利这一问题之上，而其中，一个突出的方面就是——这些罪犯是否受美国人身保护令状条款保护的问题。

(1) 国会立法与总统命令的二元反恐机制

"9·11"恐怖袭击过后一周，国会就在惧怕和焦虑的氛围之下，通过了一份"联合决议"(Joint Resolution)，并授权总统对恐怖袭击负责之人动用武力。45 日之后，国会又通过了《美国爱国者法案》(USA Patriot Act)。但只要简单回顾一下法律文献就能发现，《美国爱国者法案》没有遵循正常的立法程序就在国会迅速获得通过。①

紧接着，美国总统布什签署了关于审判恐怖分子的执行命令——《军事命令》(Military Order)。《军事命令》使得军事法院的审判方式被直接适用到了若干刑事犯罪中，并排除了主要相关程序原则和证据规则之适用，对刑事诉讼的冲击尤为显著。② 国会及布什总统单方面所发布的各项军事命令和行政令共同构建了国会立法和总统命令二元的反恐制度机制。

《美国爱国者法案》和《军事命令》都在一定程度上强化了对外国人、移民的羁押权。这表现在《爱国者法》第 412 条之规定③以及《军事命令》授权拘禁外国人的权力等条文之上。

---

① [美]黄锦就、梅建明：《美国爱国者法案：立法、实施和影响》，蒋文军译，法律出版社 2008 年版，第 44 页。

② 胡铭："价值抉择：反恐措施与刑事诉讼——以美国法为范例的检讨与反思"，载《政法论坛》2006 年第 6 期。

③ 司法部部长如有合理怀疑认为入境的外国人有触犯特定刑法条文或有危害国家嫌疑者，在该外国人被驱逐出境前可以将其拘禁，应于开始拘禁之日起 7 日内决定将其驱逐出境或者起诉，否则应该予以释放。但是，如果释放有害国家安全或者他人安全者，而又无法在可预见的期限内遣送出境时，可以继续拘禁达 6 个月。

(2) 2006年《美国军事委员会法案》与人身保护令中止

2006年10月17日,美国国会又通过了《美国军事委员会法案》①,而这一法案在内容上最为引人注目之处就是:

第一,该法案剥夺了"非法敌方交战人员"申请人身保护令状的权利。

《美国军事委员会法案》不但禁止被关押的恐怖分子向法院申请人身保护令状,而且还禁止恐怖分子就其在关押期间受到的虐待提出控告。《2005年被扣押人员处遇法》禁止关押在关塔那摩的被俘人员在将来任何时候就其关押期间受到的待遇提起诉讼,而《2006年美国军事委员会法案》将这种限制性规定扩大到关押在全球任何地方的人员。②

就连美国中央情报局工作人员对被羁押的恐怖分子所实施的拷问行为也不构成犯罪。为保证美国公职人员(包括中央情报局工作人员)不因在履行职务时为过去虐待被俘人员的行为遭到起诉,《美国军事委员会法案》第五节规定:"在美国领域内的任何法院上,在人身保护令状或其他民事行为和诉讼中,只要美国政府、美国现任或已卸任的官员、美国的雇员、武装力量内的任何人员或美国的其他代理机构作为案件的一方当事人的,禁止任何人援引《日内瓦公约》和其他议定书的规定

---

① 也有学者将该法案翻译为《美国军事审判委员会法令》。《2006年美国军事委员会法案》共十节。分别是:第一节:法律简称、内容目录;第二节:设立军事审判委员会后对总统权力的解释;第三节:军事审判委员会;第四节:对《统一军事司法法典》的修正;第五节:条约义务不得作为主张某种权利的依据;第六节:条约义务的履行;第七节:人身保护令事宜;第八节:对《2005年被扣押人员处遇法》中有关保护美国政府人员条款的修正;第九节:对军事审判委员会所做判决的复审;第十节:经过对被扣押交战人员身份裁定进行复审后的扣押。参见赵秉志、赵书鸿:"国家安全的强势保护与人权保障的极度旁落——《2006年美国军事审判委员会法令》解读与评释",载《法学》2007年第2期。

② 赵秉志、赵书鸿:"国家安全的强势保护与人权保障的极度旁落——《2006年美国军事审判委员会法令》解读与评释",载《法学》2007年第2期。

作为自己主张权利的依据。"①

应当指出,该法案对于外国人拒绝提供人身保护令状的救济显然是违反国际法准则的。一方面,《日内瓦公约》第3条规定:在武装冲突期间,应当给被俘人员以人道的待遇。另一方面,《公民权利和政治权利国际公约》第9条规定:任何人不得加以任意逮捕或拘禁,除非依照法律所规定的根据和程序,任何人不得被剥夺自由。同时在第二款规定:任何被逮捕的人,在被逮捕时应被告知逮捕他的理由,并应被迅速告知对他提出的任何指控;第三款:任何被逮捕或拘禁的人,应被迅速带见审判官或其他经法律授权行使司法权力的官员,并有权在合理的时间内受审判或被释放;以及第四款:任何因刑事指控被逮捕或拘禁被剥夺自由的人有资格向法院提起诉讼,以便法院能不拖延地决定拘禁他是否合法以及拘禁不合法时命令予以释放;最后:任何遭受非法逮捕或拘禁的受害者,有得到赔偿的权利。②

第二,该法案还授权总统有权关押所有为反对美国的敌对行为提供实际支持的人员。③

第三,该法案授权特别军事法院对"非法敌方交战人员"案件的管辖权,剥夺了联邦法院对于这类案件审判的管辖权。

需要说明的是,尽管在该法案通过之前,联邦最高法院已在同一年的"哈姆丹诉拉姆斯菲尔德案"(Hamdan v. Rumsfeld)中认定政府在

---

① 赵秉志、赵书鸿:"国家安全的强势保护与人权保障的极度旁落——《2006年美国军事审判委员会法令》解读与评释",载《法学》2007年第2期。

② 陈光中,张建伟,"联合国《公民权利和政治权利国际公约》与我国刑事诉讼",载《中国法学》1998年第6期。又见张建伟:《刑事司法:多元价值与制度配置》,人民法院出版社2003年版,第371页。

③ 对于该法案的引人注目之处,有学者还列出第三条,即该案免予追究美国公职人员对2005年以前被俘获的恐怖分子所实施的拷打行为。参见赵秉志、赵书鸿:"国家安全的强势保护与人权保障的极度旁落——《2006年美国军事审判委员会法令》解读与评释",载《法学》2007年第2期。

关塔那摩设立这样的特别军事法院非法,但是美国国会仍维护了军事委员会对"非法敌方交战人员"审判的有效性。① 不仅如此,美国前总统布什也签署了该法案,允许军方成立的军事审判委员会对涉嫌"9·11"恐怖袭击事件和其他从事恐怖活动的外国人进行审判。布什还称该法令是"反恐战争中最重要的立法之一"。②

对于《军事委员会法案》对联邦法院作出的管辖权剥夺条款,美国著名的罗伯逊(Robertson)法官指出该法无疑破坏了美国宪法的基础即三权分立制度,他说:"虽然我不能就这部已被国会通过的法案之合宪性提出什么看法,但是我要说的是,当国会压制司法机关时,国会显然完全没有秉持它在权力分立与制衡中的历史地位,非但如此,它还为行政机关获得拘押权打开了方便之门。当年,众议院拒绝了托马斯·杰斐逊中止人身保护令状,它把权力交给了约翰·马歇尔。当年,国会在内战期间曾赋予林肯总统便宜行事的权力(carte balances),没有给法院留有任何权力空间,但事后,三大部门是在通过不遗余力的努力后,才恢复了权力的制约与平衡,没有一个部门可以事不关己,高高挂起。"③

(3) 涉及人身保护令中止的典型案例

第一,2004 年"哈姆迪诉拉姆斯菲尔德案"④(Hamdi v. Rumsfeld)

亚瑟·哈姆迪是一个美国公民。2001 年,他在阿富汗被反对塔利班的阿富汗武装逮捕并移交给美国军方。2002 年 6 月,他的父亲代表

---

① Azra B. Zaidi, The Military Commissions Act and Its Impact on Our Justice System, 25 *Buffalo Public Interest Law Journal*, 2006—2007, p. 2.

② 参见赵秉志、赵书鸿:"国家安全的强势保护与人权保障的极度旁落——《2006 年美国军事审判委员会法令》解读与评释",载《法学》2007 年第 2 期。

③ James Robertson, Quo Vadis, Habeas Corpus?, 55 *Buff. L. Rev.*, 2008, p. 1084.

④ *Hamdi v. Rumsfeld*, 542 U.S. 507 (2004).

他提起了一项人身保护令的申请,提出对他儿子的羁押没有合法的授权。而政府则声称哈姆迪是一名"敌方作战人员",总统被授权拘留这样的人不需要指控或程序,至少直到战争结束。

在"哈姆迪诉拉姆斯菲尔德案"中,联邦最高法院的 4 名大法官认为国会在批准阿富汗战争时也批准了这种羁押,1 名大法官认为宪法给了总统以这种方式拘留的权力,另外 4 名大法官则认为该羁押没有国会的授权。① 联邦最高法院最终认定,在关塔那摩湾被关押的美国公民,有权对当局的关押理由提出质辩。

第二,2004 年的"拉苏尔诉布什案"②(Rasul v. Bush)

该案的申诉者是两个澳大利亚人和 12 个科威特公民③,他们是在美国和塔利班敌对期间在国外被抓获的,2002 年初,这些人在未获得任何审判的情况下就被关到了古巴关塔那摩美国海军基地。他们曾向联邦哥伦比亚特区地区法院提起诉讼并称对他们的关押是非法的,但该法院援引联邦最高法院在 1950 年的"约翰逊诉艾森特拉格案"(Johnson v. Eisentrager)的判决,以不具有管辖权为由,驳回了他们的起诉请求。④

在"约翰逊诉艾森特拉格案"中,在南京的美国军事委员会逮捕并宣判二战期间在中国的 21 位德国公民犯下了战争罪行,并将他们监禁在了美占领下的德国兰茨伯格(Landsberg)监狱,这一判决认定,21 位

---

① 胡铭:"价值抉择:反恐措施与刑事诉讼——以美国法为范例的检讨与反思",载《政法论坛》2006 年第 6 期。

② *Rasul v. Bush*, 542 U. S. 466 (2004).

③ 联邦最高法院在签发调卷令状(certiorari)之后,申诉者中还包括两位英国公民,一位是沙非克·拉苏尔(Shafiq Rasul),另一位是阿斯夫·伊克巴尔(Asif Iqbal)。这些申诉者已被释放。电影《关塔那摩之路》(*The Road to Guantánamo*)讲的就是这一案例。

④ Taeho Lim, *Case Note: Supreme Court of the United States* Rasul v. Bush, 124 S. Ct. 2686(2004), 11 *Wash. & Lee Race & Ethnic Anc. L. J.* 2005, p. 241.

公民没有在美国联邦地区法院申请人身保护令状的权利。① 哥伦比亚特区地区法院由此主张在美国领土之外拘留的外国人无权提起人身保护令之申请。

"拉苏尔诉布什案"最终上诉至美国联邦最高法院，考虑到美国与古巴签订的协议给予美国对基地"完全的司法管辖和控制"，最高法院后裁决联邦地区法院当然有管辖权来考虑基地的囚犯提出的人身保护令之申请。5名大法官认为支配人身保护令之申请的联邦法律授权这样的考虑，第6名大法官认为宪法也是这样规定的，而3名大法官则不同意。裁决的结果是联邦地区法院现在必须考虑该人身保护令之申请。② 联邦最高法院认定，联邦地区法院有权受理关塔那摩湾所关押的外国人对拘禁的质疑。

第三，2006年"哈姆丹③诉拉姆斯菲尔德案"（Hamdan v. Rumsfeld）④

在"哈姆丹诉拉姆斯菲尔德案"中，联邦最高法院认为，美国军方在关塔那摩所设立的审判机构，即所谓"军事委员会"违宪，而且认为军事审判委员会审判的程序违反《日内瓦公约》的规定。⑤ 同时，该判决对美国中央情报局所实施的秘密羁押的合法性提出了疑问，认为中央情

---

① Taeho Lim, *Case Note: Supreme Court of the United States* Rasul v. Bush, 124 S. Ct. 2686(2004), 11 *Wash. & Lee Race & Ethnic Anc. L. J.* 2005, p. 241.

② 胡铭："价值抉择：反恐措施与刑事诉讼——以美国法为范例的检讨与反思"，载《政法论坛》2006年第6期。

③ 萨利姆·阿迈德·哈姆丹是也门公民。2001年美国进攻在阿富汗的基地组织以及塔利班政权的战争期间，哈姆丹在逃跑时被北方联盟的军队抓获后转送到美国人手中。北方联盟为此获得一笔重赏，而哈姆丹则被关进了关塔那摩监狱。他对审讯人员承认担任过恐怖头目本·拉登的司机和卫士，不过却否认自己卷入了任何与"9·11"有关的活动。2004年7月，美国政府在特别军事法院上控告哈姆丹犯下了恐怖阴谋罪。参见小夏："关塔那摩监狱陷入法律困境"，载《南风窗》2006年第7(下)期。

④ *Hamdan v. Rumsfeld*, 548 U. S. 557 (2006).

⑤ 参见 Jason W. Hobbes, To Boldly Go Where No Signatory Has Gone Before: How the Military Commissions Act of 2006 Has Rewritten the United States' Obligations under the Geneva Conventions, 26 *Penn St. Int'l L. Rev.*, 2007—2008, p. 489.

报局的逼供行为是非法的。针对美国最高法院的这个判决,布什政府就给国会施压,旨在通过一项法律,从而对被秘密关押的恐怖分子进行审判。在这种背景下,美国国会在 2006 年 9 月 28 日经过激烈的辩论以 65 票对 35 票通过了上述《美国军事委员会法案》。可以说《美国军事委员会法案》正是美国国会和布什政府对美国最高法院的这个判决所做出的对抗性反应。①

第四,2008 年"布迈丁诉布什案"(Boumediene v. Bush)②(最为重要)

在 2007 年哥伦比亚特区联邦上诉法院的审理中,该案件围绕的核心问题是:《美国联邦宪法》中的人身保护令中止条款是否适用于关塔那摩湾所关押的"敌方战斗人员"(enemy combatant)。在该案中,多数意见认为人身保护令中止条款不保护美国领土之外的非美国公民(noncitizens)。据此,哥伦比亚特区上诉法院裁定人身保护令状条款不适用于在关塔那摩的受关押者;该法院同时裁定 2006 年《美国军事委员会法案》的第 7 节旨在剥夺联邦法院对被关押人管辖权的规定因而是合宪的(constitutional)。③

然而,"布迈丁诉布什案"并未就此打住。即便在哥伦比亚特区上诉法院,也有法官持反对意见,比如贾奇·罗杰斯(Judge Rogers)认为,联邦宪法中第 1 条第 9 款中还有诸如"不得通过任何褫夺公权的法案(Bill of Attainder)或者追溯既往的法案(Ex Post Facto)"等限制国会权力的条款,他认为,不得中止人身保护令状条款同前二者一样,都属于对联邦权力的"结构性限制"(structural limitations),也就是说这

---

① 赵秉志、赵书鸿:"国家安全的强势保护与人权保障的极度旁落——《2006 年美国军事审判委员会法令》解读与评释",载《法学》2007 年第 2 期。

② 476 F. 3d 981 (D. C. Cir.), cert. granted, 127 S. Ct. 3078 (2007).

③ Stephen I. Vladeck, The Suspension Clause as a Structural Right, 62 *University of Miami Law Review*, 2008, p. 275.

些限制是不会考虑领土或国籍等因素的,既然如此,法院不应认定人身保护令状条款不适用于在关塔那摩的受关押者。① 该案最终上诉到了联邦最高法院。

在 2008 年 6 月的"布迈丁诉布什案"②中,最高法院明确宣布,关塔那摩湾所关押的外国人,有权申请"人身保护令",以质疑关押的合法性。如今已是 2009 年,敌方参战人员或嫌疑人员有权申请人身保护令状。但法院仍无权受理超过一年时效的审判后人身保护令申请。在这种情况下,人身保护令状将何去何从仍是一个问题。③

四、人身保护令状的功能与申请程序④

本章所讲的"人身保护令功能"、"申请人身保护令状的程序"主要是根据美国乔治敦大学(Gorgetown University)荣誉教授安提奥(Antieau)的专著《非常令状之实践:人身保护令与其它普通法令状》一书以及夏普(Sharpe)的专著《人身保护令法》(第二版)(*The Law of Habeas Corpus* (Second Edition))中的相关介绍而写成。这里的"功能"与"申请程序"因而主要适用于以美、英等国家为代表的普通法法系国家。

---

① Stephen I. Vladeck, The Suspension Clause as a Structural Right, 62 *University of Miami Law Review*, 2008, p. 276.

② *Boumediene v. Bush*, 128 S. Ct. 2229 (2008).

③ James Robertson, Quo Vadis, Habeas Corpus?, 55 *Buff. L. Rev.*, 2008, p. 1083.

④ 本书所讲的"人身保护令的功能"主要是根据美国乔治敦大学(Gorgetown University)荣誉教授安提奥(Antieau)的专著《非常令状之实践:人身保护令与其它普通法令状》一书以及夏普(Sharpe)的专著《人身保护令法》(第二版)(*The Law of Habeas Corpus*, Second Edition)中的相关介绍而写成。这里的"功能"主要适用于以美、英等国家为代表的普通法法系国家。

（一）人身保护令状的功能

在美国刑事司法制度中，人身保护令制度适用的对象大致有两种：一是那些受到未决羁押的嫌疑人、被告人；二是那些被生效裁判加以定罪科刑的在押犯。换言之，人身保护令制度既可以被受到未决羁押的嫌疑人、被告人用作解除羁押状态的救济手段，也可以被那些已被定罪者用作寻求无罪释放的非常救济途径。人身保护令不仅可以用于刑事诉讼之中，也可用于民事案件当中。例如，父母双方中一方对另一方限制其子女自由的行为可提出人身保护令申请，同样，由于精神疾病被限制自由之人，也可以提出人身保护令申请[1]。可以将人身保护令用于审判之前，也可用于审判之后。人身保护令可用来审查审判前羁押的正当性，用于检验审判中的程序瑕疵，以及用于确保审判后的救济。

1. 用于审查审判前羁押的正当性

（1）在移民入境时被移民局官员扣押的情形下，被扣押者可运用人身保护令，审查扣押的合法性。美国最高法院在 1963 年的"琼斯诉坎宁安"（Jones v. Cunningham）一案中判定，外国人在进入美国时享有申请人身保护令的权利。

（2）用于审查驱逐出境中的关押是否合法。在美国，人身保护令可以被用来查明被驱逐出境人在被遣送过程中是否享有正当程序这一宪法权利[2]。

（3）用于审查引渡过程中关押是否正当。在审查引渡过程中关押证据是否充分这一问题上，用《逃犯法案》（Fugitive Offenders Act）中的

---

[1] Joseph Dale Robertson, *Habeas Corpus-The Most extraordinary Writ*, at http://law.about.com/newsissues/law/library/forum/uc-habeas_corpus.htm. 访问时间：2004 年 1 月 10 日。

[2] Chester James Antieau, *The Practice of Extraordinary Remedies: Habeas Corpus and the Other Common Law Writs*, Volume I, New York: Oceana Publications, Inc., 1987, p. 79.

话来讲,英国法院所判断的主要是:是否能"充足或可能地推定"被关押人在要求管辖法院的区域内犯罪,并且查明如果将被关押人交给这一法院是否会不公正。法院遵守"政治犯不引渡"这一国际法基本原则,如果被引渡人是被指控犯有"政治罪",则此人可得到人身保护令并被释放。

（4）用于保证未经军事委员会或军事法院审判或在审判前被海军或陆军部队非法限制自由之人获得释放。

军方非法征募士兵而将公民或外国人扣押,被扣押人可得到人身保护令救济。申请者在指出其不受军方管辖之前,不必用尽军方的行政救济。在戒严令宣布期间,如果军方对某一地区有管辖权,则在这个管辖区内被关押之人不可向普通法法院申请人身保护令。如果在戒严令宣布期间,军方对某一地区不享有管辖权,则在这个管辖区内被关押之人可得到人身保护令救济,即他可要求军方释放自己并在普通法法院得到审判。

（5）用于审查少年犯的关押是否合法。当没有关押的"合理根据"（probable cause）以及在少年犯法院没有管辖权等情况下,这些未成年人均可申请人身保护令。还有,正当程序（due process）这一联邦宪法权利如遭到拒绝时,联邦法院便可签发人身保护令状。少年犯同样享有"米兰达警示权利[1]"（Right to a Miranda Warning）,当这一程序被

---

[1] "你有权保持沉默,否则你所说的一切,都可能作为指控你的不利证据。你有权请律师在你受审时到场。如果你请不起律师,法院将为你指派一位。"这就是如今绝大多数的美国人都熟悉的"米兰达程序"。美国宪法第5条修正案规定:无论何人,不得在任何刑事案件中被迫自证其罪。1963年,一个23岁的无业青年,名叫恩纳斯托·米兰达（Enesto Miranda）,因涉嫌强奸和绑架妇女在亚利桑那州被捕,警官随即对他进行了审问。在审讯前,警官没有告诉米兰达有权保持沉默,有权不自认其罪。米兰达从没听说过世界上还有美国宪法第五修正案。经过连续两小时的审讯,米兰达承认了罪行,并在供词上签了字。后来在法院上,检察官向陪审团出示了米兰达的供词,作为指控他犯罪的重要证据。米兰达的律师则坚持认为,根据宪法,米兰达供词是无效的。最后,陪审团判决米兰达有罪,法官判米兰达20年有期徒刑。此案后来上诉到美国最高法院。1966年,最高法院以5∶4一票之差裁决地方法院的审判无效,理由是警官在审问前,没有预先告诉米兰达应享有的宪法权利。最高法院在裁决中向警方重申了审讯嫌犯的规则:第一,预先告诉嫌犯有权保持沉默。第二,预先告诉嫌犯,他们的供词可能用来起诉和审判他们。第三,告诉嫌犯有权请律师在受审时到场。第四,告诉嫌犯,如果请不起律师,法院将免费为其指派一位律师。这些规定后来被称为"米兰达警示原则"（Miranda Warnings）。

漏掉时,法院也可以签发人身保护令状。

(6) 用于保证由于精神疾病包括性变态①(sexual psychopath)而被非法关押的人能够被释放。

如果行政机关在将精神病人关押到精神病院这一行为上并无管辖权,则法院通常会签发人身保护令状给这些精神病人,从而将他们释放,而且在这一过程之中,如果行政机关最终不能取得对他们的精神病司法认定根据,则这些被关押人无须证明他们的精神正常。

(7) 用于保证因嗜酒或吸毒成瘾而被非法关押之人被释放。在吸毒者被送往戒毒所这一专门机构之前,他通常享有程序性的正当权利。例如,在纽约,吸毒者被送往戒毒所前享有陪审团审判权。如果他们没有享受到这一权利,他们可以申请人身保护令从而被释放②。此外,被治愈的嗜酒或吸毒成瘾者也可申请人身保护令,以确保他们能被及时释放。

(8) 用于审查关押或隔离传染性疾病或性病的合法性。也就是说,因传染性疾病或性病等而被非法控制或隔离的人也可申请人身保护令,以用于审查关押或隔离的合法性。

(9) 由于藐视议会或国会而被非法关押之人有权向法院申请人身保护令。

(10) 用于审查预防性羁押的合法性。有些时候,出于保卫国家安全或和平,国家将某些特定人提前关押,这就是"预防性羁押"(preventive detention)。在大多数情况下,以国家安全、和平的名义而将特定

---

① 性变态表现为具有强烈的冲动,而又无法理智地驾取自己,总想实施性犯罪、侵犯或攻击犯罪对象,是一种具有反社会的变态人格。

② Chester James Antieau, *The Practice of Extraordinary Remedies: Habeas Corpus and the Other Common Law Writs*, Volume I, New York: Oceana Publications, Inc., 1987, p. 93.

第六章　人身保护令状：从特权到人权　　315

的人关押是合法的。但在极少数情况下,法官如果发现预防性羁押违宪的话,也可签发人身保护令状。例如,印度宪法第22条保证被羁押人依法享有及时被告知羁押理由权、向律师咨询权,以及在被捕后24小时之内被带到最近的治安法官(magistrate)前的权利。如果这些宪法权利被侵犯,则法院可依此签发人身保护令状[1]。

（11）用于确保受羁押人在手令(warrant)有瑕疵的情况下被释放。手令是指法官亲手签发授权执法人员采取行动的命令,包括搜查令和拘捕令[2]。在英联邦国家,人身保护令常用来审查手令的合法性,依此来保证被羁押人在手令有瑕疵的情况下被捕后能得以释放。在英联邦国家,法院通常会通过认定羁押所依据的手令是否具备两个基本要素,即第一,签发手令的法院或法官是否对被羁押人享有管辖权;第二,手令从表面上看是否合法,是否得到了羁押某人的合法授权[3]。倘若手令在这两方面有瑕疵,则法院通常会签发人身保护令状给被羁押人。

在美国,法院除了在手令有瑕疵的情况下签发人身保护令外,人身保护令还用来审查"引渡逮捕状"(extradition warrant)的合法性。引渡逮捕状是指为逮捕和拘留在本州或本国境内但已被外州或外国要求引渡的罪犯而由本州或本国的行政当局发布的正式逮捕状[4]。人身保护令用来审查手令的合法性是在起诉之前,而不能在起诉之后再去审查。

（12）用来审查羁押某人所依据的法典或条例是否正当合法。由

---

[1] Chester James Antieau, *The Practice of Extraordinary Remedies: Habeas Corpus and the Other Common Law Writs*, Volume I, New York: Oceana Publications, Inc., 1987, p. 96.

[2] 李宗锷、潘慧仪:《英汉法律大词典》,法律出版社1999年版,第295页。

[3] Chester James Antieau, *The Practice of Extraordinary Remedies: Habeas Corpus and the Other Common Law Writs*, Volume I, New York: Oceana Publications, Inc. 1987, p. 120.

[4] 薛波:《元照英美法词典》,法律出版社2003年版,第520页。

于所依据的法典或条例本身违宪或越权(ultra vires),依据此法典或条例而提起的诉讼必然是没有根据的,人身保护令在这种情况下可以用来给在审判前被非法拘留之人提供救济。

(13)用来审查羁押某人所依据的起诉状或公诉书是否合法。公诉书通常必须要做到陈述清楚构成犯罪的所有事实,避免被告人因同一事件受到第二次公诉,并且做到在庭审过程中不被修改。如果公诉书中所依据的法典本身违反宪法,则公诉书本身有瑕疵,法院可签发人身保护令状给被羁押之人。

(14)用来在某人被逮捕后,检察机关已经提起公诉但没有将被逮捕之人在合理的时间内带至治安法官前的情况下释放被捕人。

(15)用来保证在预审(preliminary hearings)阶段存在瑕疵的情况下释放被羁押人。

(16)在治安法官前证据不足不能出示合理根据,以及交付审判不具合法性的情形之下释放被羁押人。

(17)在被关押人被拒绝知悉其行为性质、对其提起的指控事由的情形时给被关押人以救济。

(18)在审判前被拒绝获得律师辩护权(right to counsel)的情形下释放被关押人。[①] 美国宪法第6条修正案和第14条修正案规定,对于重罪、可判处监禁刑的轻罪以及青少年犯罪的刑事被告人,如果因经济上的困难无力聘请私人律师,则法院应为其指定律师,使其享有获得律师辩护的权利。

(19)在认罪答辩(guilty plea)不是在合适情形之下达成的时候保障被告人的权利。刑事被告人自愿在法院上正式承认犯有受指控的罪

---

① *Miranda v. Arizona*, 384 U. S. 436 (1966); *Escobedo v. Illinois*, 378 U. S. 478 (1964).

行。对被告人必须先充分告知其享有的权利,并由法院认定其已明了此项权利、其对罪行的供认是自愿的。在胁迫或非自愿情形下达成的认罪答辩是无效的。

(20) 在政府一方(检察官)违反辩诉交易(plea bargaining)的情形下保障被告人的权利。辩诉交易又称控辩交易、控辩协议(plea agreement),是指在刑事诉讼中,检察官与被告人进行谈判、说服被告人作有罪答辩,以换取检察官的指控或法院判决上的让步。如果检察官违反与被告人达成的辩诉交易,则被告人可申请人身保护令从而被释放。

(21) 用来防止双重危险(double jeopardy)。双重危险是指对实质上同一的罪行给予两次起诉审判定罪或量刑。美国宪法第5条修正案具体规定了这一原则。凡在审判前侵犯了被告人这一宪法性权利的,被告人可以提起人身保护令要求将其释放。

(22) 用来审查审前超期羁押的合法性。

(23) 用来给被拒绝给予大陪审团起诉权(grand jury indictment)的被告人以救济。

大陪审团并不判定被告人有罪或无罪,它的功能是审查起诉。当一名疑犯被带到治安法官面前且治安法官认为有足够的证据时,该案便会提交给大陪审团做调查。大陪审团的任务是对提交的证据作判定,如果没有争议,将确定有罪。如果大陪审团认为证据能够确保定罪,它会签署"准予起诉"(true bill)的字样来批准起诉,案件将进入审判程序。如果证据不足,案件便不会被受理。有时,大陪审团也会受法官的命令来调查老百姓或者政府官员中可能存在的特定类型的犯罪活动,这些调查也可能导致诉讼。英国已废除了大陪审团,美国一半的州也废除了大陪审团,但是,由于受到宪法的保障,它在联邦法院仍继续存在。

(24) 在大陪审团的组成不合理的情形下给予被告人以救济。

如果大陪审团中的黑人、拉丁美洲裔居民、妇女或其他明显的阶层被例行地或有计划地排除在大陪审团之外,这就构成了对法律保护的平等性原则的违反。当挑选大陪审团首席陪审员(foreman)中存在种族歧视时,就会为人身保护令的签发提供合法依据。

(25) 确保在审判前获得保释或减少保释金。

1679年《人身保护法》授权法院运用人身保护令给予除犯有叛国罪和重罪的被关押人以保释。到现在,在英联邦的很多国家,被告人可以利用人身保护令来获得保释。美国宪法第8条修正案规定:"不得要求过多的保释金,不得处以过重的罚金,不得施加残酷和非常的惩罚。"许多案例表明,人身保护令可以用来获得保释或减少保释金。

2. 用于检验审判中的程序瑕疵

法院在下列情形下可签发人身保护令。

(1) 初审法院没有管辖权。如果在庭审中发现法院对犯罪行为或被告人并无管辖权时,被告人可以申请人身保护令要求释放。如果法院对案件或被告人在没有管辖权的情况下做出判决,则这种判决被认为是无效判决。

(2) 刑事指控所依据的法典、条例违宪。

(3) 被告人被剥夺法律的正当程序(due process of law)。在刑事司法中,正当程序的概念主要体现在刑事诉讼中被告人享有一系列的权利以及对公正审判的要求,当然这些权利和要求已经由最高法院的判决而得到了扩展,包括及时通知被告人就其受指控的罪行举行听证,被告人有机会在公正的陪审团或法官面前提供对自己有利的证据并与指控者对质,反对自我归罪,在诉讼的任何一关键阶段能够获得律师的帮助,不因同一罪而受到两次追诉,无罪推定,等等。

(4) 没有告诉被告人对其指控的性质与原因。

(5) 被告人无受审能力(competency to stand trial)。如果被告人

的智力状态不能理解诉讼的目的与性质,不能向律师咨询和协助进行诉讼防御活动,即认为其欠缺受审能力。正当程序禁止政府对欠缺受审能力的被告人提起诉讼。对于被告人无受审能力这一问题提出后,联邦法院以及州法院必须进行听证来判定被告人的受审能力,如果法院拒绝举行听证,则最高法院有权签发人身保护令状。

(6)被告人的获得陪审团审判权(right to jury trial)遭到拒绝。美国宪法第3条以及第6条修正案规定被告人有权享有受陪审团审判的权利。

(7)被告人被拒绝享有公开审判权。公开审判是审判向公众公开,无所隐瞒地准许公众旁听,但为避免人员过于拥挤或秩序混乱,可以限制到庭人数。如果被告人同意放弃公开审判权,则他在这种情形下提出的人身保护令会被拒绝。

(8)审判到场权(right to be present at trial)受到拒绝。

(9)被告人不享有迅速审判权(right to speedy trial)时。美国宪法第6条修正案保障刑事被告人有受到迅速审判的权利。根据最高法院的解释,赋予被告人这项权利的目的在于防止被告人在尚未定罪的情况下受到长期羁押,缩短被告人必须忍受审判开始前的焦虑和公众注意的时间,将由于拖延而给被告人进行辩护能力造成的损害降低至最低限度。美国联邦最高法院指出,法院可通过下列四个方面的因素来判断被告人的迅速审判权是否被拒绝。第一,拖延时日的长短;第二,拖延理由;第三,被告人是否主张迅速审判权;第四,拖延是否给被告人带来了损害。

(10)没有给被告人留有准备辩护的合理时间。

每位刑事被告人都应有一定的时间来准备辩护的权利,如果此项权利被否定,法院会签发人身保护令状给被告人。

(11)被告人被拒绝有辩护的公平机会。

(12) 由于不恰当地合并被告人,或合并诉讼理由(joinder of defendants or counts)导致被告人权利受到损害。

(13) 被告人的强制性传票权(compulsory process for obtaining witnesses in his favor)被否定。美国宪法第 6 条修正案给予刑事被告人传唤对其有利证人的权利,强制证人到庭作证的传票,包括普通传票以及必要时签发的逮捕令或拘押令。

(14) 被告人的获得律师辩护权遭到拒绝时。① 在审判的关键时刻,被告人获得律师帮助权遭拒绝时。②

(15) 被告人的自我代理权被否定时。美国联邦最高法院于 1975 年判定刑事诉讼中的被告人有为自己代理的宪法性权利。有案例表明刑事被告人的自我辩护权被非法否定后,被告人获得人身保护令。

(16) 被告人的对质权与反询问权(right to confrontation and cross-examination)被否定时。

(17) 被告人被胁迫供认或非自愿供认(coerced or involuntary confessions),以及在认罪答辩时存有瑕疵。③

(18) 审判时检察官方使用不合理搜查与扣押物品。④ 不合理搜查与扣押物品是指违反美国宪法人权保障条款进行搜查与扣押所取得的物品证据。根据证据排除规则,一般在审判过程中不应被采纳。

(19) 审判时检察官使用了违反米兰达规则所采集到的供述。

(20) 违反无罪推定(presumption of innocence)。无罪推定虽然在美国宪法中没有明确表达出来,但联邦最高法院认为,无罪推定原则

---

① *Gideon v. Wainwright*, 372 U. S. 335 (1963).
② *White v. Maryland*, 373 U. S. 59 (1963); *Hamilton v. Alabama*, 368 U. S. 52 (1961).
③ *Jackson v. Denno*, 378 U. S. 368 (1964); *Fay v. Noia*, 372 U. S. 391 (1963).
④ *Mapp v. Ohio*, 367 U. S. 643 (1961).

是刑事司法制度中一个基本的组成部分,它的基本涵义是被告人在受到刑事指控时,应当被假定是无罪的,除非他自己承认有罪或者有合法证据能够排除合理怀疑地证明他是有罪的。无罪推定是对抗式诉讼制度的核心内容。

(21) 被告人的"不自证其罪权"(privilege against self-incrimination)被否决。根据美国宪法第 5 条修正案以及州宪法类似条款,在任何刑事案件中被告人的罪行应根据证据而认定,被告人享有不自我归罪的特权。但一般来讲,被告人不能不提出诸如笔迹、质问等物证。

(22) 行政机关隐藏了对被告人有利的证据。

(23) 行政机关故意使用明知是伪证或虚假的重要证词。

(24) 初审法院错误采纳或错误拒绝证据而给被告人带来损害。

(25) 初审法院错误给陪审团指示或没有指示而给被告人带来损害。

(26) 证据不足以证明被指控的罪名时。

(27) 被告人被拒绝公正审判(fair trial)。

(28) 陪审团裁断(verdict)或法院判决(judgment)时存有瑕疵。

(29) 交付关押令(warrant of commitment to confinement)时存有瑕疵。

3. 用于确保审判后的救济

即使决定被告人有罪的裁决已经发生法律效力,被告人还可以获得一些非常的救济手段。其中,对于那些上诉失败的被告人而言,最重要的非常救济手段还是人身保护令程序(habeas corpus proceedings)。

人身保护令制度既可以被受到未决羁押的嫌疑人、被告人用作解除羁押状态的救济手段,也可以被那些已定罪者用作寻求无罪释放的非常救济途径。在下列情形下,被定罪科刑人可以申请人身保护令来获得救济。

(1) 当上诉权被法院恣意或任意否决时。

(2) 当获取保释未决上诉(bail pending appeal)被不当否决时。

(3) 刑满后仍然被关押时。

(4) 监禁期间受到不法处罚时,可以申请人身保护令获得救济,有时可以被释放。

(5) 当假释主管机关拒绝假释犯人的法律程序不充分时。

(6) 当缓刑被不当撤销时。

(7) 当假释被不当撤销时。

(二) 申请人身保护令状的程序

1. 概说

申请人身保护令适用一套非常复杂的程序,这些程序分别被规定在成文法和有关的法院规则之中,包括《联邦地区法院处理第"2254条诉讼"规则》(简称为《人身保护规则》)、《联邦上诉规则》、《联邦民事诉讼规则》、《联邦最高法院规则》,等等。[①]

如上所述,人身保护令又被称为"大令状"、"自由大令状"等。因此,一般来讲,出于这一制度本身的特征,在制度设计和程序方面的专门规定不应成为申请人身保护令的障碍。正如英国著名的霍尔斯伯里(Halsbury)勋爵所讲的,"不准因程序方面的问题而阻止听证以及判定臣民自由权的实质问题。[②]"由于只申请人身保护令不能将低等法院所有的诉讼程序移至签发令状的法院,所以,在一些管辖区,申请人身保

---

① 孙长永:《探索正当程序——比较刑事诉讼法专论》,中国法制出版社2005年版,第764页。

② Chester James Antieau, *The Practice of Extraordinary Remedies: Habeas Corpus and the Other Common Law Writs*, Volume I, New York: Oceana Publications, Inc. 1987, p. 245.

护令的同时一并申请调卷令状(writ of *certiorari*)也变得很必要。调卷令状可以将低等法院的整个程序移至高等法院。

2. **人身保护令申请者的资格**

在普通法上,有资格寻求人身保护令的人并不限于被羁押之人。一般来讲,社会上任何人,当他知晓有人被非法拘留时,都可以申请人身保护令。维多利亚最高法院做出了典型的表述:"社区之内任何知晓某人被错误监禁的,均有权得到人身保护令以将此人从监禁之中释放出来。"

在上述一般规则之下,在美国居住的外国人也有资格申请人身保护令。但是在英国,作为战俘的敌军外国人无权寻求人身保护令救济。

法律一般规定,在被羁押人本人不能申请人身保护令的情况下,可由他人替代其申请该令状。在美国,州法律通常说明,从联邦监禁处寻求救济之人不具有向州法院申请人身保护令的资格。

3. **申请人身保护令的前提**

人身保护令被称为是特权令状或非常令状,所以,通常情况下,即便法院认为有其他替代的救济,也往往不会阻止人身保护令的签发。但有些法院的判决也表明,在申请人获有其他救济时,法院有否决准予人身保护令的自由裁量权。

在英国,申请人身保护令的前提很简单,申请人在需要得到该令状救济时,并不需要申请人证明他受到身体上的限制或受到监狱看守人的拘禁。申请人身保护令之人只需证明需要得到该令状救济的人没有随意走动的自由。英联邦法典也通常不要求救济之人被"拘禁"(custody),而通常的要求是需要得到该令状救济的人其"身体受到限制或自由受到拘束"。

但是,根据《美国法典》(1982,§2241),向联邦法院申请人身保护令的条件是需要该令状救济之人必须"受到拘禁"(in custody)。在

1963年前,"受到拘禁"的解释仅限于字面意义,但1963年的"琼斯诉坎宁安"(Jones v. Cunningham)之后,美联邦最高法院对它进行了扩大解释。"受到拘禁"的意义扩大为"不为公众所分担的,仅对某人人身自由的限制"。从这以后,所有联邦法院以及大多数州法院对申请人身保护令的"受到拘禁"的要求均给予了这样的扩大解释。① 因此,在美国,如果申请者的自由受到限制,而这种限制并未约束到大众,则其有权申请人身保护令状。

美国早期的案例表明获得保释的人在保释期间并不具有在美国申请人身保护令的资格。在加拿大、英联邦一些国家情况亦然,因此有人宁愿主动放弃保释,使其身体"受到拘禁",然后再申请"人身保护令"②。

现在,获得保释的人在保释期间可以申请"人身保护令"。因为实际上,依据保释金条款,保释期间的被保释人的人身自由受到了很大的限制,而这种限制并未加到大众的头上,因而被保释人也被认为是"受到了拘禁"。

同样的道理,在缓刑(probation)以及假释(parole)期间的人通常也被认为"受到拘禁",通常也可以申请人身保护令救济。逃犯通常不认为"受到拘禁",因此法院通常拒绝给逃犯颁发人身保护令状。

申请人身保护令的前提条件还有申请人须在审判之前对逮捕的正

---

① 事实上,美国法学家斯托里早在1833年的《美国宪法评注》中就提到:这种令状得到了最有益的解释;被适用到每一种非法关押的情况,无论这些情况是什么;对一个人自由的每一种限制,在法律看来,无论该限制的实施在什么地方发生,或者无论以什么方式,都是一种监禁。参见[美]约瑟夫·斯托里:《美国宪法评注》,毛国权译,上海三联书店2006年版,第405页。

② Chester James Antieau, *The Practice of Extraordinary Remedies: Habeas Corpus and the Other Common Law Writs*, Volume I, New York: Oceana Publications, Inc., 1987, p. 19.

当性提出反对意见,法院常常会因为申请人没有及时提出反对意见,而在审判定罪之后拒绝颁发人身保护令。所以,申请人身保护令须在合理的时间内进行。法院有时会因为申请人没有在合理时间内提出人身保护令而得出人犯已经放弃了其寻求人身保护令的宪法权利,依此拒绝颁发人身保护令。尽管各州的法律对"合理时间"的具体期限并未规定,有些法院同样会认为随着时间的推移,证明申请人无罪的难度也会增大。德克萨斯州刑事上诉法院在1972年"杨单方非讼案"(Ex Parte Young)(1972年)一案中说:"在某些情形之下,在寻求救济上的申请拖延会有损于请求的可信度。"

4. 人身保护令申请书的格式

人身保护令申请书的形式和内容通常由法典及法院判决所规定。通常情况下,第一,申请书须是书面形式,须经签名认实;第二,申请书须向有权签发令状的法院提出;第三,申请书写明案件在受理法院的管辖范围之内;第四,如果申请人了解情况,在申请书中说明实施关押行为人的姓名和地址;第五,说明申请者被非法剥夺自由,然后写明与这一限制所相关的全部事实,以便对该问题做出明智的判断;第六,说明被告人依据什么来限制申请人的自由,如果申请者清楚的话;第七,如果没有被关押人的签名确认,申请书中应该说明被关押人不能签名确认的原因,申请人作为诉讼代理人与被关押人的关系。法官或法院在收到人身保护令申请书时应该立即签发令状或说明不能签发令状的理由,除非从申请书就可以判断出申请人或被关押人并不享有申请人身保护令之权利。

5. 人身保护令的送达

人身保护令状应送达到控制被羁押者的人,即看守人手中。现代法典允许送达令状的副本。但规定如果需要,则须向看守人出示令状原件。

6. 人身保护令的答辩

1679 年的《人身保护法》要求羁押人收到令状之后,要向法院送还令状,作出答辩,说明拘禁理由。1679 年法案还要求如果被羁押人在 20 英里之内,则在 3 日内送还令状,100 英里之内 10 日内送还令状,如果更远则在 20 日之内送还。

现代法律通常要求在很短时间内送还令状。例如《美国法典》(1982,§2243)规定送还令状须在 3 日之内进行,除非有正当理由法院允许延长时间,但不得超过 20 日,送还令状的答辩中必须包含恰当的事实情况以使法院来决定羁押行为是否合法。如果答辩在法律上没有充足依据,有恶意歪曲事实的情况,则申请人应被立即释放。

如果被告人没有在规定的时间内或故意拖延作出答辩,则可以做出不利于被告人的缺席判决。不返还令状或虚假返还的会被视为藐视法院,严重的构成犯罪。

7. 人身保护令颁发过程中的听证

1816 年《人身保护法》之前,在英格兰,一般来讲是不可能去反驳答辩真实性的。1816 年法案确立了可以"反驳答辩真实性"的原则。在美国,法律通常授权申请者依据书面证词连同口头证言来反驳令状答辩的真实性。

通常,法院在接到被告人的答辩以及原告的辩驳后,在事实方面若有任何明显争议,则会举行听证会。如果双方在事实方面并无争议或双方均放弃听证,则法院在收到答辩以及辩驳之后会根据情况释放被关押人或驳回申请人的人身保护令申请。

在下列情形之下,联邦法院必须给予人身保护令申请者一次听证机会。如果(1)事实争议的是非曲直在州听证会中没有得到解决;(2)州法院事实判定没有考虑到全部记录;(3)州法院采用的事实认定程序不妥当,没有给予全面公正的听证会;(4)有发现新证据的实质性主张;(5)州法院听证会对重大事实没有恰当展开;(6)任何理由能够指出,在州法院的事实审中的法官没有给予人身保护令申请者全面公正的事实听证[1]。

人身保护令程序中所要求的听证能使程序中的原告及被告人都获得一次全面公正的机会来表明他们的见解。在人身保护令听证程序中所涉及的只能是事实问题。由于人身保护令的程序本身实质上属于民事诉讼,根据民事诉讼中"谁主张,谁举证"的原则,在人身保护令程序中,举证责任在于主张获得救济的一方,即被限制自由的公民一方。

8. 签发人身保护令状或拒绝签发人身保护令状的效力

人身保护令状签发给申请人并将其释放后,不能因同一事由将其再度羁押。例如,纽约CPLR[2]§7012(《民事实务法规》第7012条)规定:"对根据人身保护令而被释放之人不能因同一事由被拘留,除非依据某一后来的合法命令。"

美国的人身保护令程序通常被认为是民事诉讼程序,因此法律允许政府在签发人身保护令后上诉,即允许政府签发人身保护令后通过上诉程序拒绝再签发人身保护令[3]。

在普通法上,法院拒绝人身保护令的申请并无"既判力"(res judicata),申请人被拒绝后可以转向其他法院或法官连续申请。但是现代法中,许多法律,如纽约CPLR§7011条规定只允许申请人申请一次,且允许法院在签发令状之后通过上诉程序拒绝签发令状。

---

[1] Chester James Antieau, *The Practice of Extraordinary Remedies: Habeas Corpus and the Other Common Law Writs*, Volume I, New York: Oceana Publications, Inc., 1987, p. 35.

[2] CPLR是指纽约州的《民事实务法规》,其全称是"*Civil Practice Laws and Rules*"。

[3] Chester James Antieau, *The Practice of Extraordinary Remedies: Habeas Corpus and the Other Common Law Writs*, Volume I, New York: Oceana Publications, Inc., 1987, p. 42.

9. 对人身保护令裁定的上诉复审

人身保护令的申请遭到法院驳回之后,申请人通常可以进行上诉复审,但是上诉必须在一定的较短的时间内进行,上诉法院可以撤销原审法院的驳回裁定,例如上诉法院经审查后发现原审法院应对人身保护令的申请举行听证会,但在没有这样做的情况下,上诉法院就可以撤销原审法院的驳回裁定。

此外,若原审法院在适用法律方面或在程序方面出现其他重大错误时,上诉法院也可推翻或撤销原审法院的驳回裁定。

10. 对人身保护令状申请的限制

人们对人身保护令也并非都持完全赞成的态度。英国 1960 年《司法管理法案》(*Administration of Justice Act*)特别规定,无论在民事还是刑事案件中,基于同一理由只能申请一次人身保护令,除非在以后的申请之中能够提出新的证据。[①]

在美国,许多州都在减少人身保护令的使用。人身保护令制度实施中的阻力来自两方面。一是立法机关的限制,二是行政机关的限制。立法机关对人身保护令实施的限制主要表现在"死刑的人身保护令复核"这一问题之上。

死刑判决最终能够在美国得以执行需要解决很多问题、费很多周折。其中,最为棘手的问题就集中在上诉法院对所有死刑案件的自动审查之上,若辩护律师不断使出辩护招数,这常常会使死刑从宣判之日到执行存有很大的一段时间。根据美国学者的研究,这一数字在今天平均为 9 年零 5 个月[②]。这种漫长的时间间隔再加上死刑能否最终得

[①] R. J. Sharpe, *The Law of Habeas Corpus* (Second Edition), Oxford: Clarendon Press, 1989, p. 207.

[②] Frank Schmalleger, *Criminal Justice Today* (Fifth Edition). New Jersey. Prentice-Hall, Inc., 1999, p. 418.

以执行的或然性直接与死刑应当及时执行这一常理相悖。死刑制裁实施中的这种漫长的时间间隔，不但成为死刑犯本人痛苦的渊源，也给受害者本人或其亲属带来了无尽的痛苦。

因为人身保护令状目前主要是用于对刑事定罪进行"附诉"（collateral attack），又因为罪犯并无"政治上的主体地位"（political constituency），所以，人身保护令状面对的首要问题就是超期（delay）。无论是提起人身保护令状申诉，还是依第 2255 条动议提起人身保护令申请，均要花费极其漫长的一段时间。虽然从 1679 年以来的人身保护令法都规定了 3 日的回呈期限，但在实践中，人身保护令及第 2255 条动议的申诉常常会拖数月甚至数年之久。虽然每名地区法官必须每半年将超过六个月仍悬而未决的"陈旧动议"（old motions）向有关部门汇报一次。但由于人身保护令状案件和第 2255 条申请都不被视为"动议"，所以，地区法官自然无需汇报。①

就这样，在法律实践中，罪犯常利用人身保护程序反复提出申请，甚至在判决生效 20 年以后仍然提出申请，这也是长期困扰美国法院、威胁判决终局性的严重问题。为了解决这一问题，1996 年的成文法对申请"人身保护令"的次数进行了比较严格的限制。根据新的规定，不管是被联邦法院判定有罪的人，还是被州法院判定有罪的人，向联邦法院申请人身保护令原则上只限一次。②

因此，美国联邦最高法院首席大法官威廉·伦奎斯特（William H. Rehnquist）给美国律师协会的一次演讲中曾提出要改革联邦人身保护令制度，当时该制度对死刑犯上诉的次数未加限制。

---

① James Robertson, Quo Vadis, Habeas Corpus?, 55 *Buff. L. Rev.*, 2008, p. 1083.

② 孙长永：《探索正当程序——比较刑事诉讼法专论》，中国法制出版社 2005 年版，第 763 页。

如前所述,人身保护令的本意为"你有人身在场权",它要求必须将被羁押人带至法院从而来决定其是否被合法羁押。因此人身保护令成为美国死囚牢房中许多人犯提出上诉的根据。

在有关限制连续申请的问题上,美国联邦最高法院确立了两项重要的规则:一为"令状滥用规则"(the abuse-of-the writ rule);二是"理由加损害规则"(the cause-and-prejudice rule)。按照前一规则的要求,申请者必须向法院证明他在首次申请中没有提出某一问题,并非出于故意或者过失,也就是没有滥用人身保护令程序。而根据后一规则,申请者如果既不能证明没有提出该问题具有正当的理由,也不能证明该问题没能提出会影响案件的裁判结果的话,那么,法院就有权拒绝有关发布人身保护令的申请①。美国最高法院在1991年的"麦克克莱斯基诉赞德"(McCleskey v. Zandt)一案中限制了死刑犯提起上诉的次数。最高法院称:仅为拖延时间而重复上诉无异于鼓励人们不去尊重判决的终结性并有损于整个刑事司法制度。法院对新的提起上诉的标准规定如下:死刑被告人向联邦法院提出的上诉(不包括第一次上诉),必须提出:(1)目前提出的请求为什么没有包括在第一次上诉时的正当原因之中;(2)没有这样的请求会怎样损害申请人进行有效辩护的能力②。但是,在被定罪者有证据证明他事实上确实无罪,案件的判决属于重大误判的情况下,上述规则可免予适用。

1995年,在"斯切尔普诉德勒"(Schlup v. Delo)一案中,最高法院继续对死囚牢房中的犯人不断提出的上诉限定标准。最高法院规定,在根据新的证据而提出的上诉被审理之前,申请者必须提出,根据新证据,可

---

① 陈瑞华:《刑事诉讼中的重复追诉问题(一)》,中国律师网。http://www2.acla.org.cn/article/2003-12-16/10819.html

② Frank Schmalleger, *Criminal Justice Today* (Fifth Edition), New Jersey: Prentice-Hall, Inc., 1999, p. 418.

能没有陪审员会判他有罪,而且这种没有的可能性要比有的可能性大。

死刑犯获得上诉次数的机会在1996年4月制定颁布的《反恐与死刑绩效法》(*Antiterrorism and Effective Death Penalty Act*,简称AEDPA)中被进一步限制,该法案规定州死刑犯提起联邦人身保护上诉的期限是判决后的1年;得到律师帮助的州死刑犯在州法院提起人身保护上诉的期限为6个月。该法案还要求联邦法院推定州法院的事实认定是正确的,不允许将州法院对联邦宪法的错误解释作为人身保护救济的根据,除非这些错误的解释是"不合理的",并要求死刑犯提出新发现的无罪证据而提起第二次联邦上诉之前须得到由三名法官组成的小组同意。

此外,美国国会颁布的《反恐与死刑绩效法》剥夺了最高法院在人身保护令案件中审查联邦低等法院判决的权力。但是最高法院仍保有审查直接呈递给最高法院人身保护令申请的权力。

小 结

我国由于缺乏制约的传统,所以至今尚未确立人身保护令状制度。我国的刑事羁押制度的一个显著特点就是缺少西方国家和联合国刑事司法标准中均设立的"人身保护令"制度。在中国的刑事羁押制度中,三种暂时剥夺犯罪嫌疑人、刑事被告人的强制措施,即逮捕、拘留和拘传,除了法院直接决定的逮捕符合人身保护令的要求,拘传因时间短暂(仅12小时)且一般不认为属于刑事羁押而不受人身保护令约束之外,检察院批准的或决定的逮捕和拘留、公安机关和国家安全机关决定的拘留,均无人身保护令内容。[①]

---

① 王敏远:《刑事司法理论与实践检讨》,中国政法大学出版社1999年版,第241页。

在我国,警察有着庞大的权力。北京大学法学院陈兴良教授在《限权与分权:刑事法治视野中的警察权》一文中指出我国的警察权的设置与行使上,具有垄断性、广泛性、重大性等三个特征。警察权主要由公安机关集中统一行使,形成一种高度垄断的警察体制。我国公安机关行使的警察权极为广泛,包括社会生活的各个方面。这些重大权力主要包括以下几种:1.行政拘留权,指对于违反治安管理处罚条例的行为,公安机关依法处以在短期内剥夺其人身自由的权力。行政拘留的期限,法律规定为1日以上,15日以下;如果一人实施两种以上违法行为,都被处以拘留的,则合并执行期限可以超过15日。2.刑事拘留权,指对应当逮捕的犯罪嫌疑人,公安机关在法定的紧急情况下,依法剥夺其人身自由的权力。3.劳动教养决定权。劳动教养涉及对公民人身自由权剥夺长达3—4年之久,实际操作中由公安机关一家决定适用。上述这些我国公安机关行使的警察权,都涉及对公民重大权益的剥夺,但公安机关可单方面决定。①

在我国,刑事拘留和逮捕一旦获得授权,就意味着警察可以将嫌疑人采取长达14天、37天甚至2个月的持续羁押。换言之,刑事拘留和逮捕不仅仅是一种行为,而且还会直接带来长时间的羁押状态。不仅如此,公安机关作为治安行政机关和刑事侦查机关,同时拥有侦查权和行政处罚权,它可以在羁押期间不足的情况下采取行政拘留、劳动教养等行政手段,使得刑事拘留和逮捕后的羁押期间的延长不受任何外部机构的控制和审查。同时,公安机关对于逮捕后羁押期间的延长,完全可以自行授权并自行实施。因为,在适用程序方面,无论是刑事拘留、逮捕还是拘留、逮捕后的持续羁押,都是由公安机关、检察机关基于侦

---

① 陈兴良:"限权与分权:刑事法治视野中的警察权",载《法律科学》(西北政法学院学报),2002年第1期。

查、公诉的需要而采取的,它们几乎不受任何形式的司法审查。可以说,在未决羁押的实施程序上,公安机关、检察机关既是追诉者又是裁判者,它们事实上在充当"自己案件的法官";面对超期羁押和无理羁押,公民无法有效将问题提交给中立的司法裁判者——法官或法院,也无法获得专门的听证,更无法获得法院所提供的"人身保护令"救济。

北京大学法学院陈瑞华教授指出,侦查机关由于不受有效的司法控制,本来应当属于刑事诉讼程序保障措施的未决羁押,在实践中越来越变成带有惩罚性和预支刑罚的性质,成为得到最普遍适用的强制措施,而那些旨在替代羁押之适用的取保候审、监视居住等措施,反倒成为强制措施适用上的例外,这种情形十分可怕。

我国政府已于1998年10月签署加入了《公民权利和政治权利国际公约》。我国来说,对我国签署加入的国际条约中所确立的国际刑事司法准则,应当加以遵守,应当在我国刑事司法实践中得到认真贯彻。

2004年3月14日,第十届全国人民代表大会第二次会议通过的宪法修正案将"国家尊重和保障人权"写入了宪法,这是我国在保障人权领域迈出的最为可喜的一步。将保障人权写入宪法,使得我们党和国家对这一方针的贯彻执行有了宪法保障。在宪法中作出尊重和保障人权的宣示,体现了社会主义制度的本质要求,有利于推进我国社会主义人权事业的发展,有利于我们在国际人权事业中进行交流和合作。我国《刑法》中有关人权保护的规定主要体现在刑法分则第四章专章规定了"侵犯公民人身权利、民主权利和其他权利罪",这鲜明地体现了刑法对公民生命、健康、人身自由、人格名誉、选举、宗教信仰自由、通信自由、集会、游行、婚姻自主、家庭成员平等等公民权利的保护。

在我国的刑事司法实践中,不恰当地使用强制措施,非法拘留、逮捕,违法超期羁押等侵权现象普遍存在。研究西方主要国家在刑事侦查中确立的"人身保护令"制度,对完善我国社会主义法制,保障公民基本权利,特别是保障刑事诉讼中被告人、被羁押人的人权有着重要的意义。希望本书的探讨、研究能够对我国法律建设有所助益。

时至今日,国人对"人身保护令"这一舶来的概念认识仍不够普遍。人权保障作为刑事诉讼的首要目标,已被世界大多数国家所认同。纵观世界各国刑事诉讼的改革,无不以联合国《公民权利和政治权利国际公约》中确立的人权保障为指导思想。人权保障乃现代刑事诉讼之灵魂。诉讼目的之确立,诉讼结构之建造,无不受到人权保障理念的影响。基于以上论述,本章的研究无疑具有一定的实用价值。

第七章　令状的制度作用与历史价值

The forms of action we have buried, but they still rule us from their graves.
我们已经埋葬了程式诉讼,但它们仍然在坟墓中统治着我们。①
　　　　　　　　　——英国著名法律史学家梅特兰

Let judgment run down as waters, and righteousness as a mighty stream.
惟愿公平如大水滚滚,使公义如江河滔滔。②
　　　　　　　　　　　　　——《圣经·旧约》

　　令状制度是英美法中的一项极有特色的司法制度,在这种司法制度下,原告通过取得合适的诉讼起始令状来开始诉讼。它不但对程序法的形成有积极意义,它要求特定的程式诉讼和正当的诉讼程序,强调程序的重要性,对程序法的发展特别是程序先于权利的观念形成具有一定的积极意义。还对实体法的发展(特别是现代合同法、现代侵权法、财产法及继承原则)也产生了重要影响。

　　令状的发展轨迹是一个从具体到抽象的过程,诉讼程式即是例证。除此之外,令状制度的历史价值还体现在它对于法律职业阶层形成、审判机构体系的完善、司法中央集权的确立、限制王权的传统和司法独立

---

① 参见 F. W. Maitland, *Equity Also the Forms of Action at Common Law: Two Courses of Lectures*, Cambridge University Press, 1929, p. 296.
② Amos 5:24(《圣经·旧约》阿摩司书,第五章5:24)。

的理念以及独具特色的英美法学教育的形成等产生过的影响之上。

一、令状与令状主义

令状与令状主义是既有联系又有着重要区别的两个概念。本书作者对这一问题的看法主要有以下几点:

首先,普通法令状是一个历史概念,它表示的是一个区别于罗马法令状的、对英国法的形成和发展曾发挥过重要历史作用的概念群。具体而言,普通法令状有行政令状和司法化令状之分,也有权利令状和非常令状之分。而令状主义则是一个现代的学理概念,它主要建立在美国宪法第四条修正案之上,它规定:"人民的人身、住宅、文件和财产不受无理搜查和扣押的权利,不得侵犯。除依据合理根据,以宣誓或代誓宣言保证,并详细说明搜查地点和扣押的人或物,不得发出搜查和扣押令状。"[1]我们发现,这条修正案实际上由两个部分组成。一是合理根据条款(reasonableness clause),二是令状条款(warrant clause)[2]。

其次,令状主义中的令状与普通法令状实际上不完全相同。更确切地说,前者只能算作普通法令状中的一种。笔者认为,前者应被确切地翻译为"手令";令状主义亦应被相应理解为"手令主义";上述美国宪法第四条修正案条款亦应被理解为"手令条款"。

再次,令状主义与"随意主义"或"便宜主义"相对。令状主义是孟

---

[1] The right of the people to be secure in their persons, houses, papers, and effects, against unreasonable searches and seizures, shall not be violated, and no **Warrants** shall issue, but upon probable cause, supported by Oath or affirmation, and particularly describing the place to be searched, and the persons or things to be seized.

[2] Notes and Comments, Random Suspicionless Drug Testing: Are Students No Longer Afforded Fourth Amendment Protections? *New York Law School Journal of Human Rights*, 2003, p. 454.

德斯鸠权力制衡理论在侦查程序中的具体应用,也是"司法最终裁决原则"在刑事诉讼中的体现。与之相对,人们把"侦查机关在侦查活动中可直接决定对嫌疑人作较长时间的拘留,不需司法令状而直接实施搜查、扣押、邮检等强制性侦查手段"称之为"侦查便宜主义"。①

孟德斯鸠早就说过"一切有权力的人都容易滥用权力,这是万古不易的经验。有权力的人们使用权力一直到遇有界限的地方才休止。""要防止滥用权力,就必须用权力约束权力。"②侦查权是国家权力的一种,其运行同样遵循权力运行的客观规律,同样受权力本质属性的限制,而以内部制衡为主的侦查权制衡体系显然十分脆弱。最为有效的制衡应当是外部权力的制衡,最好是法院的制衡。这是因为令状主义的原理在于法院在保障人权方面具有特殊作用,也就是法院对其他国家机构行使权力能够进行有效制约。"法院,特别是普通法院,被赋予了极大的权力,它们可以发挥其能力来坚持人权,包括对被控犯罪和从事其他违法行为的人提供公正、公开和无偏见的审讯这一非常基本的职能。"③令状主义的优越性体现在司法权对于行政权的有效制约,因而它对于保障公民自由权利来说毫无疑问也是有利的。

在充分理解上述学理的基础上,我们认为令状主义是指国家行政执法机关在对人身、财产、住宅等进行强制性搜查时须受法院的合法性审查,并只有凭法院签发的书面命令才能予以搜查的原则。所谓的令

---

① 龙宗智:"论我国刑事庭审方式",载《中国法学》1998年第4期。另见:龙宗智:"转折与展望——谈刑事诉讼法的修改",载《现代法学》1996年第2期。龙宗智:"诉讼机制的冲突与协调——评刑诉法修改的学者建议稿",载《现代法学》1995年第6期。另有学者提及过对于"侦查便宜主义"模式的制约,参见左卫民、吴卫军:"完美化追寻中的艰难求索——评《关于刑事诉讼法实施中若干问题的规定》",载《中国法学》1999年第1期。

② [法]孟德斯鸠:《论法的精神》,张雁深译,商务印书馆2005年版,第184页。

③ [美]爱德华·劳森:《人权百科全书》,汪弥、董云虎等译,四川人民出版社1997年版,第994页。

状主义就是指执行侦查职能的官员在执行逮捕、搜查、扣押、监听等强制侦查行为时,原则上必须有法官或其他中立的官员签发的令状才能进行的原则。①

最后,令状主义的一个重要内容是令状必须具有"特定性"。司法化令状必须针对特定人、特定物、特定场所而且须在特定时间内适用。禁止签发"一般令状"或"普通令状",因为利用这种令状,有关国家机关就可以无节制地采取逮捕、搜查、扣押等措施,势必对个人权利形成严重威胁,完全违背了令状主义的初衷。②

综上,普通法令状与令状主义看似密切相连,但实际上二者之间明显存在着区别。普通法令状具有司法审查的性质,它是用于起始诉讼和为当事人提供救济的工具;而令状主义中的令状则更像一个授权,是指由一个指定的法官将其权力授予接受者的文件。

二、令状的历史价值

根据韦伯,司法化令状的贡献主要有三:(1)它提出了一种严密的事实检验标准,以决定双方当事人哪一方有权立即占有某块土地,这也提出了谁享有所有权这个较为复杂的问题;(2)它把事实问题提交给一个邻人宣誓调查团(陪审团)决定;(3)它确立了王室对颁发令状和陪审诉讼的管辖权。③ 但从历史的角度来看,令状的价值显然不止以上三点。有学者认为,正是令状制度使英国法"独树一帜",它使英国法同欧

---

① 宋世杰、陈志敏:"论令状主义",载《诉讼法论丛》(第10卷),陈光中、江伟主编,法律出版社2005年版,第31页。

② 彭海青:"令状主义及其适用程序初探——兼谈我国刑事司法命令程序的重构",载《新疆社会科学》,2007年第3期。

③ [美]哈罗德·J.伯尔曼:《法律与革命——西方法律传统的形成》,贺卫方、高鸿钧、张志铭、夏勇译,中国大百科全书出版社1993年版,第540—541页。

洲的其他法律区别开来。两次罗马法复兴的浪潮曾横扫欧洲，第一次在12—13世纪，第二次在中世纪末，其结果是赋予欧洲大陆一种罗马法式的高度发达的法律体系。英国法则由于令状制度而走上了基本不受罗马法影响的自我发展道路。[①] 本书试图论证令状在下述几个方面的影响和历史价值。

（一）令状与程序先于权利观念的形成

是"权利先于救济"（rights precede remedies）还是"救济先于权利"（remedies precede rights）？这似乎是一个"是先有鸡还是先有蛋"问题。从逻辑上说，一方面，只有先有了鸡，才会有鸡蛋；因此似乎只有权利人的权利受到侵害后，才能对侵害行为加以制裁，并对权利人给予救济。但是，正如没有蛋哪来的鸡一样，没有了救济程序的确立何来权利的形成。

科学家至今仍未破解究竟是"先有鸡还是先有蛋"这个谜。但法律科学家（法学家）早已在普通法的土壤中种植并形成了这样的观念——救济先于权利，换句话说就是"无救济的权利称不上权利"（a right without a remedy is no right at all）。抽象出来就是"无救济就无权利"。严格的程序制度已成为普通法最引人注目的特征。

一定数目的令状及与令状相对应的程式诉讼（forms of action）既是早期英国法采取的诉讼程序，也是英美法的主要内容。程式诉讼具有特定事实关系的案件由特定诉讼方式处理的特征。英国法律人认为，只要行为人遵守仔细规定的、光明正大的诉讼程序，就可以有把握地获得公正的解决办法。法院受理案件之后即会将充满形式主义的程

[①] P. J. Cooke, D. W. Oughton. *The Common Law of Obligations*, London: Buherworth & Co (Publisher) Ltd., p. 3. 转引自孙德鹏："源于'书写'的权利与技术——令状的司法化与普通法的形成"，载《现代法学》2008年第3期。

序进行到底,最后再由程序来推出当事人实体的权利和义务。① 就这样,程式诉讼几乎成为检验权利存在与否的标准。

令状与程式诉讼成为检验权利存在与否的标准无疑是"救济先于权利"的最好解释。正因如此,马歇尔曾说"没有有效救济的权利几无意义"(a right without an effective remedy has little meaning)。② 而在大陆法上,法律家总是把注意力集中到确定每个人的权利和义务的实质性规定之上。③

令状制度无疑为近代普通法的发展作出了重大贡献。每一种令状都代表着一种救济方式,每一种令状基本上都有与之相对应的一种程式诉讼,每种程式诉讼都代表了固定的法院管辖、证据方式、传唤方式、审判方式、执行方式等一系列的程序问题,申请不到正确合适的令状,实体权利就得不到保护救济。④ 由此可见程式诉讼既非简单的诉讼问题,也非一般的程序问题;它关乎救济权利的实现,权利能否实现依赖于救济是否存在。⑤ 所以,种类繁多的起始令状不仅决定着王室法院的管辖权限,它还决定着救济性权利和义务的实现与否。这就是普通

---

① 孙笑侠、应永宏:"程序与法律形式化:兼论现代法律程序的特征与要素",载《现代法学》2002 年第 1 期。

② *Guardians Ass'n v. Civil Serv. Comm'n*, 463 U.S. 582, 626 (1983) (Marshall, J., dissenting) (arguing that denying compensatory relief under Title VI frustrates its fundamental purpose); see also *Marbury v. Madison*, 5 U.S. (1 Cranch) 137, 166 (1803) (Marshall, C.J.) (stating "(b)ut where a specific duty is assigned by law, and individual rights depend on the performance of that duty, it seems equally clear, that the individual who considers himself injured, has a right to resort to the laws of his country for a remedy").

③ William Tetley, Mixed Jurisdictions: Common Law V. Civil Law (Codified and Uncodified), 60 *Louisiana Law Review*, 2000, p. 707. 另见孙笑侠、应永宏:"程序与法律形式化:兼论现代法律程序的特征与要素",载《现代法学》2002 年第 1 期。

④ 李巍涛:"令状制度对英国法律文化的影响",载《辽宁大学学报》(哲学社会科学版),2007 年第 5 期。

⑤ Alison Reppy, The Development of the Common-Law Forms of Action, Part III, 23 *Brook. L. Rev.*, 1956—1957, p. 240.

法最重要的特征"救济先于权利"。

最后,学者常讲的"程序先于权利"、"程序优于权利"是"救济先于权利"的升华。令状的首要历史价值就在于此,通过令状制度建立起来的"程序先于权利"观念无疑促进了英国法的近代化。本书作者在此借韦伯对于程序重要价值的评述来侧面印证这一观念的伟大之处。韦伯说:"我们近代的西方法律理性化是两种相辅相成的力量的产物。一方面,资本主义热衷于严格的形式的、因而——在功能上——尽量像一部机器一样可计量的法,并且特别关心法律程序;另一方面,绝对主义国家权力的官僚理性主义热衷于法典化的系统性和由受过理性训练的、致力于地区平等进取机会的官僚来运用的法的同样性。两种力量中只要缺一,就出现不了近代法律体系。"①

(二) 形式化的令状与实体法的发展

普通法实体规则的发展经常需要以令状的发展为前提——至少在形式上是这样。② 程式诉讼的历史也是实体法的历史。正是在这个角度上,梅因说,实体法"隐蔽于程序法的缝隙之中"。③ 实体法如合同法、财产法以及侵权行为法的形成,都与特定程式诉讼中包含的责任理论密切联系。可以这样说,普通法本身是一种以诉讼为中心的制度,程式诉讼在其发展过程中扮演了重要角色,因此,从程式诉讼的发展来看实体法的演变不仅具有可行性而且更有着某种优越性。④

有关令状的法律著作无疑早于有关财产、合同及侵权等法律著作

---

① [德]韦伯:《儒教与道教》,王容芬译,商务印书馆1995年版,第200页。
② 李红海:《普通法的历史解读——从梅特兰开始》,清华大学出版社2003年版,第142页。
③ 原文是:"In the infancy of Courts of Justice ... substantive law has at first the look of being gradually secreted in the interstices of procedure."
④ 参见李红海:"早期普通法中的权利诉讼",载《中外法学》1999年第3期。

的诞生。①英国第一部契约法著作诞生于 1790 年,作者是约翰·鲍威尔(John Powell),第一部侵权行为法著作诞生于 1859 年,作者是弗朗西斯·希利亚德(Francis Hilliard)。② 从这一点来看,法学家对于令状的研究无疑为实体法的发展奠定了良好的基础。

第一,许多带有契约之诉性质的令状及其相应的程式诉讼实践,例如违反盖印合同请求赔偿令状(违反盖印合同请求赔偿之诉)、金钱债务令状(金钱债务之诉)、扣留债务令状(请求返还扣留财物之诉)、账目令状(账目之诉)、明示简式契约令状(明示简式契约之诉)及默示简式契约令状(默示简式契约之诉)等,为契约法的发展奠定了基础。

以账目之诉(action of account)这一程式诉讼为例。普通法中的账目之诉在亨利三世时期被引入。③ 在账目之诉中,诉讼双方可在协商同意的情形下选择共同认可的审计人,如诉讼双方无法协商同意的,由法院指定审计人;审计人负责审查诉讼双方的交易行为,以断定一方是否确实亏欠另一方。在中世纪晚期的一段时期中,审计人属于正式官员,他们有权将债务之诉中应负担义务的一方交给债权人关押。账目之诉的诉讼当事人通常是封建的领主与封臣关系而非契约关系,比如说庄园主与庄园的管事(bailiff),但在很多情形下,他们可能是商业往来中的双方,在后一种情况下,账目诉讼的契约性质就十分

---

① Baker, J. H., *An Introduction to English Legal History*, 3rd. ed., London: Butterworths, 1990, p. 63.

② 在布莱克斯通之前,大学里并不教授普通法课程,甚至没有人试图系统地将普通法上的裁决整理成抽象的规则或原则。因此,普通法的架构基础不是抽象的原则,而是具体的程式诉讼。相应地,此前的法学著作多是法律汇编或已决案例的摘编。布莱克斯通的《英国法释义》(*Commentaries on the Laws of England*)是第一部系统阐述普通法的学术著作。James Gordley, The Common Law in the Twentieth Century: Some Unfinished Business, 88 *California Law Review*, 2000, p. 1819.

③ 冷霞:《英国早期衡平法研究——以大法官法院为中心》,华东政法大学博士学位论文 2008 年。

明显了。①

　　第二，现代合同法中的一些重要原则来源于某些具体的令状及其相应的程式诉讼。例如，英国传统的"获益受损理论"(benefit-detriment)源自金钱债务之诉(debt)中的相等补偿原则(quid pro quo)。具体来说，构成对价原则的要素主要是获益(利益)和损害，而其中最为重要的允诺人的利益要素就是从金钱债务之诉中的"相等补偿"而来，并通过后来的"默示简式契约之诉"(general assumpsit)的扩张来建构对价原则的；而对价原则的受诺人的损害要素则是从"明示简式契约之诉"(special assumpsit)的信赖中发展而来。②

　　第三，令状及其对应的程式诉讼对侵权法的形成与发展亦产生了重大影响。1875年《司法法》颁布后，虽然程式诉讼遭废除，但是在古老程式诉讼(特别是侵害之诉和类案侵害之诉两大类)下发展起来的侵权行为实体法却依然存在。即便在此之后，侵权行为责任在一段时期内仍然按照诉讼方式的种类而进行讨论。③

　　第四，令状对于土地法和财产法的影响十分明显。早期的令状多是关于地产诉讼方面的。例如英格兰的"土地转让令状"(*breve testatum*)先后演变为"自由保有土地的让与"④(*feoffment*)、"财产让

---

① Val D. Dicks, Contract Law and Christian Conscience, 2003 *Brigham Young University Law Review*, 2003, p. 1019.

② 刘承韪："英美合同法对价理论的形成与流变"，载《北大法律评论》2007年第8卷第1辑，北京大学出版社，第116页。文字略有改动。

③ 参见[日]望月礼二郎：《英美法》(新版)，郭建、王仲涛译，牛豫燕校，商务印书馆2005年版，第125页。

④ 中世纪英国法中规定的在自由保有土地(freehold land)上设立或转移地产权益的标准模式，必须以受封(investiture)或转移保有(livery of seisin)的仪式完成。最初，"自由保有土地的让与"(*feoffment*)是转让自由保有土地的唯一途径，且无需使用书面协议形式。但在诺曼征服后，开始越来越频繁地使用书面协议形式，且转让协议或契约的内容、形式发展渐趋严格、精密。1677年《防止欺诈法》(*Statute of Frauds*)规定转让必须采用书面形式，因此通过转移保有仪式来完成的让与方式逐渐很少被实际使用。1925年《财产法》(*Law of Property Act*)正式将其废除。参见薛波：《元照英美法词典》，法律出版社2003年版，第544—545页。

与契据"①(deed of grant);在苏格兰,"土地转让令状"先后发展为"地契"(charter)、"转让"(disposition)。

(三)令状的选择与法律职业阶层形成

亨利二世改革后,随着王室法院中央集权的日益形成,随着"无令状即无救济"原则的确立,这种变化成为法律职业阶层出现的原因之一。

在一桩诉讼之中,请愿者或原告一般须从国王秘书(king's secretary)即"文秘署长"(the Chancellor)处购买令状。由于构成国王法律的是令状,令状源自国王个人的权力或权威,因此,获得令状并非请愿者的自然权利或天赋权利(natural rights);相反,新程序及新机制无疑是"国王的私有财产"。② 随着令状数目和程式诉讼类型的不断增加,若无一门专门的知识和技能,要购买一种合适的令状已变得越来越难;在这种背景之下,作为"导购"的诉讼代理人应运而生。

我们必须要弄清楚一个命题——自亨利二世以来,司法同商品一样可以买卖。尽管令状最初无疑是王室意志的真实表达,而且仅针对与王室有关的事务而签发,但随着时间的推移,签发者发现,将令状发给那些愿意付费的私人起诉者是一件十分有利可图的事。而私人起诉者又非常乐意购买令状。购买者以高昂的价格"购买"令状,但获得的

---

① 卖方可以借契据把无体可继承遗产(incorporeal hereditament)转让给买方。英国在制定 1845 年《不动产法》(Real Property Act)后,有体可继承遗产(corporeal hereditament)也可以这种方式转让,此前有体可继承遗产则常以出租与分租(lease and release)的方式转让。自 1925 年《财产法》(Law of Property Act)替代 1881 年《财产法》后,在契据中并非必须使用"grant"一语。其他可以表达相同意义者亦可使用,并具有相同效力,如"give"。参见薛波:《元照英美法词典》,法律出版社 2003 年版,第 383 页。

② Thomas O. Main, Traditional Equity and Contemporary Procedure, 78 *Washington Law Review*, May, 2003, p. 438.

是更大的好处。当他们买下令状后,会在采邑的法院上出示,这些令状要么能终结、要么能变更那里的封建法律程序。

在亨利二世统治结束前,作为司法中最为重要的王室司法(royal justice)已经就是形形色色的商品,而每一种商品又被存放在一个不同的地点。作为诉讼当事人,他必须从这些商品中选择出一种——他必须选择一种合适的令状以及一种合适的程式诉讼(form of action)。这些商品也是用来出卖的,它们中的一些明确规定了价格,还有一些则沽价待售。还有,国王已不再是摆摊的小贩,他是制造商,并可以按照订单来制造产品。因为在这时,新令状的创设还未受到议会的阻碍。[①]

国王像出售商品一样出售司法,而且比起别的地方来,这里商品的质量确实更为上乘。[②] 所以,梅特兰一直认为,司法实际上也体现着供需关系。在这种供需关系中,地方司法供过于求,但王室司法则供不应求。《大宪章》[③]曾规定禁止买卖司法,但这一条文几无用处;令状的买卖有增无减,因为它们实在很有用处。

但无论在哪一种供求关系中,买方始终需处于谨慎的地位,因为选择购买不同的令状会对原告实体权利的实现产生不同的影响。更为重要的是,原告的选择具有不可撤销性,一经作出就不得更改。如果原告选择了错误的令状进行诉讼,则被告只需做一个原告选择错误令状的概括答辩就可获得胜诉。就这样,作为"导购"的诉讼代理人应运而生。

[①] Sir Frederick Pollock & Frederick William Maitland, *The History of English Law Before the Time of Edward I*, London: Cambridge University Press, 1923, p.151.

[②] Sir Frederick Pollock & Frederick William Maitland, *The History of English Law Before the Time of Edward I*, London: Cambridge University Press, 1923, p.159.

[③] 大宪章(拉丁文 Magna Carter,英文 Great Charter)是英国于 1215 年订立的宪法,用来限制英国国王(主要是当时的约翰)的绝对权力。订立大宪章的主要原因是因为教皇、英王约翰及封建贵族对皇室权力出现不同的意见。大宪章要求皇室放弃部分权力,及尊重司法过程,接受王权受法律的限制。大宪章是英国漫长的宪政道路之嚆矢。

通过熟悉各种令状和程式诉讼的诉讼代理人选择购买正确的令状,原告不但可以节约金钱和时间,更为重要的是,他可能因此获得对自己有利的判决结果。

对于被告而言,在亨利二世改革之前,他可以对原告的诉讼请求简单地予以否定,然后通过神明裁判等方法来进行案件的判决。然而,经过亨利二世法律改革后,陪审团审判这种特权也能够出售,[①]王室法院开始采用陪审团审判这一新的证据形式。这样,被告必须出现在陪审团前同原告展开对抗式辩论。辩论的胜负必定同双方掌握的证据及法律知识相关。因此,我们发现被告的答辩已成为非普通人能够胜任之事。

从上述论述来看,我们不难总结出职业律师群体应运而生的结论。此外,安茹王朝及后来的王室法院由专门的法律职业者组成,专门从事司法审判工作。总之,令状种类的增多意味着法律程序的复杂化,令状的设计与选择对法律职业阶层的出现起到了一种呼唤的作用。

(四)令状与审判机构体系和审判方式的完善

在很大程度上,程式诉讼的历史就是避开决斗断讼、宣誓断讼并确立陪审团审判程序的历史。[②] 在英国普通法中,令状代表国王的命令,它为诉讼提起人提供一种在王座法院或普通诉讼法院提起诉讼的权利。但是,令状与其他的国王命令并不相同,在形式上看,它们仅仅是为了援助,但实际上,令状起到了瓦解各采邑和领主法院的作用[③]。反过来,它

[①] Edward Jenks, *Law and Politics in the Middle Ages*, London: John Murray, Albemarle Street, 1919, p. 126.

[②] F. W. Maitland, *Equity Also the Forms of Action at Common Law: Two Courses of Lectures*, Cambridge University Press, 1929, p. 311.

[③] Edward Jenks, *Law and Politics in the Middle Ages*, London: John Murray, Albemarle Street, 1919, p. 123.

们对于王室法院体系的构建和中央集权的建立发挥了重要作用。

在审判方式角度,从陪审团代替宣誓咨审(sworn inquest)这一变化来看,令状曾开创了一种完全成熟的审查方式及一套特定的司法调查方法。亨利二世统治时,王室引入了一种替代性、可选择性的程序——大咨审团审判(trial by the grand assize)[①]——16人大咨审团在宣誓后,对权利令状中的争议问题(mise)进行裁决,即由咨审团决定哪一方对争议地产更有权利,这就是所谓的"大咨审团审判"。

具体来讲,被告有权在决斗和咨审团之间作出选择,一旦选择后者就意味着本来在领主法院进行的诉讼将被移送到郡法院,这也是王室法院扩大管辖权的举措之一。被告选择咨审之后,文秘署会向郡长签发一道"和平令状"(writ of peace),郡长暂停领主法院的所有程序,并指定4名骑士,这4名骑士再挑选12名骑士,由这16人组成大咨审团(grand assize),来决定哪一方更有权主张有争议的土地。它的裁决是终局性的,并送回给巡回法官或在威斯敏斯特的王室法院。如果原告对被告选取咨审权利诉讼表示反对,他必须有反对理由支持自己。

当然,由于传统上司法权由地方法院以及领主法院执行,因此,国王及枢密院面临的问题是,虽然由枢密院来决定可以签发的令状种类,但是他们想达到的司法中央集权的目的并不可能一蹴而就。因为任何从地方法院以及领主法院调取司法管辖案件的行为都有悖于传统。因此国王和枢密院签发令状只集中到中央政府特别关注的案件之上,例如地产诉讼方面的案件等。[②] 亨利二世曾通过《克拉伦登宪章》、《克拉

[①] 《元照英美法词典》将该词条翻译为"巡回大陪审",它是始于亨利二世的一种特殊的陪审团审理的方式,被告可以通过权利令状(writ of right)选择适用决斗裁判还是大巡回陪审团审判。参见薛波:《元照英美法词典》,法律出版社2003年版,第1357—1358页。

[②] Kempin, Frederic G., *Historical Introduction to Anglo-American Law* (3rd ed.),法律出版社2001年版,第31页。

伦登敕令》、《新近侵占土地条令》及《北安普敦敕令》等一系列法令,在不动产民事诉讼领域内率先确立起了陪审团审判制度。

此后,1215年《大宪章》的第18条规定:国王巡回法院应每年在各郡开庭数次;只要当事人双方同意,任何民事纠纷均可使用陪审制审理。从此以后,陪审制在整个民事审判领域中的主导地位确立下来。①

还有一点需要在此说明,衡平法中是没有令状和程式诉讼(forms of action)的。1873到1875年的《司法法》(Judicature Acts)使得普通法法院和衡平法法院合并,所有的英国法院既可以实施衡平法的补救方法,也可以实施普通法的制裁。普通法的原则与衡平法的规定可以在同一个法院、同一件诉讼中引用并实施。当对普通法的实施与对衡平法的实施产生矛盾时,将优先适用衡平法规则。当然,1875年实现的普通法法院与大法官法院的合并并不意味着普通法与衡平法的合并。

(五)令状与司法中央集权的确立

王室法院通过令状来攫取司法管辖权的措施主要有以下几种:

第一,"若无王室令状,任何自由民(被告)无需就他的地产之诉作出答辩"原则的确立。亨利二世统治期间,曾确立过如下原则:没有王室令状,任何人的自由保有地均不得被剥夺。未经审判,任何人的财产均不得被不当强占。假使原告的土地确被强占,则应得到救济——即获得新近侵占土地之诉(The Assize of Novel Disseisin),其案件亦应在国王法院得到审理。②

总结出来,就是两大原则。第一条就是"未经审判,任何人的自由

---

① 程汉大、李培锋:《英国司法制度史》,清华大学出版社2007年版,第264页。
② Alison Reppy, The Development of the Common-Law Forms of Action, Part II, 23 Brook. L. Rev., 1956—1957, p. 47.

保有地均不得被剥夺,已被剥夺的,有权获得王室令状在王室法院进行审判"。第二条就是"没有国王的令状,不动产的恢复占有诉讼不得启动;假使有案件未经申请国王令状即开始审理的,则地产占有人无须应诉"。

因此,一般认为,亨利二世设置的"没有王室令状则无须应诉原则"所发挥的最重要作用就在于它使得地方领主丧失了他们原有的封建管辖权。

具体的步骤有二,其一是移送（tolt）程序,通过这一程序可将案件从领主法院移送到郡法院;其二是移审（pone）程序,该程序再将案件从郡法院移送到普通诉讼法院（common pleas）。[①] 在亨利二世继位时,这一原则同日渐增多的指令令状结合到一起,为国王法院对土地案件的广泛管辖奠定了基础。

第二,大咨审团审判方式的引入。1179年,亨利二世引入"大咨审团"（grand assize）这一新的审判方式,被告可以选择依"决斗断讼"的方式进行审判,也可选择"大咨审团"这一审判方式。由于决斗断讼具有的人身危害性和不可预测性,所以有不少人选择"大咨审团"审判,而只要选择大咨审团审判,案件就从领主法院移交到王室法院。王室法院召集4个相邻的骑士,由他们另选12名骑士,经宣誓后证明原告和被告,谁对土地应主张更大的权利。[②]

鉴于本书在第四章已经专门论述过亨利二世改革采取的建立职业法官组成的常设性法院、建立巡回法院制度、发展令状制度（行政令状的司法化）以及引入陪审制等四大确立司法中央集权的途径,故不再赘述。

---

① Theodore F. Plucknett, *A Concise History of the Common Law*, Beijing: CITIC Publishing House, 2003, p. 357.
② 郑云瑞:"英国普通法的令状制度",载《中外法学》1992年第6期。

(六) 令状的优点及其他作用

令状是某种传统的王室公告(royal ban)的新形式,但它并非通过喇叭广播的形式得以宣布,而是被记录在羊皮纸之上,然后再加盖王室印玺。① 令状较其他国王命令而言,具有诸多优点。②

第一,令状是书面的,因此交付至接受者手中的内容更易被证实,比起领主法院古老的通过口头或符号传递消息、原英国法中的召集程序、诺曼底法中的"面圣"(semonce)以及德国古代法中的"照会"(mannung)都更易证实,以上这些口头方式均显得有些粗陋,它们需要很多的证人在场,且只能在一天中特定的几个时辰内可行。

第二,令状具有权威性、不容挑战和不证自明的特点。如果文件来自于男爵或子爵,人们也许会怀疑它的真实性,但王室印玺却一直具有不容置疑、无可非议的特点,这一特点也是令状具有神奇权力的原因之一。不愿遵守皇家令状之人,都要自冒风险。不愿遵守令状之人无疑把自己置身到权力的对立面。对于那些拒不服从王室令状的人来说,可能会被苛以罚款,也有可能被放逐、罚没财产。

第三,国王对已颁布的令状有登记。当王室官员颁布了一种令状后,他们就有可能以同样的形式颁布更多的令状。如果某种令状的措词规范,并能够准确反映出人们广为接受的原则,它就有可能成为一则先例;而如果该先例被反复运用,则可以成为法律。行为人认为自己系某一土地所有人,而强行占有土地的,王室文秘署会向郡长签署一纸令状,强迫行为人立刻交出其强行夺得的占有。

---

① Edward Jenks, *Law and Politics in the Middle Ages*, London: John Murray, Albemarle Street, 1919, p. 123.

② Edward Jenks, *Law and Politics in the Middle Ages*, London: John Murray, Albemarle Street, 1919, pp. 123—125.

第四,令状在形式上仅是一项对郡长的命令,要求他带被告出庭答辩(原告要保证其主张),但由于令状必须指定被告去应诉的法院,所以它同时起着法院诉讼授权书的作用。①

第五,令状的统治就是法律的统治,令状形成了对王权的限制。如果说早期行政令状主要用于要求贵族、地方官员执行国王的命令,是国王对当事人之间权利义务的直接干预,因此可以被视为是"彰显王权的途径,而不是制约王权的力量"②的话,那么,经过亨利二世改革,在王室司法中央集权权力树立之后,司法化令状的职能无疑发生了质的变化。司法化令状将无数案件从领主法院带到了王室法院之上,同时使国王和领主也受到法治的约束。③

经亨利二世改革,行政令状开始向司法性令状转化,虽依然以国王的名义颁发,依然是王权的反映,但已经改变了过去那种简单地要求接受令状者"如何如何"去做的形式,大多要求被告在不承认原告控诉真实性的情况下,到王室法官面前接受审理并进行答辩。司法性令状就这样把原为王权之一部分的司法权渐渐让渡给了王室法院和陪审团。④ 布拉克顿说"为行善治,国王需要两样东西,即武器和法律";但他接着指出:国王的政权恰来源于法律——是法律(lex)使他成为国王(rex),一旦他只用武力统治,他就不再成其为国王了。⑤

---

① 参见[美]S. F. C. 密尔松:《普通法的历史基础》,李显冬、高翔、刘智慧、马呈元译,中国大百科全书出版社1999年版,第25页。

② 李巍涛:"令状制度对英国法律文化的影响",载《辽宁大学学报》(哲学社会科学版)2007年第5期。

③ Joseph Biancalana, For Want of Justice: Legal Reforms of Henry II, 88 *Columbia Law Review*, 1988, p. 435.

④ 李巍涛:"令状制度对英国法律文化的影响",载《辽宁大学学报》(哲学社会科学版)2007年第5期。

⑤ [美]哈罗德·J. 伯尔曼:《法律与革命——西方法律传统的形成》,贺卫方、高鸿钧、张志铭、夏勇译,中国大百科全书出版社1993年版,第554页。

第六,令状具有某种行政职能。令状的作用不仅在于启动审判,签发给郡长、镇长、专员及其他人的令状还常常能够发挥财政及政治作用,比如说,令状可以用来征收 1/15 税(fifteenths)①、免服兵役税(scutage)及摊派税(tallage)等;此外,令状还可用于召集、解散议会等,比如解散议会令状(writ de revocatione parliamenti),尽管这种令状的数量很少。

第七,令状是诉因的萌芽。被告(tenant)②出庭后,权利令状中的原告陈述诉因,即根据令状对被告提出诉讼请求,但更准确地说,令状仅是后来真正诉因(count)的萌芽。

第八,令状的影响犹在。英国法是以普通法为特征的法律。普通法依赖存在的基础是令状制度,是根据令状制度发展而来的。普通法又是以判例为特征的法律,是王室法院司法审判过程中,由判例发展而来。从中世纪到现代,普通法一直是英国法的主要渊源。本世纪以来,英国制定法激增,普通法的比例有所下降,但判例法依然在英国某些主要领域中占主导地位,法官依然通过判例来发展英国法。由于传统观念根深蒂固,法官和法学家认为制定法只有经过法官在具体司法实践的解释和适用,才能真正成为英国法的一部分。不管英国法如何发展变化,依据令状制度发展而来的普通法仍然是英国法的主要表现形式。③

---

① 为组建十字军,亨利二世曾征收过不少费用,最初是全部动产的 10%;后来它成为了一种税款或贡金,由议会通过法令授权国王不定期征收,数额为各城市(city)、镇(township)和自治市(borogh)全部动产或全体臣民动产的 1/15。爱德华三世时估定应税财产,其总价值的 1/15 记录于财政署,并依该定额计征税款,因而称为 1/15 税。此后虽然王国财产总额不断增加,但该应税财产额未变,故它已非应税价值之准确描述。薛波:《元照英美法词典》,法律出版社 2003 年版,第 551 页。

② 在不动产诉讼中,被告一般用 tenant 一词,也可以理解为"土地保有人";不动产诉讼中的原告一般用 demandant 一词,相当于动产诉讼或混合诉讼中的原告(plaintiff)。

③ 郑云瑞:"英国普通法的令状制度",载《中外法学》1992 年第 6 期。

以美国的佛罗里达州为例,尽管并非所有的令状仍为人们使用,但像调卷令状、禁止令状、训令令状、特权开示令状、人身保护令状等在《佛罗里达州宪法》及《佛罗里达州上诉诉讼规则》(*Florida Rules of Appellate Procedure*)中仍然得到保留。当无法得到上诉救济时,这些令状继续为当事人提供获得救济的独特的、有力的工具。[1]

---

[1] Jack R. Reiter, Common Law Writs: From the Practical to the Extraordinary, 80 *Florida Bar Journal*, 2006, p. 35.

参考文献

一、中文著作及译著

1. [比利时]R. C. 范·卡内冈:《英国普通法的诞生》,李红海译,中国政法大学出版社 2003 年版。
2. [德]K. 茨威格特、H. 克茨:《比较法总论》,潘汉典、米健、高鸿钧、贺卫方译,法律出版社 2003 年版。
3. [德]韦伯:《儒教与道教》,王容芬译,商务印书馆 1995 年版。
4. [法]勒内·达维德:《当代主要法律体系》,漆竹生译,上海译文出版社 1984 年版。
5. [法]孟德斯鸠:《论法的精神》(下册),孙立坚等译,陕西人民出版社 2001 年版。
6. [法]孟德斯鸠:《论法的精神》,张雁深译,商务印书馆 2005 年版。
7. [古罗马]盖尤斯:《盖尤斯法学阶梯》,黄风译,中国政法大学出版社 2008 年版。
8. [古罗马]优士丁尼:《法学阶梯》(第 2 版),徐国栋译,中国政法大学出版社 2005 年版。
9. [美]阿瑟·库恩著,陈朝璧译注:《英美法原理》,法律出版社 2002 年版。
10. [美]S. F. C. 密尔松:《普通法的历史基础》,李显冬,高翔,刘智慧,马呈元译,中国大百科全书出版社 1999 年版。
11. [美]爱德华·劳森:《人权百科全书》,汪弥、董云虎等译,四川人民出版社 1997 年版。
12. [美]彼得·G. 伦斯特洛姆:《美国法律辞典》,贺卫方等译,中国政法大学出版社 1998 年版。
13. [美]德沃金:《法律帝国》,李常青译,中国大百科全书出版社 1996 年版。
14. [美]哈罗德·J. 伯尔曼:《法律与革命——西方法律传统的形成》,贺卫方,高鸿钧,张志铭,夏勇译,中国大百科全书出版社 1993 年版。
15. [美]哈罗德·J. 伯尔曼:《法律与革命——新教改革对西方法律传统的影

响》,袁瑜琤、苗文龙译,法律出版社 2008 年版。

16. [美]哈罗德·J. 伯尔曼:《法律与宗教》,梁治平译,三联书店 1991 年版。
17. [美]汉密尔顿、杰伊、麦迪逊:《联邦党人文集》,程逢如、在汉、舒逊译,商务印书馆 2006 年版。
18. [美]黄锦就,梅建明著,《美国爱国者法案:立法、实施和影响》,蒋文军译,法律出版社 2008 年版。
19. [美]麦迪逊:《辩论:美国制宪会议记录》,尹宣译,辽宁教育出版社 2003 年版。
20. [美]斯开勒:《历史精神的体现者:F. W. 迈特兰》,载《美国历史协会主席演说集》,何新等译,黄巨兴校,商务印书馆 1963 年版。
21. [美]汤普森:《中世纪经济社会史》,耿淡如译,商务印书馆 1984 年版。
22. [美]约瑟夫·斯托里:《美国宪法评注》,毛国权译,上海三联书店 2006 年版。
23. [美]朱迪斯·本内特,C. 沃伦·霍利斯特:《欧洲中世纪史》,杨宁、李韵译,上海社会科学院出版社 2007 年版。
24. [日]望月礼二郎:《英美法》(新版),郭建、王仲涛译,牛豫燕校,商务印书馆 2005 年版。
25. [英]R. J. 沃克:《英国法渊源》,夏勇,夏道虎译,西南政法学院外国法制史教学参考丛书 1984 年版。
26. [英]戴维·M. 沃克:《牛津法律大词典》,李双元等译,法律出版社 2003 年版。
27. [英]戴雪:《英宪精义》,雷宾南译,中国法制出版社 2001 年版。
28. [英]梅特兰等:《欧陆法律史概览:事件、渊源、人物及运动》,屈文生等译,上海人民出版社 2008 年版。
29. [英]梅因:《古代法》,沈景一译,商务印书馆 1996 年版。
30. [英]约翰·哈德森:《英国普通法的形成——从诺曼征服到大宪章时期英格兰的法律与社会》,刘四新译,商务印书馆 2006 年版。
31. [英]保罗·布兰德:《英格兰律师职业的起源》,李红海译,北京大学出版社 2009 年版。
32. 《说文》。
33. 《玉篇》。
34. 《元章典》。
35. 卞建林、刘玫:《外国刑事诉讼法》,人民法院出版社、中国社会科学院出版社 2002 年版。
36. 陈光中:《中国刑事诉讼程序研究》,法律出版社 1993 年版。
37. 陈瑞华:《刑事诉讼的前沿问题》,中国人民大学出版社 2000 年版。

38. 陈绪纲:《法律职业与法治——以英格兰为例》,清华大学出版社 2007 年版。
39. 成玄英:《庄子疏》。
40. 程汉大、李培锋:《英国司法制度史》,清华大学出版社 2007 年版。
41. 程汉大:《英国法制史》,齐鲁书社 2001 年版。
42. 程味秋:《外国刑事诉讼法概论》,中国政法大学出版社 1994 年版。
43. 高峰:《刑事侦查中的令状制度研究》,中国法制出版社 2008 年版。
44. 高鸿钧:《清华法治论衡》(第四辑),清华大学出版社 2004 年版。
45. 何勤华、贺卫方:《西方法律史》,法律出版社 2006 年版。
46. 何勤华、李秀清:《外国法制史》,复旦大学出版社 2002 年版。
47. 何勤华:《二十世纪百位法律家》,法律出版社 2001 年版。
48. 何勤华:《外国法制史》(第三版),法律出版社 2004 年版。
49. 何勤华:《英国法律发达史》,法律出版社 1999 年版。
50. 何勤华:《西方法学史》(第二版),中国政法大学出版社 1996 年版。
51. 郎胜:《欧盟国家审前羁押与保释制度》,法律出版社 2006 年版。
52. 李红海:《普通法的历史解读——从梅特兰开始》,清华大学出版社 2003 年版。
53. 李龙:《宪法基础理论》,武汉大学出版社 1999 年版。
54. 李宗锷、潘慧仪:《英汉法律大词典》,法律出版社 1999 年版。
55. 梁龙、李浩培:《英国的司法与司法制度》,商务印书馆中华民国三十五年重庆初版。
56. 刘艺工、王继忠:《英国法律史》,中国人民大学出版社 2008 年版。
57. 马克垚:《西欧封建经济形态研究》,人民出版社 1985 年版。
58. 马克垚:《英国封建社会研究》,北京大学出版社 1992 年版。
59. 毛玲:《英国民事诉讼的演进与发展》,中国政法大学出版社 2005 年版。
60. 孟广林:《英国封建王权论稿》,人民出版社 2002 年版。
61. 潘维大、刘文琦:《英美法导读》,法律出版社 2000 年版。
62. 齐延平:《自由大宪章研究》,中国政法大学出版社 2007 年版。
63. 钱乘旦、许洁明:《英国通史》,上海社会科学院出版社 2007 年版。
64. 钱弘道:《英美法讲座》,清华大学出版社 2004 年版。
65. 秋风:《立宪的技艺》,北京大学出版社 2005 年版。
66. 邵晋涵:《尔雅正义》。
67. 沈宗灵:《比较法研究》,北京大学出版社 1998 年版。
68. 施鹏鹏:《陪审制研究》,中国人民大学出版社 2008 年版。
69. 孙长永:《探索正当程序——比较刑事诉讼法专论》,中国法制出版社 2005 年版。

70. 孙长永:《侦查程序与人权》,中国方正出版社 2000 年版。
71. 王健:《沟通两个世界的法律意义——晚晴西方法的输入与法律新词初探》,中国政法大学出版社 2001 年版。
72. 王敏远:《刑事司法理论与实践检讨》,中国政法大学出版社 1999 年版。
73. 王宪明:《语言、翻译与政治——严复译〈社会通诠〉研究》,北京大学出版社 2005 年版。
74. 王以真:《外国刑事诉讼法学参考资料》,北京大学出版社 1995 年版。
75. 薛波:《元照英美法词典》,法律出版社 2003 年版。
76. 薛竑:《人身保护令制度研究》,法律出版社 2008 年版。
77. 阎照祥:《英国史》,人民出版社 2003 年版。
78. 由嵘:《外国法制史》,北京大学出版社 2000 年重排本。
79. 吴宗慈:《中华民国宪法史前编·论坛异同集粹》,(台湾)文海出版社 1998 年版。
80. 张建伟:《刑事司法:多元价值与制度配置》,人民法院出版社 2003 年版。

二、中文论文

1. 陈光中、张建伟:"联合国《公民权利和政治权利国际公约》与我国刑事诉讼",《中国法学》1998 年第 6 期。
2. 陈灵海:"英国法史学的'汉马克拉维'——纪念弗里德里克·梅特兰逝世 100 周年",《中外法学》2006 年第 4 期。
3. 陈融、刘庆飞:"论早期普通法的契约诉讼形式及其演进",《华东师范大学学报》(哲学社会科学版)2007 年第 5 期。
4. 陈兴良:"限权与分权:刑事法治视野中的警察权",《法律科学》(西北政法学院学报)2002 年第 1 期。
5. 陈志敏:"令状主义研究",湘潭大学硕士学位论文 2003 年。
6. 程汉大:"12—13 世纪英国法律制度的革命性变化",《世界历史》2000 年第 5 期。
7. 程汉大:"论 11—12 世纪英国封建集权君主制",《史学月刊》1997 年第 3 期。
8. 初立秀:"令状原则研究",中国政法大学硕士学位论文 2007 年。
9. 崔俊杰、范毅:"宪政维度的人身保护令制度",《行政与法》2006 年第 8 期。
10. 邓智慧:"人身保护令研究",中国政法大学博士论文 2006 年。
11. 邓智慧:"人身保护令与人权保障——以刑事诉讼为主视角",《中国法学》2004 年第 4 期。

12. 高春常:"英国历史传统与北美奴隶制的起源",《历史研究》2001年第2期。
13. 高峰、曹睿:"欧洲人权法院视野下的司法令状原则",《政法学刊》2007年第3期。
14. 高峰:"对刑事司法令状主义的反思",《政法学刊》2005年第3期。
15. 高峰:"论技术侦查与司法令状原则的冲突",《江西社会科学》2006年第1期。
16. 高峰:"刑事侦查中的令状制度研究",西南政法大学博士论文2007年。
17. 龚春霞:"浅述令状在英国普通法发展中的作用——从王室司法管辖权的角度阐述",《云南大学学报(法学版)》2007年第3期。
18. 何勤华:"法学近代化论考",《政治与法律》1999年第2期。
19. 胡铭:"价值抉择:反恐措施与刑事诉讼——以美国法为范例的检讨与反思",《政法论坛》2006年第6期。
20. 姜栋:"英国普通法'程序先于权利原则'的思考",《河北法学》2007年第4期。
21. 冷霞:"英国早期衡平法研究——以大法官法院为中心",华东政法大学博士学位论文2008年。
22. 李红海:"亨利二世改革与英国普通法",《中外法学》1996年第6期。
23. 李猛:"除魔的世界与禁欲者的守护神:韦伯社会理论中的'英国法'问题",李猛主编《韦伯:法律与价值》,上海人民出版社2001年版。
24. 李巍涛:"令状制度对英国法律文化的影响",《辽宁大学学报》(哲学社会科学版)2007年第5期。
25. 李云飞:"论十户联保制与中世纪英格兰的王权制",《暨南学报(哲学社会科学版)》2007年第2期。
26. 林莉红:"香港的行政救济制度",《中外法学》1997年第5期。
27. 刘承韪:"英美合同法对价理论的形成与流变",《北大法律评论》2007年第8卷第1辑,北京大学出版社。
28. 龙宗智:"论我国刑事庭审方式",《中国法学》1998年第4期。
29. 龙宗智:"诉讼机制的冲突与协调——评刑诉法修改的学者建议稿",《现代法学》1995年第6期。
30. 龙宗智:"转折与展望——谈刑事诉讼法的修改",《现代法学》1996年第2期。
31. 莫纪宏:"论宪法原则",《中国法学》2001年第4期。
32. 彭海青:"令状主义及其适用程序初探——兼谈我国刑事司法命令程序的重构",《新疆社会科学》2007年第3期。
33. 屈文生:"论非常令状",何勤华、王立民主编《法律史研究》(第二卷),中国方正出版社2005年版。

34. 屈文生："人身保护令问题研究"，兰州大学硕士学位论文 2004 年。
35. 屈文生："试论人身保护令制度"，何勤华主编《法律文化史研究》(第二卷)，商务印书馆 2005 年版。
36. 施飞："确立我国刑事诉讼审前令状制度研究"，《长春理工大学学报》(高教版) 2007 年第 4 期。
37. 宋世杰、陈志敏："论令状主义"，《诉讼法论丛》(第 10 卷)，陈光中、江伟主编，法律出版社 2005 年版。
38. 孙彼德："令状的司法化与早期英国王权的特殊性"，《西南政法大学学报》2004 年第 6 期。
39. 孙长永、高峰："刑事侦查中的司法令状制度探析"，《广东社会科学》2006 年第 2 期。
40. 孙德鹏："令状的司法化与普通法的形成——早期英国法治方式的历史考察"，西南政法大学硕士学位论文，2004 年。
41. 孙德鹏："源于'书写'的权利与技术——令状的司法化与普通法的形成"，《现代法学》2008 年第 3 期。
42. 孙晓晖："令状主义研究"，广西民族大学硕士学位论文 2007 年。
43. 孙笑侠、应永宏："程序与法律形式化：兼论现代法律程序的特征与要素"，《现代法学》2002 年第 1 期。
44. 仝宗锦："布莱克斯通法律思想的内在逻辑"，郑永流主编《法哲学与法社会学论丛》(第九期)，北京大学出版社 2006 年版。
45. 夏恿(勇)："法治是什么——渊源、规诫与价值"，《中国社会科学》1999 年第 4 期。
46. 项焱、张烁："英国法治的基石——令状制度"，《法学评论》2004 年第 1 期。
47. 萧瀚："读《普通法的历史基础》"，《比较法研究》2000 年第 4 期。
48. 小夏："关塔那摩监狱陷入法律困境"，《南风窗》2006 年第 7(下)期。
49. 徐昕："司法决斗考"，载《法制与社会发展》2007 年第 1 期。
50. 徐轶民、陈立彤："爱德华一世的法律观及其实践"，《法学》1991 年第 12 期。
51. 薛竑、鲍传丽："论确立审前程序人身保护令救济制度"，《广东社会科学》2006 第 4 期。
52. 薛竑："人身保护令制度研究"，西南政法大学博士论文 2006 年。
53. 杨慧清、尹灵芝："民初移植人身保护令制度述论"，《许昌学院学报》2003 年第 6 期。
54. 杨令侠："加拿大魁北克省分离运动的历史渊源"，《历史研究》1997 年第 2 期。

55. 杨宜默:"章士钊与人身保护令制度",《法学杂志》2004年第5期。
56. 叶秋华:"论英国法制传统的形成与英国法体系的确立",《法制现代化研究》(第6卷)。
57. 尹宣:"是《联邦党人文集》,还是《联邦主义文集》?",《南方周末》2006年10月26日。
58. 张友伦:"美国史研究百年回顾",《历史研究》1997年第3期。
59. 章士钊:"临时约法与人民自由权",《章士钊全集》(第一卷),文汇出版社2000年版。
60. 赵秉志、郑延谱:"中美两国死刑制度之立法原因比较",《现代法学》2008年第2期。
61. 赵凤岚:"有关美国'权利法案'的几个问题",《南开学报》1997年第4期。
62. 赵文洪:"中世纪欧洲的村庄自治",《世界历史》2007年第3期。
63. 郑云瑞:"英国普通法的令状制度",《中外法学》1992年第6期。
64. 左卫民、吴卫军:"完善化追寻中的艰难求索——评《关于刑事诉讼法实施中若干问题的规定》",《中国法学》1999年第1期。

三、英文著作

1. Alderson, *A Practical Treatise Upon the Law of Judicial Writs and Process in Civil and Criminal Cases*, New York, 1895.
2. Antieau, Chester James, *The Practice of Extraordinary Remedies: Habeas Corpus and the Other Common Law Writs* (2 Volumes), New York: Oceana Publications, Inc., 1987.
3. Baker, J. H., *The Common Law Tradition: Lawyers, Books and the Law*, London: The Hambledon Press, 2000.
4. Baker, J. H., *An Introduction to English Legal History*, 3rd ed., London: Butterworths, 1990.
5. Baker, J. H., *An Introduction to English Legal History*, 4th ed., 2002.
6. Barraclough, G., *The Anglo-Saxon Writ* (*History*, New Series, xxxix), London: 1954.
7. Bigelow, *History of English Procedure*, c. IV, Boston, 1880.
8. Bishop, R. A. M. & Chaplais, Pierre, *Facsimiles of English Royal Writs to A. D. 1100*, Oxford: Clarendon Press, 1957.
9. Bodenheimer, Edgar & Oakley, John B. & Love, Jean C., *An introduction to*

the Anglo-American Legal System: Readings and Cases, West Pub. Co., 1988.
10. Caenegem, R. C. Van., *Royal Writs in England from the Conquest to Glanvill*, London: 1958.
11. Clark, David & McCoy, Gerard, *The Most Fundamental Legal Right: Habeas Corpus in the Commonwealth*, Oxford: Clarendon Press, 2000.
12. Costello, Kevin, *The Law of Habeas Corpus in Ireland: History, Scope of Review, and Practice under Article 40. 4. 2 of the Irish Constitution*, Four Courts Press, 2006.
13. Cronne, II. A. & Davis, R. H. C., *Facsimiles of Original Charters and Writs of King Stephen, the Empress Matilda and Dukes Geoffrey and Henry, 1135—1154*, Oxford: 1968.
14. Duker, William F., *A Constitutional History of Habeas Corpus*, Westport, Connecticut: Greenwood Press, 1980.
15. Federman, Cary, *The Body and the State: Habeas Corpus and American Jurisprudence*, State University of New York Press, 2006.
16. Fifoot, *History and Sources of the Common Law*, London, 1949.
17. Fisher, H. A. L., *The Collected Papers of Frederic William Maitland* II, Cambridge University Press, 1911.
18. Freedman, Eric M., *Habeas Corpus: Rethinking the Great Writ of Liberty*, New York: New York University Press, 2001.
19. Garner, Bryan A., *Black's Law Dictionary* (7th ed.), St Paul: West Publishing Co., 1999.
20. Holdsworth, W. S., *2 A History of English Law*, London, 1923.
21. Holt, J. C., "Writs of Henry" in John Hudson, *The History of English Law: Centenary essays on Pollock and Maitland*, Oxford: Oxford University Press, 1996.
22. Jenks, Edward, *A Short History of English Law: From the Earliest Times to the End of the Year of 1919*, (Third edition), Methuen & Co. Ltd., 1924.
23. Jenks, Edward, *Law and Politics in the Middle Ages*, London: John Murray, Albemarle Street, 1919.
24. Kempin, Frederick G., *Historical Introduction to Anglo-American Law*, West Group, 1990.

25. Kutner, Luis, *World Habeas Corpus*, New York: Oceana Publications, Inc., 1962.
26. Maitland, F. W., *Equity Also the Forms of Action at Common Law: Two Courses of Lectures*, Cambridge University Press, 1929.
27. Mckay, John P. and others, *A History of Western Society* (Third Edition), Boston: Houghton Mifflin Company, 1987.
28. Plucknett, Theodore F., *A Concise History of the Common Law*, CITIC Publishing House, 2003.
29. Pollock, Sir Frederick & Maitland, Frederick William, *The History of English Law before the Time of Edward I*, London: Cambridge University Press, 1923.
30. Pound, Roscoe, *Readings on the History and System of the Common Law* (2d ed.), 1913.
31. Putney, Albert H., *Introduction to the Study of Law Legal History*, Cree Publishing Company, 1908.
32. Roscoe, *Law of Actions Relating to Real Property*, Philadelphia, 1840.
33. Schmalleger, Frank, *Criminal Justice Today* (Fifth Edition), New Jersey: Prentice-Hall, Inc., 1999.
34. Sharpe, R. J., *The Law of Habeas Corpus* (Second Edition), Oxford: Clarendon Press, 1989.
35. Sheppard, Steve, *The Selected Writings and Speeches of Sir Edward Coke*, Vol. 2., Indianapolis: Liberty Fund, 2003.
36. Thayer, James Bradley, *A Preliminary Treatise on Evidence at the Common Law*, Boston: Little Brown, 1898.
37. Various authors, *Select Essays in Anglo-American Legal History* II, Boston: Little, Brown & Company, 1908.

四、英文论文

1. Adams, George Burton, The Origin of the Common Law, 34 *Yale L. J.*, 1924.
2. Baker, J. H., The Three Languages of the Common Law, 43 *McGill Law Journal*, 1998.
3. Berman, Harold J. & Reid, Jr., Charles J., The Transformation of English Legal Science: From Hale to Blackstone, 45 *Emory Law Journal*, 1996.

4. Biancalana, Joseph, For Want of Justice: Legal Reforms of Henry II, 88 *Columbia Law Review*, 1988.
5. Biancalana, Joseph, The Origin and Early History of the Writs of Entry, 25 *Law & Hist. Rev.*, 2007.
6. Bridge, Michael, The Overlap of Tort and Contract, 27 *Revue de Droit de McGill*, 1982.
7. Chafee, Jr., Zechariah, The Most Important Human Right in the Constitution, 32 *Boston University Law Review*, 1952 (2).
8. Cleve, George Van, Somerset's Case and Its Antecedents in Imperial Perspective, 24 *Law & History Review*, 2006.
9. Comment, Sum Certain in the Action of Debt, 33 *Yale L. J.*, 1923.
10. Comment, The Early Development of The Doctrine of Ius Tertii in Replevin, 34 *Yale L. J.*, 1924.
11. Deiser, George F., The Development of Principle in Trespass, 27 *Yale L. J.*, 1917.
12. Dicks, Val D., Contract Law and Christian Conscience, *Brigham Young University Law Review*, 2003.
13. Dix, Elizabeth Jean, The Origins of the Action of Trespass on the Case, 46 *Yale L. J.*, 1937.
14. Duncan, Jr., John C., Two "Wrongs" Do/Can Make A Right: Remembering Mathematics, Physics, & Various Legal Analogies (Two Negatives Make A Positive; Are Remedies Wrong?) The Law Has Made Him Equal, But Man Has Not, 43 *Brandeis Law Journal*, Summer, 2005.
15. Goebel, Jr., Julius, Constitutional History and Constutional Law, 38 *Colum. L. Rev.*, 1938.
16. Gordley, James, The Common Law in the Twentieth Century: Some Unfinished Business, 88 *California Law Review*, 2000.
17. Haas, Elsa De, The Early Thirteenth Century Register of Writs, 7 *U. Toronto L. J.*, 1947—1948.
18. Harvard Law Review Association, Book Note, A Constitutional History of Habeas Corpus by William F. Duker, 95 *Harv. L. Rev.*, 1982.
19. Hazard, Geoffrey G., The Early Evolution of the Common Law Writs: A Sketch, 6 *American Journal of Legal History*, 1962.

20. Hobbes, Jason W., To Boldly Go Where No Signatory Has Gone Before: How the Military Commissions Act of 2006 Has Rewritten the United States' Obligations under the Geneva Conventions, 26 *Penn St. Int'l L. Rev.*, 2007—2008.
21. Holdsworth, W. S., Maitland Reissued, 46 *Yale L. J.*, 1937.
22. Holland, Writs and Bills, 8 *Cambridge L. Rev.*, 1942.
23. Jenks, The Prerogative Writs in English Law, 32 *Yale L. J.*, 1923.
24. Kessler, Amalia D., Our Inquisitorial Tradition: Equity Procedure, Due Process, and the Search for an Alternative to the Adversarial, 90 *Cornell Law Review*, 2005.
25. Laycock, Douglas, How Remedies Became a Field: A History, 27 *Review of Litigation*, 2008.
26. Lim, Taeho, *Case Note: Supreme Court of the United States* Rasul v. Bush, 124 S. Ct. 2686(2004), 11 *Wash. & Lee Race & Ethnic Anc. L. J.* 2005.
27. Lund, Thomas, Activist Judges of the Early Fourteenth Century, 2008 *Utah Law Review*, 2008.
28. Lund, Thomas, The Modern Mind of the Medieval Lawyer, 64 *Tex. L. Rev.*, 1986.
29. Macnair, Mike, Vicinage and the Antecedents of the Jury, 17 *Law & Hist. Rev.*, 1999.
30. Main, Thomas O., Traditional Equity and Contemporary Procedure, 78 *Washington Law Review*, 2003.
31. McFeeley, Neil Douglas, The Historical Development Habeas Corpus, 30, *Southwestern Law Journal*, 1976.
32. McIntire, The History and Use of Writs: A List of Selected Books and Periodicals, 37 *Law Library Journal*, 1944.
33. Notes and Comments, Random Suspicionless Drug Testing: Are Students No Longer Afforded Fourth Amendment Protections? *New York Law School Journal of Human Rights*, 2003.
34. Reiter, Jack R., Common Law Writs: From the Practical to the Extraordinary, 80 *Florida Bar Journal*, 2006.
35. Reppy, Alison, The Development of the Common-Law Forms of Action, Part I, 22 *Brook. L. Rev.*, 1955—1956.

36. Reppy, Alison, The Development of the Common-Law Forms of Action, Part II, 23 *Brook. L. Rev.*, 1956—1957.
37. Reppy, Alison, The Development of the Common-Law Forms of Action, Part III, 23 *Brook. L. Rev.*, 1956—1957.
38. Robertson, James, Quo Vadis, Habeas Corpus?, 55 *Buff. L. Rev.*, 2008.
39. Schulz, Writ "Praecipe Quod Reddat" and Its Continental Models, 54 *Jurid. Rev.*, 1942.
40. Semeraro, Steven, A Critical Perspective on Habeas Corpus History, *TJSL Public Law Research Paper* No. 04—22, 2004.
41. Semeraro, Steven, Two Theories of Habeas Corpus, 71 *Brooklyn Law Review* 2006.
42. Sutton, Leonard v. B., Habeas Corpus: Its Past, Present and Possible World-wide Future, 44 *Denver Law Journal*, 1967.
43. Sward, Ellen E., A History of the Civil Trial in the United States, 51 *University of Kansas Law Review*, 2003.
44. Tate, Joshua C., Ownership and Possession in the Early Common Law, 48 *American Journal of Legal History*, 2006.
45. Teeven, Kevin M., Medieval Contract Actions, 87 *Commercial Law Journal*, 1982.
46. Teeven, Kevin M., Problems of Proof and Early English Contract Law, 15 The *Cambrian Law Review*, 1984.
47. Vladeck, Stephen I., The Suspension Clause as a Structural Right, 62 *University of Miami Law Review*, 2008.
48. Wiecek, William M., *Somerset*, Lord Mansfield and the Legitimacy of Slavery in the Anglo-American World, 42 *The University of Chicago Law Review*, 1974.
49. Wilson, Writs v. Rights, 18 *Mich. L. Rev.* 225, 1920.
50. Woodbine, George E., The Origins of the Action of Trespass, 34 *Yale L. J.*, 1925.
51. Zaidi, Azra B., The Military Commissions Act and Its Impact on Our Justice System, 25 *Buffalo Public Interest Law Journal*, 2006—2007.

五、网络资源

1. "大英百科全书线上中文繁体版"(http://tw.britannica.com/MiniSite/Article/

id00021448. html)
2. 《英国法史札记》文件来源：
files. freerain. webnode. com/200000002-9e94e9f8c3/英国法史札记. pdf
3. http://en. wikipedia. org/wiki/Edward_Coke
4. http://en. wikipedia. org/wiki/Jon_Baker
http://www. selden-society. qmw. ac. uk/
5. http://law. jrank. org/pages/4744/Bigelow-Melville-Madison. html
6. http://news. xinhuanet. com/newmedia/2008-09/10/content_9892106. htm
7. http://translate. legislation. gov. hk/gb/www. legislation. gov. hk/chi/glossary/index. htm
8. http://www. 1911encyclopedia. org/Writ（Classic Encyclopedia Based on the 11th Edition of Encyclopedia Britannica）
9. http://www. commonlaw. com/Coke. html
10. http://www. romanlaw. cn/sub6-1-1. htm 罗马法教研室
11. Joseph Dale Robertson. *Habeas Corpus-The Most extraordinary Writ*. at http://law. about. com/newsissues/law/library/forum/uc-habeas_corpus. htm.
12. 周自痕：《英国普通法上的令状制度及其意义》，载"法律史学术网"http://flwh. znufe. edu. cn/article_show. asp? id=1312

六、外文案例

1. *Escobedo v. Illinois*，378 U. S. 478 (1964).
2. *Fay v. Noia*，372 U. S. 391 (1963).
3. *Fay v. Noia*，372 U. S. 391, 401—02, 83 S. Ct. 822, 9 L. Ed. 2d 837 (1963).
4. *Gideon v. Wainwright*，372 U. S. 335 (1963).
5. *Hamdan v. Rumsfeld*，548 U. S. 557 (2006).
6. *Hamdi v. Rumsfeld*，542 U. S. 507 (2004).
7. *Hamilton v. Alabama*，368 U. S. 52 (1961).
8. *Jackson v. Denno*，378 U. S. 368 (1964).
9. *Mapp v. Ohio*，367 U. S. 643 (1961).
10. *Miranda v. Arizona*，384 U. S. 436 (1966).
11. *Rasul v. Bush*，542 U. S. 466 (2004).
12. *White v. Maryland*，373 U. S. 59 (1963).

索　引

A

《爱尔兰人身保护令法》 The Law of Habeas Corpus in Ireland
《盎格鲁—美利坚法》 Anglo-American Law
《盎格鲁—美利坚法律史》 Historical Introduction to Anglo-American Law
《盎格鲁—美利坚法律史谭》 Select Essays in Anglo-American Legal History I
《盎格鲁—撒克逊令状》 Anglo-Saxon Writs
阿尔弗雷德大帝　Alfred the Great
艾布曼诉布思案　Ableman v. Booth, 1859
艾伦·伯尔　Aaron Burr
艾塞雷德二世　Aethelred II
爱德华一世　Edward I
安茹王朝　Angevin
安提奥　Chester James Antieau
盎格鲁—诺曼时期
盎格鲁—撒克逊时期的令状
奥尔德森　Alderson

B

《巴伦坦法律词典》 Ballentine's Law Dictionary
《邦联条例》 The Articles of Confederation
《北安普敦敕令》 Assize of Northampton
《不动产时效法》 Real Property Limitation Act
《不动产诉讼》 Real Actions
《布拉克顿》 Bracton
《布莱克法律词典》 Black's Law Dictionary
巴伦诉巴尔的摩案　Barron v. Baltimore, 1833
百户长　hunderdor; hundredman; reeve
百户区　hundreds
百户区法院　hundred court
百户区卷档　Hundred Rolls
保
保护人身票
保释令状　de homine replegiando
保释令状　writ of de manucaptione capienda
保证保释令状　writ of mainprize
保证合理份额的权利令状　The Writ of Right de rationabili parte
暴力驱逐事件　violent ousters
贝克　Sir John Hamilton Baker
本族语令状　vernacular writ
比安卡拉纳　Joseph Biancalana
比奇洛　Bigelow
毕晓普　R. A. M. Bishop
便宜主义
辩诉交易　plea bargaining
伯尔曼　Harold J. Berman
博登海默　Bodenheimer

不动产权益占有令状　Writs of Assize
不动产诉讼　real action
不动产占有确权诉讼　possessory assizes
不负责任的司法　irresponsible justice
不干涉政策　policy of non-interference
不正当手段扣留　unjustly withheld
布拉克顿　Bracton
布莱克斯通　Sir William Blackstone
布迈丁诉布什案　Boumediene v. Bush
布思　Booth
布谢尔案　Bushell's case

C

《从诺曼征服到格兰威尔时期的英国王室令状：普通法早期历史研究》
财产担保令状　writ of attachment
财产扣押令　distringas
财库　storehouse
财政署内室法院　Exchequer Chamber
财政诉讼法院　Exchequer of Pleas
裁断　recognition
裁判官　praetor
（封臣）裁判官　suitors
采邑刑事法庭
查理·平克尼　Charles Pinckney
忏悔者爱德华　Edward the Confessor
长期理由　long essoin
承认并申明扣留正当性答辩　avowry
城市　borough
程式　formulae
程式诉讼；诉讼形式　forms of action
程序法
程序先于权利
程序形式　procedural formalities
出示性的　exhibitoria 令状
出廷（庭）状

出于憎恨与恶意的令状　writ of *de odio et atia*
传唤令状　writ of summons
村庄民会
错判令状　writ of false judgment
错误令状　writ of error

D

《大抗议书》　*Grand Remonstrance*
《大宪章》　*Magna Carta*
达内尔案　Darnel
大法官法院
大令状　Great Writ
大陆法
大陆法制史系列丛书　The Continental Legal History Series
大陆会议　Continental Congress
大陪审团　grand jury
大咨审团审判　trial by the grand assize
带有权利令状性质的令状　Writs in the Nature of Writs of Right
待履行允诺　executory promise
逮捕令状　*capias ad respondendum*
戴维·克拉克　David Clark
戴维斯　Davis
戴雪　Dicey
丹麦王
当然令状　writs of course；拉丁文：brevia de cursu
德雷德·斯科特单方诉讼案　Ex Parte Dred Scott
地产性质令状　The Assize of Juris Utrum
地方审判制度　nisi prius system
地上领主　tenant in demesne
第二令状　Alias writ
第三令状　*pluries* writ

调查法庭　*chambre des Enquêtes*
调查令状　writ of inquiry
调查陪审团调查程序　device of the inquest
调查小陪审团的裁决是否虚假的令状　*Attaint*
调卷令　*recordari facias loquelam*
调卷令状　Writ of Certiorari
定期地产　term
动产　chattels
短期理由　short essoin
对价或对待给付　quid pro quo
对人诉讼　personal action

E

恩惠　favour

F

《法律集成》　*Siete Partidas*，也翻译为《七章律》
《法律救济的历史》
《法律与革命——西方法律传统的形成》
《法学阶梯》
《反恐与死刑绩效法》　*Antiterrorism and Effective Death Penalty Act*，简称 AEDPA
《非常救济之实践：人身保护令和其他普通法令状》
《弗莱塔》　*Fleta*
发还审理令状　writ of procedendo
法盾　legal shield
法官令状　magistralia writ
法官助理　masters
法兰克诉马格努姆案　Frank v. Magnum, 1915
法令　ordinance
法律　lex
法律的正当程序　due process of law
法律拟制
法外之徒　outlaw
法语
法治　Rule of Law
返还人身令状　writ of de homine replegiando
方伯　earldorman
妨碍圣职推荐令　The Writ of Quare impedit
妨害令状　The Writ of Nuisance
妨害之诉　action of nuisance
非常救济　extraordinary remedy
非常令状　extraordinary writs
非法剥夺他人占有　dispossession
非法侵占令状　trover
非法侵占之诉　action of trover
非限ični继承地产　estate in fee-simple
费德曼　Federman
费尔克诉特平案　Felker v. Turpin
费希尔　Fisher
封建司法权
封印契约　contract under seal
弗里德曼　Freedman
福蒂斯丘　Fortescue J
附诉　collateral attack
附条件赠与法　*De Donis*
附原因解交令　writ of habeas *corpus cum causa*
复归权享有人　reversioner
复活节的八日庆期　octave of Ester
复活节开庭期　Easter
副产权　copyhold

G

《告魁北克人民书》　*Address to the People of Quebec*

《公元 1100 年前的英国王室令状复印本》
《古代法》
《古代法律与习惯》
盖印合同　specialty
盖印契据　deed under seal
概括管辖权
告知理由之诉　scire facias
告知令状　writ of Scire facias
格兰威尔　Glanvill
公共司法权
共谋之诉　action for conspiracy
购买令状
寡妇地产　dower
寡妇地产调整令状　The Writ of Admeasurement of Dower
寡妇地产权利令状　writ of right of dower
寡妇未得到任何地产时取得遗留地产令状　The Writ of Dower Unde nihil habet
寡妇已得到部分地产时取得遗留地产令状　The Writ of Right of Dower
光荣革命　Glorious Revolution of 1688
国会
国家理性　Reasons of state
国家令状　state writs
国王　rex
国王法官　justices coram rege
国王令状
国王司法权
国王治理
过错请求状　Plaints of Wrong
过错行为　wrongdoing

H

《哈佛法律评论》
《亨利律令》
《亨利三世时期无令状程序案例选》

《亨利一世之法》　Leges Henrici Primi
《衡平法及普通法程式诉讼：两大系列讲座》
《皇室诉讼法》　Crown Proceedings Act
哈利迪案　R. v. Halliday, 1917
哈罗德二世　Harold II
哈默　Florence Elizabeth Harmer
哈姆丹诉拉姆斯菲尔德案　Hamdan v. Rumsfeld
哈姆迪诉拉姆斯菲尔德案　Hamdi v. Rumsfeld
哈斯　Elsa De Haas
豪尔　G. D. G. Hall
合理的寡妇地产权利令状　The Writ of Right of Dower, unde nihil habet
合理减少令状　writ quo minus
合同之诉　Actions Ex Contractu
赫尔斯博施　Daniel J. Hulsebosch
亨利二世
亨利七世
亨利三世
亨利一世
衡平大法官
衡平法上的民事诉讼　suit, 又见恭顺请愿 humble petition
衡平法院（大法官法院）
护国公
皇帝敕答　imperial rescripta
恢复圣职推荐权令状　The Writ of Right of Advowson
恢复原状性　restitutoria 令状
回呈期　returns
回复占有诉讼　possessory actions
毁地之诉　action of waste
婚生子女　the issue of marriage
混合诉讼　mixed action
获益受损理论　benefit-detriment

霍尔特　James Holt
霍尔特　CJ Holt
霍兰　Holland
霍姆斯诉马瑟案　Holmes v. Mather
霍兹沃斯　Holdsworth

J

《简明普通法史》
《进占令状的起源及早期发展》
《军事委员会法案》　Military Commissions Act
《郡法院法》
基于非法侵入的进占令状　The Writ of Entry sur intrusion
基于强占的进占令状　The Writ of Entry sur disseisin
基于同样理由的进占令制度　writ of entry in consimili casu
基于终止的进占令状　The Writ of Entry sur abatement
基于转让的进占令状　The Writ of Entry sur alienation
吉迪恩诉温赖特案　Gideon v. Wainwright, 1963
寄托制度　bailment
加尔文案　Calvin's Case, 1608
加洛林王朝　Carolingian Dynasty
简单　simplicia 令状
简单契约　simple contract
简式契约之诉　assumpsit
鉴于条款　cum clause
将被羁押人解交为地审判的人身保护令状　writ of habeas corpus ad deliberandum et recipiendum
将被羁押人解交有适当管辖权地审判的人身保护令状　habeas corpus ad prosequendum
将被拘押人解交有管辖权的上级法院审理并说明拘押日期和原因的人身保护令　writ of habeas corpus ad faciendum et recipiendum
交换物　pro quo
教会法庭（院）　ecclesiastical courts
教职　advowson
杰克逊　Andrew Jackson
解交审查令　writ of habeas corpus ad subjiciendum
解散议会令状　writ de revocatione parliamenti
金钱债务令状　Debt
金钱债务之诉　action of debt
金雀花　plantagenet, 音译为"不兰他日奈"
进占令状　Writs of Entry
进占土地之诉　action of entry
禁止毁损土地令状　The Writ of Waste
禁止离境令状　writ of Ne exeat
禁止令状　Writ of Prohibition
禁止性的　prohitoria 令状
禁止租期内逐出承租人令　The Writ of Quare ejecit infra terminum
禁制令　injunction
纠错令状
救济先于权利　remedies precede rights
拘禁　custody
拘留还债令状　capias ad satisfaciendum, 简称为"ca. sa."
卷档　Akten
决斗
决斗断讼法　trial by battle
军事管制法　martial law
君主政体　monarchy
郡长大调查　Inquest of Sheriffs
郡法院

郡分区
郡司法行政官

K

《科克论利特尔顿》 Coke on Littleton
《克拉伦登敕令》 Assize of Clarendon
《克拉伦登宪章》 Constitutions of Clarendon
《克努特法》 Laws of Cnut
卡内冈
开除教籍 Excommunication
开庭期 term
坎平
抗丹税 Danegeld
科尔曼诉汤普森案 Coleman v. Thompson, 1991
科克
科斯特洛
克拉伦登 Clarendon
克朗 H. A. Cronne
克伦威尔
扣留财物令状 Detinue
库里亚
库特纳
酷刑折磨制度 peine forte et dure

L

《类案侵害之诉的起源》
《联邦党人文集》
《令状的本质》 The Nature of Writs; Natura Brevium
《令状的历史与运用：相关书籍与期刊》
《令状登记簿》 Regesta
《令状方式集》
《论条顿法的发展》
《论英格兰的法律和习惯》

《论英格兰王国的法律与习惯》
拉丁文
拉苏尔诉布什案 Rasul v. Bush
拉特兰教会公议会 Lateran Council
莱科克 Douglas Laycock
雷利 Raleigh
类案侵害令状 trespass on the case
类案之诉 action on the case
冷水审
理由加损害规则 the cause-and-prejudice rule
两地占有令状 utrubi
林肯 Lincoln, 1861—1865
临时禁止令状 temporary prohibition
领主法院
令状 interdictum
令状 拉丁文 breve
令状保管官 keeper of writs; custos brevium
令状的司法化
令状归档官 filazer
令状基本费 primer fine
令状滥用规则 the abuse-of-the writ rule
罗杰·B. 唐尼 Roger Tanney
罗马法
罗亚尔单方诉讼案 Ex parte Royall, 1886
裸体简约 nudum pactum

M

《马桥法》 Statute of Marlbridge
《美国爱国者法案》 USA Patriot Act
《面包敕令》 Assize of Bread
《末日审判书》 Domesday Book
《默顿法》 Statute of Merton
马夏尔西监狱 Marshalsea prison
没有程序就没有权利,没有救济就没有权利

没有有效救济的权利几无意义　a right without an effective remedy has little meaning
梅利曼单方诉讼案
梅特兰　Maitland
梅因　Maine
美国革命
米迦勒节开庭期　Michaelmas
密尔松　S. F. C. Milsom
密封函令　letters close
明示简式契约之诉　special assumpsit
命令交付　*praecipe quod reddat*
摩尔诉登普西案　Moore v. Dempsey, 1923
墨洛温王朝　Merovingian Dynasty
默示简式契约令状　General Assumpsit

N

《牛津法律大词典》
《牛津条例》　*Provisions of Oxford*
诺曼底公爵　duke of Normandy
诺曼征服

O

殴击侵害之诉　action of trespass for assault and battery

P

《判决法》　*Judgments Act*
《普通法程序法》　*Common Law Procedure Act*
《普通法的历史基础》
《普通法令状——从实用令状到非常令状》
庞德
陪审团裁定之诉　action for attaint
陪审团召集令状　*venire facias juratores*
陪审员财产扣押令状　*distringas juratores*
陪审制　trial by jury
凭上帝的恩典　God eow gehealde
普拉克内特
普通法的僵硬
普通法的心弦　the heartstrings of the common law
普通法上的诉讼　action
普通诉讼法院
普通诉讼卷宗

Q

《起始令状方式集之历史》
《侵害之诉的起源》
《权利请愿书》
欺诈令状　The Writ of Deceit
棋盘法院
侵害之诉　trespass
起始令状　original writs; 拉丁文 *breve originale*
潜逃拘捕令状　*latitat*
强行侵入并霸占　Forcible Entry and Detainer
强占令状　Writs of Disseisin
强占行为　disseisin
强制陪审员出庭令状　*habeas corpora juratorum*
侵害动产的侵害令状　*de bonis asportatis*
侵害土地之诉　trespass quare clausum fregit
侵害物品令状　writ of trespass to personalty, 也称为 writ of trespass *de bonis asportatis*
侵害之诉　action of trespass
轻罪公诉　indictments for misdemeanour
请求返还扣留财物之诉　action of detinue
请求令　demand

请求状　plaint
驱逐之诉　ejectment
驱逐租地人之令　The Writ of De ejectione firmae
取得亡夫遗留地产令状　writ of dower *unde nihil habet*
圈地　close
权利对于救济（机制）的依赖　dependence of right upon remedy
权利开示令状　Writ of Quo Warranto
权利令状　writs of right；拉丁语为 *breve de recto*；*ex debito justitiae*
权利先于救济　rights precede remedies
确立所有权的不动产诉讼　Proprietary Real Actions

R

《人身保护法》　*Habeas Corpus Act*
《人身保护令中止法案》　*Habeas Corpus Suspension Acts*
热水审　"热锅/开锅审"
热铁审
人身保护令的中止
人身保护令上诉申请　habeas appeals
人身保护令状　writ of *habeas corpus*

S

《森林敕令》　*Assize of the Forest*
《社会通诠》
《身为法史学家的查理斯·狄更斯》
《圣经》
《世界人身保护令》
40 先令
萨尔维令状　interdictum Salvianum
萨拉丁什一税　Saladin Tithe
萨默塞特案　Sommersett's Case，1772

塞尔登案　Selden
塞尔登协会　Selden Society
三大中央法院
三一节开庭期　Trinity
上帝不对同一罪行处罚两次　*ne bis in idem*
舌头　tongue
社区法院
摄政政体
身体出庭状
神明裁判　trial by ordeal
审判后的救济
审判前羁押
审判执事
圣旨
剩余遗产继承人　remainderman
失地王约翰
狮心王理查德
十倍罚金之诉　decies tantum
十倍于令状　*Decies tantum*
十二乡绅制度　Twelve Thegns
十户联保审查制
十户区
实际履行　特定履行
实体法隐蔽于程序法的缝隙之中
实体权利
食物审
史蒂文森　W. H. Stevenson
使用暴力和武器　with force and arms (vi et armis)
事实问题　an issue of fact
收回不动产并要求损害赔偿之诉　The Action of Trespass to Try Title
收回非法扣留动产程式诉讼　form of replevin
收回非法扣留动产之诉　action of replevin
收回继承地令状　The Assize of Mort

索　引

d'ancestor
首席大法官勋爵雷蒙德　Lord Raymond CJ
受贡领主
双重　duplicia 令状
双重危险　double jeopardy
司法公正　jurisdictio
司法化的行政命令　judicial administrative order
司法令状　Judicial Writs
司法男爵　barones jurati
司法以外的力量　extra-judicial force
私诉　appeal
斯莱德案　Slade's Case
斯切尔普诉德勒　Schlup v. Delo
诉讼时效法　law of limitation
所有权契据　title-deed
所有权诉讼　proprietary action

T

《统一程序法》　Uniformity of Process Act
《土地法论》
太平绅士
特定回应　ad hoc responses
特权令状　prerogative writs；拉丁语为 ex gratia
特许令　placita spadæ
特许证　diploma
特许状　charter
提审法院法官
偷盗私诉　appeal of larceny
途中染病理由　de malo veniendi
土地分割令状　The Writ of Partition
土地分割诉讼　Partition
土地纠纷案件
土地质押令状　writ of gage
托马斯·杰斐逊　Thomas Jefferson

W

《王国防御法案》　Defence of the Realm Act 1914
《威斯敏斯特条例 II》　Statute of Westminster the Second
《威斯敏斯特协议》
《温切斯特法》　Statute of Winchester, 1285
《武器敕令》　Assize of Arms
瓦卡留斯　Vacarius
完全保有地产　freeholds
完全权利令状　writ of right par excellence
王室令状
王室之诉　Pleas of Crown，一译"重罪之诉"
王室专员　commissioned royal officials
王廷　Curia Regis
王座法院　king's bench or queen's bench
望月礼二郎
威廉二世　威廉·鲁弗斯
违反盖印合同请求赔偿令状　Covenant
违反国王和平　against the king's peace（contra pacem regis）
维护占有令状　retinendae possessionis causa
维兰　villein，也翻译为"农奴"
未密封权利令状　right patent
文秘署
文献学
我们虽然已经埋葬了程式诉讼，但它们仍从坟墓中统治着我们。　The forms of action we have buried, but they still rule us from their graves.
我们王室　pluralis majestatis
沃伦法院　Warren Court
卧床不起　de malo lecti
无体物　incorporeal tenements

无形可继承财产之诉　action as to interests in land
无严格诉讼形式的程序制度　non-formulary system of procedure
五骑士案　The Five Knights' Case

X

《西北准州地区条例》　*Ordinance of 1787 for the Government of the North-west Territory*
《新近侵占土地条令》　*Assize of Novel Disseisin*
希拉里开庭期　Hilary
贤人会议
限嗣继承地产　estate in fee-tail
限嗣土地受赠人继承令状　formedon in the descender
限嗣土地受赠人令状　The Writ if Formedon
限嗣土地受赠人剩余地产权令状　formedon in the remainder
宪章　charters
小会议
小咨审团　petty assizes
谢司起义　Shay's Rebellion
新近侵占土地之诉　*novel disseisin*
星室法院
行政裁判所　administrative tribunal
行政关押　executive committal
行政令状　executive writs
行政效率　jussio
宣誓帮助人　oath-helpers
宣誓断讼　wager of law；Compurgation，也翻译为"共誓涤罪"
宣誓征问　sworn inquest
选择权　option

血缘最近的继承人　next heir
巡回法官　justices in eyre
巡回审判制度
巡审调查　*enquêtes*
训令令状　Writ of Mandamus

Y

《英国的司法与司法制度》
《英国法律史——爱德华一世以前》
《永久性敕令集》　*Edictum perpetum*
亚历山大·汉密尔顿　Alexander Hamilton
严格意义上的权利令状　Writs of Right Proper
一般令状　Ordinary Writs
一切正义的源泉　Fountain of Justice
伊丽莎白一世　Elizabeth I
移审令状　writ of *pone*
移送令状　writ of tolt
义务　suit
议会高等法院　The High Court of Parliament
议会制政府　Parliamentary Government
引出条款　*ac etiam* clause
英国的令状制度和罗马法的程式诉讼
英国的优士丁尼皇帝　the English Justinian
英国宪法之屏障　great bulwark of the Constitution
英王亨利　Henricus rex Anglorum
英王斯蒂芬　Stephanus rex Anglorum
有过错必有救济　wherever there is a wrong there is a remedy
有权利便有救济　*ubi jus，ibi remedium*
有体物　corporeal tenements
有严格诉讼形式的程序制度　formulary system of procedure
御前受权审判法官

索　引

原告　demandant
原告　suitor
原告提供了担保的令状　writ *si fecerit te securum*
缘何理由　*ostensurus quare*
怨诉听审令状　*Audita querela*
越权的　ultra vires

Z

《早期令状方式集》　*Early Registers of Writs*
《征服者威廉条令》　*Ordinance of William the Conqueror*
杂种威廉　William the Bastard
造法法院　law-declaring court
曾祖父　besaiel
憎恶和恶意　hate and spite＝*de odia et atia*
赠与地产与遗孀地产之诉　action of right in their nature
债务人财产扣押令状　writ of *fieri facias*, 简称为"fi. fa."
詹克斯案　Jenke's Case
占有行为　seisin
占有者令状　uti possidetis
账目令状　Account
账目之诉　action of account
甄克思　Jenks
争议问题　mise
正常私人救济　ordinary private remedy

正当程序　due process
正规令状　de cursu writ
执行令状　writ of execution
直属封臣间的诉讼　suits between tenants in capite
直属封臣指令权利令状　The Writ of Right Praecipe in Capite
指令令状　Praecipe Writs
制宪会议
中间封臣　mesne lord
中间过程司法令状　Mesne Process
终止过程司法令状　Final Process
逐出租地之诉　ejectione firmae
主祷文　*Lord's Prayer*
专门许可证　letters patent
庄园法庭(院)
准诉权　actiones utiles
准刑事调查程序　quasi-criminal investigation
自耕农法庭
自用地　demesne
自由大令状　Great Writ of Liberty
自由施舍　frankalmoign
宗教改革运动
租期届满回复土地进占令　The Writ of Entry Ad Terminum qui praeteriit
祖父　aiel
最终圣职推荐权令状　The Writ of Darrein Presentment

英国王室世系表

威塞克斯王朝(829—1016 年)

  1. 埃格伯特(802—839 年在位)

  2. 埃塞尔沃夫(839—858 年在位)

  3. 埃塞尔巴德(858—860 年在位)

  4. 埃塞尔伯特(860—866 年在位)

  5. 埃塞尔烈德一世(866—871 年在位)

  6. 阿尔弗烈德(871—899 年在位)

  7. 爱德华一世(900—924 年在位)

  8. 埃塞尔斯坦(924—940 年在位)

  9. 爱德蒙一世(940—946 年在位)

  10. 埃德烈德(946—955 年在位)

  11. 埃德威格(955—959 年在位)

  12. 埃德加(959—975 年在位)

  13. 爱德华二世(975—978 年在位)

  14. 埃塞尔雷德二世(978—1016 年在位)

  15. 埃德蒙二世(1016 年在位)

丹麦王朝(1013—1042 年)

  1. 斯汶一世(丹麦王兼,1013—1014 年在位)

  2. 克努特(丹麦王兼,1014—1035 年在位)

  3. 哈罗德(1035—1040 年在位)

4. 哈迪卡努特(丹麦王兼,1040—1042 年在位)

威塞克斯王朝(续)

1. 忏悔者爱德华(1042—1066 年在位)
2. 哈罗德二世(1066 年在位)

诺曼王朝(1066—1135 年)

1. 威廉一世(1028—1087 年)　英格兰国王 1066—1087 年在位
2. 威廉二世(1060—1100 年)　英格兰国王 1087—1100 年
3. 亨利一世(1068—1135 年)　英格兰国王 1100—1135 年
4. 斯蒂芬(1096—1154 年)　英格兰国王 1135—1154 年

金雀花王朝(安茹王朝,1154—1399 年)

1. 亨利二世(1133—1189 年)　英格兰国王 1154—1189 年在位
2. 理查一世(1157—1199 年)　英格兰国王 1189—1199 年
3. 约翰(1167—1216 年)　英格兰国王 1199—1216 年
4. 亨利三世(1207—1272 年)　英格兰国王 1216—1272 年
5. 爱德华一世(1239—1307 年)　英格兰国王 1272—1307 年
6. 爱德华二世(1284—1329 年)　英格兰国王 1307—1327 年
7. 爱德华三世(1312—1377 年)　英格兰国王 1327—1377 年
8. 理查二世(1367—1400 年)　英格兰国王 1377—1399 年

兰开斯特王朝(1399—1461 年)

1. 亨利四世(1367—1412 年)　英格兰国王 1399—1413 年在位
2. 亨利五世(1387—1422 年)　英格兰国王 1413—1422 年
3. 亨利六世(1421—1471 年)　英格兰国王 1422—1461 年,1470—1471 年

约克王朝(1461—1485 年)

1. 爱德华四世(1442—1483 年)　英格兰国王 1461—1483 年
2. 爱德华五世(1470—1483 年)　英格兰国王 1483 年

3. 理查三世(1452—1485年)　英格兰国王 1483—1485年

都铎王朝(1485—1603年)

1. 亨利七世(1457—1509年)　英格兰国王 1485—1509年在位

2. 亨利八世(1491—1547年)　英格兰国王 1509—1547年

3. 简·格雷(1537—1554年)　英格兰女王 1553年

4. 玛丽一世(1516—1558年)　英格兰女王 1553—1558年

5. 伊丽莎白一世(1533—1603年)　英格兰女王 1558—1603年

斯图亚特王朝(1603—1714年)

1. 詹姆斯一世(1566—1625年)　苏格兰国王 1567—1625年；英格兰国王 1603—1625年在位

2. 查理一世(1600—1649年)　英格兰国王 1625—1649年

1649—1653年 共和政体

1. 护国公奥利弗·克伦威尔(1599—1658年)　1653—1658年在位

2. 护国公理查·克伦威尔(1626—1712年)　1658—1659年在位

斯图亚特王朝(续)

1. 查理二世(1630—1685年)　苏格兰国王,1651—1685年在位；英格兰国王,1660—1685年在位

2. 詹姆斯二世(1633—1701年)　英格兰国王,苏格兰国王 1685—1688年

3. 玛丽二世(1662—1694年)　英格兰女王,苏格兰女王 1689—1694年

4. 威廉三世(1650—1702年)　英格兰国王 1689—1702年

5. 安妮(1664—1714年)　英格兰、苏格兰女王 1702—1707年；联合王国女王 1702—1714年

汉诺威王朝(1714—1901年)

1. 乔治一世(1660—1727年)　联合王国国王 1714—1727年在位

2. 乔治二世(1683—1760年)　联合王国国王 1727—1760年

3. 乔治三世(1738—1820年)　联合王国国王 1760—1820年

4. 乔治四世(1762—1830年)　联合王国国王 1820—1830年

5. 威廉四世(1765—1837年)　联合王国国王 1830—1837年

6. 维多利亚(1819—1901年)　联合王国国王 1837—1901年

萨克森-科堡-哥达王朝(1901—1917年)

爱德华七世(1841—1910年)　联合王国国王 1901—1910年

温莎王朝(1917年—　)

1. 乔治五世(1865—1936年)　联合王国国王 1910—1936年在位

2. 爱德华八世(1894—1972年)　联合王国国王 1936年

3. 乔治六世(1895—1952年)　联合王国国王 1936—1952年

4. 伊丽莎白二世(1926—　)　联合王国国王 1952—

后　　记

《普通法令状制度研究》是在我的博士论文《令状制度研究》的基础上修改而成的,现在终于完成了。回想这本书的写作历程,就是回忆我这几年的奋斗历程。

我对普通法令状制度的关注,始于2003年年初,那时我尚在兰州大学法学院攻读硕士学位。读硕士时有幸买到了两本体积很小的书,一本是《英美法导读》(潘维大、刘文琦编著,法律出版社2000年版),另一本是《盎格鲁—美利坚法律史》(坎平著,法律出版社2001年影印版),这两本精致的小书在当时启发了我的心智,成了我的法学启蒙书,两本书中关于令状制度的精彩论述更坚定了我研究该制度的决心。此后它们便一直伴随着我,由于对《盎格鲁—美利坚法律史》十分钟爱,我终于在2010年夏在法律出版社翻译出版了此书的中文版。如今,2003年的春天早已逝去,虽然那个春天爆发了突如其来的SARS灾难,但回想起自己那段每天坚持阅读并翻译英文原始文献和每晚坚持跑步的日子,它在我的记忆中仍十分美好。

2004年7月,我在获得硕士学位后即赴大连外国语学院任教,主要教授英语课程,间或也开设用英文讲授的"英美法律概况"课程。在大连生活、工作的两年时间,我的英文应用能力有了较大的提高,我干成了很多事情。这期间我亦购买了不少法学专业书籍,并阅读了大量的法律史专业学术论文。我有时冲动地把自己学到的法史知识再传授给学生,但发现外国语大学的学生,很少有人对法律史感兴趣,到最后常感到自己是最受益的人。这大概也是一种教学相长吧。

2006年,我鼓足勇气参加了华东政法大学(当时还叫华东政法学院)的博士生考试。幸运的是,我不久后即被录取。9月8日,我带着对博士生活的向往之心,离开了实际上才安顿下来两年的美丽海滨城市大连,踏上了南下的T131次列车,来到了这个更为美好的地方——上海。如今一晃几年过去了,我感觉在上海这几年日子过得很快,很美好,也很充实。

在2006级全体法律史博士同学中,我无疑是最为幸运的学生之一,我一人就有两位导师,我相信这是前世修来的福气。攻读博士学位3年间,导师何勤华教授在学业、工作和生活上给我的指导,令我终生难忘。"对法律学术有着痴迷的状态,对法学研究有着一丝不苟的严谨扎实的治学态度,对法和法学事业有着尊敬、信仰乃至勤奋、刻苦、献身的精神,有高风亮节、生命不息奋斗不止的法治追求。"这本是何老师在描述萨维尼、穗积陈重、丘汉平等伟大法学家时说的话;我领略到的是,何老师完全做到了这些。他有如朴蒂埃一般勤奋,很少有人会像他一样日复一日从凌晨一直工作到晚上9点;又如威格摩尔一样,总能高屋建瓴,能以宏大的视角完成一个又一个浩大的学术工程。我经常告诫自己,要像老师一样,始终严格要求自己,不要懈怠学业。正是在何老师的直接影响和支持下,我从读博士以来,一直未间断从事法学译著工作,于2008年在上海人民出版社翻译出版了《欧陆法律史概览:事件、渊源、人物及运动》一书,这部72万余字的著作,见证了我辛苦的博士生涯。2010年7月,我又在中国政法大学出版社翻译出版了第3部学术著作《中世纪的法律与政治》。

我在平日里与导师李秀清教授的接触机会更多,她是我校少有的在《中国社会科学》上发表过学术论文的大牌教授,但李老师为人十分低调,从不张扬。我每次有重要的事情,几乎都要向李老师请教。她对我的激励与帮助,没齿难忘。2009年,由于急着赶完博士论文写作的缘故,我在书房中敲着键盘、听着打字声和着窗外的鞭炮声度过了春节,每每回想起那段艰辛的日子,就会想起李老师在当日发来的那条温馨的短信息,它常令我感到十分受用和感动。在博士论文写作过程中,她在论文的细节、资料的检索、译名的确定等诸多方面给了我细致入微的指导和帮助。这些常令我铭记在心,常感恩在怀。如今,利用写这部专著后记的机会,特向两位导师致以最崇高的敬意和真挚的谢意。老师们的品德、才学都是我一生取之不尽的财富,这一切将激励我这个行路人在以后的人生道路上奋然前进,永不停息。

除两位导师外,博士生导师组王立民教授的"唐律与唐代法制"、"中国法制史研究"精彩课程启发思维,开启了我对中国古代法制学习和研究的浓厚兴趣。徐永康教授的"中国法制现代化研究"课博大精深,使我的博士生涯获益匪浅。没有导师们的辛勤耕耘和无私点拨,也就没有我今日的博士论文。我在留校任教后,王老师多次给我帮助、支持和鼓励,让我倍感温暖。谢谢王老师。谢谢徐老师。

在本书写作过程中,我几次到国家图书馆复印外文资料,在上海市图书馆、华东政法大学图书馆也借阅过不少文献。十分感谢学校图书馆及时开通了Westlaw、LexisNexis和Heinonline等数字资源库,它们极大方便了我的检索工作。我的博士同学胡骏在上海社科院图书馆、果海英在奥地利帮我查找了重要资料。王沛、冷霞等在我的论文写作过程中,曾在许多方面给予我很多启迪和帮助,他们给了很多动力、并对论文提出了许多宝贵的修改意见。韩强和马贺师兄在我入校时,曾给我谆谆教诲,至今不敢忘记。还有,我的室友潘申明兄,我的博士同学练育强、胡桥、陈婉玲、李婧、胡建会、莫振坤、陈兵、颜晓闽、黄爱武、叶芳、阎锐、虞瑾、张东平、王亚军、穆伯祥、王红梅、蓝涛、杨辉等人给我很多启迪和帮助。钱泳宏、李威、任海涛、王笑红、于霄、毕竞悦等朋友们也曾给予我很多的鼓励和支持。还有,全家人支持我读书十几年,太不容易了,为此,我特向远在内蒙古的家人和身边的妻子,表示深深的谢意!

我还要感谢北京大学朱苏力教授、黄洋教授,感谢两位老师在我答辩会上的精彩提问和宝贵修改意见。黄教授后来还抽时间为我亲撰了出版推荐信,在此深表谢意!感谢商务印书馆王兰萍老师,多年来,王老师一直鼓励和关心我的学术点滴进步,并给了我巨大的肯定。感谢我所在学院的王嘉禔、姚骏华、余素青、张朱平、沈跃瑛等领导给予的信任和扶持。感谢华中科技大学法学院的李红海教授,他是普通法研究方面的专家,他曾阅读过我的博士论文并提了他对文章的看法。感谢大连理工大学的刘艺工教授,他一直关心我的学习与工作。感谢我的妻子邢彩霞还有教过的学生李润,他们帮我通读了全书,并更正了不少错字。由衷感谢商务印书馆金莹莹编辑,她为本书出版花费了心血,提出了许多宝贵修改意见,付出了巨大的劳动。要感谢的人还有很多。

每当回忆起自己充满艰辛、快乐与希望的流浪式求学之旅,我总是难以抑制激动的心。从故乡伊金霍洛到呼和浩特,从呼和浩特到兰州,从兰州到大连,再从大连到上海,我曾感到自己的运动轨迹缺乏一个方向。从黄土高坡出发,一路顺着草原、黄河、渤海、东海,就这样,十分"自然地"生活。但幸运的是,我在而立之年的时候,终于发觉自己不觉中找到了"有方向"的感觉。

草原的风吹草低,戈壁的长河落日,像血型一般,已在不打招呼、悄无声息间无形中注定了我的性情。小学毕业是中学求学的起点,中学毕业是大学求学的起点,硕士毕业是博士求学的起点。我始终认为,终点就是起点,但起点不可以是终点,否则就在原地踏步。运动着方符合自然规律。

我相信,"学无止境,天道酬勤!"我相信,只要努力,很多事情是可以办到的。唯有此,才足以报答老师沉甸甸的恩情。也唯有此,才不辜负家人多年来对我殷切的期待,才配得上这么多优秀的同学、同事、朋友。

屈文生

2010 年 9 月 16 日